北航高研院·治道文丛 ②

民本自由说

黄宗羲法政思想再研究

时 亮 ◎ 著

图书在版编目(CIP)数据

民本自由说：黄宗羲法政思想再研究 / 时亮著.
—北京：中央编译出版社，2015.10
ISBN 978-7-5117-2762-6

Ⅰ.①民… Ⅱ.①时… Ⅲ.①黄宗羲（1610～1695）-政治思想-研究
Ⅳ.① D092.49

中国版本图书馆 CIP 数据核字 (2015) 第 202216 号

民本自由说——黄宗羲法政思想再研究

出 版 人：	刘明清
出版统筹：	董　巍
责任编辑：	王媛媛
责任印制：	尹　珺
出版发行：	中央编译出版社
地　　址：	北京西城区车公庄大街乙5号鸿儒大厦B座（100044）
电　　话：	(010) 52612345（总编室）　(010) 52612363（编辑室）
	(010) 52612316（发行部）　(010) 52612317（网络销售）
	(010) 52612346（馆配部）　(010) 66509618（读者服务部）
传　　真：	(010) 66515838
经　　销：	全国新华书店
印　　刷：	山东鸿君杰文化发展有限公司
开　　本：	880毫米×1230毫米　1/32
字　　数：	354千字
印　　张：	14.25
版　　次：	2015年10月第1版第1次印刷
定　　价：	56.00元
网　　址：	www.cctphome.com　　邮　箱：cctp@cctphome.com
新浪微博：	@中央编译出版社　　微　信：中央编译出版社（ID：cctphome）
淘宝店铺：	中央编译出版社直销店 (http://shop108367160.taobao.com)　(010)52612349

本社常年法律顾问：北京嘉润律师事务所律师　李敬伟　问小牛
凡有印装质量问题，本社负责调换，电话：010-55626985

治道文丛 序

广川董子云："道者，所繇适于治之路也。"中国之治道，载在五经；百家言尤其儒家之立论，莫不本乎五经，中国治道因此而日新、日日新；依循此道，中国持续生长、扩展，而成为史上规模最大的文明与政治共同体。猗欤盛欤，吾国吾民！

二十世纪初，国势陵替，士心思变，竞逐西方新学，中学之统衰微。尤其是中国治道，少人研习。过去几十年来，依凭先人遗留之文明，借助西方传来之技术，中国再度崛起，人类进入世界历史的中国时刻。然而，已经富裕的中国如何形成优良治理秩序？

子曰："谁能出不由户？何莫由斯道也？"中国现代优良秩序之生成、维系，不能不由千古一贯之中国之道。晚近学界、政界，已有此文化的自觉，中国治道之自觉，而有回向大道之努力。

本丛书应此运而生。所邀作者不限年资中外，要在对中国治道有所体认，又有西学功底，普世视野。所收书目不拘一格，或为专著，或为文集，或为译著，要在学有根柢，言之有物。所论议题无所范围，或阐释五经义理，或深究儒学奥蕴，或寻绎观念、制度之演进，要在有所发明，有裨益于明道、行道。

编者惟愿与二三君子强勉学问，以求闻见博而知益明；编者亦祈当世精英于各个领域强勉行道，或可德日起而大有功。

蒲城姚中秋谨识于癸巳秋杪

目 录

治道文丛　序　/01

引　言　/001

导　论　范式转换的申说　/007

　　一　黄宗羲法政思想研究现状及主要成果评略　/009

　　二　黄宗羲法政思想主流研究之深层困境论略　/012

　　三　本书采取的基本立场、进路与方法述略　/024

　　四　本书深层之问题关切　/039

第一章　黄宗羲之生平行状与法政思想文本说略　/042

　　一　黄宗羲生平职志述略　/043

　　二　从《留书》到《明夷待访录》：写作环境与著述意图　/078

　　三　从《留书》到《明夷待访录》：思想地位与内在结构　/107

第二章　黄宗羲与中国法政思想传统　/134

一　黄宗羲之论"君""臣""学校"合述　/135

二　黄宗羲之"封建"论说的思想史绎读　/159

三　黄宗羲之"正统"论说的思想史绎读　/184

第三章　黄宗羲与洛克法政思想之对观比照　/231

一　黄宗羲与洛克之时代背景述略　/232

二　黄宗羲与洛克之权力批判的简明对勘　/253

三　黄宗羲与洛克之政府批判的简明对勘　/290

四　黄宗羲"治法论"与洛克"法治论"的简明对勘　/316

结　语　探寻自由传统的中国表达式　/345

附录一　1600—1724年中西大事略表　/357

附录二　1600—1724年中西思想文化史大事略表暨重要思想人物生卒年略表　/378

附录三　黄宗羲行年大事略表　/406

附录四　洛克行年大事略表　/416

后　记　/421

出版后记　三十自述　/426

引　言

　　则天象地乾坤启，问学求通天人际。
　　先德裌褛开道路，时贤坦荡追云旗。
　　上下合维成今古，左右圻方判中西。
　　愿为凤楼添新色，犹恐墨清画不齐。

　　当岁月的脚步迈进纪元十六、十七世纪的时候，人类历史中又一个堪称性命攸关的时刻已经悄然临近。此时，无论是欧洲文明的基督教西方，还是号称中国的华夏东土，都已经在十二世纪前后所奠定的新起点上，在坎坷蹒跚中走过了四百余年的复杂历程。

　　四百余年，在人类能力所能实际影响的范围内，既有农业生产的极大提高和商业活动的积极发展，从而在历史最高水平上，改善了相当一部分人口的实际生活质地；也有思想文化的繁荣昌盛和丰厚沉淀，从而继不可思议的"轴心时代"之后，着实再次大大丰富了中西亿万生灵的精神世界；当然，也还有各种各样旧有的和新生的社会冲突不时发生，从而在或快或慢的历史节奏中，或深或浅、或大或小地改变了人类生存于其中的权力秩序。然而，从思想史的角度来看，更为重要的是，几乎与上述种种变化发生的同时，有一些关乎社会组织之根本的思想问题，在东方，在西方，都被那些焦灼不安并切切祈望着人间秩序之和满圆善的灵魂，以或隐晦曲折或直白明显的言辞方式，不断提出，反复探讨。在这云笼雾罩的历史时代，满怀赤诚而忧思发愤的思想者们，东西奔走，上下求索。

　　正是在这样一种氛围中，仿佛是昊天上帝的有意眷顾，祂让东西方先后从海上向对方派出了互通讯息的使者。浩浩荡荡的郑和船队,向陌生的域外世界不断传达着天朝上国的丰阜繁荣,并宣示着儒风华夏的仁慈宽厚。几乎与此同时,马可·波罗东方游记的出版,也已经在西方世界激起了寻找东方的热望。据说,是郑和最先到达了美洲,而九死未悔的基督徒远航者们,也最终发现了与他们自己之所知甚为不同的东方文明。接着,满怀真诚的文化使者们风尘仆仆地赶来了。震撼了华夏世界的第一次"西学东渐",同时也伴随着震撼了西方世界的第一次"中学西传",就此拉开了伟大的序幕。对于当时已知的文明世界,无论是东方,还是西方,这都是一个"新"要从"旧"里冲撞破出的希望的时代,是一个"活"要从"死"里挣扎脱出的生命的时代,也是一个"我"要从"群"里超拔别出的个性的时代。在差不多同样的地平线上,东方,西方,几乎同时看到了一个新的伟大时代的曙光。在那些奔走求索的焦灼心灵中,黄宗羲和洛克都是看到了这曙光的智者先见,并在对它背后那暖融融光灿灿的太阳的深切期盼中,思接天人,以史为鉴,写下了他们各自的不朽之作。

本书即试图以洛克作为思想史的外部参照,以"自由"为关节对黄宗羲的法政思想进行细致考量,进而尝试重新理解传统中国法政思想的内在丰富性,及其在当下世界获得"新生转进"[①]之可能性,故而算得是一项立足于中国问题的中西比较研究。而其间所谓的"中国问题",即近世以来,尤其是一百多年来,在中华大地上整个人间生活秩序的合理重建问题。自十九世纪"传统的""中华"遭遇"现代的""西方"以来,所谓中国,就显然被困在了十九世纪的基本问题之中。而只要我们稍一展开历史纬度的思考,就会发现,当下中国时时涌流起伏的各样社会思潮以及不断激动发生的种种文化事

---

① 此语取自徐复观先生。

件，都仍然或深或浅地处在十九世纪问题之阴影的笼罩之下。然而，本书认为，这种种问题、思潮和事件更深更远的历史源头，似乎可以上溯到传统中国的晚明时期。——这正是笔者之所以选择黄宗羲（和洛克）作为思考交流之对谈者的一个重要原因。在这里，黄宗羲和洛克都不是刻意挑选的所谓"研究对象"。他们乃是我对某些将我重重捆锁的基本问题[①]、在古今中西之间寻求解答时，被这些问题牵拉着一步步来到他们面前并逼我倾听他们之所思所语的故哲和先贤。

我走访至此，发了些感喟，提了些问题，作了如是记录。我愿意真诚地把这尚不成熟的果子，呈在各位硕学先进与同侪面前，让它接受应有的批评和检阅。

晚清民国以来，黄宗羲研究一直受到学界的广泛青睐，其法政思想更是受到学界持续一百多年的格外关注。这无疑有着国人基本政治诉求的投射，然而，也正是由于受到来自政治实践领域基本诉求的极大影响，近代以来的黄宗羲法政思想研究，自始就走向了单一的"民主"范式。在这一范式引领下，百余年来，已经形成了大量研究成果。其中固然不乏富有启发意义的经典性作品，但在笔者看来，由于"民主"范式内在的构成性缺陷，而使其引领下的黄宗羲法政思想研究，面临着一些不可克服的深层困境。本书试图在黄宗羲法政思想研究中，提出从"民主"到"自由"的基本范式转换，并探求从"民本"思想及其历史实践到"自由"思想与现代自由法政秩序的理论可能。笔者希望能够通过这种转换，在新的视角和参

[①] 我所谓的"基本问题"，一言以蔽之，即是探寻在短暂的生死之间如何过一种有意义的生活。该问题首先指向个体心灵的安顿，然后指向得到如此安顿的身心，应当过一种怎样的群体生活。如果说前者主要是个体性的私域问题的话，后者则以前者为起点和主要根据，经由家庭、诸社会（sociaties and communities）而指向某种类型的公共秩序。

照中,更深入地理解黄宗羲法政思想乃至整个以"民本"为基座之传统中国法政思想的内在丰富性,以及它们在一个业已给定的现代世界中,在建设"华夏自由秩序"时所可能具有的积极价值。

本书之"引言"部分,主要交代笔者所怀的基本文化立场。"导论"首先交代黄宗羲法政思想研究的学术史概况,进而就主流研究所存在的深层困境进行分析,再次则交代本书所选取的与主流研究不同的基本进路、方法,最后对笔者之核心问题关切略述其要。

始章三篇。首篇根据明代历史环境、结合黄宗羲晚年反思其人生时的夫子自道,将其漫长而复杂的人生旅程分为三个时段,并以此为基本框架,简述其生平行状和治学著述的大略情形。其次两篇则集中考察黄宗羲法政思想的两个核心文本:《留书》和《明夷待访录》。首先是对这两个文本得以产生的具体历史情境所进行的具体历史考察,其次则对文本自身之组织结构进行较为细致的分析,以为下文更好地理解其思想之具体内容奠定基础。次章三篇,立足于传统中国法政思想史自身之故有论题,并根据其流传演变的历史线索,梳理黄宗羲法政思想的几项具体内容,从而凸显并阐发其具有创造性意义的思想成果之所在。首篇交代的是"君臣论"和"学校论",其次是"封建论",最后是"正统论",每篇都将其置于思想史的变迁流转过程之中,来观察黄宗羲思想的历史特色与理论突破之所在,并尝试引述其与"自由秩序"相关的思想史意义。末章四篇。就其基本论题而言,本章乃是在前文基础上,就几个具有交叠内容的论题,在黄宗羲与洛克之间展开立足于思想史文本细读的比较研究。首篇侧重于对黄宗羲和洛克法政思想所试图应对的、具有人类范围之普遍意义的基本历史问题的梳理和比较,因而是对黄宗羲和洛克法政思想的同时代性的简要论述。其后则依次对黄宗羲和洛克的权力批判、政府批判进、"治法论"和"法治论"等三个论题进行了思想史的纵向梳理和横向比较。本章四篇,在每一项具体的梳理和比较研究中,都贯穿着一种立足于"自由"(自由精神和自由秩序的双重维度)的思考维度,以试图在华夏东土的黄宗羲和欧罗西方的洛克之间,发现他们的法政思想在形式结构上的相似和实质考量中的相通,并尝试打开重新理解黄宗羲法政思想之中国式现代特质的可能性。

"结论"尝试在前文基础上重述本书所试图面对的基本问题,并围绕"自由传统的中国表达式"对本研究的结论性内容予以进一步的概括。最后是几个"附录",它们虽不能纳入本书的主体部分,但在不同程度上却都是该研究局部内容展开过程中的独立成果,并以此对论文主体内容的理解有其必要的辅助作用,特将其附于书后。

在此"引言"中,还特别要向各位先进与俊秀做出交代的,是本书对"法政思想"这一术语的选择问题。虽然本书所论述的主体部分,属于一般认为之"法律思想史"和"政治思想史"领域的内容,然而笔者所用"法政思想"这个术语,却并不是对这两个短语的简单拆卸和重新组合。首先,从现代法学意义的眼光看去,严格意义的"法律",主要指国家所制定的实定法,间或也包括一些由国家所认可的惯例和习惯性规则,而相应的"法律思想"也主要在这一意义上展开。然而这样的"法律思想",在古代中国,除先秦法家一派而外,近乎绝迹;即便是在西方世界,也主要是十九世纪中叶以来的事。对于此前的西方和传统的中国,若以此作为衡长量短的基本标准,均不免方枘圆凿,不但无法避免撕裂割断,更是多与基本之历史事实难以合符。即便就其最浅层立说,当著者所提名标举的是传统中国思想家之"法律思想",而其言述所及之具体内容却大半与其当世之"律"毫无关系,终归是一件有点令人尴尬的事。其次,古今"政治思想"的核心关注,就其主要内容而言,乃在于对族群聚落之(国家)权力的基本属性、制度配置及其运作原则的考究探寻。传统中国思想家之论述所涉,往往都包含此一部分,然而却又绝不限于此一部分。观其论锋之所及,可用司马谈《论六家要旨》所谓"务为治者"一言以为标识。而作为传统中国文化的约定俗成,历代思想人物又往往以"法"称之:"三代之法"、"先王之法"、"祖宗大法"之类皆是。在"法"字这一传统意义上,黄宗羲和洛克思想的相关内容都可以收摄容纳进来。而笔者之所以将其称为"法政思想",其中"法政"二字,除了包含前述内容作为基本理由以外,还隐含了笔者另外两层考虑:首在存"政出于法,缘法行政"之意;其次则为接续清末民初之语词传统。晚清民初,传统规模之旧学旧制尚未大坏,而新学新制则不断得到引介输入。欧风美雨吹拂激荡之间,科学玄学论争探研之际,固守文化根本而积极学法西洋,改革中国旧制以成其新鲜生命,已渐成国人共识,而实际之决策与行动,亦颇见坚决。凡此种种,最初名之"经济特科",其后则几经调整,而终归于法政诸事,尤其又以"法政学堂"之名为重要代表。具体到本书述论所及,则"法政"二字重在表达第一层意思。因为,无论黄宗羲还是洛克,在其论证逻辑中,都是极力强调大道良法在先,而善治惠政随之在后的。至于在本研究所涉及之中西比较的内容,笔者所遵循的乃是如下原则:

不求其同,不强其同,愿为梳理会通,旨在探寻人类之普世诉求;不避其异,不去其异,力求诠解阐释,要为彰显民族之个性文化。

导　论　范式转换的申说

　　学山林莽固多艰，筚路蓝缕感前贤。
　　斯文不绝魂游魄，天道恒常往复还。
　　故国往事千百岁，旧邦新命一可怜。
　　治乱兴亡寄来者，路远山高更登攀。①

　　晚明清初，是我国历史上极为躁动不安的一个时期。与此前相较而言，此时国人之内在心灵秩序与外在生活秩序，在许多层面上都发生了显著变化。最终，一语痛彻肺腑的"天崩地解"，所展现的就是那个时代伟大的思想灵魂之共同的生命体验。也正是在这个天地巨变的严酷现实面前，那些深深焦虑着一己之性命安顿、并为这个民族之命运与前途而上下求索、奔走不已的先哲，各自在不同层面、不同方面展开了对过去之思想文化、政教体制乃至整个人间秩序之理想与历史的反思和批判，竟然在明清易代之际那无可奈何的山河破碎中，成就了中国法政思想史上又一个划时代的辉煌。

　　在这些伟大的灵魂中间，黄宗羲乃是其哀痛也极、其识见也远、而其思虑也深、其成就也大的一位。就对传统中国人间秩序之理论

---

① 本"导论"完成于2009年12月。次年1月初，于河南大学举行的一次学术会议上，受吾师陈景良教授之命，得以向与会诸贤宣读大要。其中评述"民主"范式的部分，曾以稍有不同的形式以《黄宗羲法政思想研究之"民主"范式述评》为题发表在《原道》第22辑；初步申述"自由"范式的部分，曾以《黄宗羲法政思想研究之"自由"范式述要》为题，发表在《天府新论》2013年第4期上。两文发表时，均除去了题诗和大部分注释。本篇为较完整而形式略有不同的一个版本，曾在2013年4月提交给国际儒学联合会主办、四川大学国际儒学院承办的"纳通国际儒学奖"征文活动，在2013年5月提交给在北京航空航天大学举行的首届"儒家治道"学术会议，后来收入了《儒家与宪政论集》之中。

结构的思考、对君权专制制度的峻烈批判以及更重要的——对合理的儒家式法政体制之重建的积极努力而言，集中代表黄宗羲法政思想之精华的《明夷待访录》，堪称儒家法政思想自孔孟以来在晚期传统中国之历史发展的最高峰。后世对黄宗羲法政思想的研究，也主要以此书为中心展开①。然而自清末以来，对黄宗羲法政思想的研究，学者即多将其牵拟于"民主"而相比于卢梭②。这一研究范式，

---

① 以《留书》晚出，以往学者多未见之。说见第一章第二节。
② 据朱维铮《在晚清思想界的黄宗羲》一文所记，国内最早将黄宗羲与"民主"联系起来的乃是章太炎。其文中说"章太炎于1900年完成的《訄书》初刻本，内收《冥契》一文，便说黄宗羲主张官天下，否定君主的至尊地位，由近代'五洲诸大国，或崇民主，或立宪政'而日治可证：'黄氏发之于二百年之前，而征信于二百年之后，圣夫！'他在1903年春天改订的《訄书》重订本，对此篇也有大改，但结论未变。这是我所见到的首次从世界政治趋向的角度，称道《明夷待访录》的著作，尽管没有点出书名。"查刘治立评注本《訄书》（北京：华夏出版社2002年版，据《章氏丛书》，参他本考校），其中所收《冥契》一文文字与朱氏所引略有不同："挽近五洲诸大国，或建联邦，或以贵族共和。……黄氏发之于二百年之前，而征信于二百年之后，圣夫！"（前及书，第162页）文字间未见"或崇民主"一语，因其未有出校，不知何故。暂时两存于此，以俟后考。相关资料参见朱维铮：《在晚清思想界的黄宗羲》，载氏著《走出中世纪 二集》，上海：复旦大学出版社2008年版，第80—86页。
姜玢选编的章太炎文选《革故鼎新的哲理》一书中，收录了太炎先生《书〈原君篇〉后》（1899年2月）一文，内称"黄太冲发民贵之义，绌官天下之旨，欲下天子之于辅相，犹县令之于丞簿，非夐离无等，如天之不可以阶级不也。挽近五洲诸大国，或立民主，或崇宪政，则一人之尊，日以褰损，而境内日治。太冲发之于二百年之前，而征信于二百年之后，圣夫！"以发表时间之先后与文字之内容两相比较，作者疑此《书〈原君篇〉后》即太炎先生《冥契》一文之首发稿。又，太炎先生有《分镇》（1899年）一文，以朱维铮先生转述文章之内容看，似乎颇受黄梨洲《封建》、《方镇》二文的影响；参考《冥契》、《书〈原君篇〉后》两文所述，更是加强了这种印象。但由于作者未见章太炎《分镇》1899年之原文，不敢妄断。以目前之黄宗羲研究中尚未论及此点，故聊提此一假设，以俟后考。相关资料参见朱维铮：《走出中世纪 二集》，上海：复旦大学出版社2008年版，第67—69页；姜玢编：《革故鼎新的哲理——章太炎文选》，上海：上海远东出版社1996年版，第22—24页。
另外，就作者眼目所及，1）严复早在1895年5月1日发表在《直报》上的《救亡决论》一文中，就已经在世界眼光之下、以同情的口吻提到了黄宗羲与《明夷待访录》（见王栻主编，《严复集》，北京：中华书局1986年，第44页）。但是，严几道并未将黄宗羲与"民主"或"卢梭"中的任何一个相牵连。笔者以为，这并不是严复的疏忽，亦非其时他尚未闻见"民主"思想或卢梭学说所祸。相反，笔者认为，这是严复英国式古典自由主义思想的极高敏锐度，使他有意识地不把黄宗羲的《明夷待访录》与所谓"民主"思想和卢梭学说牵连在一处。仔细分疏，须作专文，兹不细述。2）在1895年10月广州起义（"乙未广州之役"）失败后，孙中山避居日本。在此期间，大约于1895年底或1896年初（据冯自由《革命逸史 初集》、《中国革命运动二十六年组织史》，转见张永忠《黄宗羲政治哲学思想研究》，北京：人民出版社2009年版，第217页），孙中山已经将《明夷待访录》的《原君》《原臣》作为宣传中国革命的材料印发传布。这可能是最早将黄宗羲的法政思想，与近代民主革命思想联系起来的举动。

明确奠基于梁启超1902年《中国近世三大思想家·黄宗羲》一文，此后即成为黄宗羲法政思想研究领域的主导模式，至今仍是华人世界相关研究的常轨。但笔者对该研究范式之深层合理性与根本有效性持存疑态度。笔者认为，由于这一研究范式所存在的构成性缺陷，以至其主导下的黄宗羲法政思想研究，表面看去虽硕果累累，在其深层却困境重重；进而，笔者认为，在黄宗羲法政思想的进一步研究中，亟应实现一种研究范式的转换。具体言之，就研究者的审查视角或思路来说，应该从原来"牵拟于民主"改而"运思于自由"；就与外部系统中思想人物的比较而言，则应从原来的"相比于卢梭"转而"参照于洛克"。

一　黄宗羲法政思想研究现状及主要成果评略

对黄宗羲法政思想的研究，自清末以来即处于"民主"范式主导之下，产生了许多颇有影响的论断和成果。下文首先对此间所形成的学术成果进行简要的总结，进而对"民主"范式所面临的两重困境略作分疏析辨，最后提出在黄宗羲与卢梭之间进行牵强比较时所存在的问题。

1899年，章太炎在《书〈原君篇〉后》中，首次把黄宗羲的法政思想与"民主"二字牵连起来[①]。此后，经过梁启超、马叙伦、刘师培、陈天华等人的提倡和推助，黄宗羲法政思想的"民主化"形象被一步步加强。其结果是，在清末民初之际，"民主"即已牢牢确立为学界研究黄宗羲法政思想的基本视角和参照理论。百余年来，在这一思路主导下，产生了数量宏富的研究作品，其中不乏影响甚大的学者与著述，本书不可能为之一一评述。为厘清"民主"范式

---

① 见前页注②。

的基本定位及其内在困境,并为本书所论选定一个较为稳妥的学术史起点,今乃择其要者,例举而类归之如下①:

在"民主"范式下的百年黄宗羲研究成果,大致可以分为三种主要观点。其第一种观点认为,黄宗羲的法政思想从其内在规定性上就是近代民主(启蒙)思想、或是民主主义思想。持这种观点的学者主要有梁启超、刘师培、陈天华、钱穆、杨幼炯、侯外庐、邱汉生、谢国桢、张岱年、萧萐父、牟宗三、冯契、郑昌淦等。沈善洪教授在其为《黄宗羲全集》所作的长篇序文中,盛称梨洲《明夷待访录》一书,说它对传统思想有一定继承,"但是它和传统思想有本质的区别,是对传统思想的根本否定","是一部启蒙主义的纲领性著作",并据之将黄宗羲的法政思想定性为"近代民主主义的思想"②。近二十年来,吴光教授有多篇论文对黄宗羲思想做出过研究论述,其新著《天下为主:黄宗羲传》堪称其二十年黄宗羲研究的总结,内中持论与沈善洪教授基本相同。另外,李锦全、朱晓鹏、张践、朱义禄、徐定宝、彭国翔等学者,在对黄宗羲法政思想进行研究评述的过程中,虽然彼此之间强调的侧重点和篇章略有不同,但基本都肯定:十七世纪的中国和西方在一定程度上都面对着某些世界性的普遍问题,因而对这些问题的深入思考和解决提案,就构成了这一时代中西大思想家思想中交叠存在的共同课题。并由此进一步认为,黄宗羲的法政思想和西方近代民主思想,虽有术语系统和侧重要点上的不同,但并没有内在性质上的根本差异。进而推论认定黄宗羲就是近代民主启蒙思想家,而其法政思想本身也就是近代民主启蒙思想或民主主义思想。其中,徐定宝甚至声称黄宗羲已经"吹响了近代政治民主的号角"③。

---

① 因为涉及的学者著作和论文数量甚多,不一一注出。
② 见《黄宗羲全集》第一册,《黄宗羲全集序》,第6—12页。
③ 见氏著《黄宗羲与浙东学术》,北京:海洋出版社2010年,第202页。

"民主"范式下的第二种观点认为，黄宗羲的法政思想从其内在规定性上是民本思想而不是近代民主思想，虽与近代民主思想有一定距离，但却可以（或可能）通向近现代民主思想；或者说，黄宗羲的法政思想是一种从传统中国民本思想，向近现代民主思想过渡的中间形态。另外，在这一基本立场下，冯天瑜等学者提出了"新民本"的概念，试图为黄宗羲法政思想提供更为准确的思想定性和学术定位，在学界赢得了不少支持。明确持这种观点的华人学者有冯友兰、任继愈、嵇文甫、金耀基、冯天瑜、俞荣根、龚鹏程、谢贵安、孙宝山等，日本学者沟口雄三等亦持此种观点。此外，在持第一种观点的学者中，有的在具体情形的表述中做出了某些保留，从而也可以归入这第二种观点之内，如吴光、张践、朱义禄等。张永忠在《黄宗羲政治哲学思想研究》一书中，对黄宗羲法政思想的性质归属有意识地不做明确的判断，但就其论述所显示出的倾向性而言，亦当归入此一类观点中。以上学者，在对黄宗羲的法政思想进行评述时，一般从内在性质上首先肯定黄宗羲为传统中国之民本主义思想的集大成者。在这一点上，"民主"视角下的三种观点完全相同。所不同的是，持有这第二种观点的学者，在此前提上进一步认为，黄宗羲以民本主义为精华的法政思想，虽然尚称不得是近现代民主思想，但与其却具有某些相通之处，并积极肯定其对于建设现代"民主"政治所具有的正面价值。龚鹏程教授甚至明确提出，只有在施政中体现了"民本精神"的政治，才是真正的"民主政治"[①]。

"民主"范式下的第三种观点认为，黄宗羲法政思想仅仅是传统中国的儒家民本思想，而不是具有近现代意义的民主启蒙思想，也绝不会通向或走向近现代的民主思想。不仅如此，这种观点还进

---

① 见龚鹏程的论文《黄宗羲民本思想探赜》，文见吴光主编，《从民本走向民主：黄宗羲民本思想国际学术研讨会论文集》，杭州：浙江古籍出版社2006版，第29—47页。

一步认为，黄宗羲法政思想乃是对传统中国之君主专制主义的另类辩护，甚至其本身就是另一种形态的专制思想。持这种观点的学者主要有谭丕模、南炳文、刘泽华、涂文学、张师伟、贾庆军等。虽然在具体表述上略有不同，上述学者基本都认为，黄宗羲法政思想虽然"重民"，但其基本出发点，并不在于实实在在地为"民"策计，而在于为居于统治地位的整个地主阶级谋算；并且进而判定其思想之性质是前近代的，与近现代西方的民主启蒙思想或民主主义思想毫不相干；至于黄宗羲为中国人设计建构的那种理想法政秩序，只不过是他从传统儒家思想已经腐朽不堪的老根上，推演重构而出的新一轮"圣王专制"罢了。故而认定黄宗羲法政思想与西方近现代以来的"民主"，无论是在思想观念上，还是在制度设计上，都没有丝毫相通与可比之处。

二 黄宗羲法政思想主流研究之深层困境论略

1. "民主"范式所面临的两重困境

前述三种观点，都是从"民主"视角或思路出发，来思考、审查进而评判黄宗羲法政思想。但是，同是出于"民主"，除第二种观点试图温和折中外，第三种观点与第一种观点明显处于极端对立的位置上，并以此对第二种观点构成某种严峻挑战。那么，该怎么看待这种矛盾情形呢？导致这种冲突的内在思想理路究竟如何？毫无疑问，认真思考、探索这个问题，对于准确、深入理解黄宗羲的法政思想的性质和价值都极为重要。虽然已经有学者立足于第二种观点,对此困境作出过突围的努力,然而其回应的说服力并不充分①。本书认为,除上述回应已经提及之较为具体的问题和对细节理解上的分歧外,根本的问题并不出在黄宗羲法政思想本身的实体内容和文本表述上。相反,在这里,真正的问题无乃在于:研究者用来审视、评断黄宗羲法政思想之内容、性质与理论价值的"民主"视角或思路,以及与此紧密伴随的评判标准本身,并不适合于用来审视、评断黄宗羲法政思想之内容、性质及其理论价值。下文即从历史与理论两个层面对这一判断略作申述:

从历史的角度考察,不难发现:重"民"是儒家法政思想三千年间一以贯之的根本主张(孟子以来,尤其如此)。其历史基础和致治典范,可以远溯至商周之际那位"敬天保民"而"制礼作乐"的周公。至于其在儒家经典中的文本依据,则有则很多,兹举三例以为代表:首先是作为儒门"圣经"之首的《尚书》②;至于可以确

---

① 兹举两例,代表两种回应取向。1)积极取向的回应,试图再次论证黄宗羲法政思想与民主思想虽不相同,却是内在相通。参见李存山教授的论文《从民本走向民主的开端:兼评所谓"民本的极限"》,载吴光主编《从民本走向民主:黄宗羲民本思想国际学术研讨会论文集》,杭州:浙江古籍出版社2006版,第112—129页。2)消极取向的回应,参见孙宝山:《返古开新:黄宗羲的政治思想》,北京:人民出版社2008年版。本书作者认为,以李存山为代表的积极取向的回应,尚有不少可称可取之处;而孙宝山的回应则近乎全然失败,因为其回应竟然是以这种方式做出的:"他(黄宗羲)的政治思想与理学思想尽管有一定的联系,但前者并不是建立在后者的基础之上,二者属于不同形态的理论,是在不同时期、按照不同方法建构起来的。……他的政治思想和理学思想并不存在必然的联系"。参见上及孙宝山书第29—30页。这样的回应(且不论其以回避问题的方式来解决问题的思路本身是否有效),其迈出的第一步,就已经否定了黄宗羲成熟时期之思想的内在一贯性,而这对于《明儒学案》这样一部体大思精之空前著作的作者来说,是绝不可想象的事情。所以这样一种消极回应绝不是问题的解决之道。

② 关于"圣经"这一名目,黄宗羲屡次将其使用于儒家经典之上,见其《易学象数论》之《自序》、《图书一》及为万斯大所作《答恽仲升论〈刘子节要〉书》(1669年)《高古处府君墓表》(1680年)《万充宗墓志铭》(1685年)等文中。这种用法虽然并非梨洲独具,然而其收摄包容之知识内涵,却与其法政思想紧密相关。为不失梨洲原意,特将《万充宗墓志铭》之上下文录于此,聊备一识,以供考论:"自科举之学兴,以一先生之言为标准,毫秒摘抉,于其所不必疑者而疑之;而大经大法,反置之不道。童习自守,等于面墙。圣经兴废,上关天运,然由今之道,不可不谓之废也。"(见沈善洪主编《黄宗羲全集 第十册》,杭州:浙江古籍出版社2005年版,第417页)。这里,通过"天"所折射出的,乃是黄宗羲对儒家经典中蕴含了恒常不变之"道"的信仰;进而,"道"借着这些儒家经典所表达出来的基本原则,也就是关系到人间秩序之治乱兴衰的"大经大法"。

定的夫子著述,当首推《春秋》。依据梁启超、钱穆、郭沫若等先生的考论,孔子于其"大一统"之"义"下,重"民"乃其本旨①;而《孟子》一书,更是将儒家的重"民"思想发挥到了空前的高度,——后者对宋代以来儒家重"民"思想的进一步发展,以及宋后儒家切实眷注民生的各种社会实践,影响尤其至深至大。整体而言,儒家对"民"的推重,放置在中西各大传统社会中而与其主流思想相较,都是鲜有可比而难能可贵的。但在现代儒家的眼光下,一个刺眼的悖论却是:在重"民"思想源远流长且具有如此强大之儒家传统的中国,三千年来的漫长历史上,有过贵族政制,有过君主专制,有过君主与贵族共治之制,有过君主与儒家官僚士大夫共治之制,却无论如何终究没有发展出过任何一种堪称"民主"的政治样态,甚至连像古希腊那样极小范围内的民主制都从来没有过,——更不用说让"民主"能够称"制"而垂范于后世了②。

也正是在这种历史困境的逼迫与缠绕之下,才会出现牟宗三等前辈先生如下之突围的努力:先把民主思想与民主制度(或民主实践)

---

① 参看梁启超:《先秦政治思想史》,北京:东方出版社,1996年版;郭沫若:《十批判书》,北京:东方出版社1996年版,钱穆:《国学概论》,北京:商务印书馆1997年版。另外,蒙文通《儒家政治思想之发展》一文,对理解儒家法政思想之内容及发展变迁之大略,为极好之文献。参见蒙文通:《儒学五论》,桂林:广西师范大学出版社2007年版,第33—60页。
② 这样的历史悖论可能与儒家对"民"所做的一个基本判别紧密相关:将作为整体意义的"民"严格区别于作为具体个体的"民"。这一基本区别在宋代以来的儒家里面表现的尤其明白而强烈。张载说:"民虽至愚无知,惟于私己然后昏而不明,于事不干碍处,则自是公明。大抵众所向者必是理也"(《经学理窟·诗书》),程颐说:"夫民,合而听之则圣,散而听之则愚"(《遗书》卷三二《伊川先生语九》),陆九渊说:"夫民,合而听之则神,离而听之则愚"(《象山先生全集》卷三四《语录上》)(以上三先生语转引自余英时先生《宋明理学与政治文化》,吉林出版集团2008年版)。对"民"的这种分别,在《尚书》对尧舜禹间的禅让进行叙述之时,已经隐含于其中,而《孟子》对这段儒家神圣历史进行解释之时,也已经将这种分别显明。从而可以判定,这一分别乃是儒家"民论"的构成性要素。于儒家而言,这一构成性要素的理论后果是多方面的。其社会层面的后果,要在于重民生。而在政治意义上,则使得儒家重"民"理论的全部重心,几乎仅仅在于通过整体的"民",来证成那不可须臾离之却又无声无臭的"天",却全不在于为作为个体的"民"发展一种普遍有效的政治参与机制。兹事体大,此文不可详论,略及如此。

判然分离，然后以"政道"与"治道"之理论分辨作为基本分析框架，对儒家在历史上没有"民主"制度或"民主"实践进行历史情境的合理化解释，进而提出一种儒家支持"民主"政治的发展性论证，以最终完成其"新外王"的理论逻辑①。海外新儒家这种努力的精神固然可敬，然而，这些学者似乎并没有注意到如下事实（至少没有给予足够重视）：这种既无"民主"实践，亦无"民主"制度的历史，在历史上的儒家那里，根本就不成其为一个"问题"；而"政道"与"治道"的理论分别这一略显勉强论说框架，对于历史上的儒家士人而言，也似乎根本就是一个陌生事物。无论是孔子所"大"的"一统"，还是孟子所眷注的"仁政"，也无论是考亭公所力倡的"王道"，还是陈龙川所认肯的"霸道"，其自身都是结构完整体系自立的儒家法政秩序，而且都以自洽的方式实际收摄容纳了"政之所归"与"治之所由"两个层面的含义。由乎此以深究，则港台新儒家所倡导的"政道"与"治道"之判，似乎本就无所容于传统儒学之间②。事实上，儒家面对"民主"的历史困境，纯粹是十九世纪以来的现代中国问题。以这样在现代中国问题笼罩下的泛"民主"逻辑，反观那没有遭遇现代西方之前的传统中国之历史与文明，无论是对于其自身的秩序样态，还是对于那与之伴生的历代儒学系统，自然就免不了方枘圆凿的尴尬和磕碰摩擦的烦恼。

本书认为，近代以来，在几代儒家学人所不得不面对的这种显层历史困境的深处，不断以误会错解或冲突碰撞的形式僵持着的，正是传统中国之"民本"思想与起于近现代之西方的"民主"思想，

---

① 牟宗三先生的上述论说逻辑，在其《政道与治道》一书"新版序"（尤其是此"序"第四节）中已经说得很明白了。参见牟宗三：《政道与治道》，桂林：广西师范大学出版社2006年版，"新版序"第1—24页。
② 以此"政道"与"治道"的分别为框架，进入历史文本，思读传统之儒家文献，恐多有失；但这绝不意味着思想者不可以在现代语境中，充分调动儒家传统的思想资源来思考现代中国的"政道"与"治道"问题。

以及以此为核心的、两种不同型质①的法政秩序之理想、理论与实践之间的扞格。也正是基于这种深层扞格，才最终导致了在"民主"范式下，虽然同以"民主"为标准研究黄宗羲法政思想，但相关评价却莫名其妙又十分尖锐的矛盾与对立。

以孟子和黄宗羲为最重要代表人物的儒家之重"民"贵"民"的"民本"思想，与起于西方的近现代"民主"思想，确实"其叶徒相似，其实味不同"。在这一点上，本书持论与上述第二、三种观点一致。但也仅仅在这个否定性的要点上一致而已，相关论证和更进一步的看法则颇不相同。本书认为，传统中国之儒家重民贵民的"民本"思想，无论在其理论基础方面，还是在其实在内容方面，不但和近现代以来的西方"民主"思想既不相同亦不相通，甚至和古希腊时代的早期"民主"思想也是既不相同，亦不相通，而仅仅有其最表面的相似（对民众利益予以不同程度的承认与重视②）。虽然我对下面这个要点确是深信不疑：历代大儒家在强调贵"民"重"民"的时候，乃是出于他们悲天悯人的情怀和历史道义的担当，乃是真心实意地关注着"民"的安置和利益，绝非如某些论者所言，乃是纯粹为统治阶级谋划。然而，即便如此，历代儒家重"民"贵"民"之"民本"思想的言说对象，仍然仅仅限于在位者和士君子，而并不指向一般意义的"民众"。这也是确凿无疑的事实。但是，无论是古希腊那古典的"直接式参与民主"，还是近现代西方的"选举式代议民主"，也无论是其言说面对的主体对象，还是在实践中

---

① 此处所用"型质"一词并非"性质"之误，而是笔者出于以下考虑的有意选择："性质"一词的构成，属于由"性"和"质"两个单词组成的同义或近义复合词，其重点在于表达某一事物自身本然具有的实质性质料特征。而本书所用"型质"一词，则试图在通过"质"表达上述本然质料特征以外，更通过"型"字所具有的形式意义来表达不同类型之法政秩序的结构性特征。

② 这一点正是儒家"民本思想"的核心与最大特色，但也几乎仅限于此，而并不进一步一般承认"民"的政治主体性。这是儒家思想内在理路的一个自然结果。详见下文。

的参与机会，都一般性地指向最普通意义的作为民众的"公民"。正是从这一点切入，我们可以窥见那横亘在传统中国儒家之"民本"思想，和西方两千年间兴衰变替的"民主"思想之间的那条不可跨越的鸿沟：政治主体性问题。

在传统中国思想系统中，主流儒家是一般性承认每一个个人之道德发展可能性的，从孟子所极力阐发的"四端"说，到王阳明再次绍述之"人皆可以为尧舜"的宏论，其端的皆在于此。这一点也正是正统儒家之"性善论"的核心命意与永恒价值之所在。然而，这却仅仅只是承认每一个人都有可能成为道德性的主体人，并不是实在认可每一个人都是道德性的主体人。后者需要对自己的生命与生活，在其道德维度上有充分的自觉与控制，显然这并不是儒家视野中的所有人都能实际做到的。但是这并不是问题的根本所在，因为无论是古典的还是近代的西方思想体系，也并不都无条件地承认所有人为实际具有道德性的主体人。真正的问题乃在于，在儒家思想系统的展开逻辑中，只有具备了这种道德资格，才有可能进一步取得作为政治主体的资格。进一步，就其自然的结果而言，在儒家式法政思想和理想秩序中，政治主体都只能是在位者和士君子，甚至是同时具有在位者和士君子这两种身份的人。进而，在实际生活中常规性参与政治过程与权力运作的可能性，也仅仅向这些在位者和士君子，以及那些有可能成为士君子和在位者的人敞开。即，儒家将道德主体性作为取得政治主体性之前提这一内在理路，已经使它将一般意义的"民"，绝对排除在了常规性地参与政治过程和权力运作的可能性之外。由乎此，"民"之作为"臣民"，仅是政治上在位或不在位的士君子们所关怀、所悲悯与所领导的对象，亦即，仅仅是士君子主导下的常规政治过程和权力运作之结果的承受者。亦由乎此，虽然三千年儒家主流思想总是在强调重"民"、为"民"，而主流儒家（尤其是宋代以来的主流儒家）的政治实践，也总是在努力为"民"谋其福祉，——这正是儒家"民本"思想最主要的历史成就之一，却完全不可能期望历史上的儒家，能够积极地发展出具体的制度性机制，以使"民"们可以凭借政治主体的身份、常规性地参与国家的政治过程和权力运作。

但是，对"民主"来说，无论是思想，还是实践，也无论是在古典的希腊时代，还是在近现代以来的西方世界，"民"对国家政治过程和权力运作的常规性参与，都是居于最核心部分的内容。那么，它的理论基础又是怎样的呢？首先，在古希腊文化的黄金时代，人在道德上的主体性和在政治上的主体性之间，就已经实现了相对分离。这一点主要得益于当时，在希腊世界统一的文化性格之下，各自独立而相对封闭的现实城邦政治①。城邦政治的封闭性，在希腊文化的统一性面前，逼迫着希腊人逐渐发展出了在道德主体性之外识别、确认政治主体性的思维和机制：其核心就是"公民"这一法律身份。"公民"身份，主要是通过区别于野蛮人和奴隶，特别是区别于同属希腊文明世界的"外邦人"②，而以之来确定本城邦属民对城邦政治过程与权力运作之参与资格的。从而，凡具有一城邦"公民"之身份者，皆有权利与义务参与到本城邦政治过程与权力运作

---

① 此论甚大，不可详及，略述其逻辑之大要：在希腊世界统一的文明形态下，道德的主体性归属无疑是在于希腊人的，其相对者则主要是野蛮人。然而，虽然有统一的文化，但在一种城邦林立且各自独立而封闭运转的政治现实中，政治主体性就不能根据这种具有普遍效力的道德辨识来确立。其历史结果就是在道德主体性之外，发展出了较为独立的政治主体性辨识机制。可参看塞尔格叶夫：《古希腊史》，缪灵珠译，北京：高等教育出版社1955年版；韦尔南：《希腊思想的起源》，秦海鹰译，北京：生活·读书·新知三联书店1996年版；萨拜因：《政治学说史》，北京：商务印书馆1986年版，第一编的内容，尤其是第二章"城邦"；沃格林《城邦的世界：秩序与历史第二卷》，陈周旺译，南京：译林出版社2009年版，第四章"希腊城邦"和第七章"美德与城邦"。相对于独立而封闭的希腊城邦政治，春秋战国时代那极具开放性的邦国政治，则似乎在"公民"这一法律身份的形成史上，扮演了某种消极角色。
② 选用"外邦人"的译名主要是考虑到"城邦"这一名目，也承袭清末以来的"圣经文学"传统。此语亦间或译作"异乡人"、"外乡人"，《罗念生全集》、刘小枫主编的"经典与解释"系列中，在柏拉图原著及研究作品的译文内，亦多有涉及，兹不细表。

之中①。在任何一个城邦之内,"外邦人"虽然都没有资格常规性地参与本城邦的政治过程与权力运作,但这并不是由于他们在道德上存在瑕疵,而是各个城邦在法律上的某种限制性规定使然。正是在这样一种政治主体性相对独立于道德主体性的前提下,本城邦"公民"却获得了他们政治参与的绝对正当性。由此而来的进一步要求就是,必须发展出种种常规机制,以使这些"公民"能够切实参与到城邦的政治过程和权力运作中来。而古典的希腊时代,以雅典为代表的古代城邦民主政治,无论在思想上还是在实践中,也确实实现了这一点。近现代以来,由于在广土众民的条件下,再也无法实行古典的"直接式参与民主",西方乃在各样的经验教训中,一步步发展出了立足于选举的"代议民主"。这种现代世界的"代议民主",在思想上,保留了古典希腊时代已经发展出的对政治主体性的辨识法则;在实践上,首先将"公民"对政治过程和权力运作的直接参与,限制在基础性社会单位(尤其是自治性社会单位)的层面,在国家层面上,则将之转换为以选举代表的方式,对政治过程权力和权力运作进行间接参与。但是对一般"公民"而言,无论是对基层自治单位之公共事务的直接参与,还是针对国家层面的选举行为本身,他们都依然既是理论上的政治主体人,又是国家实际政治过程和权力运作的常规性参与者②。

通过以上交代,我们不难发现:在传统中国的"民本"思想与实践,和发源于西方世界的"民主"思想与实践之间,实在横亘着一条不可消除、亦不可跨越的鸿沟。这条鸿沟之不可避免的存在,就传统儒家一面而言,正根基于其思想系统的基本前提之中。而黄宗羲正

---

① 自古希腊至十九世纪,"公民"在西方世界的含义,往往被固定在"成年男性公民"这一狭窄意义之上。
② 参看卡尔·佩特曼:《参与和民主理论》,陈尧译,上海:上海世纪出版集团2006年版,第一章"民主的最近的理论和古典神话",第二章"卢梭、斯图亚特·密尔和G.D.H.科尔:参与民主理论"。

是儒家法政思想的集大成者之一，其思想系统全然继承了上文述及的所有儒家成分，因而对其法政思想的分疏和解释，当然也必须——事实上乃是不得不——在这一鸿沟面前止步。

2."民主"视角将黄宗羲法政思想牵拟于卢梭时存在的问题

在黄宗羲法政思想研究的"民主"视角下，还存在一个将黄宗羲与卢梭牵连比较的问题。称黄宗羲为"中国之卢梭"，起于上及梁启超1902年的文章。此后在蔡元培（1903年）、马叙伦（1903年）、刘师培（1904年）、陈天华（1906年）等极具一时影响的写作和讲说中，都把黄宗羲比成为"中国之卢梭"。然而，中日学者都已经注意到，这一时期的这种比拟，纯是印象式的，持此一比拟的几位学者，几乎全都未仔细深入研究过黄卢两家学说之异同。另外，加上这种"比拟"又是在当时排满革命大趋势的影响下，所提出的一个口号式主张，以至于"中国之卢梭"这一形象本身的正当性，并非建立在对两家学说进行实质性比较研究所得出的学术结论基础之上。但是，这种印象式的表达、口号式的主张，不但在清末民初之时迎合了国人的政治需求（以及深层的心理需求），而产生了极大时代影响，而且也成为了此后学界进行黄宗羲法政思想研究的主导性思维方向（几成思维定势）。自从清末以至于今，华人学者无论是对黄宗羲法政思想进行肯定，还是否定，相关论断主要都在这一思维方向与比较框架中作出。

然而，卢梭与黄宗羲不可比，两者之相似仅仅是表面的；即使是黄宗羲和卢梭都对专制进行了激烈批判，他们也只是表面的相似而已。这是本书作者一个基本的判断。于其思想系的根本逻辑，在彼此思想传统之根源上的差异，上文已经略有述及。但如果要对二者思想内容展开具体说明，则必须以专门论文进行论述才行，此处仅就其紧要之处略述如下：

黄宗羲与卢梭之间的不同，首先表现为彼此言说对象和理论目标的全然不同。黄宗羲贵"民情"重"民产"。其言说的对象，仅限于在位者与士君子阶层。而其基本的目标，则是要通过在位者与士君子的良好治理，来实现天下万民的福祉与康乐；就表面而言，卢梭的特质在于申"民权"张"民主"。其言说所及的对象，是所有"公民"。其理论目标则在于，首先建立"人民"作为所有政治权力之源的正当性地位，并进而使所有"公民"，均能够有机会通过"公意"的形成和表达，来积极参与现实的政治过程和权力运作——尤其是法律的制定，以最终实现"自由的人必须自己为自己立法"这一伦理构想。除了上文所及的政治主体性之基础性差异，相对于卢梭而言，黄宗羲的主要言说对象和基本理论目标，都明显要有限得多，也切实得多。

另外，黄宗羲法政思想建构性部分的核心在乎"公议"，卢梭法政思想建构性部分的灵魂在于"公意"，二者亦全不相同。黄宗羲提出不以朝廷之是非为是非，要遵循"公议"而定政治之是非。事实上，他所指向的就是国家治理原则的确立、政策法度的制定、以及在重大事件上的决策依据问题。略相当于近世对立法权之理论探讨的基础部分：强调"社会"相对于"国家"（朝廷）一定的独立性，并通过这种独立性来规范和制约"国家"（朝廷）的统治行为。在黄宗羲那里，"公议"以士人社会为背景，而直接面对国家（朝廷），不但有其内容相对明确的标准可以援用（"天下之法"），而且有其成员亦相对稳定的现实载体可以依凭（"学校"）。他的全部讨论，都是在法政思想和生活秩序建构的层面得到展开的；但是，卢梭学说中的"公意"，实在是一个不可捉摸、无以名状的玄秘之物。这一概念的提出，也实在是卢梭学说中最具有潜在破坏力的部分。就思想史的线索而言，卢梭提出"公意"概念，主要为实现两重目标：

第一，针对他自身的理论系统，完成"自由人必须自己为自己立法"的逻辑贯通，第二，针对霍布斯法政思想中极端自私自利的个人主义，实现理论论证的转换，以避免霍布斯推论中在伦理和政治两个层面上的严重后果。事实上，卢梭正是从经过伪装的霍布斯式的极端个人主义出发，通过玄秘的"公意"概念，到达了其政治上极端集体主义的结论①。从理论的内部结构和推衍逻辑而言，卢梭的"公意"概念，乃是将其伦理思想的展开和法政秩序的建构这两个层面的内容，不声不响地混合缠绕在了一起，并且使它们在同一叙述中彼此交织同时展开。正是"公意"这一概念的提出及其展开逻辑，在一定程度上使卢梭要对二十世纪政治中，大众主义与极权主义并生的问题及其所导致的巨大政治灾难，负上一定的思想史责任（虽然这可能并不合乎卢梭本人的意图）②。

还应该提出的是，在卢梭这一参照标准下，无论以其学说之"民主"性来附会以支持、或者批评以否定梨洲思想之"民本"，都不适当。附会支持做法行不通的理据，已见前文所述；借卢梭来批评、否定黄宗羲法政思想之积极价值的学者，也并没有意识到下面这关键的一点：在"公意"阴影笼罩下的卢梭学说，并不是简单明了的"民主"思想。如果注意到卢梭学说中极端个人主义和极端集体主

---

① 西方学者很早就注意到了卢梭在极端的个人主义和极端的集体主义之间的困窘和挣扎。见前及萨拜因：《政治学说史》第二十九章"卢梭对社会的再发现"之"公意"和"自由的矛盾"；吉尔丁：《设计论证：卢梭的〈社会契约论〉》尚建新 王凌云译，北京：华夏出版社 2006 年版，第一章"绪论"、第 2 章"社会契约：主权者与公意"；凯斯·安塞尔——皮尔逊《尼采反卢梭》，宗成河等译，北京：华夏出版社 2005 年版，第三章"化圆为方：卢梭论公意"。
② 参看柏林：《自由及其背叛》（赵国新译，南京：译林出版社 2005 年）之"卢梭"；塔尔蒙：《极权主义民主的起源》，孙传钊译，长春：吉林人民出版社 2004 年版，第一篇第三章"极权主义的民主主义——卢梭"；波普尔：《开放社会及其敌人》（陆衡等译，北京：中国社会科学出版社 1999 年版）讨论的拉图、黑格尔和马克思，并没有专门讨论卢梭，但与上二书所思考的却是同一思想史问题，值得参看；朱学勤：《道德理想国的覆灭》（上海：上海三联书店 2003 年版）亦讨论了这个问题，亦可参看，尤其是第三章"道德理想国的发生逻辑：自由之沉没"。

义交织而成的根本困境，并进而意识到卢梭所设定的"立法者"之角色的地位和意义，就不难发现，如果以"圣王专制"的反"民主"，来否定黄宗羲法政思想的现代价值的言说逻辑能够成立的话，那么，也就必须以同一逻辑，来否定卢梭法政思想的现代价值。因为，卢梭在其神学—伦理—法政思想中所所建构起来的理想人间秩序，一样也是某种经过重构而来的"圣王专制"，——这是一种与柏拉图有某种密切关系，而近代以来，又经过卢梭、尼采等人转手重塑，并且已经在罗伯斯庇尔的法国、希特勒的德国和斯大林的苏联切实实践了的西方"圣王专制"①。在本书作者看来，部分学者以卢梭"人民民主"来批评、否定黄宗羲"圣王专制"的做法，无论在其出发点上，还是在其推论中，还是在其最后的结论上，都存在对二者的严重误读。

但是，以上所述，绝不意味着为黄宗羲所集大成的儒家"民本"思想，已经仅仅只具有古董一样被陈列欣赏的审美价值，而全然不具备对合理现代法政秩序之建构所可能具有的实际意义。同时，也绝不意味着，黄宗羲法政思想的传统色彩和儒家属性，乃是其通往现代世界的根本障碍。进而，以上所述也不能给我们提供任何理由，据之以判定黄宗羲的法政思想是全然"前近代的"，并以高度赞扬其在前近代世界中之深刻意义与重要价值的方式，否定其在现代世界所可能具有的启发意义和建设性价值。

---

① 代表性的观点参看塔尔蒙和朱学勤两部著作。持不同的观点而试图从更深刻的层面对卢梭思想进行解读的代表作品，除上及吉尔丁和安塞尔—皮尔逊的著作外，请参看施特劳斯：《自然权利与历史》（彭刚译，北京：生活·读书·新知三联书店2003/2006年版）之"卢梭"部分和《现代性的三次浪潮》、《论卢梭的意图》二文，分别见氏著《苏格拉底问题与现代性》（彭磊 丁耘等译，北京：华夏出版社2008年版）第32—46页和第69—100页；以及刘小枫 陈少明主编《卢梭的苏格拉底主义》（北京：华夏出版社2005年版）一书所收伯纳迪"卢梭的《社会契约论》"和埃利斯"卢梭的苏格拉底式爱弥儿神话"两篇论文。

本书认为，在"民主"范式之下，无论是对黄宗羲法政思想进行肯定还是否定，都是在没有恰切理解其内在性质的基础上做出的，并且都因此而低估了黄宗羲法政思想已经达到的深度、高度及其真正的现代价值。

三 本书采取的基本立场、进路与方法述略

人类通往现代世界的道路，本不止一条；标识现代理想的价值标签，亦非独有"民主"。在作者看来，相比于"民主"而言，"自由"这一主题词，更能揭示人类对合理人间秩序之永恒需求的真精神，也更能表达出现代世界所赖以奠基其上的普世价值。而对于黄宗羲法政思想，及其依托其上的整个传统儒家"民本"思想来说，也只有在其面对"自由"而不是"民主"的历史、理想和理论逻辑的情形下，才可能真正展现出它们对于一种合理的现代中国法政秩序之型塑，所实在具有的积极意义和建设性价值。并且，也可能更加重要的是，对这种积极意义和建设性价值的肯定，在从"民本思想"到"自由秩序"的推衍过程中，在理论逻辑上可以做到贯通无碍。那么，在黄宗羲法政思想的研究中，提出一种"自由"范式，与现有的"民主"范式展开学术竞争，并最终取而代之，是否可能？甚至更进一步，将这种"自由"范式运用在整个中国法政思想史的研究中，以重新理解中国法政思想传统所蕴含的内在丰富性，及其可能具有现代意义的积极价值，是否可能？对以上两个问题，作者的回答都是肯定

的①。在这一尚不甚完善的范式引导下，作者近来的运思和写作已经在中国法政思想史研究的不同层面上逐渐展开。本篇之以下部分，则主要就黄宗羲法政思想研究的问题，对确立此一"自由"范式之努力的主要方面，进行原则性的略述，如下：

1."自由"视角的提出

针对已有的黄宗羲法政思想研究成果，促使作者提出从"民主"到"自由"这种范式转换构想的原因，主要在于，在渐次的阅读与思考中，作者对黄宗羲所怀之时代问题意识，有了愈来愈深的感悟；而对其法政思想之核心命意与理论目标，也有了渐为深入的认识和理解。所谓"自由"范式，其赖以建立的根基，正在于这种思想史的感悟和理解。

黄宗羲被抛至其中的时代境遇，本书之初已经略述。在那样一种"天崩地解"的历史遭际下，黄宗羲在上下求索之时颠沛流离之际所面对的全部问题，可以用四个字来概括：秩序重建。而以黄宗羲一己身心性命的归宿、终极信仰的托付和知识系统的传衍与构成论，前二者全在儒家；于后一者，他虽然大量吸收众家精华（尤其是道家因素）而为"殊途百虑"之学，但其知识系统的基本概念、结构框架、推衍原则、展开逻辑和目标取向，都是由儒家思想来统摄的。因此，可以确然判定的是，黄宗羲法政思想之理论批判与思

---

① 以"自由"之视角来审读中国法政思想史文本，乃作者以"自由""宪政""法治"等为主题词，近十年间流连于西方法政思想史之后，又回归对中国传统思想文本之阅读时，越来越强之一种知识冲动。当我渐次把注意力集中于黄宗羲之后，亦越来越坚定认为，在中法政思想史研究中，通过"自由"视角下之文本审读，以确立此一"自由"范式，具有充分之内在理据。然作者于中西思想文化，不过有粗浅之初步涉猎，而益知中西法政思想史，具为煌煌万象、异彩纷呈之大天地。于其中伟大人物之精神世界与思想体系，则每每惊羡其洞明于人情物理而臻至于博大精深，常发其不可方物、不可思议之感叹。是故，亮之所见所得，不比此大天地间只不过彼点粟而已；所见者木，所不见者郁郁林莽；所得者杯，所未得者茫茫汪洋。自知其挂一漏万，而见笑前贤，在所难免。所以不揣浅陋、不避鄙夷而呈教于方家里手者，首在存古人问学就有道之心，且盼其略略有抛砖引玉之用耳。

想建构的直接目标,乃在于重建合理的儒家法政秩序:在这一合理的儒家法政秩序之下,作为华夏文明在历史中之现实载体的统治王朝,其第一要务是要有能力维持自身的生存,尤其要有能力保持这一载体所承载之华夏文明的存续传衍与彰明光大,而不至于被落后的蛮夷所侵犯凌踏,甚至于遭其颠覆而至大有"亡天下"之深虞。但是,这仅仅是黄宗羲法政思想理论目标的一个方面。其同等重要——甚至更加重要的另一方面在于,在华夏王朝拥有强大的内外实力,可以保证自己生存无虞的同时,必须某种程度地独立于道德评判系统的实践场域中,提供有效的制度性设施,对作为文明载体之王朝的统治加以积极防范,以免其统治实力和防御能力转变为压迫性和奴役性的力量,甚至以粗暴任意的方式使用这一力量,以至于戕害到人外在的生存安全和内在的生命价值。黄宗羲法政思想的上述命意、目标及其在具体制度上的批判与建构,既有对有明一代之历史与政制的深刻反思为基础,又有对儒家法政思想的继承与创发,其成就与贡献之大,至少就儒家法政思想在中国历史上的发展而言,可以说已是有口皆碑的思想史定案了。——即使像费正清那样讥笑黄宗羲的法政思想只不过是"儒家的陈词滥调"的学者们,也不得不承认黄宗羲在儒家法政思想发展史上的极高地位。更何况,蚍蜉撼树,其奈树何?

然而,至今却几乎没有人注意到(至少到目前为止,笔者尚未见到任何对黄宗羲法政思想的研究成果从下面这一思路切入),黄宗羲法政思想的核心命意与基本目标(如上所及),与以麦迪逊为代表的美国"建国诸父"们在《联邦党人文集》中所体现的核心命意与基本目标,至少在其基本逻辑形式上[①],两者几乎完全一致:建

[①] 笔者认为这种一致性绝非仅仅是逻辑形式上的。但由于此题与本书主题不甚相关,故不详述。

立一个有足够的能力维持自己之生存，同时又不至于蜕变成为压迫性力量的自由政体，亦即：建立一种"自由"的法政秩序①。然而，《联邦党人文集》所体现的对"自由秩序"的追求，及其具体的制度建构和理论阐述，对我们的研究而言，并不是一个可资参照的最好起点②。事实上，美国诸国父所尊奉的精神导师之一，也是他们法政思想之自由品格明确的近代源头，乃在于英国人约翰·洛克③。笔者认为，也正是在洛克这里，才可以给我们的黄宗羲法政思想研究提供一个最为适合的思想史外部参照。虽然黄宗羲的法政思想在其建构过程中，其所可资运用运用的思想资源，主要是由中国传统历史文化所提供④，其术语也全然是传统儒家思想系统的术语，因而在外在的语词风格和表达方式上，与浸淫于西方思想传统之中，并用其系统术语表达的洛克等西方思想家互不相同。但我们却不能以这种外在语词风格和表达方式的殊途，来否定他们在思想气质上的相似，

---

① 就笔者耳目所及，对以上两点第一次明确集中的表述，出现于美国国父麦迪逊的口中："如果人是天使，就根本无需政府。如果由天使来治理人事，则也无需对（天使的）政府做出任何内外约制。在组织一个由人施政于人的政府时，最大的困难乃是这样的：我们首先必须使政府能够掌控受治的人事，然后再使政府接受对其自身的约制"。见《联邦党人文集》第51篇。引文为笔者自译，原文见英文书第322页。也可参看中译本第264页的内容。《联邦党人文集》，汉密尔顿、杰伊、麦迪逊著，程逢如、在汉、舒逊译，北京：商务印书馆1982年。*The Federalist Papers*, China Social Sciences Publishing House, 1999.
② 造成这种不适合性的最主要的一个外部原因是时代错位：麦迪逊等美国国父们进行政治实践和理论思考的年代，晚于黄宗羲一百多年。
③ 参看贝克尔《论〈独立宣言〉：政治思想史研究》一篇长文，见氏著《十八世纪哲学家的天城》（何兆武等译，生活·读书·新知三联书店2001年）。
④ 之所以有此"主要"的保留，是因为明末诸儒多与传教士或已皈依天主教之士大夫等有直接交游，于其生活、学识与思想，不乏受其影响者，不过于此四百年后多已经很难细考其原委始终罢了。在这些儒者当中，黄宗羲、王夫之、钱谦益等均为其著例。除了与传教士的直接接触外，瞿式耜似乎是此三大师与天主教关系的一个中间人物。和徐光启等一样，瞿式耜与其伯父瞿太素，同为中国第一代天主教徒，而瞿式耜则在天主教化极重的南明永历朝廷中任要职。黄宗羲也曾经任职其中，其《思旧录》中于瞿式耜有记。王夫之也曾受瞿式耜之推荐而在其中任职（参看朱维铮《走出中世纪》，上海人民出版社1987年，第54页）。钱、瞿两家，本有婚姻之义，且钱谦益（牧斋）则在瞿式耜（稼轩）殉国多年以后，还积极地参与到为他的幼子谋办婚姻这样的大事之中；考虑到其时已经入清多年，足见其交谊不浅（陈寅恪先生之《柳如是别传上》，生活·读书·新知三联书店2001年版，第38—41页）。

以及他们在精神指向上的同归。更何况,他们所直接面对的,同为文明根基的动摇与生活现实的大混乱;他们所切切期望的,同为重建一合理的"自由法政秩序"。这也是本书作者针对黄宗羲法政思想研究,提出"自由"这一审读视角的基本出发点。而由此一出发点开始,重新理解黄宗羲法政思想的实体内容,重新认识黄宗羲法政思想所指示的理论空间与思维向度,并重新估量其所可能具有的积极价值;进而,引申至重新理解传统中国法政思想传统内在丰富性,并努力发掘历代思想家对建构合理人间秩序的种种思想探求、诸般实践努力及其成败教训中蕴含的永恒智慧,以史为鉴,且以资今人自信而积极审慎地建设一种华夏自由政体,则是本书在黄宗羲法政思想研究中,提出"自由"这一视角的根本归宿所在。

2. "自由"视角之合理性的初步申述

以"自由"的视角来审读黄宗羲法政思想文本的研究,就作者当前眼目所及而言,主要是美国学者在进行尝试,其中尤以哥伦比亚大学狄百瑞教授为最负盛名的代表人物。狄氏自从上世纪50年代末接触到黄宗羲的思想文本以来[①],已经于上世纪80年代明确提出,中国至少自宋代以下以至清中期,有一种明确的"自由主义传统"这一观点。以此一观点为核心,狄百瑞教授多有展开论述,以其《中

[①] 根据狄百瑞的自述,他是在1956年至1957年间,接触到了黄宗羲法政思想的核心文本《明夷待访录》,并从此开始了他从反专制这一消极面对"中国自由传统"的探寻之路。而与此同时,祖国却牵起了一场灾难性的反右运动。想想狄氏的积极探寻,想想梨洲的深刻批评,再面对民族这一历史灾难,奈何!

国的自由传统》一书的表述最为集中而系统①。华人学者直接切入这一论题的，作者眼目所及尚未发现。但是，这并不是说与此论题间接相关的，甚至堪称预备性研究的作品，也完全缺乏。事实上，这方面早已经有很重要的华人作品问世，其中尤以林毓生和余英时两位先生的贡献为大②。另外，学者对黄宗羲法政思想的研究中，不乏从其对君主专制之批判的角度进行论述者，即使其立场和视角仍在"民主"范式的统摄之下，但并不妨碍其具体成果可部分看作是这一方向上的预备性研究。下面即从历史和理论两个层面，对确立黄宗羲法政思想研究的"自由"范式的努力之合理性略作申言：

从历史上看，欧洲的自由传统，自始至今，都和对专制权力的批判与抗争紧紧联系在一起，从而，对专制权力的批判和抗争，乃

---

① 见〔美〕狄百瑞著，《中国的自由传统》，李弘祺译，贵州人民出版社2009年。以学术工论，狄氏成就已经甚大，但于此"中国之自由传统"的论说，仍略显宏泛。又，笔者认为，对狄氏此书书名的翻译，对于原书名的理论意义，颇有微妙的转漏增添。其书英文原名 The Liberal Tradition in China，既表达了狄氏对"自由传统"在中西文明中之普遍存在之共性的信念，又表达了他对于"自由传统"在中国所可能具有、也实际具有的个殊性内涵与独特表现形式的理解和尊重。但中译为"中国的自由传统"，以书名论，则过多地强调了上述两层意义中的第二层，而大大弱化了（甚至可能导致抵制）第一层含义。若照"中国的自由传统"的译法对译，相对应的英文表达应该是The Liberal Tradition of China，或者是于文辞略显粗野的 Chinese Liberal Tradition. 这种在书名翻译上的微妙差异，及其间在意义上的转漏增添现象，早在二十多年前，学界前辈将托克维尔的名著 Democracy in America 翻译为《论美国的民主》的时候，实在就已经发生了。诚哉，译事之难为也！
② 林毓生先生的著作，大陆所出已有如下三部：专著《中国意识的危机》（穆善培译，贵阳：贵州人民出版社1988年），研究五四时期激烈反传统主义的在传统中国的思想根源，并不是此论题统摄下直接相关作品，但是对于理解中国思想传统内在构成的复杂性及其现代困境，却堪称大有帮助；论文集《中国传统的创造性转化》（北京：生活·读书·新知三联书店1988/1996年版），正是林先生首次明确提出了"中国传统"的"创造性转化"这一理论方向，这部论文集则是与这一理论方向相关的论文汇编；著述摘选汇编《热烈与冷静》（上海：上海文艺出版社1998年，选编者为著名自由主义学者朱学勤）。从这部节编著作中，可以见到林先生学术的基本立场与生命旨趣。余英时先生著述宏富，其中堪称为理解"自由传统"在中国历史上之特殊表现与历史内涵之预备性研究的作品的，首推《朱熹的历史世界》（北京：生活·读书·新知三联书店2004年）一书与《明代理学与政治文化发微》一篇长文（收录于《宋明理学与政治文化》，吉林出版集团2008年）。又有周德伟氏有《周德伟论哈耶克》（北京：北京大学出版社2005年）与《自由哲学与中国圣学》（北京：中国社会科学出版社2004年）一书，亦此方向上之著述。近年来，国内学者在此一方向上亦渐有所论，其中尤以姚中秋（秋风）教授成就为大，其论文与专著俱在，兹不细述。

是自由传统最显著的外在标识之一。就此而言,不只是西方的"自由主义者",即使在中国历史上,除了那些"无君""非君"的历代道家人物以外,孟子以降以至于陈寅恪先生、胡适先生、梁漱溟先生等许许多多的儒家人物,也都在此批判与抗争的人类大历史中有分。黄宗羲则是这个绵延数千年的自由传统中,其在中国明清之际一个甚为耀眼的代言人。美国学者狄百瑞,早已通过对黄宗羲的研究而敏锐地观察到:中国"自由主义"的历史特质,与君主专制政体在中国历史上的确立和发展紧密相关。由此,狄氏乃进一步意识到,以消极的视角从其反对面来思考中国的"自由主义"传统,所可能具有的启发意义与理论价值①。

传统儒家认可君主制,这是历史和思想的双重事实。但是,与此同样真实的是,传统儒家并不一般性地认可任何君主的任何形式的统治。历史上,传统儒家对君主制的认可,要在于从其对文化整合的象征意义,及政治一统的功能角度立论发挥。与此同时,正统儒家又坚决坚持对任何不负责任的暴君——尤其是对这种暴君之任意性统治之正当性的彻底否定。儒家崇汤武,其端的正在于此。事实上,传统儒家正是靠着对华夏文明中关于"天""人"关系之基本认识所蕴含的超验价值的信仰,并怀着对芸芸众生黎黎百姓的悲悯同情与现世关怀,而展开他们对君主专制体制之抗争与批判的,并试图以此努力来建立儒家所理想的法政秩序。这一点正是两千多年间的正统儒家,尤其是历代大儒们,无论在理论上,还是在实践中,都煞费苦心多方经营、甚至不惜以性命相搏以求其成的伟大事业。

孟子的批判言说,除了重述儒家经典《尚书》这一学术传衍的直接意义,也正针对着战国时代那已经初露端倪的独断任意的君权与相关理论。嬴秦以下,黄老道家以外,董仲舒是第一个明确提出

---

① 见狄百瑞《儒家的困境》(黄水婴译,北京:北京大学出版社2009年),第四章"专制背景下正统理学中的先知思想",尤其是第70页的内容。

限制君权的系统理论的儒家。只是他在学术取向与思想建构上，由公羊儒学而入于阴阳五行，由君道仁政而发于灾异祥瑞，最终使他儒家式理性主义构设的努力，在众多诡异玄秘因素的掺和之下，变得苍白无力。结果，他虽有良善的愿望，而他的理论却最终被法家式的皇权所利用，反过来越发加强了这种皇权的绝对性与神秘性。此后，儒家对君主专制的抗争从未停止过。即其当时，就有赵绾、王臧以请立明堂被杀，河间献王以论明堂遭废，都因为以明堂古制为依托的儒家明堂学说威胁到了君主专制的绝对权力[①]。汉代以降，对君主专制持批判立场，并在理论或实践上将其展开于具体历史情境的儒家，代不乏人。时至赵宋一代，儒家大师对这一问题的思考，乃在理论上达到一空前局面[②]。经元入明以后，君主专制政体在其理想预期的文化整合意义与政治一统功能之外，越发以其任意性显示出其暴虐残酷的一面，以及由此而对整个儒家文明秩序产生了巨大的破坏。著名史家吕思勉先生曾言，我国专制体制至明而极，而有明一代遭其祸害也最为酷烈。事实上，与此几乎同时相应的是，朱明之初，已有刘基、宋濂等人对君权专制体制提出过委婉的批评；而方孝孺则不只是用文字对君主专制提出批评，更是在常人不可想象的巨大牺牲面前，依然决绝坚持对暴君朱棣的抵抗。迟至明朝中期，儒家学者对君主专制问题，已经多有公开的批评和讨论。迨至晚明，东林党人的参政议政，乃进一步将对君权专制体制的批判和抗争推向了新的高峰。明末清初之际的几大思想家，更是在历史和理论两个层面上，深入反思了专制体制的内在问题。黄宗羲的法政思想，

---

① 参看蒙文通先生《儒家政治思想之发展》一长文。此文收于先生《儒学五论》（桂林：广西师范大学出版社2007年）。赵绾、王臧事见《史记》之《孝武本纪》与《儒林列传》，《汉书》之《武帝纪》及《资治通鉴》卷十七；河间献王事见《汉书》之《景十三王传》及《通鉴》卷十八。
② 对于赵宋一代儒家大师对君主专制政体进行批判性思考之详细情形，前及余英时先生《朱熹的历史世界》一书，考证周详精审，议论中肯切要，甚宜参看。

诚如日本学者小野和子教授所说,乃承晚明东林党人的政治言说与政治实践而来,亦是对它们的全面总结与理论升华①。然而,若就其更广阔的史家视野下的思想渊源立论,则未尝不可以说,黄宗羲的法政思想乃是对北宋以来以至于梨洲本人,儒家政治言说与政治实践之六百年历史经验与教训的全面总结、深入批判和理论升华:黄宗羲论《文质》以对苏洵"文质论"之驳辩开始,论《朋党》则自与欧阳公"朋党论"商榷处着笔,至其在《宋元学案·西山真氏学案》中,对真德秀那篇纯理学价值并不大、而法政批判色彩却十分浓厚的《〈大学衍义〉自序》,乃特意将其全文标出独列,其用意已是再明白不过②。根据这些典型的例子,也就可以略略想象其余之大概了。

总之,对君主专制体制进行或积极或消极的批判和抗争,以建立合理的人间法政秩序,是历代大儒在两千多年的实践中所已经表明的根本要点,也是儒家法政思想系统的题中之义。而这一点,也正是和西方近现代以来的"自由"思想、及其在历史实践中对"自由秩序"的追求与建设之间,在深层上相通冥契的一个关节所在。

就理论上说,"自由"的真正信仰者,不接纳任何形式不受约束、不负责任的权力,即拒绝任何一种形式的人间专制。对专制的批判和抗争,乃是自由精神的核心构成要素之一。至于"民主",则未必能够拒绝专制权力及其任意;甚至在"民主"思想自身的前提中,本就无可奈何地内蕴着专制主义的要素③。因为,"民主"思想及其

---

① 见〔日〕小野和子教授的论文《从东林党到黄宗羲》(收于《黄宗羲论》,吴光主编,杭州:浙江古籍出版社1987年,第286页)。
② 台湾萨孟武教授曾说:"宋儒真德秀撰《大学衍义》,但所衍者,止于格致诚正修齐,而治平犹阙。"(见氏著《儒家政论衍义》,台北:东大图书有限公司1989年,第1页。)萨氏此说似有失察之嫌,因为在宋儒主要从内部出发实现秩序重建的致治思路和法政批判中,"治平"之道正在"格致诚正修齐"中。余英时《朱熹的历史世界》一书堪称是对宋儒这种致治思路极好的发明,甚宜参看。也可参看本书第三章第一节第一目对宋儒这一思路的简要叙述。
③ 托克维尔在1835年的《民主在美国》(即《论美国的民主》)一书中,首次声言了"大众民主时代"的来临,同时也根据"民主"思想的内在逻辑,第一次向人类敲响了"多数人暴政"的警钟。

实践所关注的核心,是国家权力的人民来源、人民归属及民众对政治过程与权力运作的普遍参与问题①。而"自由"思想及其实践,则关注于国家权力应该服务于哪些目标并受其限制,国家权力的行使必须服从哪些外部形式要件的约束,以及违反上述限制和约束之后的救济等问题。对于这种不同,可以借用的一个形象表述是:"民主"思想及其实践所指向的是"WHO",即"应该由谁来掌握国家权力?"至于在正当主体掌握权力之后,如何对其权力进行约束的问题,则是次要的。甚至,在古希腊以来"民主"思想和实践的历史上,这一问题是长期被否定的:有什么理由能够限制人民的意志和权力呢②?与此不同,"自由"思想及其实践所指向的是"HOW",即"国家权力必须如何行使?"其目的乃在于,无论是谁在掌握国家权力,这种权力都必须是一种公共的、有限的、负责的、受到约束的规范性权力;至于应该由谁掌握国家权力,以及对政治过程与权力运作的参与机制问题(亦即政治主体性的问题),在"自由"思想的问题层级上,倒是个比较次要的问题③。正是从这一点开始,"自由"思想与"民主"思想,明确地分道扬镳了④。也正是在这一点上,我

---

① 例如,当代著名民主理论家科恩给"民主"所做的极谨慎的底线定义是:"民主是一种社会管理体制,在该体制中,社会成员大体上能直接或间接地参与或可以参与影响全体性的决策。"科恩《论民主》,聂崇信 朱秀贤译,北京:商务印书馆2004年,第10页。
② "民主政府是由超越法律之上的人民意志来统治的政府,它无法约束它的未来,也不受过去所限制,法律是短命的、不确定的、不一致的、反复无常的。"阿克顿勋爵《自由与权力》,侯健、范亚峰译,北京:商务印书馆2001年,第376页。
③ 伯林以承续贡斯当的方式所提出的如下问题,可以看做是"民主"与"自由"的思想与实践具有实质性的内在不同这一重要问题的另一种表达:"古代世界的核心问题是'谁应该统治我'?","在现代世界,一个同等重要的问题是:政府应该在多大程度上进行统治?"《自由论》,胡传胜译,南京:译林出版社2005年,第321页。
④ "在人民自身的意志旁边需要存在一条法律"(《自由与权力》,第375页),"如果政府被迫去表达国家的集体意志,那么,没有任何事物还有存在的余地。所有妨碍上述行为的障碍都将被清除干净"(同上,第376页)。作为伟大的人道主义者和观遍兴衰洞明世事的大史家,阿克顿勋爵虽然极力支持民主的进展,但是对卢梭以来的民主思想、民主革命和民主政府一直忧心忡忡。终其一生,他都旗帜鲜明地立足于自由的基点上,在理论和实践上均坚持以自由精神引领民主发展为必须。这是贯穿于《自由史论》、《法国大革命讲稿》、《近代史讲稿》等不朽著作中的一贯原则。

们可以首先看到的是,以孟子、黄宗羲等人为代表的传统中国"民本"思想及其历史实践,虽然由于其对政治主体性的儒家处理,而被独断霸道的"民主"思想断然否定,却可以被更具开放意义、也更具有基础性的"自由"思想所统摄容纳,并得到重新理解和积极阐释,从而能够指示出某种建设性的方向。

"民主"思想和"自由"思想进一步的差异,不仅在理论上多方面地展现出来,而且也在历史实践中得到了极好的体现。限于篇幅和主题,这里仅就其与君主制的关系问题略作申述,以略略显明"自由"范式对理解黄宗羲法政思想,乃至整个传统中国法政思想史所可能具有的积极意义。

自亚里士多德以来以至于十九世纪,西方思想家对国家政体形式进行思考和讨论的标准范畴是:君主制、贵族制与共和制,以及这三种"理想型"在某些条件下的变异形式①。在这三个主要范畴中,君主制是理想的政体形式,贵族制与共和制都是可取的政体形式。民主制则以其为共和制的变态政体形式而声名狼藉并且遭到了一贯的否定:因为,在古希腊以来的西方主流法政思想中,所谓"民主"即使不完全意味着暴民政治,也在最低限度上意味着政治统治中"意见"对"理性"的优位——这乃是绝不可接受的事情。

这种现象一直到十八世纪才得到实质性改变式②。在那个世纪之末,法国大革命在流血与恐怖中打开了人类历史"大众民主时代"的大门。此后两百多年来,民主革命几乎扫荡了整个世界。在"民主"思想理论和汹涌的"民主"革命面前,君主制和贵族制近乎毫无招

---

① 详见下文相关内容。
② 亚里士多德本人在分析了三种政体及其变异形式之后,乃主张一种能够将三者的优长调和起来的政体形式,从而成为后世混合政体说的滥觞。关于西方法政思想史上,在亚里士多德上述主方向下对国家混合政体结构的理论探讨,及其与现代以来分权学说之间的历史争论与渊源关系,参看维尔的《宪政与分权》,苏力译,北京:生活·读书·新知三联书店1997年版。

架之力。在"民主"所到之处,"君主"在各主要文明国家几乎都不得不退出历史舞台——"民主",无论是其思想理论,还是历史实践,都与以不平等的主体身份为依托的法政秩序决然对立。十九世纪以来,"民主"胜利了,而且继续不断以革命、炮火和流血的方式走向新的胜利。

但是,英国的存在,尤其是她自十七世纪末期以来那强大而和平的存在,对于"民主"的胜利,无论是于其思想理论还是历史实践而言,都不啻一个的绝大尴尬。英国的政制绝不是"民主"的,但英国之政制却又是极为优秀的。而英国法政体制与法政思想的精魂,正在于"自由"。正是在"自由"传统的引导下,英国实现了她的伟大,并最终成为了近代宪政法治秩序的母国。更奇妙的是,这"自由"的开放精神和伟大传统,竟然使英国政制在缓缓进入"大众民主时代"的过程中,既成功吸纳了"民主"因素(下议院),又成功保留了其贵族品质(上议院),还成功地完成了君主制在现代世界的转型与新生①。且不说令人尊敬的老伯克、阿克顿勋爵和哈耶克教授在他们伟大著述中的深刻阐释吧,仅仅上述历史事实就足以说明,"自由"的精神,不决然排斥任何一种政体形式,而只要求这种政体在权力运作上遵循"自由"的基本原则:公共,有限,负责,受到约束和规范。事实上,对于一个思想家、一种思想传统、甚至一个民族或者国家而言,并非只有否定君主制,才可能是现代的②。相反,否定弃绝了君主制,未必就是走向现代的——后面这

---

① 关于欧洲君主制的不同命运及英国君主制在现代世界的转型与新生,参看布伦达·拉尔夫·刘易斯的《君主制的历史》(荣予 方力维译,北京:生活·读书·新知三联书店2007年)一书,尤其是其"序",第六章"1848,革命之年",第七章"君主政体在英格兰"和第八章"君主立宪制"。
② 据这一点引申而论,在1915年前后,杨度、严复、刘师培等思想精英,竟然都不同程度地参与了袁世凯的复辟之举,表面看来颇不可解,事实上则于其思想史根据大有可究。就严几道而论,至少与其思想系统的英国式"自由"性质,及其对君主制和现代世界之关系的看法有极大关系。

一点，正是中国近现代政治史和思想史的惨痛教训之一。

由此，我们又可以看到的一个关键点是，以"民本"思想为核心标识之一的黄宗羲法政思想，以及整个儒家法政思想史对君主制的积极肯定与深刻批判，都有可能在"自由"精神的观照之下，显示出其更具基础性的理论关切和更深层次的思想史内涵。

3. 将黄宗羲法政思想研究"参照于洛克"的简要交代

在对黄宗羲法政思想的研究中，设定洛克作为参照，主要面临的就是两者之间的可比性问题①。二者在思想命意和理论目标上的可比性，上文业已略有述及。这里乃就其他相关之处略作交代。

首先是相对于卢梭，以洛克作为黄宗羲法政思想研究的横向参照人物，具有更大的恰切性：

第一，以生存年代论，黄宗羲生于1610年，卒于1695年；洛克生于1632年，卒于1704年；卢梭生于1712年，卒于1778年。洛克与黄宗羲生卒年相近，卢梭之生卒与黄宗羲各相差约一百年。

---

① 本书提出以洛克为研究黄宗羲法政思想的参照人物，并非是否定学者还可以选定其他的参照人物。比如在传统中国法政思想史内部，就可以在纵向和横向两个维度上进行比较研究。本书所论的关键是，在中西思想史这一更大的视野中，对黄宗羲法政思想研究选取一个适合的外部参照问题。在后面这一点上，对黄宗羲的法政思想研究而言，洛克可能是最适当的参照人物。而将黄宗羲法政思想与洛克进行比较述说，到目前为止只有杨庆球《民主与民本：洛克与黄宗羲的政治及宗教思想》（香港：三联书店2005年6月）一书专门论述。另外，胡建《现代性价值的近代追索：中国近代的现代化思想史》（上海：上海人民出版社2008年12月）和张永忠《黄宗羲政治哲学思想研究》（北京：人民出版社2009年9月）两部著作中也略有提及。其中胡著在"民主"范式下于第一章第二节论及于此，但事实上其直接涉及黄宗羲与洛克的内容约占此节之一半，且仅仅罗列而已，无所谓比较；而且在胡著的论述指向中，两位思想家的价值目标都指向了"民主"，这是本论所不能认同的。另外，胡著此节标题中有"洛克的《社会契约论》"一说，应属明显失校。张著在其第六章第三节中，将黄宗羲与洛克的"政治哲学思想"进行了简要的罗列式比较（区别于诠释性比较），虽然二者法政思想中不同层面的内容进行了列举重述，却明显缺乏一种自觉性的在新范式下借洛克为参照来重新理解黄宗羲法政思想的基本意向。杨著的专书虽以"洛克与黄宗羲比较"入题，却依然是：1）把洛克纳入民主思想的系统中定位，然后2）把黄宗羲思想的解读纳入民主的范式之中与之略作比较和评论，而这种思路恰恰也是本书所反对的。由于笔者对杨著和另外两部对黄宗羲的专论拟作专门书评进行讨论，此不详及。

第二，以其法政思想主要文本的形成时间论，黄宗羲于1653年初写成《留书》，其时梨洲43岁。后于1662年至1663年间，梨洲对《留书》增删修订，著成《明夷待访录》刊刻传世。这时候，他已经53岁了；洛克于1660至1662年间30岁上下时，写下了《政府二论》(Two Tracts on Government①)，其思想已颇具深度。经典名著《政府论两篇》(Two Treatises on Government)的写作时间则在于1682年至1688年间②，其时洛克处于50岁至56岁间，发表于1689年；1755年，卢梭43岁，写下并发表了《论人类不平等的起源和基础》一书。后于1762年写作、发表了《社会契约论》，此时卢梭50岁。很明显，以个人自然年龄来看，《明夷待访录》、《政府论两篇》和《社会契约论》都是三位大思想家人格与思想成熟时期的作品。但若以著作发表时间论，《社会契约论》距《明夷待访录》整整100年，《政府论两篇》距《明夷待访录》则只有27年，后者更具有时代上的同一性。

第三，以所生活的历史时代而论，黄宗羲和洛克同属于危机重重而小心谨慎地进行历史反思与建设尝试的17世纪，卢梭则属于从物质环境到精神禀赋都全然与之前不同的18世纪：浪漫、浮夸、积极自信——甚至是胆大鲁莽。

第四，以思想家的精神气质论，黄宗羲和洛克一样地理智、清醒，同以现实的大危机与大混乱为痛伤，其思想理论在在以生活秩序的重建（"自由"秩序的建构）为旨归；卢梭又全然不同：他生活于十八世纪中间的几十年，——那时的欧洲，尤其是法国，可以说社会安定、经济繁荣、文化昌明，知识分子往往在多愁善感中谴责人

---

① 该两篇论文见《洛克政治论文集》（中国政法大学出版社2003年影印版），第3—53页，第54—78页。
② 此说从彼得·拉斯利特，参看他为洛克《政府论两篇》（中国政法大学出版社2003年影印版）所写的长篇导论，见前书第48—49页。

类的堕落、批判文明的腐败,发之于法政学说,则在咖啡馆或贵妇人的沙龙中,凭空设计"自由人为自己立法"的大众"民主"。

第五,更加重要的一点是,以人生履历论,黄宗羲和洛克同为出色的医生,同为逻辑严整的系统性思想家,亦同为在彼此的时代中,长期而深入地参与了实际政治活动的政治实干家;而卢梭,则主要出入流连于纯知识分子的小团体和贵妇人的沙龙之间,与他那个时代的实际政治活动毫无关系,且终其一生在其情感奔突的催逼之下激情写作,为一多愁善感且有病态心理而又矛盾重重的文学家兼文采出众而逻辑蹩脚的思想家[①]。

综上所及,与卢梭相比,洛克与黄宗羲在中西法政思想史的研究中,显而易见具有更大的可比性。同时,除了上及诸外部因素外,作者认为,洛克与黄宗羲在法政思想的具体内容方面,也具有极大的可比性:

首先,黄宗羲与洛克都对君主专制体制进行了深入批判。这一批判中具有最大特色也最具相似性的部分在于,黄宗羲和洛克不仅都对绝对权力全然拒绝,还都在理论上切断了君权和神权、君权和父权的内在联系,并同样主张几乎完全是功能主义的君权发生理论。其次,在政府批判的内容中,黄宗羲和洛克都已经注意到了"议行分离"的政府结构,及其对于防治极权暴政所具有的积极价值,并将其运用到了具体的政府设计之中。复次,黄宗羲和洛克都反对国家权力的任意和滥用,并都提出了权力之发动所必须指向的内在价值目标,及其行使过程所必须满足的外部形式要求。从而,虽所得

[①] 西方思想史研究上对卢梭有两种全然不同方向的解读。第一种方向的解读,认为其思想缺乏系统性,矛盾重重,这种解读方向从埃德蒙·伯克的《法国革命论》(何兆武等译,北京:商务印书馆 1998/2003 年)就已经开始确立,可以萨拜因《政治学说史》和以赛亚·柏林《自由及其背叛》的论说为最大的代表;另一种方向的解读,认为卢梭乃是有意用表面的混乱和矛盾掩盖他思想的真实面貌,而非卢梭思想自身缺乏系统性而充满矛盾,这种解读主要见于"施特劳斯学派"的作品,可以列奥·施特劳斯《自然权利与历史》对卢梭的论述,和吉尔丁《设计论证:卢梭的〈社会契约论〉》一书为代表。

之深浅各有不同，但却可以说，黄宗羲和洛克一样，也已经进入到了现代自由法治（Rule of Law）的根本精神之中。再次，黄宗羲和洛克都对私人财产问题进行了比较深入的思考。虽然他们各自论说得以展开的历史文化背景不同，所处理问题的思想层面也不甚相同，所使用的术语也并不相同，最终他们所提出的政制方案也大不相同，但是，他们却都明确注意到了财产（权）所潜在具有的、对于合理法政秩序之建构的基础性意义，并进行了一定发挥。最后，还应该提及黄宗羲和洛克的革命论。在这一方面，不只是通过文字，两位思想家也通过他们各自在几十年间亲身参与的政治活动和生命经验，表达了一些在深层相通的思想。在两位大思想家的法政思想系统中，可以提出来进行比较，并可能具有思想史启发意义的具体内容，随处可见，笔者将在下文章节中详细展开，此处就不细数罗列了。

四 本书深层之问题关切

以黄宗羲法政思想研究为切入点，本书作者尝试对在中国法政思想史研究中运用一种"自由"范式的可能性与可行性做出论证。其最初的启发，乃来自于对哈耶克主要作品的研读，尤其是对《自由秩序原理》与《法律 立法与自由》两部大书的细读。而最直接的亮光，乃来源于海先生《自由秩序原理》"导论"中如下一段文字：

　　……我们亦须牢记，自由传统绝非哪一国邦或哪一民族的单独创造；即使今日，也没有哪个国邦或民族可以宣称全然掌握了自由传统的奥秘。我主要关切的，并非合众国或大不列颠某些具体的制度或政策，而是它们在古希腊人、文艺复兴早期的意大利人、以及后来的荷兰人所提供的基础上，使之进一步发展了的那些主要原则。对于这些自由原则之发展而言，法国

人和德国人亦曾做出过重要贡献……①

事实上,在漫长而复杂的人类历史中,对自由事业做出了实质性贡献的,绝不仅仅局限于海先生上文述及的几个主要西方民族②。就笔者阅读所及而论,可以确信,对作为人类共同精神遗产的"自由传统",中华先贤在他们所处的历史境遇中,直面于古今之变,究问于天人之际,同样进行了深刻的理论思考和具体的实践探索,并做出了他们充满智慧的实质贡献③。当那些鲜活流溢的历史情境渐行渐远,如果先贤竭尽心力所完成的生命智慧与文化发明,也随之被掩埋于枯草与黄沙之下,以至于终究不能再见天日以重放光华,

---

① 对于哈耶克的名著 The Constitution of Liberty 之 Introduction,多年来,笔者诵读不下数十遍。事实上,主要也正是通过对哈耶克作品的研读,让笔者从一个五四青年式的激烈反传统主义者,逐渐回转过来,开始对中国自身的文化传统抱持一种同情的理解的态度,并进而以积极求索的眼光阅读中国文化史上的古典与近典。此处引文之汉译表达中略含笔者私虑,与邓正来教授在《自由秩序原理》(北京:生活·读书·新知三联书店 1997/1998 年版)中的相关译文稍有不同。哈耶克此一段话的原文为(*The Constitution of Liberty*,中国社会科学出版社 1999 年影印本,第 4—5 页):"We must also remember that the tradition of liberty is not the exclusive creation of any single country and that no nation has sole possession of the secret even today. My main concern is not with the particular institutions or policies of the United States or of the Great Britain, but with the principles that these countries have developed on foundations provided by the ancient Greeks, the Italians of the early Renaissance, and the Dutch, and to which the French and the Germans have made important contributions."
② 参看卡尔·波普尔在"框架的神话"一文中对西方文明生长过程中,尤其是其早期阶段,从与其他文明的碰撞交流中吸收丰富营养的说明,文见氏著《通过知识获得解放》(范景中、李本正译,杭州:中国美术学院出版社 1996 年),第 62—94 页,尤其是第 67—70 页的内容。另外,关于希腊文明从东方文明重吸收重要精神元素的细致论说,请参看复旦大学思想史研究中心主编《希腊与东方》(上海人民出版社 世纪文景 2009 年)所收马丁·伯纳尔"黑色雅典娜:古典文明的亚非之根"、白钢"光从东方来:论希腊精神中的东方因素"与 M.L. 维斯特"希腊罗马中的近东素材"三篇长文。另外,港台学者一般译 Hayek 为"海耶克",大陆则称"哈耶克",为行文方便,故称"海先生"。
③ 于此一点,我们除了可以提出具体实例作为历史证据外,在理论上,不止哈耶克自己的理论逻辑持开放态度,而清末严几道先生实已早有所及,大史家阿克顿勋爵则更是有他明白的主张:"自由,是贯穿于几千年人类历史中唯一的内在连续性和一致性的因素","自由是古代历史和现代历史的一个共同主题:无论哪一个民族、哪一个时代、哪一个宗教、那一种哲学、哪一种科学,都离不开这个主题。""自由的进程:追求自由和反对自由这两者之间的斗争,构成了一条贯穿人类社会古代历史和现代历史的主线。"见前及《自由与权力》第 313 页。

方今后人，智何以立？情何以堪？

　　幸运的是，往贤曾经擘画，先路已有前驱。华夏后生学子，生乎今之世而好古道者，于此更是责无旁贷。本书所及，主要就黄宗羲法政思想研究及与之相关处展开初步申述，也深知此一尝试目前还有待发展和深化。但笔者对于这种"自由"范式之内在价值的信心，以及对将此"自由"范式运用于探询传统法政思想史之内在丰富性的热情，却并不因此而有所损减。陈寅恪先生曾有诗云："吾侪所学关天意"。学术文章，千古事也。奉拙著于时贤俊杰，为抛砖而引玉之用。愿有更多同道好学，共同参与到这探寻"华夏自由文明"的大事业中来，以期无论是对中国传统思想文化有更丰富更深入的理解，还是对现代中国合理法政秩序的积极建设，都逐渐做出我辈应有的知识贡献。

第一章
黄宗羲之生平行状与法政思想文本说略

楚风楚雨楚云烟，江船江水江连天。
滚滚有声千年浪，巍巍无语万重山。
求索上下无归处，往来东西有回还。
天道人情生治法，震古烁今仔细勘①。

黄宗羲在晚年自述生平时曾说："初锢之为党人，继指之为游侠，终厕之于儒林。其为人也，盖三变而至于今。岂其时为之耶，抑夫人之有遐心？"②所谓与世俯仰追新逐变的"遐心"，不过是梨洲无奈的自嘲罢了，倒是"其时"情境的种种催迫，让他在世的大半时间都处于时代的颠簸坎坷之中。而其气象宏大海纳百川的思想世界，无论是锋芒毕露的法政思想，还是析辨入微的学案评述，处处都与这种颠沛流离的生活经历，以及由此而生的深刻生命体验密切相关。故而此章在论述梨洲法政思想文本的结构性细节，及其法政思想世界的宏观构造之前，先粗略讲述他生平著述的某些重要

---

① 初写此章时，逢旧历七八月间。楚地多雨，江汉水大。登大桥而望远，浩浩汤汤，极目无际，鼓浪层层。缘长堤而踱行，惊涛拍岸，沉吟不止，低怀往复。乃思国事之百年不起，哀民生之多艰。终也无可奈何，徒感慨良多。复思梨洲于三百数十年前，上下求索，东西奔走，激昂慷慨，坎坷一生，虽终亦无奈有明之统祚，却自有著述流传以昭明后世。俟梨洲思想之宏旨得重见天日，亦必大有功于华夏政教，而先贤之英魂似亦可告慰矣。归乃述此五十六言。是为志。
② 见黄炳垕著，王政尧点校，《黄宗羲年谱》（北京：中华书局1993/2006年），卷首黄宗羲"自题"。

方面①。其次则首先对黄宗羲法政思想的两个核心文本《留书》与《待访录》的形成略历进行交代，然后对二者的相互关系及其内在的逻辑结构进行解说，并对其基础内容和关键部分进行尝试性的细致梳理和思想史解读。本章的主要目的，在于梳理黄宗羲法政思想的主要文本，从而明确其思想体系的基本宗旨与建构思路，以更加细致深入地理解黄宗羲的法政思想，并为下文的具体申述奠定基础。

一 黄宗羲生平职志述略

黄宗羲的一生不但漫长，其经历也坎坷复杂，充满传奇色彩。清代著名学者全祖望有言："梨洲先生产于百六之际，其生平磨蝎之宫，野葛之饷，有为世人所不堪者"②，"始为党锢，后为遗逸，而中间陵谷崎岖，起军、乞师、从亡诸大案，有为史氏所不详者"③，乃按照黄宗羲所自述三分的大框架，做了简明扼要的《梨洲先生神道碑文》，为后世留下了一份极为重要的历史文献。而在当代中国为黄宗羲写下的两部④最著名的传记中，其中一部把这段瑰伟的人

---

① 为了更加细致准确的理解黄宗羲和洛克所生活的时代，及其自身生命与思想的发展历程，本书在正式章节的论述之外，以此一时段为大略范围，作"中西大事表"、"思想人物生卒年表"和二者"生平简表"作为本书附录，以备参看。另外，对于黄宗羲生活其中的宏观历史结构和时代大背景，请参看本书第三章第一节的有关内容。
② 见全祖望，《梨洲先生〈思旧录〉序》，收于《黄宗羲全集》第十二册，引文见第175页。
③ 见全祖望，《梨洲先生神道碑文》，收于《黄宗羲全集》第十二册，引文见第1页。
④ 国内目前关于黄宗羲之传记，应首推方祖猷先生《黄宗羲长传》（浙江大学出版社2011年6月）。惟本篇成稿于2010年初，其时方先生大作尚未面世，故云"两部"。待《长传》于2011年6月份出版时，我已完成博士论文答辩，故impact写作中并未见到此书。近两年对博士论文修改成书时，虽然对《长传》予以了参考，但由于身体多病加以时日促迫，仅补充了个别注释，而并未对本篇进行实质性改动，故不再单列。

生历程分为两个大的阶段来讲述①，另外一部则将其划分为四个阶段来讲述②，彼此都各有所据。本篇内容主要依据梨洲晚年自述的情形，参考学者四阶段划分的叙述③，把他波澜壮阔的人生经历分作三个主要时期进行简要介绍，主要从"知人论世"的角度交代他法政思想得以生发完成的个体性生命背景。

1. "初锢之为党人"

黄宗羲出生于明神宗万历三十八年（公元1610年）农历八月初

---

① 吴光将黄宗羲的一生以1653年为界限，划分为两个阶段，称第一个阶段从1610年到1653年，是梨洲读书学习并从事政治实践的时期，第二阶段1653年至1695年，则是梨洲的讲学著述期。见氏著《天下为主：黄宗羲传》（杭州：浙江人民出版社2008年）第55页。但是这样的划分不免太过粗糙，以至于很难凸显梨洲早岁经历，尤其是二十岁之前的生命经验，以及这些经验对他整个人生定位和价值取向的深刻影响。本篇在这个方向上则用墨较多。

② 徐定宝则将黄宗羲的一生划分为四个阶段，第一阶段为梨洲十七岁前（1626），述其少年时代的生活遭际；第二阶段为梨洲十七岁到三十六岁，自黄洲赴京讼冤至弘光朝覆亡（1645），即所谓的"党人"生涯；第三阶段为梨洲三十六岁到五十三岁，自鲁王监国至南明永历政权垮台（1662），乃梨洲参加反清复明的"游侠"生活；第四阶段为梨洲五十三岁到八十六岁，自撰写《明夷待访录》到生命终结（1695），是梨洲长达三十余年的讲学、著述而厕身"儒林"的后期经历。见氏著《黄宗羲评传》（南京：南京大学出版社2002年）第41页。方祖猷先生的划分与此相同。这个四阶段划分是在梨洲自述的"初锢之为党人"之前，加上了一个少年时期，由此可以看出该分期讲述中所暗含的一个意思是，十七/八岁以前的梨洲尚未成年，不能算作"党人"。笔者认为这种思路存在对传统中国所谓"党"以及对晚明士人"党风"的误解。关于明末清初时期士人间"党风"与门户习气，请参看陈寅恪先生《陈寅恪集 柳如是别传》（北京：生活·读书·新知 三联书店2001年）第40页、第44页的内容，也可参看谢国桢先生著，《明清之际党社运动考》（中华书局1982年11月第1版）第60页的讲述。

③ 本书以梨洲自述为原则，参考徐定宝的四阶段划分，但是把其十九岁之前的青少年时期也算入"党人"时期之内，主要是考虑到以下两点：第一，梨洲在十七岁之前，不但已经在父亲亲身参与的各种政治活动中见证了社会的善恶是非、培养了极为明确的政治取向，而且已经边缘性地参与到了黄尊素等东林党人的政治活动中，例如在营救汪文言事件中在魏大中与黄尊素之间的送信（参看《黄宗羲全集》第十册第654页，《野史辨》一文所记），说此时的黄宗羲为"党人"，并不为过。第二，晚明士人，"党风"极深，"东林"身后复有"复社"，"阉党"之余复有"马阮"；"马阮"门下，不乏阉党遗孤及其子弟，故名之以"阉党余孽"；"复社"之中，多有东林遗孤及其友朋，时人称为"小东林"。彼此之间，界限清晰，阵营明确，俨如水火之不容。论家族，则多有父子相继；论行事，则处处友朋呼应。前后流行，数十年，时至清初，形势依然。誉之者则称为"持节守道"，毁之者则论曰"门户偏狭"。黄宗羲以东林之遗孤，交东林之故旧，秉东林之遗绪，其时虽曰少年，观京城讼冤诸种情形，非"党人"而何？

八①（照干支纪年法计算，这一年是庚戌年，孔子和朱熹都是出生于次年），逝世于清圣祖康熙三十四年（公元1695年）农历七月初三，一生正好跨越了中华大地上风云变幻的八十六个春秋。正是在这几十年间，那个积累了许多新生因素的传统中国，一时间天崩地解山河色变，激扬跌宕着生命热情更积蕴涌动着未来希望的晚明时代，在王朝更迭的兵灾战火和孤儿寡妇的血泪流离中，转向了清初那弥漫着压抑情绪的秩序与和平。当黄宗羲出生前夕，他的母亲梦见了传统中国奉为祥瑞灵异而象征着富贵荣华的"麒麟"，故而为黄宗羲所取乳名为"麟"。然而照世人的一般标准，在这漫长坎坷的八十六年间，黄宗羲真算得上是吃尽了艰难，尝遍了痛楚。可是，也恰恰正是这些生命深处的痛苦经验，在一个满怀着崇高与理想的灵魂中，成就了这位旷世大儒那继往开来的思想与学术。

万历四十四年（公元1616年），黄宗羲七岁，其父黄尊素获中

---

① 按照传统中国更具有思想意义的天干地支纪年法计算，这一年恰恰是庚戌年。而这一年在儒家思想传承和道统接续的历史上，具有非比寻常的意味：作为儒学开山的孔子就出生于庚戌年，而作为前无古人地光大了"圣学"的朱子，同样出生于庚戌年，梨洲亦然，并且其出生时辰与孔子相差仅仅一辰（见《寿伯美陈公六十文》，《黄宗羲全集》第十一册，第17—18页）。梨洲在其四十岁时作诗纪念有句"先公殉国余三载，孔子悬弧易一辰"（见黄炳垕《黄梨洲先生年谱》第27页），六十岁时又说"吾闻先圣以庚戌生，其后朱子亦以庚戌生，论者因谓朱子发明先圣之道，似非偶然。余独何人，以此名集，所以志吾愧也。"（见《庚戌集·自序》，《黄宗羲全集》第十册第10页）这似乎是梨洲对自己人生使命的夫子自道。无论是否有科学的根据，这一不同寻常的年份，可能对梨洲的个体心理和人生方向产生过外人不易想象的影响。这一点必可以牛顿的例子略做说明：牛顿出生在为纪念耶稣基督诞生救世而确立的圣诞节，从而终身都认为他肩负着某种来自上帝的神圣使命，而正是这种神圣的使命感，催使着牛顿把他精神生命的几乎全部都投入在了基督教神学和科学研究之中。有的学者甚至认为，牛顿对天体物理学的研究，不过是他研究基督教神学的"预备性工作"罢了。当今业已发现的牛顿手稿，其物理学研究的部分仅仅占到神学作品的三分之一左右。参看（美）兰西·佩尔斯，查理士·撒顿合著，《科学的灵魂：500年科学与信仰、哲学的互动》（南昌：江西人民出版社2006年）。而在梨洲其于顺治十八年（公元1661年）所作的《王仲撝侍御过龙虎山草堂》诗中，有"百卷《纬书》真绝学，千秋国史附江东"的自况，又有"方技儒林凭位置，谁知世外有行踪"的刺讥，似乎可以说是这种影响的依稀流露。而其季子黄百家所撰《先遗献文孝公梨洲府君行略》长文，在追述梨洲自述早年的神异经历、并极力强调梨洲重要著作完成时所出现的神奇天象的时候，就更加突出了这种天定之命的人事意义——事见《黄宗羲年谱》（即黄炳垕著《黄梨洲先生年谱》，中华书局1993/2006年）的"附录"，尤其是第78页的内容。

新科进士。第二年，黄尊素被授予宁国府推官的职位。于是，年仅八岁的黄宗羲便远离了儿时的山水与玩伴，随着父亲在其任所读书识字。十三岁的时候，他从安徽宣城回到了浙江余姚，以准备参加绍兴明年举行的"童子试"。结果因成绩优秀被补为仁和县"博士弟子员"。随后，黄尊素奉调入京，出任山东道监察御史，而十四岁的黄宗羲又随父亲前往北京的官邸。自小就在南来北往中度过少年生活的黄宗羲，从对社会生活的观察中自然会养成一种开阔的视野；而当耿直不屈的黄尊素携带着妻儿在其坎坷颠簸中度过他短暂的仕宦生涯时①，年少的黄宗羲也随之从小就培养起了关心国计民生的习惯，并和父亲一起直接经验着晚明中国政治气候中的善与恶、忠与奸②。于是从十几岁开始，黄宗羲就一面在父亲的督导下刻苦攻读古经旧史，一面从父亲和其他东林人士的政治生涯中注意着生动鲜活的生活世界。这一点，既为他自己将来成为通经明史且谙晓事务的有用之才开了好头，似乎也暗示了未来那规模宏大气象瑰玮的思想与学术的基本构造和治学宗旨。然而，晚明中国那极端的专制皇权，并不容许东林党人得以自由地经常聚会、评论时政，而在大量在职官员和赋闲官员、以及众多生员士子都参与进来的情形下，尤其如此。

天启二年（公元 1622 年），举荐提拔黄尊素的东林领袖邹元标（大学士，时任都察院左都御史）和冯从吾在北京建立"首善书院"，

---

① 史称黄尊素"精敏强执"，"謇谔敢言，尤有深识远虑"。上述评语及黄尊素本事，见《明史》卷二百四十五，"列传第一百三十三"。
② 黄炳垕《黄梨洲先生年谱》（即今《黄宗羲年谱》北京：中华书局 1993／2006 年）卷上，天启三年癸亥条记载："公十四岁。补仁和博士弟子员。秋，随侍忠端公至京。……冬，忠端公授山东道监察御史。公在京邸，好窥群书，不ький守章句。忠端公课以制义，公于完课之余，潜购诸小说观之。太夫人以告，忠端公曰：'亦足以开其智慧'"，天启四年条记载："公十五岁。时逆奄窃政，党论方兴。杨忠烈涟、左忠毅光斗、魏忠节大中诸公与忠端公为同志，常夜过邸寓，屏左右，论时事，独公在侧，故得尽知朝局清浊之分。"另外，关于黄尊素在安徽宣城等地任职与恶霸势力斗争的情形，参看徐定宝著《黄宗羲评传》（南京：南京大学出版社 2002 年）第 47—53 页的讲述。

讲学议政，与东林书院遥相呼应。但是，这一举动却立刻招来了朝廷敏感人士的攻击，——他们以"植党沽名"为口实进行的攻击，最终使邹元标和冯从吾罢归，而东林人士在朝的力量受到很大削弱。与此形成鲜明对照，作为阉党干将的顾秉谦、魏广微于天启三年（公元1623年）入阁，御史周宗建弹劾魏忠贤不成反而被罚夺俸，魏忠贤却在更多的荣宠之中"提督东厂"了，业已逐渐消停的厂卫活动从此再次活跃起来，为害于国也愈演愈烈。紧接着，在天启四年（公元1624年）农历四月，东林名将、时任内阁中书汪文言被魏忠贤罗织罪名投入狱中，而汪文言与其他东林核心人物如韩爌、杨涟、左光斗、魏大中等相交极深。而对汪文言的打击，毫无疑问是对付东林党人的先兆。事实上，这也确实是魏忠贤的党从试图利用汪文言之狱全面打击已经运动起来的东林党人的开始。此狱一出，东林党人即刻洞悉了案件背后的阴谋，但是依然极力展开对汪文言的营救。多亏了黄尊素所出奇计，既营救出了汪文言，也未牵连到更多在朝的东林人士。然而，自此以后阉党乃对黄尊素深恶痛绝，极欲杀之而后快。

同年，御史李应昇等上疏弹劾魏忠贤，均遭切责。其后，东林名士、时任左副督御史的杨涟，获悉明熹宗因为一些事情而对魏忠贤有所恼怒之后，认为倒魏的时机已到，乃上疏弹劾魏忠贤二十四大罪。这一事件立时就震惊了整个朝野。继而，黄尊素等东林人士相继上疏，极力支持杨涟对魏忠贤的弹劾。同时，国子祭酒蔡毅中也率领太学师生千余人，集体请求明熹宗追究魏忠贤的罪行。但是，这些人均被传旨切责。而另一位东林名士、时任工部郎中的万燝，则因直接对魏忠贤论罪而获刑，最终在廷杖之下殒命殉职。借廷杖打死万燝，不过是魏忠贤的第一步，既试探明熹宗的态度，也给东林人士一个下马威。熹宗没有说话，魏党大动干戈。在这一年临近结束的那个冬天，当时在朝中享有盛望的东林领袖、大学士叶向高、吏部尚书赵南星、左都御史高攀龙都相继被罢职归里，内阁大臣韩爌、左都御史杨涟、右佥督御史左光斗被削籍，而东林党人另一位声望隆厚的领袖人物邹元标，也于本年在家乡的赋闲中逝世。一时间，东林党人的力量遭受了极大打击，而朝廷大权也终于为魏忠贤所全面垄断。弹冠相庆的魏阉党徒们，在一片凯歌中编了一部《点将录》，收录东林人物名单一百零八人，黄尊素赫然名在其中。

然而，虽然大批东林要员被罢官去职，不能以政治实力继续在朝中给反派势力形成威胁，但事情却远没有完结。天启五年（公元1625年）初，魏党骨干曹钦程、崔呈秀借机以"专击善类，助高攀龙、魏大中虐焰"为名弹劾黄尊素等依然在朝的东林人士，很快，黄尊素、李应昇、周宗建等都遭到了削籍的处置。紧接着，汪文言一案重被提起，而魏忠贤借机兴起大狱，东林再次蒙难。东林干将杨涟、左光斗、魏大中等在狱中遭受酷刑死于非命，东林当时的精神领袖赵南星和实际政治领袖李三才都被罚削籍，而东林党的创始人和精神领袖、与邹元标、赵南星被称为"东林三君"的顾宪成，则由于当时已经去世十四年，无以生罚，乃令追夺诰命，袁化中、周朝瑞、顾大章等东林名士也相继受尽折磨死于狱中。与此同时，朝廷还继张居正首次全面禁毁私人书院之后，再次发布命令禁毁天下书院，以试图从组织基础上根除东林党人[①]。与此形成鲜明对照的是，魏忠贤被赐予了"顾命元臣"的宝印，而与他勾结陷害许多忠干之士的

---

① 事实上，这次党祸还直接影响了辽东局势的发展，甚至为明亡埋下了直接隐患。因为并非东林人士，而对东林人士有所同情的大将孙承宗和熊廷弼等，也都在此次党祸中受到牵连。经营辽东多年、无论用人置事均极有果效，而使辽东边务焕然一新的孙承宗，此时居然被罢去了辽东的职务，转由根本不懂军事更不熟悉辽东事务的高第接任了经略辽东的职务。而前蓟辽督师、威震满洲的一代"悍将"熊廷弼，则在被处斩后，"传首九边"。毫无疑问，这一巨大的人事变动直接影响了辽东布局，并向满洲透露了明朝内部极为糟糕之情形的讯息。高第到任之后，仓促用战，却嗲败而归；战败之后，又试图将罪责移嫁他人，并命令放弃孙承宗、熊廷弼等谋划经略以对满洲形成牵制形势的关外各城，袁崇焕部则抗命而守宁远、前屯二城不撤，并在极为艰苦的条件下取得了"宁锦大捷"。

客氏，也被赐予了"钦赐奉圣夫人"的名号与印钤。另外，阉党骨干冯铨等也在一片欢呼中升入内阁。第二年（公元1626年），浙江巡抚潘汝桢为取悦魏忠贤而上疏朝廷请为魏忠贤立生祠祀奉，魏忠贤大悦，而时风顿起，各地纷纷效尤。这自然又会引起一些正直人士的反感和反对，于是魏氏再兴大狱，下令逮捕东林名士周起元、高攀龙、周顺昌、缪昌期、李应昇、周宗建、黄尊素等。理学名臣高攀龙不甘受辱，在家中投水自杀殉国，其余六人则相继惨死狱中①。

在整个事件中，这里却还有一件极为值得注意的事情：在朝廷发布命令逮捕以上"七君子"的时候，各地民众反应激烈，甚至有万人相聚为之送行的场面。杨涟被逮的时候，夹道相送号哭泣涕者有数万之众，凡其羁旅经过之处，都有百姓焚香祝祷祈求他能够生还②。当朝廷派出的缇骑到达苏州，试图逮捕当时已经去职的吏部文选司员外郎周顺昌时，居然激起了民变。结果两名缇骑被颜佩韦等苏州普通市民当场杀死，多亏周顺昌与颇有威望的地方官一起极力劝阻，才最终稳定了局面。周顺昌等入狱后，颜佩韦、杨念如、周文元、马杰、沈扬五位市民挺身投案，英勇就义后，当地百姓将五人合葬于虎丘，世称"五人之墓"③。而当时的复社领袖张溥为此而写下的《五人墓碑记》，更是海内文章，一时传诵。不止如此，南下逮捕黄尊素的缇骑，也在苏州城外遭到市民的阻击乱打，其所乘官船被烧毁，缇骑们逼不得已泅水逃命，居然连抓捕黄尊素的合法证件"驾帖"都丢失了。最后只能由省城移文绍兴府，命将黄尊素"差官解京"。黄尊素闻讯后，自动投狱。

当黄尊素在狱中被许显纯等残害而亡的时候，年仅四十三岁。而此时的黄宗羲已经十七岁了，几年来所发在东林党人中的这一切

---

① "六君子"之事，见《明史》卷二百四十五为其所作合传"列传第一百三十三"。
② 杨涟本事见《明史》卷二百四十四，"列传第一百三十二"。
③ 事见《明史》卷二百四十五，"列传第一百三十三"。

变故和惨案,无疑都尽在其耳闻目睹之中。这些事对他那颗敏锐奋发的心灵的刺激可想而知,而他所亲历的绍兴市民为父亲送行北上的壮观场面,恐怕更是其最为刻骨铭心而一生也无法忘记的。在那些前来送行人中,除了数千名职业各异的市民之外,还有不少有良知的官员和学者,其中一位就是当日已被革职却望重当世的一代儒宗刘宗周。临别时,精通经史而又致实达用的黄尊素,一方面叮嘱黄宗羲一定要精读史传,尤其要熟悉明代史事,另一方面则嘱咐他拜刘宗周为师,并正式将儿子的学业托付给自己这位私交甚笃的大明直臣、东林净友①。而刘宗周和黄宗羲也确实没有让黄尊素失其深望:早在黄尊素在京殒命的消息传开之时,刘宗周就亲自作文哭祭英魂,而在崇祯元年(公元1628年)的秋冬之际,当黄宗羲自北京奉黄尊素的灵柩回归乡里的时候,刘宗周亲自赶来哭吊亡人,仆身棺上,以衣衫拂尽棺上灰尘,痛哭而去,以此大礼为黄氏进行表彰②。而当朝廷要在黄尊素的家乡为他立庙纪念,却遭到阉党羽翼与内阁前首辅方从哲一些旧门客的阻挠时,冯留仙、万履安等直接会祭祠下表示支持,而刘宗周则直接书告当事之人说:"不佞,白安先生之未亡友也,请以螳臂当之矣!"最终使立祠之事顺利完成③。而他寄望甚厚的黄宗羲,年仅十九岁即以皇城讼冤锥刺阉党的英雄事迹轰动京师传闻朝野,更是在此后的数十年间,首先在刘宗周的言传身教和文章著述引领下进入心学堂奥,接着在四方交游与抗清经

---

① 刘宗周(1578—1645),字起东,号念台,世称念台先生、蕺山先生。为最早弹劾魏忠贤的官员。早在天启元年(1621年)即第一次上疏弹劾魏忠贤与客氏,被切责罚俸;天启五年(1625年)再次上疏弹劾魏忠贤,被"革职为民,追夺诰命"。崇祯朝间,历任多职,又屡因中正直谏而被革职。清军南下,浙江失守后,绝世二十日而终。其一生大部分时间皆在野讲学。
② 参看黄炳垕著《黄梨洲先生年谱》(即今《黄宗羲年谱》,北京:中华书局1993/2006年),"崇祯元年"条,第13页。
③ 参看黄宗羲《重建先忠端公祠堂记》一文,收于《黄宗羲全集》第十册,第125—126页,所引刘宗周语见125页;又见黄百家著《先遗献文孝公梨洲府君行略》长文,该文收于《黄宗羲年谱》(北京:中华书局1993/2006年)"附录"中,事见第76页。

历中直接深入时代风潮，又在与师长友朋的论学驳辩中整合理学心学，在发愤苦读中熔铸经史百家，最终在百死千难中成就了规模宏大的学术志业。梨洲给后人留下的这笔宝贵的思想文化遗产，也必足以让黄尊素在天有灵的英魂含笑九泉了。

天启七年（公元 1627 年），明熹宗驾崩，天启一朝结束，朱由检即位，是为崇祯皇帝。十九岁的黄宗羲虽然还并不清楚时局的走向，依然立即草拟了替父亲讼冤的上疏，袖怀长锥，启程赴京。事实上，崇祯皇帝即位以后，为了巩固权位，很快就开始了对魏忠贤及其阉党的清算。客氏被诛，魏忠贤则在被发配凤阳的途中畏罪自杀，阉党骨干崔呈秀也在家中自尽而死，其余阉党骨干如许显纯等，也大多已经羁押在狱中等候审决。当黄宗羲怀揣冤疏、袖藏长锥到达北京的时候，值逢朝廷颁发诏书，为天启朝的冤案平反，为受诬陷遭受苦毒的诸臣恢复官爵名誉，并抚恤死难诸臣的家属遗孤。其中黄尊素被追赠为太中大夫、太仆寺卿的三品官爵，赐银 300 两安葬。黄宗羲诣阙谢恩，并趁机上疏崇祯帝请求诛杀阉党余孽曹钦程、许显纯、崔应元、李实等。崇祯下旨令刑部对这些人"速究问"。崇祯元年（公元 1628 年）农历五月，刑部会审阉党许显纯、崔应元。作恶多端双手染满东林人士鲜血的许显纯，此时居然以大明律"八议""议亲"的规定为根据，以自己乃是已故孝定皇后的外甥为由，提出应从轻发落的请求。受诏作证的黄宗羲面对杀父仇人如此诡词，先将阉党与许显纯的行径比之谋逆，并援引明朝以谋逆诛杀亲王宸濠等的先例予以反驳："显纯与阉构难，忠良尽死其手，当与谋逆同科。夫谋逆，则以亲王高煦、宸濠尚不免于戮，况皇后之外亲乎？"①。话音未落，黄宗羲已经疾步冲到许显纯面前，出锥猛刺许显纯，痛打崔应元，并拔下他们的胡须来祭奠黄尊素的亡灵。在许显纯、崔应元被判死刑后，黄宗羲与周宗建之子周廷祚等，一起抓来当年直接杀害天启诸臣的凶手狱卒，乱棍打死。六月，审讯阉党余孽李实、李永贞、刘若愚。李实极尽诡辩之能，将陷害之事尽推于魏忠贤身上，并偷偷送给黄宗羲三千两白银，以求通变。黄宗羲立刻将李实贿求情形向有司如实声达，并指出："实当今日，犹能贿赂公行，其所辩，岂足信！"李实等人最终各领其罪，各得其罚。逆案结狱，黄宗羲与魏学濂（魏大中之子）等天启遭难诸臣的遗孤，在大明诏狱中门设祭祭奠忠魂，悲痛哭号之声震彻云霄。来往行人与四方观者亦多为之落泪②，年轻的黄宗羲也从此以大孝勇义而声名远播③。

在北京讼冤得直并奉持父亲灵柩回乡安葬以后，黄宗羲结束了他人生的青少年时期，开始了他进一步读书游学并积极参与政治活动的人生旅程。此时的黄宗羲刚刚二十岁。

天启六年（公元1626年）农历三月，黄宗羲在浙江郡城绍兴泪别了负檻北上的父亲。之后不久，他即从余姚专门到绍兴正式拜

---

① 这里和下一处黄宗羲指正李实的引文，所根据的是黄炳垕著《黄梨洲先生年谱》(即今《黄宗羲年谱》，北京：中华书局1993/2006年)"崇祯元年条"的记载。在邵廷采著《遗献黄文孝先生传》的记载中，此处有黄宗羲说"显纯与魏忠贤谋反"一语，应当即是黄炳垕文中"显纯与阉构难，忠良尽死其手，当与谋逆同科"之所谓。邵氏《遗献黄文孝先生传》收录于《黄宗羲全集》（杭州：浙江古籍出版社2005年）第十二册，第61—67页。
② 以上叙述部分，参看黄炳垕著《黄梨洲先生年谱》（即《黄宗羲年谱》主体部分，北京：中华书局1993/2006年）第12—13页，"崇祯元年"条。
③ 清初著名学者邵廷采的《思复堂文集》卷三所收《遗献黄文孝先生传》记载："当是时，先生义勇勃发，自分一死，冲仇人胸。赖天子仁明，念忠臣遗孤子，不加罪。会审之日，观者无不裂眦变容。当是时，姚江黄孝子之名震天下。事定还里，四方名士无不停舟黄竹浦，愿交孝子者。"（引文见《黄宗羲全集》第十二册，第61—62页）黄宗羲京师讼冤过程中的种种"非法"行为，以及社会、朝廷对这种"非法"行为的或支持或默许，显然有传统中国文化中关于"复仇"的观念在或深或浅的层面发挥作用。笔者已经另外作文《晚明中国"复仇"中的个人、社会与国家：以黄宗羲北京讼冤事件为例的观察》对此进行探讨，兹不赘及。

刘宗周为师。此后,除了在恩师的指导下读经进学、问道请益并和师友一同与杂学辩难之外[1],黄宗羲还遵照父亲的遗训,发奋攻读"二十一史"和当世《献徵录》等,以经史为纲目,博览群书,刻苦自学,同时广交各地朋友,砥砺品格,切磋学问。可以说,从跟随父亲的脚步读书,到拜师后随从蕺山先生的问学请益,再到跨越理学心学的独立阅读而贵其深造自得,尤其是自1626年送父亲北上到1645年弘光政权覆灭,这二十年时间,是黄宗羲读书交友与游学的黄金时期[2],也是他在知识上迅速扩充、并在思想上日渐成长的黄金时期。这期间,除了读书进学以外,黄宗羲还通过游学和交友而积极投入到当时已经非常普遍的结社活动之中[3],并且还直接参与了复社人士与东林遗孤(二者存在人员叠合)共同发起的驱逐阉党余孽阮大铖的政治运动。

崇祯朝厉行新政而清理魏党的时候,由于种种原因,并不是所有的阉党成员都受到了最终处置。阮大铖就是其中一个因为没有确切的书面根据而逃脱了当时严厉处置的人物。他在天启年间依靠进献《百官图》投靠了魏忠贤,成为阉党一派文人。后来,崇祯二年(公元1629年)确定"逆案"的时候,他与冯铨、顾秉谦等被处以"徒

---

[1] 所谓"杂学"主要是指阳明前后从王畿一系传下,经周汝登而至于陶奭龄时,已经将佛教因果报应等讲法混入其中的心学一系,两家前后驳难情形,在黄宗羲《子刘子行状卷下》(文收《黄宗羲全集》第一册,事见第253—254页)与《董吴仲墓志铭》(文收《黄宗羲全集》第十册,事见第466页)等自著文以及全祖望著《梨洲先生神道碑文》(文收《黄宗羲全集》第十二册,事见第3页)等文章中,均有述及。

[2] 崇祯十四年(公元1641年)前后,黄宗羲在南京,住在黄居中家,将千顷堂藏书"翻阅殆遍",并对道藏进行了阅读和抄录。见黄炳垕《黄梨洲先生年谱》,"崇祯十四年 辛巳"条。另参看吴光《天下为主:黄宗羲传》第47—51页、徐定宝《黄宗羲评传》第69—71页的记述。

[3] 黄宗羲与复社创始人张溥的第一次接触,是其在京为父讼冤期间,此后相交亦厚,多次轮为主客,留宿畅谈。梨洲曾说"天如好读书,天姿明敏,闻某家有藏书,夜与余提灯而往观之"。事见梨洲《思旧录》"张溥"条,见《黄宗羲全集》第一册,第364页。而梨洲加入复社的中间人,则是其相交甚厚而后来在南都之乱中丧命于马士英、阮大铖之手的复社名士周镳,事见梨洲《思旧录》"周镳"条,见《黄宗羲全集》第十册,第355—356页。另外,梨洲在交游中广泛参与结社活动的情形,请参看徐定宝著《黄宗羲评传》第71—77页、吴光《天下为主:黄宗羲传》第26—30页的相关记述。

二年，赎为民"的处罚，通过种种手段而避居在安徽老家。但他对仕途并未死心，时时窥伺机会以图东山再起。当复社大盛的时候，他于崇祯五年（1632年）成立了"中江社"，试图收纳文人士子与复社抗衡，并未自己挣得更大的政治资本。然而却经不住复社名士方以智对他种种"前科"的揭露，于是中江文社就成为了一朵昙花，转瞬即逝。之后，农民起义波及安徽，阮大铖携家逃至南京避难，"暗中招纳亡命徒，用金钱美女收买复社人士和当局官僚，招摇撞骗、自鸣得意，大有死灰复燃、卷土重来之势"①。阮大铖虽然并非阉党骨干，而不过是阉党较为边缘的一个成员，但是他如此张扬的行径，却是及大地激怒了复社中的耿直之士，更是直接刺激到了东林遗孤们肝肠寸断之处。于是，在崇祯十一年（公元1638年）的农历七月，在复社名士周镳发起和主导下、由吴应箕起草了《南都防乱揭》②，经由陈贞慧、沈寿民、吴应箕、沈士柱等共同商议，推请顾宪成之孙顾杲居首代表东林子弟、黄宗羲代表天启遇难诸臣家属带头署名，一百四十余位文人士子依次签名后公开发布，以揭露、声讨阮大铖③。

《南都防乱揭》义正辞严，慷慨激昂，是一篇名副其实的战斗檄文，在当时确实阻止了阮大铖进入南明政局。事实上，或许是出于内心的自愿，或许是出于政治的权衡，或者二者兼而有之，阮大铖自很早以来就通过各种途径（如中间人的游说和在他自己文学作品中的曲折表达等）来谋求东林遗孤的谅解，并试图与复社人士达成一定妥协。然而，这一激情勃发的声讨之举，却没有给他留下任

---

① 吴光《天下为主：黄宗羲传》第31页。
② 关于由周镳主导、吴应箕起草、复社人士和东林遗孤共同打出的这项公揭，今有《南都防乱揭》（前引徐定宝书中多次称作《南都防乱公揭》，不知所据）和《留都防乱揭》（前引吴光书中作《留都防乱公揭》）两种名称，本书据全祖望《梨洲先生神道碑文》所记，作"《南都防乱揭》"。
③ 参看全祖望《梨洲先生神道碑文》，事见《黄宗羲全集》第十二册，第4页。一百四十余人这一字数，据徐定宝《黄宗羲评传》，见该书第80页。

何回转的余地,自此以后,阮大铖就与复社名士和东林遗孤们彻底地水火不容势不两立了①。而当周延儒在复社人士的大力支持下第二次入阁以后,由于他之前曾经接纳阮大铖的巨额贿赂,又在不方便任用阮大铖以至与复社难为的窘境中,就不得不起用了阮大铖推荐以代自身的心腹马士英为凤阳总督②。等到清兵入关,北都失守,崇祯帝自缢以殉社稷,马士英乃联合声望极重的史可法等人,拥立福王建立南明弘光朝偏而难安的"正统"以后,以拥立有功而手握大权的马士英就立即起用了阮大铖,纠合阉党余孽分子造《蝻蝗录》,对复社人士和东林遗孤们展开了全面报复和打击。结果,周镳下狱被杀,陈贞慧被逮捕入狱,沈寿民、吴应箕、沈士柱等亡命江湖,黄宗羲从杭州拜别刘宗周去南京向弘光帝上书陈述国策,刚好赶上此事,遂与顾杲同时被逮下狱③。在马阮自以为得计而狱中内外的复社东林人士惶惶以为不保的时候,清兵到了。四月,扬州失陷,

---

① 陈寅恪先生在论及梨洲评钱谦益(牧斋)《一年诗》时,对此事及梨洲晚节均有一段评述,以其极值得注意,特转录如下:"圆海(时案:即阮大铖)人品,史有定评,不待多论。往岁读《咏怀堂集》,颇喜之,以为可与严惟中之铃山,王修微之越馆两集,同是有明一代诗什之佼佼者,至所著诸剧本中,《燕子笺》、《春灯谜》二曲,尤推佳作。……(省略者为陈先生引张岱等所记资料证阮大铖戏剧为"当时之绝艺"的资料)……其痛陈错认之意,情辞可悯。此固文人文过饰非之伎俩,但东林少年似亦持之太急,杜绝其悔改自新之路,竟以'防乱'为言,遂酿成仇怨报复之举动,国事大局,益不可收拾矣。夫天启乱政,应由朱由校、魏忠贤为魁首,集之(时案:即阮大铖)不过趋势群小之一人。揆以分别主附,轻重定罪之律,阮氏之罪,当从末减。黄梨洲乃明清之际博雅通儒之巨擘,然囿于传统之教训,不敢作怨怼司马氏之王伟元,而斤斤计较,集矢于圆海,斯仰可谓时代限人之一例欤?……(省略者为陈先生引夏完淳所记论阮大铖阿党为枉案的资料)……后来永历延平倾覆亡逝,太冲撰《明夷待访录》,自命为殷箕子,虽不同于稽延祖,但心清圣祖比周武王,岂不愧对'关中大儒'之李二曲耶?惜哉!"引文见陈寅恪先生《陈寅恪集 柳如是别传》,北京:生活·读书·新知 三联书店 2001 年,第 859—861 页。至于陈先生论梨洲自比箕子而批评之语以及梨洲本事之究竟如何,笔者计划另作《陈寅恪先生论黄梨洲事述》一文梳理解释,兹不赘及。
② 见全祖望《梨洲先生神道碑文》,《黄宗羲全集》第十二册,第 4 页。另外,在复社积极影响下使薛国观去职,并使周延儒第二次入阁后,周氏所为,与复社人士所期望的依然相距甚远,起用马士英一事即其中一例。参看谢国桢先生著《明清之际党社运动考》所收《复社始末》一文。
③ 参看前及全祖望《梨洲先生神道碑文》,又见前及黄炳垕《黄梨洲先生年谱》,第 23 页。

史可法殉国。五月，金陵不战而降，弘光倾覆①。众位忧怀国家的复社名士与东林遗孤反而因清兵南下得以活命，也算是历史的讽刺了。获救后的黄宗羲于五月间仓皇返回浙东。六月，浙江巡抚张秉贞等在杭州率众迎降清军。其后，刘宗周绝食，黄宗羲获讯后步行二百余里赶到绍兴，往蕺山先生避居之处与老师含泪诀别，之后又徒步返回，"奉太夫人避居中村"②。

到这时候，黄宗羲作为"党人"的早期生涯就基本结束了。三十年来的随父读书和游学交友以及种种政治遭遇，已经为他开阔了人生视野，积累了生命经验，也打开了思想的门路。正是在接下来山中避居的这一段时间，黄宗羲苦读先师遗书，反思三十年来种种闻见经历，于心学尤其是蕺山思想"始多深造，于是胸中窒碍为之尽释。"③此时，黄宗羲已经三十六岁，虽然在思想上已经开始走向一个成熟期，但是他那些伟大的传世作品却需要经过更丰富更深刻的人生经历和生命体悟的酝酿之后，才会惊世横出。

2."继指之为游侠"

所谓"游侠"，其实是黄宗羲当时所用的隐晦语，至于其本事，则指在明朝灭亡以后，他本人以各种方式所参与从事的抗清活动。黄宗羲人生的这一阶段，大约应从顺治二年（公元1645年）算起，以康熙元年（公元1662年）结束。对于梨洲这一阶段的经历，黄百家曾有如此记述："云压睢城，风颠崖海。刊章急至，棋忽残于贯星；飘瓦频来，琴欲破于日影。以至担簦避寇，携老幼于海潝山陬，匿

---

① 对于弘光朝事，钱谦益有《一年诗》纪事，梨洲评为"诗史"，钱氏原诗如下："一年天子小朝廷，遗恨旋传覆典刑。岂有庭花歌後阁，也无杯酒劝长星。吹唇沸地狐群力，磐面呼风羯鬼灵。奸佞不随京雒尽，尚流余蟹丹青。"见及《柳如是别传》，第859页。
② 见前及黄炳垕著《黄梨洲先生年谱》，第24页。
③ 见前及全祖望著《梨洲先生神道碑文》，《黄宗羲全集》第十二册，第8页。

影忧谗，埋姓名于城隈市角，此真宇宙间之劳人也"①。在如此一个劳人的身心魂命间，孟子所说的"苦其心志，劳其筋骨，饿其体肤，空乏其身，行拂乱其所为"②，可称得上是"众缘具备"了。

顺治二年（1645年）农历五月，南明弘光政权覆亡，黄宗羲"踉跄"③着从南京回到浙江老家，奉母避居。然而，清兵在南京杭州等地安顿下来後，略作修整即准备大举南下，与此同时，各地的反清活动也逐渐高涨起来。为了团结民心、以为号召并解决政权的合法统续问题，明朝旧臣兵部尚书张国维、刑部员外郎钱肃乐等在绍兴以"监国"名义建立了鲁王政权，作为抗清活动的象征中心。钱肃乐还联络了具有一定军事实力的王之仁加入。在黄宗羲的老家浙江余姚，原明九江道佥事孙嘉绩、吏科给事中熊汝霖等做出积极响应，率众起事，在杀掉已经降清的县令之后，接受鲁王政权领导，"以一旅之师，画江而守"④。而黄宗羲也从此开始参与到具体的抗清活动之中。

在熊汝霖和孙嘉绩举事以后，黄宗羲和二弟黄宗炎、三弟黄宗会就在黄竹浦组织当地子弟数百人，成立了一支抗清队伍，稍后即投于鲁王监国政权之下而驻军江上，时人称之为"世忠营"。黄宗羲此时除了受命作《监国鲁元年大统历》并被颁行浙东以外，在军事上也提出了极有价值的建议，虽然"闻者皆是公言"，却由于当时实权全掌握在方国安等悍帅手中，而这些人的心思不过是拥兵自

---

① 见《黄宗羲年谱》，"附录"之"先遗献文孝公梨洲府君行略"，引语见是书第77页。
② 《孟子·告子（下）》
③ 前及黄炳垕著，《黄梨洲先生年谱》第23页，"大清顺治元年甲申"条记载"公（黄宗羲）踉跄归浙东"。
④ 此处参考了徐定宝对史事的叙述，但是徐氏以孙嘉绩为"兵部郎中"，以熊汝霖为"户部给事中"，而黄炳垕《年谱》"顺治二年乙酉"条记载，则以熊汝霖（雨殷）为"吏科给事中"，以孙嘉绩"九江道佥事"。由于徐书在一些叙述及引文中频有错误，而笔者尚不能仔细究究这些细节的情况下，此处从黄炳垕所著《年谱》。具体参见前及徐著《黄宗羲评传》第86页，黄炳垕著《年谱》第24页。

重却并不真在抗清兴复上面,于是梨洲的美芹嘉计最终并不被听从①。虽然黄宗羲希望"以布衣参军"表明自己志在抗清而不在官爵名位,但监国鲁王还是坚持授予了他兵部职方司主事的职位。随后,在柯夏卿与孙嘉绩联合举荐下,又改授监察御史之职,兼领兵部职方司主事②。后来,孙嘉绩见梨洲确有真才实干,于是将自己部下的火攻营全数交予黄宗羲。在此基础上,黄宗羲又与王正中联合形成一支三千余人的部队,稍后朱大定、吴乃武等又率部从浙西前来会师。这支由黄宗羲直接率领指挥的队伍,在取得了一些小的胜利之后,做了更加周密的计划并约好内应之后,决定攻取海盐。但是清军大部队已经临近,不得不改议选择机会再举行动。然而,平日骄横跋扈的悍帅们在清兵面前却很快一败涂地,监国政权被迅速瓦解,鲁王与从臣们则无奈奔走,漂流海上。黄宗羲及其部属被迫终止了相关行动计划,率领余部五百余人退入四明山中结寨自守。安顿下来后,黄宗羲微服下山寻访鲁王消息③,而部下军卒却未能与山民安和相处,以至于被山民烧了山寨。黄宗羲不只是失去了自己的队伍,更是孤身游走无所归处,在清廷的抓捕檄文中辗转奔命,再次奉老母避居山中。后来获悉鲁王海上行在,几经坎坷颠簸回到了鲁王海上朝廷。此后,黄宗羲虽然先是被晋升为左佥督御史,又被晋升为左副都御史,但扑面而来的却是更多的无奈和悲哀:鲁王朝廷与唐王政权的交恶党争持续不断,而鲁王朝廷内部的争权夺势也依旧此起彼伏④,大权统于张名振之手,即使是身为阁臣的张肯堂"亦不得有所豫"⑤。期间虽然有黄宗羲与冯京第和阮美渡海赴日本乞师求救,终究无可奈何而归。梨洲以盛壮之年禀王佐之才怀激烈之心,虽名

---

① 参看前及黄炳垕著《黄梨洲先生年谱》第24页的记载。
② 见前及黄炳垕著《黄梨洲先生年谱》,第25页。
③ 一说下山寻访老母。
④ 这一点黄宗羲在《留书》之《朋党》一文中痛有所陈,下文详见。
⑤ 见前及黄炳垕著《黄梨洲先生年谱》,第26页。

居高位而以天下为志,却无任何实权,居然落个无所事事,时而山中林下,时而波岸船头,或读书注历,或与一二友人论学,在清净闲暇间好度时日。

然而这样的看似清净闲暇,不过是山中林下漂荡的一片斜云,洒下几点冷雨之后,就匆匆过去了;不过是波岸船头轻笼的一团薄雾,几丝凉风徐徐吹来,就很快消散了。而在当时的情境中,悍帅的排挤、党争的忧患、加上清廷时时的缉捕,梨洲要面对的又何止是几丝凉风、几点冷雨?很快,清廷下令"以胜国遗臣不顺命者,令有司录家口上闻"①。虽然鲁王以"忠臣之后"诚心待他,而他也确实不断为鲁王政权坎坷奔走而"栖栖不忍去",但是,早年即以大孝仁义名闻天下的黄宗羲,此时此刻"方寸已乱",大为老母的安危担忧,最终决定返乡探母。在向鲁王陈述实情之后,获准变更姓名,间行归乡②。

黄宗羲虽然从鲁王行朝回到故里,奉老母避居在化安山中,但其处境依然危险重重。首先是他名在鲁王列卿之中,而当时清廷的立场是"凡得名籍与海上有连者,即行剪除"。其次,黄宗羲为人侠肝义胆,又曾经试图联络组织吴中豪杰共同抗清,以至于四处抗清的江湖山寨中多有他的旧部或朋友,其弟黄宗炎即与结寨反清的冯京第等"交通有状",再加上一些真假难辨的告密事件等等,以至于清廷认为黄宗羲是个极危险的抗清头目人物。其次,黄宗羲虽然自处于故乡山水之间,但对鲁王行朝依然关注,遇有兵事则派人入海告警。如此等等,不一而足。对黄宗羲这一段时期的生活,全祖望有如下记载:"公既自桑海中来,杜门匿景(笔者案,"景"

---

① 见前及黄炳垕著《黄梨洲先生年谱》,第27页。
② 前及黄炳垕著《黄梨洲先生年谱》第26—27页,全祖望著《梨洲先生神道碑文》,见《黄宗羲全集》第十二册,第7页。梨洲变更姓名一事《年谱》未及,从《神道碑文》。

即"影"），东迁西徙，靡有宁居"①。

事实上，正是在这些东迁西徙的栖栖遑遑中，甚至是在看似游山玩水的清闲雅致中，依然深藏着梨洲对反清事业的密切关注和参与。顺治七、八年间年（公元1650—1651年），在清廷追捕的风声中，黄宗羲曾数次以会友读书为名，赴常熟面见钱谦益②，劝他策反前明旧将马进宝③，并在崇德与孙子度、陆丽京、吴子虎等"剧谈"④，所谈之事绝非诗文会友那么简单。顺治八年（公元1651年）夏秋之交，黄宗羲获悉清兵将有进攻行动，急忙派人入海告警以早作防备⑤。不久，清兵果然大举进攻舟山。舟山之役，鲁王麾下军事实力几乎丧尽，大学士张肯堂等壮烈殉国，鲁王行朝则再次退居海上漂流南下。悲痛万分的黄宗羲慷慨发愤于史志著述，在其实录著作《海外恸哭记》的结尾部分，详细记录了这次"江上兵溃"的前后始末⑥。此后不久（顺治十年，公元1653年），鲁王宣布放弃"监国"名号，组织化的浙东抗清运动以失败宣告终结⑦。顺治十一年（公元1654年），张名振派人潜入浙东与黄宗羲等联络，以图重新组织散兵游击的浙东抗清力量，但是其所派信使甫入浙地即被清

---

① 前及全祖望著《梨洲先生神道碑文》，《黄宗羲全集》第十二册，第7页。
② 梨洲此行虽有政治目的，但对嗜书如命的他，却并非单纯为政治目的而作此行。《思旧录》"钱谦益"条记载"绛云楼藏书，余所欲见者无不有。"见《黄宗羲全集》第一册，第377—378页。
③ 关于钱谦益在入清以后借游玩走访之名四处联络抗清力量以图匡复明室的史事，陈寅恪先生在《柳如是别传》第五章"复明运动"中有极丰富的考述，其中就包括了游说马进宝的内容。至于此事原为梨洲所促成的论断，见《柳如是别传》（北京：生活·读书·新知 三联书店2001年），第1037—1038页。
④ 见前及黄炳垕著《黄梨洲先生年谱》，第27—28页；徐定宝著《黄宗羲评传》，第99页。
⑤ 见前及黄炳垕著《黄梨洲先生年谱》，第28页；全祖望著《梨洲先生神道碑文》，见《黄宗羲全集》第十二册第8页。
⑥ 见《黄宗羲全集》，第二册，第231—241页。
⑦ 吴光在《天下为主：黄宗羲传》中以1653年为黄宗羲一生两个阶段的分解，其主要依据有二："之所以以1653年分界，是由于这一年是浙东抗清斗争宣告失败之时，也是黄宗羲写下第一部重要著作，可称为《明夷待访录》前身的《留书》（又称《明夷留书》）之年。这两件事是黄宗羲步入人生新阶段的一个重要标志"。见氏著《天下为主：黄宗羲传》（杭州：浙江人民出版社2008年）第55页。

廷抓获。于是，黄宗羲受到直接牵连而再次被发榜缉捕，于是他不得不又一次避匿他处①。另外，黄宗羲归乡不久即和二弟黄宗炎与"吴中豪杰"沈尔绪等反清人士结成慈水山寨，招揽人才积蓄力量以图兴复之事。顺治十三年（公元1656年），清兵扫荡了慈水山寨，沈尔绪被俘遭害，黄宗羲在生死毫厘之间幸运逃脱，却又一次因为抗清而遭到清廷的搜捕，其弟黄宗炎则落难被抓，幸亏几位朋友极力营救才得免死②。在接下来看似平静的几年间，黄宗羲依然通过各种方式，与故旧友朋和明代遗民进行联络。例如在顺治十四年（公元1657年）时，梨洲即借儿女婚姻之事，到虞山与颜叙伯、陆苞甫等游谈往来，"懔然道古"③，而正当此时，钱谦益正和方以智、钱澄之等托身化外的明朝遗民，以及一般后起的青年人士，在南京秘密集合，计划着如何接应配合郑成功即将发起行动攻占南京的军事计划④。梨洲等人的"懔然道古"，或即与此事相关。顺治十六年（公元1659年）初，清军入昆明，游走西南的永历政权遭受清廷重击。五月，郑成功大举入长江，六月破镇江，七月攻至江宁城下；与此同时，张苍水也率领部队从芜湖进取徽州宁波一带，一时间声势极大。这对心怀兴复的前明遗臣来说，真是大好消息。然而至七、八月间，形势急转直下，郑成功与张苍水全线溃败，迫不得已而退守厦门，抗清斗争再次遭受重创。清廷则趁机大兴"文字狱"，追查所谓"通海"之事，牵连极广⑤。正是在这种危险重重的情况下，黄宗羲居然在顺治十七年（公元1660年）做了一次"匡庐

---

① 见前及黄炳垕著，《黄梨洲先生年谱》，第28页。
② 见前及黄炳垕著，《黄梨洲先生年谱》，第29页；全祖望《梨洲先生神道碑文》，《黄宗羲全集》第十二册，第8页。
③ 见前及黄炳垕著，《黄梨洲先生年谱》，第29—30页
④ 参看陈寅恪先生著，《柳如是别传》，（北京：生活·读书·新知 三联书店2001年），第1057—1127页以及第1168—1176页等处的考论。
⑤ 参看沈起炜编著，《中国历史大事年表·古代》，第478—479页，"1659年己亥"条。

之游"。然而,只要仔细看一下黄宗羲游山玩水所经过的路线、所登临的佛寺山门和所访见的人物,就会发现,黄宗羲这次出行绝不是一次简单的游山玩水,而是当时一些具有重要影响的抗清名士,在清廷高压政策下为兴复大事计,乃借山水雅游为伪装而进行的一次秘密会晤[①]。

虽然明末抗清名士在百死千难中依然不忘故国,在命悬一线间坎坷奔走而极力兴复,但是抗清运动到处受挫却终究是不得不接受的残酷现实。而对维护统绪团结人心而言最大的灾难性打击,从顺治十八年开始,即接二连三地临到了整个抗清兴复事业的头上:在顺治十六年(公元1659年)逃入缅甸的永历帝,历经了种种屈辱和苦难,在顺治十八年时(公元1661年)被缅甸王捆缚献给了率重兵压境的吴三桂。而吴三桂在征得清廷的许可之后,于次年(康熙元年,公元1662年)四月,将永历皇帝朱由榔父子在昆明绞杀。同在本月,在反清复明的事业中为明末遗臣寄望极高、也是最重要的军事领袖郑成功英年早逝。六月,另一位重要的抗清将领李定国赍志而没。十一月,鲁王朱以海死葬台湾。至此,所谓"南明",算是正式走到了尽头,而作为入侵者的满洲异族,则基本上以征服者的姿态确立了对全国版图与局势的军事掌控,为大清王朝进一步的合法统治

[①] 参看前及黄炳垕著,《黄梨洲先生年谱》,第30—31页。除《年谱》中提及如方以智、吕留良、高旦中等具体的抗清人物之外,从黄宗羲诗文记录中,可以发现他走访了数家佛教寺院,这对于一贯严厉批评佛教佛学的梨洲而言,特显突兀,因而只有如下一种解释:明清易代之际,有许多反清人士借空门以自饰(梨洲好友方以智、钱澄之、吕留良、熊开元等皆为典型),而梨洲此行,正为此辈。方氏在明亡后曲折抗清终至于自杀殉国之事,可以参看余英时先生《方以智晚节考》(北京:生活·读书·新知三联书店2004年)。另外,黄宗羲此次出游曾特意在金陵逗留数日,而金陵乃是当时反清复明人士以各种身份秘密集会的重镇,关于这一点请参看陈寅恪先生在《柳如是别传》第五章"复明运动"中对钱谦益出游路线之讲究的考述。本年梨洲有《玉川门与雁山夜话兼寄方密之》诗,更可资为证明:"从来艳说玉川门,真个披云卧石垠。铁壁飞泉多夺路,好山明月亦寻人。狂言不怕山精漏,一恸堪为知己伸。若遇无公烦寄语,故交犹未染红尘。"诗见《黄宗羲全集》,第十一册,第241页。

奠定了实力基础①。

如此一连串噩耗，对志在兴复而坚持抗清的仁人志士们所带来的，无疑是极为沉重的打击②。然而这对于黄宗羲而言，其意义却超出了简单一姓兴亡的朝代鼎革。虽然对于为抗清事业奔走了十余年的黄宗羲而言，这首先也意味着"鲁阳之望绝矣"③，但是，这却并不是黄宗羲之生命关注的焦点：自幼即在父亲言传身教之中立下济世安民的志向，并在耳闻目睹中熟知东林党人的种种议论、政争和悲惨遭遇，而后又在自己的亲身经历中切实体会学术、政治与社会的种种酸甜苦辣，此时的黄宗羲已远非当年意气逞性而扬揭驱阉的东林少年。这一年，他开始撰写《明夷待访录》。坎坷半生时届五十三岁的黄梨洲，整个生命与思想已经完全成熟。那无比锐利而深邃的目光，足以穿透历史与当下的种种遮拦，直探百代兴亡革变的底蕴；那满怀忧患与激愤的灵魂，在天崩地解的躁动中逐渐沉潜

---

① 按照现代学者的研究，传统中国王朝的统治是将克里斯玛型、法理型和传统型三种正当性类型兼而有之综合为用并将历史传统、军事实力以及思想、宗教、文化与精神权威叠加在一起的、复合式的"普遍王权"（Universal King-ship）结构，而其全面正当性的确立，也就更加复杂，牵扯到军事掌控、政治统治、宗教权威和文化秩序等多纬度多层面（参看葛兆光著《中国思想史》第二卷，第2页、第177页），而此时的清廷，所已经完成的还主要限于军事掌控，至于其他方面的完成，则要等到康雍乾统治期间。
② 另一方面，顺治康熙之际，虽然直接的抗清运动受挫不少，但是明末遗臣的兴复理想，却似乎因为清廷旧主方殂新主年幼的情势而有了新的勃兴意向。事实上，这种复杂的历史情境使得对此一时期文献记述的解读，具有了更多的变数和更大的考量空间。详见下文对《明夷待访录》"题辞"的解读。
③ 万承勋（西郭）曾与全祖望言："澂君（即黄宗羲）自壬寅（1662年）前，鲁阳之望未绝；天南讣至，始有潮息烟沉之叹"（见全祖望著，《书明夷待访录后》，收于《黄宗羲全集》第十二册，引文见第190页），万承勋为黄宗羲之孙女婿，万言之子。万言为万泰之孙，万斯年之子，与叔父万斯大、万斯同等同为梨洲亲弟子，极为梨洲所爱。梨洲五十四岁时，元夕待万言未果，曾有诗纪事："两年万子共灯辰，今日遥瞻陌上尘。不惜繁华委逝水，偏怜突兀有斯人。小儿街鼓时千点，三女云鬟或半身。纵使凄凉也记取，殆留佳话与闲唇。"（《黄宗羲全集》第十一册，第246页）细味此间诗意，则万言之与黄梨洲，或可仿佛于孔门之曾点（见《论语·先进》），而梨洲在去世前不久曾有《与万承勋书》（《黄宗羲全集》第十一册，第82页）一章，内容如下："麻症时发时愈，犹为第二义，但饮食不便，将变为膈症，然亦听之而已。总之，年纪到此，可死；自反平生虽无善状，亦无恶状，可死；于先人未了，亦稍稍无歉，可死；一生著述未必尽传，自料本不下古之名家，可死。如此四可死，死真无苦矣"，由此书，更可见梨洲与万承勋关系之亲近。万承勋为万言之子，梨洲之孙女婿，自己又亲炙梨洲，其言必有所闻。

下来，直追千年礼乐文明的根基。此后，黄宗羲乃在更深刻的生命关怀中，四处讲学，发愤著述，开始了一段更加宏伟壮丽精神旅程。

3. "终厕之于儒林"

虽然黄宗羲作为儒者的著述生涯，其开始要远远早于康熙元年（公元1662年），但是从这时作为标志性的《明夷待访录》的写作开始，至其去世的康熙三十四年（公元1695年），与其前半生流离坎坷的情形相比较，这三十多年的生活，无论内外均较称通达平静，并且非常突出地以频繁的讲学和密度极大的著述为主要内容。此时的黄宗羲，在经历了岁月的熬炼之后，已经进入了他思想的成熟时期，其著述涉及之广博、规模之瑰伟与数量之宏富，在在显示了一个高产的百科全书式学者思想全盛期的生命气象。然而，黄宗羲无论讲学还是著述，虽涉及广博而不止于肤浅，虽数量巨大而不流于散乱；广博宏富间皆有深造自得，并有天人道理一以贯之①。其灌注于后半世儒者生涯的深切生命关怀和基本精神旨趣，可以在顺治十八年（公元1661年）所作《次韵答旦中》②一诗中窥其大略：

---

① 梨洲之子黄百家在《先遗献文孝公梨洲府君行略》中总结黄宗羲的学术："府君之学，原本蕺山，而深造必由乎自得。……如此种种，不可殚纪，则又多蕺山之所未发者。至于博极群言，上下古今，著述文章，羽翼经史，以迄天文官地理，九流百氏之学无不精，野乘稗官之说靡不究，如此遵源昆仑，过龙门，历底柱，而遂至汪洋浩瀚也。……肆厥坟典，开来继往，大而能博……"见黄炳垕著，《黄宗羲年谱》，中华书局1993/2006年，第72—77页。对此，全祖望《梨洲先生神道碑文》中也有较为详尽的交代，见《黄宗羲全集》第十二册，第10—12页。当代学者对黄宗羲规模宏大著述的勾稽考索，也确实可以证实黄百家所言不虚，参看吴光著《天下为主：黄宗羲传》第55—78页的论述，以及附录"黄梨洲遗著总数考"。另外《黄宗羲全集》各册所附的"黄宗羲遗著汇考"中，对梨洲著述有编者更加详细的考述。
② 诗见《黄宗羲全集》第十一册，第241—242页。梨洲此诗可与屈大均（1630—1696）《壬戌清明作》一诗对观，特转录如下："朝作轻云暮作阴，愁中不觉让春深。落花有泪因风雨，啼鸟无情自古今。故国江山徒梦寐，中华人物又销沉。龙蛇四海归无所，寒食年年怆客心。"翁山此诗作于康熙二十一年（公元1682年），晚于梨洲上及诗二十年，两者虽主题一致，而心境旨趣已经绝然不同。数年前，笔者初闻翁山此诗于某故友时，心魂精神当即为之一惊，极感灵息呼应，默识记诵之间，屡次为之潸然泪下。今以手边无翁山著述之精校本，此诗乃转引于朱东润主编《中国历代文学作品选》（六册本）（上海：上海古籍出版社2002年新1版）下编之第二册。又，此诗堪称翁山诗中极品，置于明清之际诸老诗作中，亦首屈一指，而林庚与冯沅君主编《中国历代诗歌选》（北京：人民文学出版社1964/1981年）居然无收，不知何故。

> 一生甜苦历中边,治乱循环岂偶然?
> 曾向晓山推卦运,时从拾得哭苍天。
> 摩挲黄独长铲手,抖擞花牛落日肩。
> 人物中原憔悴尽,岂容吾辈只安眠。

很明显,历经丧乱困顿与生离死别的黄宗羲,怀着一颗担当重整华夏文明重担的赤子之心,开始从自身痛苦的经验出发,再次起步,走出一己遭遇的藩篱,在理性的反思与批判中,面向中国历史探寻治乱兴亡的因缘,并要对那四季长行却终究默默无语的"苍天"发出关于终极道理的追问①。而其晚年讲学和著述影响之大、波及之广和流传之久,都极值得后世注意。在其当时,学者已经盛称梨洲与河北孙钟元、关中李二曲为"三大儒",而后来之史传则有所谓"三峰鼎立,宇内景(即影)从"的赞誉②。康熙、雍正和乾隆年间,清代学人士子辗转而出于梨洲之门者,以千百数。而从黄宗羲讲学著述的当时,以至其身后的百数十年间,更是前承宋明儒中事功博学一派的余绪,后经几代学人深厚积累并竭力发扬,乃形成了镕经铸史而不作空言、根深叶茂而气象浩大的"浙东学派"③。

---

① 前者以法政思想著作《明夷待访录》为代表,后者则体现在两部《学案》中。对于后者,成中英、刘述先等将其总结为"批评的理学"和"批评的心学"(案:其人所谓"批评",即一般所谓"批判")。
② 见黄炳垕著《黄梨洲先生年谱》"叙"。另见全祖望《梨洲先生神道碑文》所记魏象枢、汤斌等时贤评论。有清一代所谓"国初三大儒",指河北孙奇逢(字启泰,号钟元,世称夏峰先生,1584—1675)、关中李颙(字中孚,号二曲,1627—1705)与姚江黄梨洲。而晚清以来学界所称的"明清之际三大家",则指顾炎武、黄宗羲与王夫之。由"孙黄李"到"顾黄王"的转变(除王夫之地位的变化存在一些戏剧性因素外),虽然受入清以后知识界学风变化的影响,更有十九、二十世纪中国所面对的民族与时代问题催逼的缘故。以此事牵涉颇多,兹不详及。
③ 参看章学诚著,叶瑛校注《文史通义校注》(中华书局1985/2005年)第523—530页所收"浙东学术"一文。但是,章学诚意义上的"史学"所坚守的乃是司马迁所开创的"本天人性命之说而为经世之书"的学术传统,与现代所谓史学,有着根本的不同。从而,他虽然用"史学"或"经史之学"称浙东学派,而与梁启超以来的所谓"浙东史学"有着精神旨趣的差异。这一点前及吴光著《天下为主:黄宗羲传》一书中,在第99—103页已经有所涉及。但是吴氏主要限于对"浙东史学"这一概念源流的考证,却对更加重要的思想史问题未作探讨,因而有待进一步的发掘。

对于黄宗羲晚年讲学授业的诸般情状,全祖望在其《梨洲先生神道碑文》中记载说:

> ……其后海氛澌灭,公无复望,乃奉太夫人返里门,于是始毕力于著述,而四方请业之士渐至矣。……问学者既多,丁未,复举证人书院之会于越中,以申蕺山之绪。已而东之鄞、西之海宁,皆请主讲,大江南北,从者骈集,守令亦或与会。已而抚军张公以下,皆请公开讲,公不得已应之,而非其志也。公谓明人讲学,袭语录之糟粕,不以六经为根柢,束书而从事于游谈,故受业者必先穷经;经术所以经世,方不为迂儒之学,故兼令读史。又谓"读书不多,无以证斯理之变化;多而不求于心,则为俗学"。故凡受公之教者,不堕讲学之流弊。公以濂、洛之统,综会诸家,横渠之礼教,康节之数学,东莱之文献,艮斋、止斋之经制,水心之文章,莫不旁推交通,连珠合璧,自来儒林所未有也。①

依据黄炳垕所著《黄梨洲先生年谱》中更为详细的记载,黄宗羲的浙东讲学主要集中在康熙二年(公元1663年)至康熙十八年(公元1679年)之间。这段时间跨越了黄宗羲54岁到70岁共十六年的生命历程,而这也正是梨洲作为学者和思想家之精神生命的全盛时期。

康熙二年(公元1663年),黄宗羲受好友吕留良之约,第一次到吕氏所在的语溪②设馆讲学。之后,在康熙三年(公元1664年)二月和十月,两次在语溪主任讲席;康熙四年(公元1665年)一次、

---

① 参见《黄宗羲全集》第十二册,第8页。
② 吕留良居语溪,受辖于明之崇德,入清后改崇德为石门县。

康熙五年（1666年）两次，均在语溪主讲。然而随着在康熙五年（公元1666年），黄吕二人交恶之后，黄宗羲就停止了他在语溪的活动①。在这三年间，黄宗羲与吕留良、高旦中、黄宗炎、吴之振、吴自牧等读书论学，并有诗作唱和纪念。更重要的是，此时的梨洲刚刚完成惊世《待访录》的写作，而其间所表达的种种激烈批判和深刻反思，也就在这样的设馆讲学、读书论道和诗酒唱和中渐渐传布开了②。另外，在语溪主讲的这三年时间里，黄宗羲将吴之振家数量巨大的藏书翻读殆尽，为他日后编选《明儒学案》和《宋元儒学案》积累了许多有价值的材料③。在康熙五年两次主讲于语溪的间隙，黄宗羲还专门赴海昌，登门拜访了年纪略长于自己的另一位著名思想家、师门同学陈确。二人对蕺山学术的切磋交流十分深入，不强求同，不避其异，对黄宗羲晚年心性学说的进一步发展不无影响④。之后，黄宗羲在海昌又访问了黄道周的高足朱朝瑛，二人"讨论终夜"，梨洲乃称"漳海之学，通天地人，嗣之者无人"。毫无疑问，黄宗羲这次与朱朝瑛的会晤，实质性地影响了《明儒学案》中对黄道周部分的写作。

康熙四年初（公元1665年），甬上（宁波）万氏兄弟联合一般朋友建立了甬上策论会。同年春天，万斯大、万斯同兄弟与朋友陈锡嘏、陈赤衷、董允瑶、董道权、董允璘、仇兆鳌等二十余名年轻

---

① 关于黄吕交恶的原因，有购书分配不公、学术立场分歧和梨洲列晚村为门人行列而晚村怒之三种说法，晚清以来学界主张以学术立场分歧为交恶之主要原因者渐多。对此公案的简要交代，参看徐定宝《黄宗羲评传》第104—105页的叙述，方祖猷《黄宗羲长传》中单列一节"由亲至隙——与吕留良的交往"，对此公案叙述甚详，见该书第114至127页。
② 康熙二年（公元1663年）梨洲有赠吕留良诗："书来相订读书期，不是吾侪太好奇。三代之治真可复，七篇以外其无为！虽然鼠穴车轮碍，肯放高簷帽樣卑。一个乾坤方着脚，风风雨雨不能吹。"其中"三代之治真可复，七篇以外其无为"一句，所指分明在于《待访录》。而黄宗羲法政思想对吕留良的影响，参看吴光著《天下为主 黄宗羲传》第80页，方祖猷《黄宗羲长传》第113、344—5页的简要说明。
③ 见《思旧录》之"陈确""朱朝瑛"二条，《黄宗羲全集》第一册，第394—395页；另参看黄炳垕著《黄梨洲先生年谱》"康熙五年 丙午"条的记载，作"剧谈澈夜"。
④ 此一公案亦是聚讼纷纭，三百年来是非难解，兹不细述。

学子，同至余姚拜梨洲为师。康熙六年（公元1667年），在宁波名士姜定庵的邀请下，黄宗羲赴甬上讲学。在此期间，与会者接纳陈赤衷的建议，将"策论会"改为"讲经会"，以突出梨洲治学宗本经史反对空谈心性的基本宗旨。康熙七年（公元1668年），黄宗羲再次受邀来到宁波讲学，在万、董、郑三家子弟①以及陈赤衷等人的极力支持下，仿绍兴"证人书院"成例（见下文），正式创建"甬上证人书院"作为一正式的学术团体，并以此名表示继续刘宗周学术事业的旨趣。从这时直至康熙十四年（公元1675年），在黄宗羲的全面影响下，甬上讲经会和甬上证人书院前后持续了八年，造就了不少经史名家。万氏一门兄弟可谓继承梨洲经史之学的佼佼者，而慈溪郑氏一门则对梨洲著述的刊刻流布贡献至多。另外，黄宗羲在甬上讲学期间，还于康熙十二年（公元1673年）在范钦第四世孙范光燮的带领下，作为第一个非范性子孙的外人，登上了"天下第一藏书楼"读书，并"取其流通未广者，抄为书目，遂为好事者流传"。随后，第一个派门生弟子将这份书目誊录保存的，就是那位已经名满天下的尚书徐乾学②。此事不仅大大彰显了黄宗羲在当时学界的地位，也不仅为后来的两次被征博学鸿儒埋下了伏笔、并为黄氏门人参修《明史》之事泊凑了机缘，对学术史而言更重要的是，黄宗羲在"天一阁"的读书和抄目，为他日后编撰两部伟大的《学案》，提供了十分重要的帮助。

黄宗羲在甬上进行其影响极为深远的讲学同时，还于康熙六年（公元1667年），与同门学友姜希辙、张应鳌在浙江郡城绍兴恢复

---

① 万氏指万泰（履安）一家四代之人物。履安为梨洲挚友，膝下有八子，五子出于梨洲门下。董氏指董德偁（铭存）一家三代人物。铭存有四子，皆梨洲得意门生。郑氏指慈溪郑溱、郑梁、郑性祖孙三代。郑溱亦为梨洲挚友，子郑梁堪称梨洲高足，其孙郑性亦从梨洲游学，并遵从父训筑二老阁祭祀郑溱和梨洲。梨洲主要著述，如《待访录》《明儒学案》等，主要皆由郑性及二老阁后人刊刻传世。参看前及吴光《天下为主：黄宗羲传》第93—95页的内容。

② 见黄炳垕著《黄梨洲先生年谱》，"康熙十二年 癸丑"条的记载。范光燮，字友仲。

了刘宗周所创办的证人书院，极力表彰蕺山先生的道德气节，并竭力发扬其学术思想。从康熙六年至九年的四年间（公元1667年、1668年、1669年、1670年），黄宗羲数次在绍兴证人书院同与友人会讲，反复申明刘宗周的学术宗旨及其对儒学的创造性贡献[①]。另外，自从康熙五年（公元1666年）赴海昌[②]探访陈确和朱朝瑛以后，黄宗羲并未再至海昌。康熙十五年（公元1676年），受时为县令而极为好学的许三礼之邀，黄宗羲再赴海昌讲学。此后直至康熙二十年（公元1681年），梨洲每年均到海昌讲学，并时任主讲。五年间，除了众多士人学子和官员绅士听讲获益而外，最让梨洲看重的还是学子陈訏（字言扬）和循吏许三礼二人：前者从梨洲研习传统历算之学，并写下了颇受老师称许而为其作序的数学专著《勾股述》[③]；后者则从梨洲学习黄道周的《三易洞玑》以及《授时历》、《回回历》与《西洋历》，此后又刊刻了《明儒学案》的一部分，并终身师事梨洲[④]。

除上述这些比较固定的讲学活动外，黄宗羲晚年还留下了一些机缘性和临时性的讲学记录。如康熙十三年（公元1674年），"时群盗满山"，黄宗羲不得已乃奉老母携书籍到泗门避难，在友人诸

---

① 刘宗周一生通籍四十五年，而实际居官时间不过五年左右，其余时间均在讲学著述中度过，而其讲学地点主要即在顾宪成在无锡创办的东林书院、邹元标在北京创办的首善书院和其自身在绍兴创办的证人书院。蕺山殉国以后，证人书院荒荡废置二十余年，直至1667年，才在蕺山门人姜希辙、张应鳌与黄宗羲的积极推动下得到恢复。参看黄炳垕著《黄梨洲先生年谱》"康熙六年丁未"条之记载。
② 黄宗羲在《思旧录》与《叙陈言扬〈勾股述〉》等文中所用为"海昌"，晚清黄炳垕所著《黄梨洲先生年谱》中均称"海昌"，然而黄百家著《先遗献文孝公梨洲府君行略》与全祖望著《梨洲先生神道碑文》中则称"海宁"。今人吴光在《天下为主：黄宗羲传》中，则每以"海宁"代"海昌"，仅言"海昌即今浙江海宁县"，却并未交代其入清以后地置沿革。故存疑待考。
③ 见黄炳垕著《黄梨洲先生年谱》，"康熙十五年丙辰"条、"康熙十七年戊午"条；黄宗羲《叙陈言扬〈勾股述〉》，文见《黄宗羲全集》第十册第37—38页。
④ 参看《清史稿》第266卷，许三礼本传记载其受康熙召对谈易学与历法之事，应当即是任海宁县时从梨洲所学而自得者。本传中又称"三礼初师事孙奇逢，及在海宁，从黄宗羲游。官京师，有所疑必贻书质宗羲。"可见其敬重之厚。

来聘家中居住约有半年之久，期间除了读书撰述外，也在诸氏"半草堂"和"昌古斋"内开馆讲学①。在绍兴参与"证人书院"会讲并时任主讲期间，梨洲也曾经受许虬、李铎等官员的邀请，在郡城及府学做过主讲②。黄宗羲最晚见的讲学记录，发生在康熙二十八年（公元1689年），是年梨洲以八十高龄"会讲于姚江书院"③；而对黄宗羲最后的讲学邀请，则见于康熙三十一年（公元1692年）黄宗羲八十三岁之时，——黄炳垕所著《年谱》如此记录："海盐李明府梅墅请公主讲，不果"④。

事实上，从黄炳垕《年谱》所记录的资料看，自康熙十八年（公元1679年）黄宗羲七十岁以后，基本上停止了外出讲学；除非是重大事件或重要纪念，一般性的应酬活动一概杜绝，甚至连出嫁三年的女儿回家省亲的请求都拒绝了，以至于"庆吊吉凶之礼尽废"⑤。可以想见，年逾古稀的黄梨洲更加感到了时间的宝贵与时日无多的生命促迫。曾子曰："士不可以不弘毅。任重而道远！仁以为己任，不亦重乎！死而後已，不亦远乎"⑥！纵观黄宗羲的一生，可以说这是士而弘毅的一生，也是仁以为己任、奋斗不已的一生。如今寿迈古稀、烈士暮年，自知上天预留给他的时间已经着实不多，黄宗羲乃以老骥伏枥的抱负，将几乎全部精力都投入到了数量巨大的编撰与著述之中。

在黄宗羲漫长的一生中，无论是其早年颠簸坎坷的问道求学，还是而立以降学贵自得的读书治学，抑或其成熟时期镕经铸史的设

---

① 参看见黄炳垕著《黄梨洲先生年谱》，"康熙十三年甲寅"条；《黄宗羲论》（杭州：浙江古籍出版社1987年）第519—520页。
② 参看黄百家著《先遗献文孝公梨洲府君行略》所记，见《黄宗羲年谱》（北京：中华书局1993/2006年），第69页。
③ 见黄炳垕著《黄梨洲先生年谱》，"康熙二十八年己巳"条，前及《黄宗羲年谱》，第46页。
④ 同上，见《黄宗羲年谱》，第48页。
⑤ 参看梨洲《怪说》一文，收《黄宗羲全集》第十一册，第70—71页。
⑥ 见《论语·伯泰》。

帐讲学，或是晚年时规模宏大的著述论学，其人生出处之际所坚持的，是同一个生命方向，其思想学术之中所贯穿的，乃同一个基本宗旨：反对束书空谈，重视真才实学；提倡明经通史，主张经世致用[①]；反对懵袭旧说，标举深造自得；在治学著述中，坚持批判"以水济水"式的偏狭，切身实践"会众合一"而不废专长的博与约[②]。梨洲一生著述极多，而越到其后来的作品，这种生命方向和学术宗旨，在其文字中的体现也就越明显。事实上，梨洲的著述生涯开始得极早，而直至其弥留之际，尚口授有关系到思想史问题的《梨洲末命》与《丧制或问》二文。据今人考证，在其长达数十年的政治、思想与学术生涯中，梨洲为后人留下了至少一百一十二种、一千三百余卷、总计达两千多万字的丰厚遗产[③]。虽然其中许多已由于天灾水火或政治禁毁而亡佚不全，但所保存传世的部分依然数量惊人，今本十二巨册《黄宗羲全集》即是明证。

梨洲早期作品，今已不可考见。最早见于史料记载的，是他在明崇祯十一年（公元1638年）二十九岁时，为谢皋羽《西台恸哭记》和《冬青引》二书所做的注。崇祯十三年（公元1640年）以"往

[①] 以上两条，见前及吴光著《天下为主：黄宗羲传》，第97页。
[②] 黄宗羲的学术涉及面极广，就其儒学主体而言已经是对宋代以来程朱理学与陆王心学的综合，这一点前及成中英教授的文章已经论述颇详。另外，由于梨洲还自觉继承了明代学术另一条博学多艺的传统，"会众合一"（语出《万充宗墓志铭》，见《黄宗羲全集》第十册，第417页），对九流百家尤其是道家思想学术广为批评吸纳，而成就了其学术吸纳百家而镕经铸史的规模和气象。梨洲曾自言"以水济水，岂是学问"（语出《明儒学案发凡》，见《黄宗羲全集》第七册，第6页），正是对这样一种学术旨趣的精炼表达。此点可参看龚程鹏《晚明思潮》（北京：商务印书馆2005年）一书的有关论述，但是龚程鹏认为"梨洲的学术及其性气精神，并不能从宋明理学这个方向去看"（上书，第302页），则明显是从当代新儒家一系学说为标准运思观察而下的误判。余英时先生《朱熹的历史世界》（北京：生活·读书·新知 三联书店2004年）和《宋明理学与政治文化》（长春：吉林出版集团有限公司2008年）二书，其主要目标正在于校正当代新儒家忽略宋明理学法政批判的维度这一弊病，而其病灶则在于以西方现代哲学（尤其是康德哲学）为准据对宋明理学进行的过度抽离式解读。
[③] 以下对梨洲著述的交代，主要参考了《黄宗羲年谱》、《黄宗羲全集》各册附录的考论、吴光著《天下为主：黄宗羲传》中第55—78页以及徐定宝著《黄宗羲评传》第121—125页的内容。

来台越间,以其暇游天台、雁宕诸名胜,作《台宕纪游》"。崇祯十四年前后,黄宗羲数度在南京,均住在族亲黄居中家里,期间将黄氏"千顷堂"藏书"翻阅殆遍"。同一时期,梨洲还在朝天宫读《道藏》,抄录了大量易学和地理类书籍,为后来写作《易学象数论》和《今水经》等著作预备了不少资料。崇祯十五年(公元1642年),在为黄尊素建祠奉祀的过程中,冯元飏、万泰、陆文虎等各有祭文,黄宗羲则写下了《忠端公祠神弦曲》一卷。崇祯十五年至十六年间(公元1643至1644年),梨洲还有《过云木冰记》等文,并编著了《四明山志》一部大书①。

明崇祯十七年,清顺治元年(公元1644年),明亡。次年,黄宗羲的恩师刘宗周绝食殉国。三十六岁的黄宗羲投入鲁王朝廷,很快即受命作了《监国鲁元年大统历》。在顺治三年至九年(公元1646年至1652年)的六、七年间,黄宗羲不得志于鲁王朝廷,于是趁闲暇间研究历算,撰写了《授时历故》、《授时历假如》、《春秋日食历》、《西历假如》、《回回历假如》、《气远算法》、《勾股图说》、《测圆要义》等著作。在赴日乞师未果以及"舟山之败"后,又写下了《日本乞师纪》和《海外恸哭记》。梨洲这几年间写下的主要文章,则结集为《穷岛集》和《老柳集》。此数年间,黄宗羲还完成了记录当时史事的《赣州失事》、《绍武争立纪》、《舟山兴废》和《赐姓始末》各一卷,后归入历史作品《行朝录》中。顺治九年(公元1652年),梨洲著成了《律吕新义》一书。

顺治十年(公元1653年),鲁王宣布取消监国称号,标志着浙东抗清斗争最终失败。梨洲此时已经四十四岁,其思想学术已经趋于成熟,乃在反思自身痛苦的见闻经历和历史的治乱兴亡后,撰成《留

---

① 以上见黄炳垕著《黄梨洲先生年谱》中相应各条之记载。梨洲《四明山志》收录于《黄宗羲全集》第二册,第281—471页,是除两部《学案》以外如今所见梨洲著作中篇幅第二大者,篇幅第一大者为《易学象数论》,收录于《黄宗羲全集》第九册,第1—277页。

书》一卷八篇①，并自序云："古之君子著书，不惟其言之，惟其行之也。仆生尘冥之中，治乱之故，观之也熟；农琐余隙，条其大者，为书八篇。仰瞻宇宙，抱策焉往？则亦留之空言而已。自有宇宙以来，著书者何限，或以私意挽入其间，其留亦为无用。吾之言非一人之私言也，后之人苟有因吾言而行之者，又何异乎吾之自行其言乎？是故其书不可不留。癸巳九月，梨洲老人书于药院。"②二十年后（康熙十二年，公元1673年）黄宗羲又作了一篇"留书题辞"，曰："癸巳秋，为书一卷，留之箧中。后十年，续有《明夷待访录》之作，则其大者多采入焉，而其余弃之。甬上万公择谓尚有可取者，乃复附之《明夷待访录》之后，是非余之所留也，公择之所留也。癸丑秋，梨洲老人题。"③这部今已不全的《留书》，是黄宗羲留给后世的第一部法政思想著作，也是《明夷待访录》的前身和分身，集中表达了梨洲的历史观、文化观和法政思想，下文将对它的结构、内容，以及其与《明夷待访录》的关系做出详细讨论。

顺治十二年（公元1655年）梨洲最为钟爱的幼子在大年除夕不幸夭亡，次年四五月间儿媳孙氏和另一个孙子，又因颠簸避居于乱兵盗匪之间而至染病，最终无医去世。梨洲悲痛万分，以《杏殇集》名此两年诗作。顺治十五年（公元1658年），以南明弘光朝廷邸报为主要资料撰成《弘光实录钞》四卷。顺治十八年（公元1661年），撰成《易学象数论》六卷，此书在关节与原则处皆以《程氏易传》为宗，是一部涉及黄宗羲哲学与法政思想的重要作品④，全祖望称其为"经

---

① 今存五篇，详见下文。
② 见《黄宗羲全集》，第十一册，第1页。
③ 同上，第13页。
④ 参看黄宗羲《易学象数论》之"自序"，见《黄宗羲全集》，第九册，第1—2页。根据余英时先生的考论，《程氏易传》乃伊川借《易》理说政制之书。见《朱熹的历史世界》（北京：生活·读书·新知 三联书店2004年），"绪说"中"程氏《易传》中的政治思想"一节。

学中稀有之书","远览千古,一洗前辈之支离"①。

康熙元年至康熙二年(1662年至1663年),黄宗羲在《留书》的基础上撰成《明夷待访录》,并书"题辞"云:"余常疑孟子一治一乱之言,何三代而下之有乱无治也?乃观胡翰所谓十二运者,起周敬王甲子以至于今,皆在一乱之运。向后二十年交入'大壮',始得一治,则三代之盛犹未绝望也。前年壬寅夏,条具为治大法,未卒数章,遇火而止。今年自蓝水返于故居,整理残帙,此卷犹未失落于担头舱底,儿子某某请完之。冬十月,雨窗削笔,喟然而叹曰:昔王冕仿《周礼》,著书一卷,自谓'吾未即死,持此以遇明主,伊、吕事业不难致也',终不得少试以死。冕之书未得见,其可致治与否,固未可知。然乱运未终,亦何能为'大壮'之交!吾虽老矣,如箕子之见访,或庶几焉。岂因'夷之初旦,明而未融',遂秘其言也!癸卯,梨洲老人识"。② 本书是研究梨洲法政思想之表达最为集中的重要文本,下文将详细对其结构和内容进行讨论。

康熙三年(公元1664年),梨洲将之前所作的诗"汰其三分之二"后,将所存的三分之一编成《南雷诗历》四卷。大约此年前后,为了澄清晚明史事与人物品论,乃在夏允彝《幸存录》中挑选一些与事实不符,或其所论有失公允的内容,进行批评改正,撰成《汰存录》一卷,间或可见梨洲法政思想的某些方面。康熙六年至七年(公元1667年至1668年)间,梨洲在绍兴证人书院讲学,撰成《子刘子行状》和《子刘子学言》,旨在表彰乃师刘宗周的道德气节,并积极发扬他的学说。大约在康熙七年(公元1668年)前后,黄宗羲还撰成《孟子师说》七卷。虽然梨洲在"题辞"中说这部书的宗旨,在于补刘宗周说《四书》而未及《孟子》的遗憾,却实在是他表达

---

① 见全氏《黄梨洲〈易学象数论〉书后》,《黄宗羲全集》,第十二册,第181—182页。
② 见《黄宗羲全集》,第一册,第1页。

自己的哲学与法政思想的重要作品①。

康熙十一年（公元1672年），梨洲选编《姚江逸诗》十五卷。康熙十二年（公元1673年），梨洲黄宗羲在范钦第四世孙范光燮（字友仲）陪同下，登天一阁观书读书，并"取其流通未广者钞为书目"，即黄撰《天一阁书目》。自康熙七年至十四年（公元1668年至1675年），梨洲经七年时间编成了其颇为自负的《明文案》207卷，并于康熙十九年（公元1680年），由清廷官方抄录一部进呈明史馆用于修明史的参考。康熙十七年至十八年间（公元1678年至1679年）②，梨洲撰成了巨著《明儒学案》六十二卷。全书分十九个学案，上起明初吴与弼、陈献章、薛瑄，中经王阳明及其后学各派与湛若水等，下至明末东林学者顾宪成、高攀龙，以刘宗周为殿军，论列学者二百余人，系统记载评述了明代儒学主要流派、重要学者的生平事功、文章著作及其学术思想的演变情况。在每个学案中，首列一篇小序，述该学案所涉及之大概；次立个人小传，述传主生平事业；再次则摘录传主主要著作、重要语录或书函文字，其间夹附梨洲所作按语和相关评论。全书之首，列《明儒学案发凡》一篇，以申明著书之宗旨；次列《师说》一篇，以示对蕺山思想学术的尊重③；在十九个学案中，又以王阳明及其后学所占比重最大，以突出明代学术重心之所在。整部《学案》，条理清晰，结构严整，师承分明，宗旨然。在当时，该书即被汤斌（笔者案：汤氏为孙奇逢的学生）称誉为"一

---

① 《孟子师说》之"题辞"，见《黄宗羲全集》第一册，第48页。关于这部书在心学传统和黄宗羲整个思想系统中的地位，参看刘述先在其《黄宗羲心学的定位》（杭州：浙江古籍出版社2006年）之"初版自序"和"重访黄宗羲：新版自序"中的交代。
② 《明儒学案》成书时间有争议。黄宗羲《明儒学案序》一文中称"书成于丙辰之后"，黄炳垕《年谱》乃据此列之于"康熙十五年 丙辰"条下，即1676年，学者多从此说；吴光在《明儒学案考》（见《黄宗羲全集》第八册，第999—1016页）中提到陈祖武先生认为其成书当在康熙二十四年，即1685年，而吴氏则在该文中则考证其成书于康熙十七年至十八年间，即1678年至1679年间。本书从吴说。
③ 此说从吴光教授，见前及《天下为主：黄宗羲传》第63页。但是梨洲以《师说》冠于《明儒学案》之首，应当有更深的思想史意义和更大的文化统绪的考虑，参看梨洲著《蕺山同志考》（已佚）的"序"，见《黄宗羲全集》第十一册，第57—59页。

代理学之传,如大禹导山导水,脉络分明,事功文章,经纬灿然,真儒林之巨海,吾党之斗杓也"①;时贤贾润更是直称其为"后学之津梁,千秋不朽之盛业"②;而一代硕学全祖望,居然称誉之为"有明三百年儒林之薮"③;稍后的四库馆臣则称其"于诸儒源流分合之故叙述颇详,犹可考见其得失,知明季党祸所由来,是亦千古之炯鉴"④。梨洲此书,三百年来享誉学林,可谓实至名归。

康熙二十二年(公元1683年),黄宗羲在先期著述的基础上,撰成实录性历史学著作《行朝录》十一卷,内有《隆武纪年》一卷、《绍武争立纪》一卷、《鲁纪年》两卷、《永历纪年》一卷、《赣州失事》一卷、《舟山兴废》一卷、《日本乞师纪》一卷、《四明山寨纪》一卷、《沙定洲纪乱》一卷、《赐姓始末》一卷,并附陆世仪《江右纪变》一卷。可惜的是,业已完成的"条举一代之事"⑤的巨著、二百四十四卷⑥《明史案》,已经在清禁毁与兵灾水火中散佚亡失,今存《行朝录》即是其中得以残存的一部分。康熙二十七年(公元1688年),黄宗羲将先期文集《南雷文集》、《吾悔集》、《撰杖集》、《蜀山集》等删选整理,编成《南雷文定》前后五集共二十六卷,后又删减为《南雷文约》四卷。这些,大可以称作是梨洲认为的"不可不留"之文了。

康熙三十年(1691年)前后,梨洲著有《破邪论》一卷,有"题辞"云:"余尝为《待坊录》,思复三代之治。昆山顾宁人见之,不以为迂。今计作此时,已三十余年矣。秦晓山十二运之言,无乃欺人。方饰巾待尽,因念天人之际,先儒有所未尽者,稍拈一二,名曰《破邪》。夫论之美者,酌古、美芹,彼皆战争经略之事。顾余之所言,

---

① 语见《黄宗羲全集》第十一册,第385—386页。
② 语出《明儒学案 贾序》,见《黄宗羲全集》第十二册,第166页。
③ 语出全祖望《梨洲先生神道碑文》,见《黄宗羲全集》,第十二册,第10页。
④ 见《四库全书总目提要》,第五十八卷,"史部 传记类二"。
⑤ 语出(清)钱林著《黄宗羲传》,文见《黄宗羲全集》第十二册,第83—85页。
⑥ 一说为二百四十二卷。见吴光《天下为主:黄宗羲评传》,第74页。

遐幽不可稽考。一炱之光，不堪为邻女四壁之用。或者怜其老而不忘学也"①。该书共九篇，各篇相互独立，是部分表达了黄宗羲宗教、哲学与法政思想的一部文集。

康熙三十一年（公元1692年），黄宗羲生了一场大病，于是"文字因缘，一切屏除"②。除了口授黄百家《明儒学案》的序文外，此时至康熙三十二年（公元1693年）间，主要在病榻上回忆往事，成《思旧录》一书。该书概要性地记述了黄宗羲与一百余位"鼎革以前人物"的交往和友情，其中不少内容可以补晚明史记之不足。另外，在康熙三十一年，黄宗羲还完成了在数十年阅读《水经注》资料积累的基础上，参合各省通志而撰述的地理著作《今水经》③。康熙三十二年（公元1693年），黄宗羲在《明文案》的基础上，编成了附有自己大量评语的《明文海》四百八十二卷，并进一步筛选出《明文授读》六十二卷。自康熙二十二年（公元1683年），黄宗羲在昆山徐氏"传是书楼"抄读其中收藏的三百余家明代文集，至《明文海》的最后编成，前后历时十一年；而若从开始着手编《明文案》的康熙七年（1668年）算起，则前后经历了二十五年。梨洲自语曰："非此不足存一代之书"，其后四库馆臣称为"一代文章之渊薮，考明人著作，当必以是编为极备"④。至于《明文授读》，则是黄宗羲为儿子黄百家在《明文海》中"择其尤者"而成的"读本"⑤。

康熙三十二年（1693年）冬天，黄宗羲次子黄正谊去世。次年八月初（公元1694年），黄宗羲最爱的弟子之一万斯选去世；八月底，黄宗羲长子黄百药去世。接连而来的精神打击，让早已衰老的黄宗羲再也支持不住，一代硕学大儒于康熙三十四年（公元1695年）农

---

① 见《黄宗羲全集》第一册，第192页。
② 见黄炳垕著《黄梨洲先生年谱》，"康熙三十一年 壬申"条。
③ 同上。
④ 见《四库全书总目提要》，第一百九十卷，"集部 总集类 五"。
⑤ 见黄炳垕著《黄梨洲先生年谱》，"康熙三十二年 癸酉"条。

历七月永远安息在了故土余姚。当其病革之际,黄宗羲居然向黄百家口述了几乎不近人情的《梨洲末命》,以至于家人大惑不解而不敢接受。为了说服家人遵照办理,黄宗羲又口述了《葬制或问》进行解释。这是他最后的两篇短文。至于从《明儒学案》完成后即开始编纂,而在黄宗羲去世前已经亲自撰成其十七卷内容的《宋元儒学案》(即今《宋元学案》),则遗命黄百家继之。后来,在黄百家、全祖望、王梓材等黄门后学的共同劳作下,最终完成了"志七百年来儒苑门户"①的巨著《宋元学案》一百卷传世。

二 从《留书》到《明夷待访录》:
写作环境与著述意图

前文主要交代了黄宗羲生平与著述的大概情况,以给我们理解其法政思想的个体生命特征,提供一个切身可及的历史语境。接下来,笔者将把注意的焦点集中在黄宗羲法政思想两个核心文本上面:《留书》和《明夷待访录》。首先交代黄宗羲法政思想从《留书》到《明夷待访录》的历史过程,重在对其中几个关键细节进行考论;其次则简述二者在理解黄宗羲法政思想中各自的地位如何,并仔细分析《留书》和《明夷待访录》各篇主题,以及各主题彼此之间的内在结构性关系。这一点是研究者们历来所未曾加以注意或有所注意而未加以重视的,但是笔者认为,从这里恰恰可以看到黄宗羲法政思想的主要内在结构,及其严谨的系统性,而不是一些彼此独立文章的普通集合②。至于对黄宗羲在《留书》和《明夷待访录》中所表达

---

① 语出全祖望《梨洲先生神道碑文》,见《黄宗羲全集》,第十二册,第11页。
② 邱汉生先生最早明确提到《明夷待访录》的内部结构及其系统性,但邱先生的发现并未引起学者足够注意,因为此后二十年间数部研究黄宗羲法政思想的著作都未对这一点给予应有的注意。但是本书在对《待访录》内部结构的理解上,与邱文有所不同,详见下文。邱文《读〈明夷待访录〉札记》,见《黄宗羲论》(浙江古籍出版社1987年)一书,第250—262页。

的具体思想内容，将主要在第二章和第三章展开。

自清末章太炎、梁启超以来的一百多年间，大凡论及黄宗羲学术思想的学者，无论是文章还是专著，都会涉及他的法政思想，同时，这些对梨洲法政思想的论说，又无一例外地围绕着《明夷待访录》进行。

这样的聚焦并不一定全然可取，但若以同情的立场看，却也无可厚非。首先是因为《明夷待访录》一书，确实是黄宗羲法政思想得到最集中表达的核心文本，其次则主要在于这部书流传较广。在有清一代两百多年间，《明夷待访录》一直被清廷名列禁毁，以至于《四库全书》给人的印象是，这部书压根就从来没有存在过[①]。但此书在民间却世有私传，学者中通过各种私刻文集而略知其宗旨大概者，也并不在少数。自清末海通天解以来，值当君宪维新与共和革命角力竞赛之时，恢复中华与排满革命同步高涨之际，黄宗羲此书乃再次被新派人士重新发现并视为极重要之文献，而特为极力表彰广泛宣传。此后，世之知之者亦益众，随而推服者亦益众。相比之下，《留书》所受到的重视和关注程度，就真是不可同日而语了。之所以会造成这一状况，其原因并非因为《留书》自身的论说内容远逊于《明夷待访录》，亦非《留书》所论远离当时的时代情绪，而在于其他外部因缘。首先，《留书》虽然成书于顺治十年（公元1653年），但此后十年间却一直以稿本形式私藏于梨洲身边，并未刊刻流传。后来，部分内容采入了《明夷待访录》，其余因忌讳而

[①] 乾隆时期修《四库全书》收录了黄宗羲著作十六种，《留书》、《明夷待访录》以及涉及晚明人物与史事的著作，如《思旧录》、《汰存录》、《行朝录》和《弘光实录钞》等，均未收录在内。参看《四库全书总目所收黄宗羲著作提要》一文，见《黄宗羲全集》第十二册，第191—201页。

删除的部分①，虽然由郑氏后人郑性以抄本五篇的形式保存下来，但也未见其有刊刻流传的记录②。故而可知，自始至终，世间罕有《留书》刻本流传，以至于极不为学者所知，而知之者也往往只闻其名却未见其文。其次则因为学界早有流传甚广的传闻，说《留书》之篇章内容早已经梨洲本人修葺而采入《明夷待访录》中③。于是，尽管许多论者从未见过《留书》，却往往据此而自然地把它当作通往《明夷待访录》的初稿或中介来看待，以至于终究低估了其本身独立的思想价值。

在创作《留书》之前，黄宗羲已经通过各种机会进行广泛阅读，从而拥有了极为丰富的知识积累。在早年随父侍读时，黄宗羲即受家严教诲而注重经史并广泛涉猎。入京讼冤并归里葬亲以后，更是遵照父亲北上前"学者不可不通知史事"的遗言而发愤读史。从二十二岁（崇祯四年，公元1631年）开始，黄宗羲"自明十三朝《实录》，上溯二十一史，每日丹铅一本，迟明而起，鸡鸣方已，两年而毕"④，可见其读书之勤苦。其后，在追随刘宗周游学期间，他又四处交友访学，并结社读书。比如，崇祯六年（公元1633年，24岁）

---

① 全祖望在《书〈明夷待访录〉后》一文中说："原本不止于此，以多嫌讳弗尽出，今并以刻之板亦毁于火。"见《黄宗羲全集》第十二册，第190页。但是《明夷待访录》"以多嫌讳弗尽出"的部分，是否就是辗转流传后归天一阁收藏而传世的郑性抄本《留书》五篇，除了吴光在《黄宗羲遗著考 六》中所下的肯定结论外，似乎尚有进一步讨论的余地。因为在郑性抄本五篇的抄者"跋"中，已经表明此五篇为《留书》原文而不在《明夷待访录》之内，但全祖望的说法是《明夷待访录》"原本不止于此，以多嫌讳弗尽出"，由此应当可以肯定，郑性抄本五篇并不在全祖望所谓"原本"之内。故而，比较恰切的推论似乎是：传世本《明夷待访录》二十一篇，加上郑性抄本的《留书》五篇，再算上"以嫌讳弗尽出，今并以刻之板亦毁于火"而最终佚失的部分，才是全部《留书》和《明夷待访录》"原本"的全部。
② 参看吴光著《黄宗羲遗著考 六》《南雷诗文诸集及散佚诗文考》之"《留书》一卷八篇"一节，见《黄宗羲全集》，第十一册，第840—841页的内容。关于《留书》篇目，见下文对其结构的分析。
③ 而这种"传闻"的发源，却在于梨洲的《留书》"题辞"，见下文。
④ 见黄炳垕著，《黄梨洲先生年谱》，"崇祯四年 辛未"条。

即与江浩、张岐然①、沈寿民、沈士柱等在武林读书社、孤山读书社等共同读书。崇祯七年（公元1634年）二十五岁的黄宗羲往太仓访张溥、张采等，"闻某家有藏书，夜与天如提灯而往观之"②。稍后，又在刘宗周亲自指点下读了一时俊杰高攀龙的著作。最值得一提的，还是自崇祯三年至十四年（公元1630年至1641年）的十年间，黄宗羲长期住在叔父在南京的居所，而有机会把"千顷堂"的藏书"繙阅殆遍"，还在朝天宫读道藏，抄录了大量易学和地理学文献资料③。此后，无论是游览山水还是访学探友，甚至在江湖漂流山中避居的情况下，凡黄宗羲所到之处，寻书读书都是头等大事。事实上，早在崇祯十六年（公元1643年）黄宗羲三十四岁的时候，其在学问方面的成绩就已经得到了学界前辈施邦曜的激赏④。《留书》写作并完成于顺治十年（公元1653年），其时梨洲已经四十四岁，其知识积累之宏富可想而知。

《留书》是黄宗羲留给后世的第一部独立的法政思想著作，在一定程度上可说是惊世名著《明夷待访录》的前身和分身。其得以产生的具体历史语境，则为浙东抗清斗争遭遇重大挫折，鲁王不得已而取消"监国"称号，梨洲当时则正再次亡命江湖避居山中。因而，此书从性质上而言，可谓是痛定思痛的结果，故而其中夹杂流露着许多的愤懑悲壮与激昂慷慨，自在情理之中。但却无论如何不能由此而否定其理性反思的内在价值。因为此时，无论是从其个人之自然生命而言，还是从其自身所闻见所亲历之种种政治实际来说，或是从其四十余年读书思考所得的知识积累来判断，或者根据此时前后其所作文字中反映出的对历史兴革与当下境遇的反思来立论，

---

① 梨洲好友，明亡后落发为僧，世称仁庵禅师。
② 见《思旧录》之"张溥"，《黄宗羲全集》第一册，第364页。
③ 以上见黄炳垕著，《黄梨洲先生年谱》，"崇祯六年""七年""十四年"三条。
④ 见《思旧录》"施邦曜"条，见《黄宗羲全集》第一册，第346—347页。

我们都可以说黄宗羲已经进入了其人格与思想的成熟期。在《留书》"自序"中，梨洲自叙"仆生尘冥之中，治乱之故，观之也熟"，良非虚言；而其中又说"条其大者，为书八篇。仰瞻宇宙，抱策焉往？则亦留之空言而已。自有宇宙以来，著书者何限，或以私意搀入其间，其留亦为无用。吾之言非一人之私言也，后之人苟有因吾言而行之者，又何异乎吾之自行其言乎？是故其书不可不留也"[1]。短短数语，除了流露出他对时局环境无可奈何的悲叹之外，另一面也足见他对其在《留书》中所言内容之知识价值的充分自信。而在黄宗羲去世数十年后，全祖望在《重定黄氏留书》一诗中慨叹："证人一瓣遗香在，复壁残书幸出时。如此经纶遭世厄，奈何心事付天知"[2]。而此语出于生于康熙四十四年（公历 1705 年）、完整经历雍正一朝、殁于乾隆二十年（公历 1755 年）的全祖望之口，由此亦足见梨洲《留书》在清代盛期知识分子中间的思想分量，考虑到清代皇权专制主义的极端发展，以及雍正皇帝以皇权兼并道统的成功[3]，全祖望的感慨就更加足以让我们重思《留书》的批判力量和思想价值。由于遭逢"世厄"，今本《留书》已经残缺，复非当年面目。但其所幸存的部分，仍然集中表达了黄宗羲关于历史与文明演进的观点、关于文化正统的论说及其法政批判的部分内容。

在《留书》完成二十年后的康熙十二年（癸丑，公元 1673 年），业已六十四岁的黄宗羲又作了一篇"留书题辞"，其文曰："癸巳秋，为书一卷，留之箧中。后十年，续有《明夷待访录》之作，则其大者多采入焉，而其余弃之。甬上万公择谓尚有可取者，乃复附之《明夷待访录》之后，是非余之所留也，公择之所留也。癸丑秋，梨洲

---

[1] 见《黄宗羲全集》，第十一册，第 1 页。
[2] 诗出全氏《鲒埼亭集·诗集》，第七卷，本书转引自前及邱汉生《读〈明夷待访录〉札记》一文。
[3] 参看葛兆光在其《中国思想史》（上海：复旦大学出版社 2009 年）第二卷《七世纪至十九世纪中国的知识、思想与信仰》，第 386—387 页、393—397 页的论述。

老人题。"① 黄宗羲这篇"留书题辞",就是前文所说"流传甚广的传闻"之渊源所自。

然而,黄宗羲为什么会在这个时候写下这样一篇"题辞"呢?以情理考量,此"题辞"所标示的对《留书》(或许还包括《明夷待访录》)重理,应该发生在康熙十二年(公元1673年)秋天之前的一段时间。以康熙十二年计算,距离梨洲完成《留书》的创作已经二十年了。而在《留书》的基础上完成其巨著《明夷待访录》,也已经十年之久。那么,是什么原因促使梨洲与其高足万斯选在此时重提《留书》?而且万斯选还极力主张《留书》"不可不留"的独立价值②?就思想学术内部的相关性而言,《明文案》此时已经接近完成,而梨洲正在积极推进工程浩大之巨著《明儒学案》的创作,根本不可能有心思再来顾及这部完成于二十年前、并且主题和材料皆与《学案》无直接相关的旧著。仅仅是黄宗羲学术生涯中的这一突兀现象,就值得发此疑问。另外,黄宗羲在康熙十二年(公元1673年)说以《留书》为基础作《待访录》时,除采择选入者外,"其余弃之"。那么当日认为"不可不留"的万世公言,此时又要"弃之",具体是因为什么?而黄宗羲在康熙十二年(公历1673)写作"题辞"的时候,其意识间之"取"与"弃"的操作标准又是怎样的?是否即是全祖望在数十年后所说的"多嫌讳"?若果真如此,其所嫌所讳的又是什么?学界现有观点一致认为所谓"嫌讳",指的是《留

---

① 见《黄宗羲全集》,第十一册,第13页。
② "甬上万公择谓尚有可取者"不过是梨洲自嘲式的说法,作为梨洲高足的万斯选,此时对此著作的态度必定是极力争取并保留的,考虑到数十年后全祖望在重定《留书》时,还称其为"如此经纶",就更加值得我们注意此时梨洲"弃之"这一举动背后的信息。全祖望《重定黄氏〈留书〉》全诗如下:"证人一瓣遗香在,复壁藏书幸出时。如此经纶遭世厄,奈何心事付天知。犹闻老眼盼大壮,岂料余生终明夷。畴昔薪传贻甬上,而今高弟亦陵迟。"诗出全祖望《鲒埼亭集·诗集》卷七,转引自邱汉生《读〈明夷待访录〉札记》一文,见《黄宗羲论》(杭州:浙江古籍出版社1987年)第252页。

书》中"自秦而后,乱天下者无如夷狄"这样的说法[①]。但是,这样笼统的理解是否太过大而化之了,以至于完全无法解释黄宗羲为什么要写作"留书题辞"、以及与此相关的文献整理,会发生于康熙十二年秋前的一段时间?

这里所提出的这些问题,由于黄宗羲本人没有留下这方面的记录,以至于不可能从内证的方面获得相关解答,因而也就意味着不能获得最终完整的解答。故下文乃尝试从当时一些外部事件立说,根据时代因由提出一点推测,并就旁证所及述其一二,以对我们理解黄宗羲在《留书》(和《明夷待访录》)中所表达的思想略作推助。本书所提推测认为,黄宗羲和万斯选之所以在康熙十二年(公元1673年)秋(或许更应该说是1672年至1673年秋间)会重理《留书》(或许也包括《明夷待访录》),并写下上述"题辞",其直接具体的历史因缘,极可能在于方以智因"粤案"重发而殒命惶恐滩一事[②]。

方以智晚年虽然托迹方外,但终其一生,却都没有放弃明朝的兴复事业,终至于事发被执,最终在康熙十一年(公元1671年)殒命惶恐滩。此前此后,方以智的至亲与好友皆用尽办法力辨其案之诬,以试图脱其本人于罪,且保全其亲朋故友以及与之有牵连者。在这一过程中,以方氏子孙为中心的相关人员所用的一个重要手段,就是删减文字,——这种删减并不局限于方以智本人的诗文和通信,

---

[①] 语出《留书》之《封建》,《史》一篇也有类似议论。就笔者耳目所及,凡论及《留书》与《明夷待访录》此处者,无一例外,以至于这种理解几乎是学界对所谓"嫌讳"的唯一解释。可以参看《黄宗羲论》、《黄宗羲与明清思想》和《从民本到民主:黄宗羲民本思想国际学术研讨会论文集》三部论文集所收百余篇论文,兹不详及。

[②] "粤案"牵连极多,余英时先生在《方以智晚节考(增订本)》(北京:生活·读书·新知三联书店2004年)第200页总结说,"密之为难之主犯,主犯既死,此案无人对证,复以营救者甚众,最后惟有以不了了之。是密之自沉惶恐滩不徒为己身完名全节计,亦兼为子孙开脱罪名谋也。"作为一项对历史因缘的推测,末尾似乎还应该加上不再过多牵涉友朋一项内容。

与其交游称好的故交友朋的诗文通信，几乎都做过删除修改①。黄宗羲与方以智在《南都防乱揭》时期就已经订交，并同在弘光政权短暂任职，此后数十年间，交谊极厚，声气时通。然而翻检黄宗羲的大量诗文，涉及方以智的内容却极为鲜见。即使在其去世前一二年所述的《思旧录》"方以智"一条的内容中，也颇涉奇怪，而对其削发为僧以后的情形，更是不置一言。如此情形，与二人极为深厚的交谊极不相称②。这种情况，如果不是黄宗羲有意三缄其口，就必然是仔细删汰以后的结果。黄宗羲论诗，不但主张"以史证诗"，更提出"以诗补史之阙"的观点③，故而其作诗多有纪事的内容。其手订《南雷诗历》四卷，所收为顺治元年（公元1644年）以来以至于康熙二十九年（公元1690年）所作之诗，内容主要涉及或君国、或己身、或家人、或朋友，几乎章章记录时事。自顺治十一年以下，以至其去世前数年，除顺治十四年（公元1657年）、康熙七年（公元1668年）与康熙十一年（公元1672年）外，年年无缺。则此三年诗作之所以阙如不录的原因，就值得我们注意。作为尚未仔细考证的一个推测，顺治十四年诗缺失的原因，似乎与当年钱谦益、方以智、钱澄之等密谋接应郑成功于次年进攻南京之事有关（见前文）；康熙七年时，梨洲在甬上与绍兴讲学，期间除了致力于师门学术的弘扬外，与同门学友以及晚生后学间亦有诗作往来④，其未收入《诗历》的原因，则似乎以其与《诗历》所述宗旨不合⑤。而康熙十一

---

① 这样的事在清初严峻的环境中实属平常，余英时先生《方以智晚节考》中已经论及，陈寅恪先生在《柳如是别传》中也反复提到，兹不赘言。
② 就笔者阅读所见，梨洲诗文中直接涉及方以智的，仅有顺治十七年《玉川门与雁山夜话兼寄方密之》一诗，内有"狂言不怕山精漏，一恸堪为知己伸。若遇无公烦寄语，故交犹未染红尘"的句子。方以智出家后法号"无可"，诗中"无公"即是。
③ 见《黄宗羲全集》第十册，第49页。
④ 《南雷诗补遗》中即有收录此间与学友姜定庵的唱和诗。但《补遗》为后人从各种诗文集中辑录，非梨洲手订。见《黄宗羲遗著考六》"南雷诗补遗"一节，《黄宗羲全集》第十一册，第494—496页。
⑤ 参看《南雷诗历》"题辞"，见《黄宗羲全集》，第十一册，第204—205页。

年诗的阙如,其直接缘由似乎正在方以智之死。

考黄炳垕《黄梨洲先生年谱》,发现康熙十年、十一年(公元1671、2年)的记载出奇简略,而"十年"条尤甚,仿佛黄宗羲在此两年间除读书之外,一无所事,更无一言半语及于方以智。事实上,此前此后,当梨洲闻知其他友人亡殁时,多有歌诗纪念,其中就包括至死坚持抗清的沈昆铜和被执殉国的张煌言,而这些诗在"千篇存其三分之一"①的《诗历》中多有收录②。康熙十年(公元1671年),方以智自沉惶恐滩,殉国全节。而梨洲《南雷诗历》于本年,则无吊诗纪念。如果根据王夫之、施闰章等,在次年方获悉方以智殉国并作诗纪念的例子推测③,则黄宗羲在次年(公元1672年)亦当有吊诗之作④。进而,此等重要诗作在《南雷诗历》康熙十一年(公元1672年)诗作中当有收录。然而《南雷诗历》中此年诗作居然全以空白置之,一首不录。居然如此奇怪!对这样的情形,至少可以提出两层互为相关的解释:首先是梨洲删除了本年与方以智有关系的诗作;更进一步,梨洲删除了本年所有诗作(对此年而言,还有什么比纪念方以智更重要的事件么?),以空出的形式来表达对如此亡友的纪念。至于梨洲之所以如此谨慎的缘故,一方面可以从方以智案本身的严重性考虑,另一面则可从梨洲自身考虑:此时梨洲虽

---

① 见《南雷诗历》之"题辞"。
② 梨洲顺治十六年(公元1659年)《哭沈昆铜》诗中有"胸中毕竟难安帖,此世终于不可容","此日党人宜正法,彼云华士又加诛。盛名自古为身累,大厦真思一木扶","荆溪莫掩残杯口,司马难销亡国魂"等句。康熙三年(公元1664年)7月,张煌言被执舟山,9月殉国于杭州。本年梨洲即有《张司马苍水》诗纪念,诗云:"廿年苦节何人似?得以全归亦称情。废寺酿钱收弃骨,老生秃笔记琴声。遥空摩影狂相得,群水穿礁浩未平。两世雪交私不得,只随众口一闲评。"见《黄宗羲全集》第十一册收《南雷诗历》卷一。《诗历》卷二,则收有作于康熙十五年(公元1676年)哭沈眉生的诗,原诗甚长,兹不录详,见《全集》第十一册,第273—274页。
③ 参看前及余英时先生《方以智晚节考(增订本)》第99页。
④ 梨洲所居的浙江余姚,无论是距离方以智自沉殉国的惶恐滩,还是距离方以智的故乡安徽桐城,都比王夫之所隐居的彝民山野距离二地更近。加上此时交游方面的广泛度和获取外界讯息方面便利度两方面的优越性,黄宗羲获知方以智殉国消息的时间,应当不会在王夫之之后。

然已经六十三岁，却尚有八十老母康健在堂且寿诞在即，以至于早年即以"孝亲"闻名天下、后来又以"孝亲"离开鲁王朝廷回乡奉母避居、并经历了中年丧子丧媳丧孙之痛的他，此刻再也不会让高堂老母与膝下子孙，因为自己而受牵连陷于祸灾了①。于故友，当尽其义；于家人，则有不可丝毫马虎之孝慈重担，两难之中而尽删其诗，以空白处之，似乎可以成其两全。而早在康熙六年（公元1667年）时，有江南沈天甫等人伪造了两卷所谓"逆诗"，诈称是梨洲故亲黄尊素等所作、由陈济生等编辑而成，并挟此而向相关人员的后人威胁勒索②。毫无疑问，此举几乎将黄氏一门直接陷于清初严酷的文字狱中。故而，在粤案重发，牵涉人物极多，而方以智自沉殉国以后，黄宗羲删除纪念方以智的诗文以空白为祭，并重理《留书》（或许还有已经刊行的《明夷待访录》）等包含了清廷许多禁忌文字的著述，以自免于文祸且免家人于横难，应该是与时局相应而最合乎情理的做法③。

在这样的具体情境下理解黄宗羲和万斯选在康熙十二年（公元1673年）对《留书》的重理——或许还包括全祖望所谓《明夷待访录》"原本不止于此，以多嫌讳弗尽出"，并再进一步将其置于清初复明力量还十分强大，而满汉对立严重、清廷文网频张的更大历史背景下进行诠释，比起简单地描述出一个宏大的社会背景来，应当更能帮助我们恰切地理解黄宗羲法政思想批判锋芒中所蕴藏的历

---

① 以梨洲与方以智的交谊并考虑到此时梨洲的交游和声望，梨洲本人极可能以某种方式参与到了对方以智的营救之中，而康熙十二年（公元1673年）又正是梨洲老母八十寿辰。从1673年至1679年的六年间，清廷又因为三藩与郑经在南方与清廷抗衡以及所谓朱三太子案等，而密把文网。故迟至1679年，梨洲在送万斯同和万言北上以布衣参与《明史》的纂修时，赠诗中还有"应怜九袭有萱亲"的句子，读来倍感凄怆。
② 见沈起炜编著，《中国历史大事年表（古代卷）》（上海：上海辞书出版社1983年），第480—481页。
③ 文献不足，以上所述仅作为一项略有旁据之推测提出，以俟方家之考究，而断不敢以定论自期也。

史内涵。

事实上,早在满清入关之初,就已经因为"剃发令"而在满汉之间激起了比亡国易代更深的文化对抗,并由此而激发了更大的民族矛盾。随之而来的"扬州十日"、"嘉定三屠"等惨烈事件,自然都在黄宗羲的耳闻目睹之间①。在随后的十余年里,清廷更是软硬兼施,一方面采取高压政策对反对力量进行消灭和压制,另一方面以提倡程朱理学为饵诱惑士人。在此期间,因为守节持义而遭祸患杀害者不在少数。自顺治十四年以降,清廷逐步在军事上掌控全国,此后乃皆各种机缘开始大兴文狱以整肃士人。这一点由顺治十四年、十五年(公元1657/8年)的"科场案"正式拉开序幕,并以此后数次重申警戒的严禁士子立社结盟为主要标志。顺治十六年(公元1659年),借郑成功、张煌言退败之际,清廷兴起"海通案",株连学者士人极广。顺治十八年(公元1661年),奏销案起,涉案被累之士人极多,江南遭祸尤烈,三千余人被捕遭枷。同年,苏州发生"哭庙案",金圣叹等士子在为顺治举行"哭临大典"之日,聚哭文庙以表达对清廷严酷统治的抗议。清廷震怒,居然以结党为名将金圣叹等一百二十余人,不分首从,一律处斩。康熙二年(公元1663年),湖州庄廷鑨私修《明史》案结狱,庄廷鑨被戮尸,其弟以及作序、参阅者皆遭凌迟酷刑,涉案牵连而死者达七十余人,梨洲好友潘柽章即在此案中丧命②。正是在这样一种历史背景下,忧思发愤的黄宗羲在《留书》的基础上,创作了《明夷待访录》。而

---

① 不仅梨洲知其事,甚至还为其中烈妇卓钱氏等作诗表彰,中有"无数衣冠拜马前,独传闺阁动人怜"等句。参看梨洲《贞烈妇·并序》四首诗,见《黄宗羲全集》第十一册,第370—371页。
② 就事件本身而言,梨洲对"明史案"中窃人书稿的庄氏并不同情,甚至联系晚明史事而认为"湖州之史祸"是"天之施报"(见《汰存录》第八条,《黄宗羲全集》第十一册第338页,以及同册438至440页所收《黄宗羲遗著考(一)》的"汰存录"一节)。但是这并不影响"明史案"事件在当时的公共意义和社会效果,以及梨洲对清廷高压政策的判断。

正是在这部伟大的传世之作中,梨洲在以人为本忧怀民生的儒家思想内部,将孔孟以来的儒家法政批判推向了巅峰,并在此基础上按照儒学理想的基本样式、结合历代治乱兴亡与政制史实,为新的华夏法政秩序的建构进行了极具建设性的探索。

依据《明夷待访录》的"题辞",该书初创于康熙元年(公元1662年)夏天,完成于康熙二年年底前后。其"题辞"云:

"余常疑孟子一治一乱之言,何三代而下之有乱无治也?乃观胡翰所谓十二运者,起周敬王甲子以至于今,皆在一乱之运。向后二十年交入'大壮',始得一治,则三代之盛犹未绝望也①。前年壬寅夏,条具为治大法,未卒数章,遇火而止。今年自蓝水返于故居,整理残帙,此卷犹未失落于担头舱底,儿子某某请完之。冬十月,雨窗削笔,喟然而叹曰:昔王冕仿《周礼》,著书一卷,自谓'吾未即死,持此以遇明主,伊、吕事业不难致也',终不得少试以死。冕之书未得见,其可致治与否,固未可知。然乱运未终,亦何能为'大壮'之交!吾虽老矣,如箕子之见访,或庶几焉。岂因'夷之初旦,明而未融',遂秘其言也!癸卯,梨洲老人识。"②

从这篇"题辞"中,我们可以知道梨洲著书的基本动机和目的,而他自己对此书性质的定位是"为治大法",以及从他对借箕子以自况的情形中,看见他对于此书内在价值的绝对自信。对此将在下文展开详细讨论;这里必须提出的思想史问题是,为什么黄宗羲会在康熙元年至二年前后写作此书?全祖望在《书〈明夷待访录〉后》

---

① 此一时期持此种观点的学者并不鲜见,与黄宗羲同时略晚的另一位思想家唐甄(1630—1704)亦持此种看法,他在《潜书》"尚治"一篇中以阴阳更替立论说:"治启于黄帝,二千余岁,至于秦而大乱。乱启于秦,至于今,亦几去黄帝之年矣,或将复于?"见《潜书注》(成都:四川人民出版社1984年)第305页。但不同的是,黄宗羲是等待华夏圣王的来访,而唐甄却已经明确为清廷献策说法了。
② 见《黄宗羲全集》,第一册,第1页。

中，记载黄宗羲的亲弟子万承勋的话说："徵君自壬寅前，鲁阳之望未绝；天南讣至，始有潮息烟沉之叹；饰巾待尽，是书于是乎出"①。前文注释中已经考论过万承勋所言必有所闻，此处即从解释万氏此言中几个关节出发，对相关问题略作申述：

其中"壬寅"，与梨洲"题辞"中"壬寅夏"相同，即康熙元年（公元1662年）。"鲁阳之望"，指明室兴复事业无疑。对于"天南讣至"一语，学者多解释为本年四月永历帝父子被吴三桂在昆明绞杀之事，或者并永历父子、郑成功与鲁王三者亡殁而统称。但本书认为其所指本事应是鲁王朱以海死葬台湾，所据理由主要有三：第一，"鲁阳"二字之典故所出，在《淮南子·览冥训》篇"鲁阳公与韩构难，酣战日暮，援戈而撝之，日为之反三舍"的记述。而上引文所用的意思，应当在于以太阳为鲁阳公返回三十度②的寓言，来寄寓明朝获得恢复与中兴的希望。但除了这一"古典"出处之外，"鲁阳"二字似乎还隐含着陈寅恪先生所谓的"今典"在内。参考陈先生在《柳如是别传》与余英时先生在《方以智晚节考》中所提示的、广泛存在于明清之际遗民诗文中的"暗语系统"，以及两先生对它们的诠解思路，则"阳"之所指无疑在"明"，而"鲁"之所指应该即在于"鲁王"。那么"鲁阳之望"即应该解释为"寄托在鲁王身上的兴复明朝的希望"。第二，顺治十年（公元1653年）初，鲁王取消了"监国"称号，而梨洲则在本年秋冬之际创作了《留书》；康熙元年（公元1662年）十一月，鲁王朱以海死葬台湾，而梨洲则于次年由避居之蓝水返回故居后，在秋冬雨窗之下完成了《明夷待访录》。如此在时间方面的呼应，似非偶然巧合。第三，对"天南"二字，在传统中国文化的语境中，以"台湾"作解，比之于"昆明"，

---

① 《黄宗羲全集》第十二册，引文见第190页。
② 此说从刘文典，见氏撰，《淮南鸿烈集解》，北京：中华书局1989/2010年，第193页。

显然更加适合。有此三者，再加上当日士夫对"忠君"的理解和持守，并考虑到鲁王君臣曾经与唐王桂王政权因为统续问题发生过的争执，则将"天南讣至"理解为鲁王死葬台湾的消息，似乎最为恰切。"饰巾待尽"的所指，应该有两层意思：第一指明朝正统的断绝，因为"饰巾"在明代语境中的本物为士人头戴的"网巾"，而"网巾"却又是明朝的独创，此前各个朝代都不具有，因而可以作为大明王朝的标志①。这层意思应该是其直接所指。但是，从黄宗羲更大的生命旨趣和更深的问题关切而言，第二层意思应该才是根本：即华夏政教的危亡。这层意思可以从"衣冠"一词在汉文化中所具有的象征意义得到证明，而在清廷以骑兵和刀剑强制推行"薙发易服"之满化政策的当时历史语境中，其意义所指就更加深切著明，无须多言。

但是，对于在康熙元年前后"饰巾待尽，是书于是乎出"的目的，以及对梨洲在"题辞"中以箕子自况的词句的理解，近代以来却频有岐说，至今未息②。章太炎首在作于1906年的《衡三老》一文中说"黄太冲以明夷待访为名，陈义虽高，将俟房之下问"，并在1910年的长文《非黄》中再次对黄宗羲提出十分严苛的批评③。但是，梁启超在当时就对此说提出了不同意见："章太炎不喜欢梨洲，说这部书是向满洲上条陈，这是看错了。《待访录》成于康熙元、

---

① 见前及陈寅恪先生《柳如是别传》第1170—1172页。
② 关于此一争论所正式发表的、时间最近而所述也较全面的文章，为孙宝山发表于《中国哲学史》2007年第2期的《〈明夷待访录〉的写作意图辨正》一文。但孙宝山此文的结论认为"黄宗羲所期待的并不是一般的'代清而兴者'，而必须是持有恢复'三代之治'信念的'代清而兴'的'圣王'"，却对谁才是这样的"圣王"未置一词。如此结论不免过于浆糊。而他认为梁启超主张"《待访录》成于康熙元、二年。当时遗老以顺治方殂，光复有日"的推测实在难以成立，也是其结论中一个有待商榷的部分，详见下文。
③ 朱维铮先生曾在《在晚清思想界的黄宗羲》一文中指出，章太炎年作《衡三老》与《非黄》的真实目的是批评孙中山等。但是对于梨洲晚节的讥讽，却是《衡三老》与《非黄》一致贯通的：高评王夫之而贬抑黄宗羲，这大概与章太炎坚决的民族主义立场紧密关，——章太炎未见《留书》，自然不知道黄宗羲与王夫之一样具有激烈的民族主义的政治和文化立场。

二年，当时遗老以顺治方殂，光复有日。梨洲正欲为代清而兴者说法耳。他送万季野北行诗，戒其勿上河汾太平之策，岂有自己想向清廷讨生活之理？"① 其后的诸多墨论文争，不过是在章梁二先生之间考量取舍罢了。本书欲从梁启超所说的"送万季野北行诗"入手，结合其他史料，略作申言，以补学界所论之未及。

任公先生所说的"送万季野北行诗"，见于梨洲手订《南雷诗历》卷二，为其康熙十八年（公元1679年）《送万季野 贞一北上》组诗三首的第二首②。"万季野"即万斯同，"贞一"为万言之字。为方便计，先叙其第一首诗曰：

> 史局新开上苑中，一时名士走空同。
> 是非难下神宗后，底本谁搜烈庙终？
> 此世文章推娄女，定知忠义及韩通。
> 凭君寄语书成日，纠谬须防在下风。

此第一首诗意大旨在于点出纂修明史的难处所在，并对二万与作为总裁的徐元文在将来可能遇到的批评提出善意提醒。其第二首曰：

> 管村彩笔挂晴霓，季野观书决海堤。
> 卅载绳床穿皂帽，一篷长水泊蓝溪。
> 《猗兰》幽谷真难闭，《人物》京师谁与齐？

---

① 见梁启超著，《中国近三百年学术史》，东方出版社1996/2003年，第54页。
② 三首诗为有层次递进关系的一组诗，本书以论旨所需而述其第二第三首诗意大旨，于此三首诗彼此间之关系，以及诗中典故所出及其意指，皆不作详及。三诗皆见《黄宗羲全集》，第十一册，第282页。

不放河汾声价倒，太平有策莫轻题！

此首最关键。在首联中，"管村"是万言之号，"季野"是万斯同之字。此联形容二万博览群书，内饱其学，且妙笔生花，外负文名，四方知晓。颔联中之"绳床"，乃随佛教传自印度者，非中国故有，因而可视作外来事物的一种标志。"皂帽"用三国管宁的典故，比喻士人清操自励；但在梨洲此句中与"绳床"对举，则其所指除清操自励外，似乎还有指向象征华夏文明的"衣冠"这层意思。"卅载"当为约指，即所谓"三十余年来"之类；而从顺治元年明亡，至康熙十八年，共三十四年。"蓝溪"为浙江一地，黄宗羲曾长期在此隐居，并有一自号"蓝水渔人"。此联隐约述明清易代及梨洲等遗民隐逸守节之事。颈联中"《猗兰》"即《猗兰操》，据东汉蔡邕所著《琴操》相传，为孔子所作，述生不逢时之意①。"《人物》"指汉末刘邵的《人物志》。此联以古喻今，述隐者虽身怀奇才，然以生不逢时，又守道不阿，故不得其试。尾联中"河汾"用隋末王通典故；此联两句，一反一正，明白告诫二万不可向清廷献治平策。

此诗大处意思清晰明白，无须过多解释。但是，作为历史研究，若要准确理解当时所发生的历史事实，以及梨洲与万斯同、万言等所处的具体情境，则对此句中的"古典"和"今典"，却必须再作些紧要的考究。梨洲诗中"河汾"所用典故本事，为隋末王通故事，此即为"古典"所出。"放"即"仿"，而所谓"不放河汾声价倒"，表面意思即是：不可效仿王通的弟子效力于李氏那样效力于清廷，正与"太平"一句互解。此"河汾"古典早已为论者所注意，并通过陈寅恪先生"河汾续命"的文化解释和生命践履，而更加广为人

---

① 黄宗羲晓通音律，在其四十三岁时即著有《律吕新义》一书，见黄炳垕著《黄宗羲年谱》（北京：中华书局1993/2006年），第28页。

知。事实上，这也几乎是对梨洲诗句的主要解说。此说固不足云误，但对于准确全面理解黄宗羲诗意所指，则似尚有未达之处。在笔者看来，黄宗羲对"河汾""古典"的运用，还有未被学界所注意的"今典"意义蕴含其中。本书认为，其"今典"所指之本人，正在于时任翰林编修、侍读学士的叶方蔼，其本事则在于叶氏于康熙十六年（公元1677年）送梨洲门人董允瑫[①]南下并寄梨洲的五古三百五十字长诗[②]。

叶方蔼字子吉，号讱庵，为顺治十六年（公元1659年）进士，属于由明入清而仕于新朝的人[③]。他在寄诗中首先极力恭维黄宗羲的讲学著述，继而述其与董允瑫的会见情形，临近结尾乃以"河汾"故事对黄宗羲并其门人加以劝喻，意在怂恿黄宗羲应清廷的"博学鸿儒"召[④]，寄诗中有句云："在昔文中子，道学倡河汾。韬迹隐弗仕，着述拟《丘》《坟》。高第房魏流，佐唐为名臣。"以传统文人诗法而论，叶方蔼在其寄诗中以满清比李唐、以清圣祖比唐太宗的意思，已经表露无遗。而这却是以前朝遗民自守，并终其一生坚持华夏文教正统的黄宗羲无论如何都不能接受的[⑤]。于是，梨洲在其次韵诗中表明对叶氏之不与并对他提出讽喻，就是情理之中的事了[⑥]。康熙十七年（公元1678年），叶方蔼又将黄宗羲举荐给康熙皇帝，

[①] 董允瑫，字在中，为梨洲高足，其去世后，梨洲哭之甚痛，并著有《董在中墓志铭》，见《黄宗羲全集》第十册，第464—465页。
[②] 诗题为《四明董在中过访，询知为太冲及门，于其南行，赋此奉送，并寄先生》，诗见《黄宗羲全集》，第十一册，第278—279页。
[③] 叶方蔼在《清史稿》第二百六十六卷"列传五十三"中有传。
[④] 见黄炳垕《黄梨洲先生年谱》，"康熙十六年""十七年"两条。
[⑤] 康熙三十一年（公元1692年），距梨洲去世仅剩下两年多时间，而其在《寄贞一五百字》一诗中，还反复以"不肯媚巨子，何况随缁儿"、"但有鸣琴外，慎勿牛刀施"等句，对他身在北京以布衣参与纂修明史的弟子谆谆告诫反复提醒。见《黄宗羲全集》第十一册，第343—344页。
[⑥] 梨洲诗题曰《次叶讱庵太史韵》，见《黄宗羲全集》，第十一册，第277—278页。此诗下有校勘记曰："此诗原稿尚存，底本与稿本书字出入较多。……请参阅本册《补遗》《次叶子吉韵》。"则知梨洲此诗稿本作《次叶子吉韵》，但是笔者细查《黄宗羲全集》第十一册《南雷诗历补遗》与《南雷诗补遗》数遍，均未觅得此诗。

在即将移文吏部以"博学鸿儒"征召之际，为梨洲旧门人陈锡嘏获知，——陈氏大惊失色，深知此举若成，必促梨洲赴死以全名节，于是竭尽全力代恩师向康熙皇帝推辞，而使其最终没有成召①。由此可知叶氏之为学，亦不能知梨洲之所守。康熙十八年（公元1679年），"明史馆"重新开馆纂修《明史》②，以徐元文、叶方蔼为总裁。康熙欲再次征召黄宗羲，幸得徐元文代辞并从中周旋，最终使梨洲季子黄百家、梨洲高足万斯同与万言三人以布衣身份参与修纂《明史》③。而黄宗羲《送万季野 贞一北上》组诗，即作于此种情境之下。推原当日情形，即将北上的二万，对叶方蔼通过董允瑫寄给恩师的劝诗内容必定知晓，而作为梨洲的高足，他们对于恩师的精神持守也十分明了，并以此后数十年的行状，表明了他们对黄宗羲之精神持守的接纳、继承和坚持。故而，梨洲北上赠诗中"不放河汾声价倒，太平有策莫轻题"的真实意指，就不仅仅在于借隋末唐初河汾故事所表达的表面意思（所谓"古典"），更当深有一层从对叶方蔼寄诗诗意的否定与批评中而来的警示与告诫（所谓"今典"）："太平有策莫轻题"（以及后来的"但自鸣琴外，慎勿牛刀施"）乃是对"高第房魏流，佐唐为名臣"的直接否定。

再考梨洲送二万北上的第三首诗，则其以明之遗民自守而决不为清廷说法的立场就更加明白。其诗曰：

---

① 参看黄百家《先遗献文孝公梨洲府君行略》，见《黄宗羲年谱》（中华书局1993/2006年）第69页；全祖望《梨洲先生神道碑文》，《黄宗羲全集》第十二册第9页；黄炳垕《黄梨洲先生年谱》"康熙十七年"条。此年被以"博学鸿儒"征辟者，还有关中李颙（二曲）、昆山顾炎武（亭林）和语溪吕留良（晚村）等几位大儒，李颙以死力拒，方得免；顾炎武则以"无速我死"责骂其时位居尚书的外甥徐乾学和徐元文，并从此绝迹京师，北游关中，直至客死异乡；吕留良则削发为僧，以示不出。
② 清代明史馆第一次开馆为顺治二年（公元1645年），但并未进入实质性工作。第二次开馆是康熙四年（公元1665年），但随即转入了《世祖实录》的修纂而搁置了《明史》的修纂。康熙十八年（公元1679年）是明史馆第三次开馆，也是清代正式修纂《明史》的开始。
③ 据黄炳垕《黄梨洲先生年谱》所纪，万斯同和万言于康熙十八年（1679年）入史馆，黄百家则于康熙十九年（1680）年入史馆。

> 堂堂载笔尽能人，物色何缘到负薪？
> 且莫一诗比《老妇》，应怜九衰有萱亲。
> 重阳君渡庐沟水，双瀑吾被折角巾。
> 莫道等闲今夜月，他年共忆此良辰。

梨洲本诗大意在于向二万提醒，暗示清廷延请他们入局参修《明史》的真实目的，并告诫他们应当持守的民族和文化立场。诗旨亦甚明白，无须多解。关键即在"双瀑吾被折角巾"一句中，须略作说明。句中"被"通"披"，而所谓"折角巾"，就其实体所指者而言，也就是前文所及之"饰巾"，亦即所谓"网巾"①；就其虚意所在者而言，乃象征大明王朝与华夏文教。前文已及，此不赘述。至于所谓"双瀑"，就诗法而论，在于与前句"重阳"构成对偶。就其实体所指而论，乃指梨洲给予位于化安山上的废弃僧庙化安寺的自用名"双瀑院"②。然而在笔者看来，其间似犹有梨洲虚意所在者为待发之覆。黄宗羲曾以"双瀑院长"、"双瀑院主持"为别号，而吴光教授认为梨洲之所以如此取号，是因为所谓"双瀑院"，"并非一个正式的书院，而是古化安寺的遗迹所在，因山里和尚挖出一块带有'院'字的残碑，故梨洲命名为'双瀑院'，并自封为'双瀑院长'、'双瀑院住持'，实有自嘲之意"③。这实在是吴氏对黄宗羲以"双瀑"

---

① "角巾"与"网巾"时而代称，时而互见的情形，在钱谦益的诗中亦不乏见，如"桑海茫茫两角巾"（《柳如是别传》第1114页）"褪粉蛛丝网角巾"（《柳如是别传》第1170页）等，在梨洲诗文中，使用"角巾"的情形为常。梨洲另有"角巾葛袍"的说法指明亡以前士人装束，见《思旧录》"沈寿国"条，《黄宗羲全集》第一册，第353—354页。
② 以"双瀑院"之实体所指与本书论旨几乎无关，故不赘述，相关内容请参看黄宗羲《四明山志·名胜》之"化安山"条，见《黄宗羲全集》第二册，第329—330页；吴光《天下为主：黄宗羲传》，第21—22页。
③ 见前及吴光著《天下为主：黄宗羲传》，第22页。吴光教授在此书第17—24页中，对黄宗羲的几个主要别号进行了考释解说，而在笔者看来，其说似有可商榷处。拟来日以专文商榷，兹不详及。

入号的极大误解。明吴著致误之由，则梨洲虚意寄托之所在即可得其大略，故说从此起：

　　本书认为，吴光教授致误的原因主要有两个：第一，所据材料不宜（不对，而且不全）；第二，对江山易代之际前朝遗民或托身方外之士，在其为自己选取别号时所使用的暗语系统（此点又以明清之际为甚），没有给予足够的重视并深入理解。吴氏之所以得出上述结论，其根据的唯一材料为梨洲著《四明山志》"名胜"部分"化安山"条的记载。但是梨洲编著《四明山志》一书，完成于崇祯十五、十六年间（公元1642至1643年）①。三十年多后，在康熙十二年（公元1673年）"癸丑岁尽"至康熙十三年（公元1674年）"甲寅岁花朝"之间两个月左右的时间里，梨洲又为此书编制了"凡例"，对"词不雅驯"的地方"重为改窜"，并在花朝节（农历二月十二或十五日）当天写下了"自序"。在这期间，黄宗羲还为其母亲庆祝了八十寿诞②。以时间短暂，黄宗羲的主要工作在于起例与润色，而没有对主体内容作多少修改，这一点在其"自序"的言辞中也可以得到证实。故而，可以说《四明山志》中收录的实体资料，仍为梨洲在崇祯十五、十六年（公元1642年至1643年）时所编定者。但是，以"双瀑院长黄宗羲"署名的《今水经》"序"，作于"甲辰除夕"，考其时间，则为康熙三年（公元1664年）③。以"双瀑院主持"署名的《汰存录》及其"题辞"，虽然黄炳垕在《黄梨洲先生年谱》中将其系于顺治六年（公元1649年）条下，但根据吴光教授以内证为主、兼采外证的可信研究结果，其实际完成年月应在

---
① 参看黄炳垕《黄梨洲先生年谱》，"崇祯十五年 壬午"条；徐定宝《黄宗羲评传》，第79页；吴光《天下为主：黄宗羲传》，第75页，等内容。
② 见黄宗羲《四明山志》"自序"，《黄宗羲全集》第二册，第281—282页；另可参看《黄宗羲全集》第二册所附吴光著《黄宗羲遗著考 二》之第七节"四明山志九卷附考四明山古迹记五卷"。
③ 见《黄宗羲全集》，第二册，第502—503页。

康熙三年（公元1664年）前后①。而众所周知的是，在1644年明亡以后颠簸坎坷的二十余年间，黄宗羲的精神世界在知识积累和思想结构方面，都发生了极大的变化。故而，以梨洲在1643年前后（明亡以前）所编著的材料为根据，来解释他在1664年前后别号选择的用意，首先在时间上就存在问题。此即材料不宜的第一点：不对。

事实上，除《四明山志·名胜》"化安山"一条外，笔者遍查梨洲文集，发现他还有一篇专门论述化安寺、却为吴光教授所未及的文章：《化安寺缘起》。根据黄宗羲在题下自署的时间"乙酉"，可知此文作于康熙八年，即公历1669年。而1669年与1664年，无论在梨洲的生平史上还是在其精神史上，都属于同一个时期。康熙三年（1664年）前后，黄宗羲以化安寺为承载实体、寓其虚意而自号"双瀑院长"、"双瀑院主持"，在康熙八年（1669年）又专门撰述文章论述化安寺之"缘起"，那么可以推想，对于"双瀑院"在梨洲精神世界中的虚意所指，即使不能通过《化安寺缘起》一文得到最终解答，也必然能够在其中找到某些据以进行合理诠解的思维线索：

在《化安寺缘起》②一文中，梨洲首先叙述了化安寺的历史沿革，并在历史叙述中将其与自己的九世族祖、曾任余姚州判的黄茂联系起来："（元）虞集《状余姚州判黄茂》云：附近有化安、永乐二寺，府君皆捨田、山于僧，永为子孙藏修游息之资。"在隔过一个段落后，梨洲又讲述了崇祯年间故亲黄尊素受赐安葬化安山、梨洲奉母命"割地数十亩，展其员幅"的往事，并感叹道"夫先州判捨田、山于方盛之日，居母捨地于已废之后，何黄氏与兹寺有夙契也！"在文章

---

① 见吴光著《黄宗羲遗著考一》之第七节"存汰录"一卷，收于《黄宗羲全集》第一册，第438—440页。
② 此文见《黄宗羲全集》第十册，第652—654页。但编者对梨洲此文的句读点校多有错误，故下文引用此文内容时，相关句读并不完全依据《全集》所收《化安山缘起》一文。对于《全集》中此文在点校与句读上的几处错误，笔者另作申说，兹不详及。

的最后,梨洲以这样的句子结尾:"陈德应徜徉其先,忠端公旁薄(【时案】"旁薄"即"磅礴")于后,兹山当与天壤俱敝,自此云水遁止易以垂名,幸矣!"不难发现,在梨洲叙古述今的言语行文之间,"孝"之一字,早已跃然纸上。

更值得注意的,是黄宗羲在此文中对明朝初年宋玄禧(在《全集》《化安寺缘起》文中作"宋玄僖")与溥洽(在《全集》《化安寺缘起》文中作"博洽")两首交游诗的引用以及由此而发的感慨。黄宗羲所引宋玄禧诗,为其怀许月山、真净源所作①。诗曰:

> 天晴独跨蹇驴来,准拟书堂一宿回。
> 野色几年违白首,雨声半夜落黄梅。
> 南山树对高僧立,东浦花随处士开。
> 亲旧有怀难晤语,出门流水没苍苔。

溥洽诗为其赠坦达中之作②。诗曰:

> 深居亦矫俗,用世非我期。
> 徘徊越垅坂,所重遭明时。
> 商飚薄江渚,兰蕙幸未衰。
> 为言采芳者,何以遗所思?

黄宗羲深知宋玄禧与溥洽都是"明初巨匠",故而推论其交游怀念并以诗赠答者,也绝非等闲之辈,接下来乃感慨道:"由此推之,其前其后,此寺必多名流胜士不以负贩一拂子为轻重者,其姓名徒

---

① 宋玄禧诗题为《五月十四日过应平仲书塾,其夜至明日雨不止,有怀蓝溪许月山、化安真净源》,《黄宗羲全集》对此标点有误。
② 溥洽诗题为《送坦达中住姚江化安》,《黄宗羲全集》对此点校有误。

付之山高水清而已，可不惜哉！"而自小即身怀经世济民大志的黄宗羲，此时也正以"名流胜士"闲居于"山高水清"之间，其内心的悲壮与无奈可想而知。更值得注意的是这两首诗——尤其是溥洽诗中所委婉表达的隐衷委曲及其间的政治想象①，则更可以隐晦地表达梨洲自身的明清易代之思，——考虑到梨洲特意请归庄——当时在昆山隐居的另一位易代遗民、抗清义士——为其割地扩建并修葺重整后的化安寺题写匾额，就更加体现了其在诗文中所表现的隐逸表象之背后，潜藏在更深处的文化归属和政治抉择。如果再进一步考虑到梨洲文中提到靖难之后，"溥洽为建文皇帝薙发"而归入空门，与清朝入关以后强制推行"剃发易服"，而使得许多抗清人士不得已而托身释家，这二者在形式上的双重相似性，我们就更加容易就此而摸索到梨洲文字间从山水隐逸指向文化归属和政治抉择的思想史方向。

由以上简略考论可知，化安寺之于黄梨洲，在最直接的表面言辞上有两层意思：首先是前人的隐逸故事，其次是寄托对亡故多年而安葬于化安山的父亲之孝思缅怀，并联系着对已经近八十高龄而安然健在之母亲的服侍孝敬；而在梨洲心怀精神的更深处，则更是暗暗联系并深深隐藏着其对华夏文明与明清易代的政治想象。故此，

---

① 溥洽其人，明史无传。明清学者多认为建文帝朱允炆在"靖难"中剃度为僧而隐居民间，为其薙发者即是此溥洽大师，而溥洽在为为建文帝薙发并助其脱逃后，不久即被朱棣寻故下狱，十年后经姚广孝临终求解才被朱棣释放（事于《明史》第145卷《姚广孝传》中附记）。黄宗羲即主此说。溥洽晚年诗文对这一段历史，往往隐讳所指。观梨洲所引此首诗，溥洽似乎即在效法屈原以香草美人暗喻楚怀王的先例，来寄托其对建文帝朱允炆的思念。而诗中"商飚薄江渚，兰蕙幸未衰"一句，最见此义。江渚，在中国诗传统中无疑可以代指南京，而以兰蕙指称建文帝也无问题。"商"字之解最为关键。以音律论，商，五音主金，为凄怆悲凉之音。唐孔颖达在注《礼记·月令》时，将"商"视作"臣之象也"。由此，此句可以解作：某臣以兵革摧薄南京。若以天象论，则商为二十八宿之心宿，主秋，标志着时节入秋的"七月流火"，即以此星为标准作言。而朱棣下南京正在1402年农历七月间。由此，则此句可解作：某秋七月，巨风催薄南京。故溥洽此诗，以隐逸为表象而暗寓政治，殆不可疑。以其诗意关涉到对梨洲隐衷心曲的理解，故作简略推述如上。

对黄宗羲而言，化安寺实可为其忠孝全节的一个载体和符号。而化安寺，即是"双瀑院"。故而，黄宗羲自取别号为"双瀑院长"、"双瀑院主持"，其虚意所在，就应是要表明他在明清易代、兴复无望之后，虽在隐逸之中而不忘华夏故国，必以忠孝全节的基本立场。至于黄宗羲为什么要用自己亲自命名的"双瀑院"入号，而不用历史更加久远的"化安寺"，除了要以自然景物来更加突出作为"隐逸"的表面意义，以深藏他所寄托的上述隐衷幽曲而外，似乎还有一层来自学术立场的原因：梨洲一生对佛教和佛学持强烈的排斥态度，而其临终前夕的《梨洲末命》与《丧制或问》两篇短文，最见他对知性排佛的身体力行。故而，梨洲此时虽奉母亲之命而捐资割地重理化安寺，但其在生命立场与知识根据上对佛教仪式的不认同，则殆无疑问。相比之下，"双瀑院"这一名称，则更接近于宋明以来的儒家书院，也更加切合于梨洲的思想学术。事实上，黄宗羲也确实在其间度过不少读书会友著述授学的日子[①]。

回到黄宗羲赠万斯同与万言北上的第三首诗，则其中"双瀑吾被折角巾"一句的虚意所指，正在于梨洲要确定无疑地表明他以前朝遗民隐逸自处，必以忠孝全其名节的坚定立场。虽然随着康熙以高调崇尚儒学的姿态、以切实仁政爱民的行事，逐渐为清廷赢得了大量汉族士人的文化认同与政治支持，而梨洲晚年也因受此风影响而在寿序碑铭一类应酬文字中开始使用康熙年号，并偶尔出现"圣朝"这一字眼，但这并不能如有些学者所理解的那样，解释为他对清廷统治的完全认可和接纳。黄宗羲晚年对清廷统治在态度上以上述形式表现出来的缓和，除了时文应酬的必须之外，也确实有其极

[①] 黄宗羲另一个重要的生活场所，也是他读书会友讲学著述的重要地点"龙虎草堂"，也在化安山上。关于黄宗羲与化安山的前后因缘，参看叶树望《黄梨洲与化安山》一文，见《中国典籍与文化》1997年第4期。

为强大的民本思想的内在逻辑（下文细述）在发挥作用。但是不难发现的是，"圣朝"与"国朝"、"本朝"或"我朝"之间的距离，尚有十万八千里之遥。事实上，直到康熙三十一年（公元1692年），距梨洲去世仅剩下两年多时间，在其长诗《寄贞一五百字》中，除了以"吾还弄明月，相见不相期"、"胡不耻折腰，而乃徇朵颐"等句，来表明虽然明朝已经确实不可期待，而自己却还是明之遗民的立场，并持守节义绝不屈节为清廷所用以外，还反复以"史臣职褒贬，权与宰相夷"、"不肯媚巨子，何况随缁儿"、"吾有寓子书，吾道无成亏。但自鸣琴外，慎勿牛刀施"等句，对他以布衣参与纂修《明史》而身在北京的至亲弟子，谆谆告诫，反复提醒①。

因此，对于这样一位直至康熙三十一年（公元1692年）在他临近去世不久，还如此坚持其以华夏文明自守的统续批评和政治立场的前朝遗民与文化巨子，在康熙元年、二年（1662年）写作《明夷待访录》时，无论说他是在为清廷谋划，还是说他以康熙帝比周武王，毫无疑问，都是论者自己看错了②。否则，且不说黄宗羲诗文著作中逻辑一致而数量宏富的反证的存在，就是在当时就有其他文化遗民和抗清志士如顾炎武等对《待访录》的极力赞扬③，其后又有一生以文化遗民守节自处的全祖望等人的推崇备至而叹其为"佐王之略"④。这些思想家有着深厚历史文化资源的依托和知性理据的上述积极评

---

① 《寄贞一五百字》诗见《黄宗羲全集》，第十一册，第343—344页。
② 除章太炎在清末持这一观点外，在当代依然不乏其人，魏鉴勋、袁闾琨在《清初三大思想家爱国主义辨识》（《光明日报》1984年11月28日，第3版）、胡发贵在《〈明夷待访录〉的"待访"意蕴》（《清史研究通讯》1988年第2期，第28页）等文中，也持此种观点。而在笔者与一些老师朋友的交流中发现，从章太炎而持此种观点的，至今大有人在。而对陈寅恪先生在《柳如是别传》（北京：生活·读书·新知 三联书店2001年，第861页）中所表达的类似说法，笔者疑其中有待发之覆，故暂不作评。
③ 顾炎武在康熙十五年（公元1676年）致信黄宗羲，以"百王之敝可以复起，而三代之盛可以徐还"称赞《明夷待访录》。顾炎武致黄宗羲的书信全文，收于《黄宗羲全集》第十一册，第375—378页。
④ 即"佐成王道的基本方略"，语出全祖望《梨洲先生神道碑文》，见《黄宗羲全集》第十二册，第11页。

论,在"俟虏之下问"的思路下,就都会成为完全不可理解的疯狂举动。

那么,梨洲在康熙元年、二年前后写作《待访录》,并以箕子自比,其著述动机究竟如何?而其所待的又究竟是何人?这对我们恰切理解黄宗羲法政思想的文化品格、理性内涵、及其批判锋芒所及的思想深度和历史厚度等,都有一定关系,故而略作申述如下:

前文已述,在顺治十八年(公元1661年)至康熙元年(公元1662年),随着永历帝父子的被抓被杀、郑成功与李定国的先后去世和鲁王朱以海的死葬台湾,明朝遗臣的抗清事业遭受了巨大挫折。但是几乎同时,甚至还略早发生的,却是顺治的驾崩,而随之即皇帝位的康熙,此时仅仅是个八岁幼童。如此情势对于这个新的王朝,尤其是在军事征服尚未结束,巨大的版图上到处潜伏着抗清力量的情况下,对于其是否能够在汉文化地区最终确定自己的有效统治,绝对是一次事关生死存亡的重大危机。恰恰又在此时,郑成功把荷兰殖民者赶出了台湾(1662年2月),从而为抗清力量取得了一块似乎可以作长远"反攻计划"的根据地。因而在明朝遗臣中,似乎又有理由怀着复明有望的期待。故而,此时满汉对立的情形以及在当时历史时空中所蕴含的种种变数,都比后来之人过于简化的历史想象要远为复杂。那么,在这样一种情境中,黄宗羲写作《明夷待访录》的因由究竟如何呢?

首先,如前所述,伴随着鲁王的死葬,黄宗羲的"鲁阳之望"已经断绝,但是这并不一定也同时意味着其内心对明朝兴复的全部希望都已经彻底断绝。梁启超说"当时遗老以顺治方殂,光复有日",虽并不曾详细论证,却并不是毫无根据的臆说。陈寅恪先生在《柳如是别传》中,通过大量资料细致入微地考论了钱谦益在明亡入清后,数十年间在各种伪装下所进行的复明活动。其中在讨论起钱谦益于顺治十八年至康熙元年前后，为另一抗清人士胡澂（字静夫）所写的《赠别胡静夫序》的时候，陈寅恪先生说："牧斋序文末段，表面上虽是论文评诗之例语，恐亦暗寓清室旧主既殂，幼帝新立，明室中兴之希望尚在也"①。余英时先生在考论方以智削发为僧后的复明活动时，以其"一旦天下有事"的话为楔子，也对此一时期的局势做过如下推测："盖是时康熙年幼，鳌拜专权，清廷似有可摇之隙，而三藩之不稳亦已见端倪，吴三桂即于是年五月获准辞总理云贵事"②。考虑到梨洲在顺治十七年（公元1660年）的匡庐之游，则其此时如果有这种期待，也不为奇怪。但是，对于梨洲以箕子自比，而其所待的"周武王"究竟是谁，则学界又有一番争论。如上所述，章太炎一系观点已不足论；而胡发贵等将黄宗羲"天下为主"的思想作极端推论所得出的结论，认为黄宗羲已经诚心接纳了清廷的统治的论点，亦不足为训：首先，这一观点犯下了时间误置的错误，用康熙皇帝数十年后的事功成就，来解释康熙皇帝刚刚即位时期的历史事件；在更深一层，则既忽略了传统儒者对"正统"归属的极为看重，也忽略了黄宗羲思想的整体性结构，并且没有注意或认真对待其诗文中所提供的大量反证。虽然梁启超一系的论点较被学界接纳，即"梨洲正欲为代清而兴者说法"，但是对这个"代清而兴者"是谁，又有不同看法：杨家骆认为是"延平海国"③，另一种看法则由高准提出，认为梨洲所待的是"天下为公"的真豪杰："《明夷待访录》之著，实既非向清室上条陈，而亦非有待于抗清复明者之

---

① 见陈寅恪先生著《柳如是别传》（北京：生活·读书·新知 三联书店2001年），第1111页。
② 见余英时著，《方以智晚节考 增订版》（北京：生活·读书·新知 三联书店2004年），第198页。
③ 杨家骆编著，《明末三儒》之《原君篇》注，转引自孙宝山《〈明夷待访录〉的写作意图辨正》一文，见《中国哲学史》，2007年第2期。孙宝山引杨氏原话为："箕子虽受武王之访，而别立国于朝鲜，然则宗羲所待者或为如箕子朝鲜之延平海国也。"但是孙氏将此话总结为梨洲"等待郑成功来访"时，则又因对杨氏原文引申过度而犯下一误，因为梨洲作《明夷待访录》的"题辞"时，郑成功已经去世近一年。

访。……梨洲所待者乃真具不忍人之心而能行天下为公之大义之豪杰也。其人为夏为夷，固无关碍矣。设清廷而真能弃种族压迫之旨，具天下为公之心，以期行保民而王之政，则推梨洲之意，当亦欣然愿其来观此书……故梨洲之不持民族主义而独持大同主义，与其以之为梨洲病，毋宁见其所以为宏深也"。据本书前文所述，不难发现高準所犯错误正与胡发贵等如出一辙①。

其实，只要以"知人论世"的法则了解当时情势，然后通读梨洲主要的诗文著述，再回过头来仔细考察梨洲"题辞"的行文言语，则解决此百年不绝之哓哓公案，在乎反掌之间耳：

在《明夷待访录》的"题辞"中，黄宗羲明确说，"起周敬王甲子以至于今，皆在一乱之运。向后二十年交入'大壮'，始得一治，则三代之盛犹未绝望也"。据此可知，梨洲此时确实相信二十年后将运交大壮，数出乱轨，大道趋平，而人间则会恢复隆平臻于治世，所以提前"条具为治大法"，以做准备。而由前文的考论可知，梨洲所期待的绝不会是以异族入侵，并用刀剑逼迫汉人"薙发易服"的满清。至于这"代清而兴者"究竟是明朝的复兴之主，还是天南的"延平海国"，或者是所谓"天下为公"的"真豪杰"，也并不难从"吾虽老矣，如箕子之见访，或庶几焉"一句为机关锁钥解开连环：仔细玩摩梨洲此语，可知他认为自己或许能够等到像箕子受访于周武王一样亲身被访，而这与他在《留书》"自序"中所表达的那种自己已经没有机会亲自施行、而要留给后人施行其所留之言

---

① 见高準著，《黄梨洲政治思想研究》（台北：中国文化书院、华冈文化书局联合出版中心，民国56年），第114页。高氏另有《黄梨洲政治思想的贡献及缺点》一文，内称"梨洲书中毅然舍民族问题不谈，而惟注意于民本原理之阐扬与民生问题之改进办法"（见余英时等著《中国哲学思想论集·清代篇》，台北：水牛出版社，民国56/77年，第84页），其后又在抨击十九、二十世纪"民族主义"的背景下说"梨洲之毅然不倡民族主义而坚守天下为公之古义，且提出混合血统之根本办法，实非但不足为病，抑且可以赞美者也"（同前，第91页），则其所论不仅对梨洲民本思想做了过于极端的推论，并且显然他在是没有见到《留书》的情况下所作的偏颇论断，故而不足为训。

的彻底无奈心境,已经决然不同。那么,当时情境下有机会在形式上成为"周武王"的都有哪些人呢?考之以清初大局,则不过三方势力而已:清廷,三藩,与延平海国。所谓"天下为公"的真豪杰,确实是黄宗羲在《明夷待访录》《原君》篇中的理想期待,而"题辞"中"则三代之盛犹未绝望也"一句,可以说又为"天下为公"的真豪杰提出了历史性标准。如此以来,由明入清助清灭明而又转折反复的"三藩",自然既不可能符合梨洲的理想预期,也无法满足梨洲所设的历史标准。清廷也已经排除在外。所剩下的就只有一个"延平海国"。虽然此时郑成功刚刚去世不久,但是考虑到当时满汉之间激烈广泛的对立,以及或明或暗的抗清势力依然遍布全国,再考虑到短短几年前(1659年),郑成功从厦门出发,一路北上,大举进入长江,陷舟山,破镇江,困江宁,摇撼南京,震动全国,则在其据有台湾及其附属岛屿以后,明代遗臣对此"延平海国"必然会有更大的举动和作为可以期待。更进一层就历史际遇立论,郑成功与清廷有杀父之仇,正类似姬周与殷商有诛祖之恨;郑成功在清廷以金戈铁马严逼汉人"薙发易服"的情境中,坚持毁家资而纾国难,其不遗余力的抗清之举,与儒家经典所描述、并经历代儒者所接纳的周武王的"吊民伐罪",颇有其精神相似,若称之为血脉相通,似乎并不为过。

故而,在当时具体的历史情境中,并据黄宗羲的生命关切和精神持守立论,则即使是后来以大帝称誉于史的康熙,也绝不会是其所待访的"周武王"。而梨洲所期待而拟之于周武王的明主,虽然已经不是郑成功本人,但却必是其所奠基之"延平海国"的领袖无疑。因为在明清易代那"天崩地解"的历史语境中,在"亡国何代无"的悲哀与痛苦中[①],尤其是在黄宗羲这样怀有深切文化焦虑的儒者

---

① 康熙二十二年(公元1683),梨洲有《宋六陵》诗,中有"亡国何代无?此恨真无穷!"等句。诗见《黄宗羲全集》第十一册,第299页。

看来，此时偏居天南一隅的"延平海国"，就不仅仅是反清复明力量的实体承载，更是象征着"天下为公"的华夏文明之"衣冠正统"将要浴火重生的大希望之所在。

综上所述，虽然前后十余年间黄宗羲所身处其间的历史情境有所不同，其自身的心魂境界与生命期待也有所改变，但是，无论是其欲留空言而待后世之施行的《留书》，还是其切实期望着在晚年以己身得遇明主，受求教而助成其三代盛治的《明夷待访录》，黄宗羲所怀抱的基本目的，却一以贯之地在于以华夏文明的重建为精魂，为那将要到来的新秩序拟就"为治大法"。

三　从《留书》到《明夷待访录》：思想地位与内在结构

对于黄宗羲而言，其一生实践与著述，均有其贯通一致的生命关切与精神持守；然而，具体到其法政思想的具体表达，尤其就其代表性文本而言，从《留书》到《明夷待访录》，确实又有许多并不相同的言辞和论述。因而，暂缓对其法政思想具体的实质内容的仔细追究，而是通过考察其论题的内在意向与表面言辞的组织形式，转入分析这两个文本的内在结构及其前后关系，从而追溯黄宗羲的思维逻辑，并对其展开思想言说的理据前提发问，就是我们理解其法政思想极为重要的一个部分。

如前所述，顾炎武览《明夷待访录》而叹"三代可复"，全祖望则盛称此二书为"佐王之略"，而梨洲本人亦自负其书乃"为治大法"。然而，无论是"王道政治"，还是"三代之盛"，还是文本意义的"为治大法"，其所代表或意指的都是一种合理而可欲的人间秩序。而对这种人间秩序在思想世界的达成，则主要有两种路向：

针对现实的批判与理想路径的建构,——黄宗羲则将两者兼而有之。然而,无论是哪一种情形,其间都有思想者展开思想论述的理据前提可问,都有其进行独特言说的思维逻辑可寻,也都有其秩序建构的内在结构可探。事实上,也正是这种思想者并未言明的理据前提、思维逻辑和文本结构,构成了其思想世界中最具实质意义的部分,因为正是它们,在更深一层的意义上统摄、支撑并以某种非此不可的方式,安置着那些具体的批判与论证,并规定着各种有效解释的方向和边界。

本篇述《留书》与《明夷待访录》的内在结构与前后关系,为展开下文的方便,先列出这两个主要文本之基本信息对照表①,如下:

《留书》	《明夷待访录》
作于癸巳之秋,为顺治十年,当公历1653年,其时梨洲四十四岁。	起于壬寅之夏,终于癸卯岁终,为康熙元年至二年,当公历1662—1663年,其时梨洲五十四岁。
自序	题辞
文质:论世运变迁。	原君:论君职。
封建:论"封建"可以制夷狄。	原臣:论臣职。
卫所:论卫所冗军之害。	原法:论"天下之法"。
朋党:论"朋党"误国。	置相:论中央政府。
史:论"史法"与"正统"。	学校:论舆论是非及其社会依托。
田赋:(存目无文)	取士上、下:论人才选用。
制科:(存目无文)	建都:论国都选取。
将:(存目无文)	方镇:论地方政府。
计八题,八篇	田制一、二、三:论赋税体制。
又有《留书题辞》一篇,作于癸丑之秋,为康熙十二年,当公历1673年,其时梨洲六十四岁。	兵制一、二、三:上篇论兵民分合与养兵、中篇论将,下篇论文武分合。

---

① 《留书》的信息据《黄宗羲全集》第十一册,第1—14页;《明夷待访录》的信息据《黄宗羲全集》第一册,第47页。

续表

	财计一、二、三：上篇论金银之害，中篇论钱法、钞法，下篇论富民余策而主"工商皆本"。
	胥吏：论属僚佐吏。
	奄宦上、下：论奄宦之害与对策。
	计十三题，二十一篇。

1.《留书》之篇目与结构述略

《留书》成书于顺治十年（公元1653年），其时黄宗羲四十四岁。由前文所述可知，此时他在知识上的积累上已经绝对不可小觑；通观《留书》中的议论评说，也可发现他对其所讨论的问题，明显也已触及到相当的深处。然而观其行文措辞可知，黄宗羲此时对明朝之所亡、及其自身所亲身经历之种种弊政的一腔愤慨，尚未得到丝毫平静；而其论说，也还主要局限在对明之所以致亡较为具体原因的反思和讨论；而其展开方式，又以具体的历史性资料为依凭而间下己意，以至于很难清理出他系统的思想。故而，从论题的选取处下手理解《留书》各篇的主题，就成为理解梨洲在其中所表达的法政思想的关键。

《留书》共八篇，其首篇即是《文质》。此篇的篇名应当来源于《论语·雍也》中孔子"质胜文则野，文胜质则史"一语。但是，在《论语》文意中仅就"君子"应有之修为而发的议论，在明清易代之际完全不同的语境中，却被众多学者赋予了民族立场与文化演变的含义。在宋代以来主导思想取向的统摄中，尤其是在与宋元之际社会情形的比拟中，此一时期学者所谓的"文"，不仅仅突破了传统"天文"、"人文"中"文"的一般义，也突破了"文以载道"中"文"的言说义，而是在"天不丧斯文"中"文"的基础上，获得了更多的历史文化意义[①]。此时，在"文"的泛指层面应当理解为"文明"，具体而论则为"华夏"。而所谓"质"，在其泛指层面应当理解为"野蛮"，具体而论则为"夷"，并往往直接理解为满清"薙发易服"政策所标示的生活方式[②]。具体到黄宗羲的论说中，虽然已经越出了夷夏之辨的简单立场，而进入了对历史文化变迁、及其背后的人性论在造就历史大势上的作用，但还是可以看出上述明清易代的历史情境在其语词陈述中的沉淀。黄宗羲在《文质》中，首先借苏洵"文质论"开篇，并立即进行反驳，其主要论述处处强调"文"之为"文"的核心在于"圣王救世"，而结束于对由余以"戎狄之道"为正的严厉批评。故而，此篇在深处所针对的，乃是清初以"戎狄之道"变革华夏文明的严重问题，并强调在现实人情所趋为由"文"而向"质"与历史文化必须由"质"而趋向于"文"的紧张中间，"救世"的不可或缺。此篇可以显示出梨洲当时所关注的最重大的问题，乃是以新形式出现的"夷夏之辨"，以及在日趋于"质"与"野"的艰难情境中，如何保存华夏文明的理想，并在社会层面使"质"重归于"文"的根本问题。梨洲此时的答案，在于"圣贤"在艰苦卓绝的实践中奋力"救世"。通观《留书》各篇，可以断定《文质》一篇为《留书》的总纲。而梨洲在以下七篇中所讨论的，都以此"文""质"之辨为或明或暗的标尺，其内容则是在"圣贤救世"由"质"归"文"的理路上，结合具体的历史批判与抽象的理论反思，在合理生活秩序的几个重要方面所进行的推衍与发挥。

《留书》第二篇为《封建》。黄宗羲在其中所讨论的是"封建"利害，就理论命题而言，是地方政府在整个国家构成中的地位与权

[①] 关于"文"的多重意义及明清时期学者对这多重意义的讨论，参看赵园在《制度·言论·心态》（北京：北京大学出版社 2006/2009 年）一书第七章的丰富资料和解说。
[②] 参看杨念群著，《何处是"江南"：清朝正统观的确立与士林精神的变异》（北京：生活·读书·新知 三联书店 2010 年）第四章"'文质之辨'：帝王与士林思想的趋同与合流（上）"。

力及其组织等问题,或者说是地方政府与中央政府的关系问题。但是,其开篇即云"自三代以后,乱天下者莫如夷狄"①。由此可见,梨洲"封建论"的落足点,依然在应对"夷狄"侵覆"中国"的残酷现实,而其在现实中直接的刺激源,无疑在于象征着华夏文教正统的大明王朝,沦亡于白山黑水的满洲建夷之手。其在具体的讨论中,纵言自秦朝以下"中国"受夷狄惨烈祸害、而秦朝以上却不受夷狄之害,都在于论证"封建"可以制夷狄,故而"封建天下"则可不至亡国于"夷狄"之手。此篇所论在《待访录》之《方镇》篇中,得到了进一步的延伸和发展。毫无疑问,就思想论题而言,梨洲的"封建论"自然有其批判性前承,然而就实体内容而论,却与其思想前辈们的"封建论"极为不同。事实上,在明清易代之际,久已沉寂的"封建论"再次在学术话语中获得复兴,这本身即是一个值得注意的思想史现象②。这些讨论虽然在表面上还在延续着传统儒家的基本词汇,但究其思想品质与学者所关注的问题焦点,却已经与传统中国思想界对"封建"问题的讨论有了根本质地的不同。甚至可以说,此时以黄宗羲、顾炎武为代表的"封建论",已经在思想层面指示了通往现代联邦制国家的构造方向。

第三篇为《卫所》,讨论兵制,而以如何养兵为重,其间又以兵农分合问题为重心。然而,细察梨洲所讨论的问题聚焦,事实上其背后隐含的问题是:大明王朝由于兵制不当,先使兵分于农,后又使军分于兵,以至于"以一天下养二天下之兵"。及其冗兵沉积而不能裁汰革新,以至于虽然为养兵而使天下劳攘四海困穷,最终是"国非其国"③,不亡何为!梨洲在文章末尾以南京孝陵卫军为例,

---

① 见《黄宗羲全集》第十一册,第4页。
② 参看赵园在其《制度·言论·心态:〈明清之际士大夫研究〉续篇》(北京:北京大学出版社2006/1009年)一书中对明清之际士人重新热衷于"封建"问题的讨论。
③ 见《黄宗羲全集》第十一册,第8页。

痛斥如此兵制下冗军之害。如果考虑到顺治三年（公元1645年）的时候，南京以十数万守军的兵力却不战而降之事，如梨洲之豪杰，能不激愤？故而，黄宗羲追究兵制问题，所注意的要点仍在于明朝之亡于满洲。这一点不独梨洲为然，明清之际，儒者而"谈兵"几乎是流行颇广的一种时尚。诸家所言虽各有不同，但追究起来，有明一代以兵制之弊而最终致亡于建州，乃是他们发言著述的共同刺激源①。《卫所》一篇与《待访录》中《兵制一》有较强的对应关系。

第四篇为《朋党》。梨洲在其中所论，从头至尾紧扣明朝党争史事。而其所关注的问题，则为党争之害以至于亡国。在其文最后，梨洲对欧阳修的《朋党论》提出批评，认为欧氏党论贻误后人。虽然此篇所论在《明夷待访录》中没有具体对应的部分，但梨洲在其作《明夷待访录》的时期，对于"党"的看法已经不同于此篇所论②。在《朋党》这篇文章中，梨洲依然在积极维护传统儒家积极追求"君子不党"的理想化立场，对"朋党"持全然否定的态度。而其心魂所痛，除了他自幼即耳闻目睹的明末党争外，还有其自身于弘光政权的痛苦经历，以至于他认为对大明王朝之积弊难返终至于灭亡而后已要负最大责任的，就是这绵延不绝的党争。故而，此篇立论的着眼点仍然在于积极检讨明朝所以灭亡的缘由。

《留书》第五篇为《史》，所讨论的是中国法政思想史上极为重要的一个基础性问题：正统论。对所谓"正统论"，历来的解释颇多，而其关注的核心内容事实上是统治权力的合法性问题。在此

---

① 赵园在上及《制度·言论·心态》一书中，对明末清初学者"谈兵"的现象有专门的讨论。
② 黄宗羲《汰存录》有如下一段文字，对夏允彝提出批评，其中可以窥见梨洲晚年对"党"的基本倾向："东林之名，讲学者不过数人耳，倚附者亦不过数人耳。以此数人者而名为党可也，乃言国本者谓之东林，争科场者谓之东林，攻阉人者谓之东林，以至言夺情、奸相、讨贼，凡一议之正，一人之不随流俗者，无不谓之东林。由此而逆推之，则劾江陵者，亦可曰东林也；劾分宜者，劾刘瑾、王振者，亦可曰东林也。然则东林岂真有名目哉？亦攻东林者加之名目而已矣。今必欲无党，是禁古今不为君子而后可也。"见《黄宗羲全集》第一册，第332页。

篇中，黄宗羲继承并发展了欧阳修、朱熹和明初方孝孺等前辈的观点，更加强调地域上的"民族性"和文化上的"道德性"对于政治正统所具有的决定性地位，以此对历史上"正统论"极为强调的"连续性"和"普遍性"要求做出了重大修正，从而也对统治权力的正当性问题提出了新的看法（详见下文）。其基本主张为，坚持"夷夏之辨"的原则，"以中国治中国，以夷狄治夷狄"[1]。梨洲的论述通篇围绕宋朝亡于蒙古的文化意义和元代修纂《宋史》的弊病展开，而其关注的问题又是史书的修纂问题，似乎与此前几篇所关注的批判性论题颇有些距离。然而，只要考虑到以下两个必须作为思想史的语境来考察的事件，就不难发现梨洲此篇所具有的"当下性"：第一，明朝灭亡以后，士人为了隐晦自己的心曲隐衷，往往借宋元之际的历史事件，来曲折表达其身处明清易代之际的痛苦经验，以至于此一时期在"南宋"与"晚明"之间的社会想象，几乎成为了明代遗民共同的话语背景[2]；第二，如前文注中所及，早在顺治二年（公元1645年），其时清廷刚刚入主中原，除了弘光政权以及唐王、鲁王、桂王等前明贵胄的旗号外，南北民间的抗清力量也都十分活跃。清廷居然在其尚未站稳脚跟之时，即已经准备开馆修纂《明史》，以图尽快在文化上全面确立自己的正统地位。以梨洲之敏感，能不忧患？在这样的双重背景之下，再来考虑他在顺治十年写作《史》的动机和目的，就不难在那曲折隐晦的史论式表达中，发现其对当下情境极为强烈的批判性关注。此篇在《明夷待访录》中也没有对应的篇章。

此外，《留书》尚有《田赋》、《制科》与《将》三篇，仅存

---

[1] 见《黄宗羲全集》，第十一册，第12页。
[2] 参看杨念群著，《何处是"江南"》（北京：生活·读书·新知 三联书店 2010年），第20—25页。

篇目而无文章。根据梨洲的"留书题辞",学界普遍认为这三篇文章已经过拆改扩充而纳入了《明夷待访录》:其中《田赋》一篇,应即是《田制》三篇的前身;《制科》一篇,应即是《取士》两篇的前身;《将》则拆改而入于《兵制》三篇之中。此说确是的论。但是考虑到《留书》和《待访录》具体的关注方向是如此不同,则此三篇的内容未必能从《待访录》的八篇中窥其大略。此处以《留书》的批判指向与现实关切为指针,对此三篇之大旨略作推测:

对于《田赋》一篇,考虑到"封建"与"井田"这一组论题在中国法政思想史上的紧密相关性,加上明代庄田极多而土地分配极不平均、而明中叶以下又税赋极重以至于明末流民四起的历史现实,则梨洲在其中所讨论的话题应该距离"井田"不远,而其论述的中心,似乎应该以"耕者有其田"的田制、以轻徭薄赋的税法为旨归。就此而论,《田赋》一篇若原本采纳收入《待访录》,应当即是其《田制》三篇的第一篇。对于《制科》一篇,自科举成为传统社会正式的人才选拔制度以来,历代大儒虽均对之批判有加而不能废,故而梨洲所论除了大处承袭以外,主要论点应该在于对明代弊病的批判,期间应该还会涉及《待访录》中《学校》一篇的部分论题。故而,此篇若原本纳入《待访录》,应当即是其中《取士》两篇的上篇。对于《将》这一篇,固然会以其讨论到兵制问题而与《待访录》中《方镇》、《兵制》两题四篇关系密切,但是考虑到梨洲在《留书》中《封建》与《卫所》两篇都已经涉及兵制,则此篇应该会专门论"将"。由此推论,若此篇原本纳入《待访录》,则应当是其中《兵制》三篇的第二篇。若非,则《将》篇原文所论,涉及崇祯帝、熊廷弼、孙承宗与袁崇焕等人的内容,应当不在少数。如此三篇,世无其文,不可具论,假其大略,推述一二,切盼他日有具体文献的发现,以证成或证伪以上推测。

如前所述,《留书》完成于梨洲四十四岁时,此时他已经拥有了极为丰富的知识积累和人生阅历。故而对于其中所表达的思想，决不可因为他满怀激愤的措辞和紧扣历史事件的表述形式，而忽略它们所具有的理性批判价值和理论启发意义。同时，也正是因为对于当下历史的过于贴近，而使得《留书》不仅仅在表达上具有上述特征，也使得其理论品性集中在对最为切近的历史事件与制度设施的激烈批判方面。故而，相对于《留书》全面集中在批判性方面而言，《明夷待访录》则主要为梨洲建构性思考的著作，也标志着其法政思想的真正成熟。

2.《明夷待访录》之篇目与结构述略

在《明夷待访录》中，黄宗羲不仅继承并发展了他在《留书》中进行的从历史文化到制度设施的激烈批判，还特别注重对未来之可行制度的理性规划与仔细建构，——黄宗羲对未来新秩序的宏伟构想，即在此第一次得到了全面的建设性表达。相对于《留书》、《汰存录》等或整体或局部涉及梨洲法政思想的著作，《明夷待访录》的思想更加体现出梨洲之峻烈①批判与未来规划所具有的理性品质。这种通贯始终的理性品质，不仅仅体现在《待访录》中所论内容，均具有的扎实的历史资料支撑和深厚的儒学理论基础这一方面，也不仅仅体现在其批判论述在中国法政思想史上所达到的高度方面（详见下文），还体现在梨洲对各个论题的选取以及对书中各篇的组织结构上。

如前文附表所示，黄宗羲在《明夷待访录》中共讨论了十三题，

---

① "峻烈"一词，借用自杨念群对明末遗民之精神处境的论说，见氏著《何处是江南？》（北京：生活·读书·新知 三联书店 2010 年）第 15 页。葛兆光认为黄宗羲在《明夷待访录》中对君主专制的批判，更多的是情绪性的"激烈痛斥"而不是理性的分析，说见氏著《中国思想史》（上海：复旦大学出版社 2009 年）第二卷，第 384 页。对于这种观点，本书不能认同，故特用更能兼容理性思辨的"峻烈"一词，来代替一贯为学界使用却包含了过多情绪化内涵的"激烈"一词。

结为文字二十一篇。这些文章可以按照论题的内在层次，及其所述的具体内容划分为以下六组：第一组为《原君》、《原臣》、《原法》三篇，第二组为《置相》、《学校》、《取士》三题四篇，第三组为《建都》、《方镇》两篇，第四组为《田制》、《兵制》、《财计》三题九篇，第五组为《胥吏》一篇，第六组为《奄宦》一题两篇①。在梨洲这六组论文中，第一组为《明夷待访录》全书的精魂所在，以下五组十八篇文章，皆是在此三篇所确定的原则下，并顺着其所指示的制度批判与秩序建构的思维方向，围绕"法"之一字，在整个法政秩序重建之各个方面的深入展开。而在这十三题二十一篇之中，《原法》一篇，实为《明夷待访录》全书之总纲与枢纽②。各篇所论述的具体内容，下文仔细讨论黄宗羲法政思想的内容时，再作详细展开。以下主要就各篇之间内在的结构性关系略作推述，并根据分析的需要对各篇所论内容的大略稍作附及：

《明夷待访录》第一组三篇文章为全书精魂。首篇《原君》，旨在推原天命立君的本意，根本目的在于阐明"君职"之所在。梨洲对"君职"的论述，在"古之人君"与"今之人君"的对比框架中展开。其说从人人在其"有生之初"的自私自利下手，并以人情的"好逸恶劳"为起点进行推论，强调以"天下为主"的"古之人君"不以一己之私而害天下之大公，其辛苦经营皆为天下福泽，故能平

---

① 在前辈学者中，邱汉生先生很早就注意到了黄宗羲对《明夷待访录》的谋篇布局。邱先生将此书十三题二十一篇做了如下分配：《原君》、《原臣》、《原法》、《置相》四篇为第一组，《学校》与《取士》两题三篇为第二组，《田制》三篇为第三组，《兵制》三篇为第四组，《财计》三篇为第五组，《建都》、《方镇》、《胥吏》与《奄宦》四题五篇散列，没有划分入上述五组之中，也没有单独列为一组。见氏著《读〈明夷待访录〉札记》一文，收于《黄宗羲论》（杭州：浙江古籍出版社1987年），第250—262页。
② 前人多注重于《原君》篇提出的批判，并由于此篇冠首而以它为《明夷待访录》的中心。本书不以为然。在《明夷待访录》中，黄宗羲提出的规划重在建设，批判不过是第一步。相对于《原君》篇，《置相》中提出的对中央政府构成的设想，更具有积极意义。另外，我们考虑到周武王访箕子而得到《洪范》，即所谓致治之"大法"。梨洲待访的目的也正在于此"为治大法"。考虑到其在"原法"中对"天下之法"的论述，则此十三题二十一篇，皆是其"天下之法"的表达。

治天下。而所谓的"后之人君",乃以天下为一己私人之产业,使天下之害尽归于人、天下之利尽归于我,至其极致,则敲剥天下屠毒四方,终于成为"天下之大害",甚至于连累身家性命。在其结论部分,黄宗羲强调"为君之职分"的明确与否,乃是天下治乱的一个关键所在。次篇《原臣》,旨在推原"臣工"之设乃为治理天下所必须,以阐明"臣道"的基本含义,明确"臣职"之所在。其正反两方面的讲说,都在于论证"臣"之于"君",不过名异实同,"臣道"与"臣职",与"君道"和"君职"一样,都在于天下之治乱与百姓之忧乐,而不在于君身一己私意的称心与否。尤其值得注意的是,梨洲在此篇中,由清理"臣子"这一名目出发,对"君臣"关系与"父子"关系,在根本原则上作出了分别,认为"君臣"关系与"父子"关系名实不同,道理绝异,从而使传统中国法政思想的基本结构,获得了一个在其关键处突破更生的机会。末篇《原法》,论"天下之法",而其论述又在两组基本的对比中展开:首先是"三代之法"与"后世之法"的对比,其次是"天下之法"与"一家之法"的对比。前者具有无可置疑的历史性,后者则更具思辨色彩。而黄宗羲在文中对"三代之法"的特意标举,从其理论意意向讲即有两层目的:首先是要援"三代之法"以其作为"天下之法"的样板,从而为这种规范性的"天下之法"确立其合理的实质规定性;其次也是要借"三代"意象在传统中国文化中不言而喻的历史真实性,来表明这种"天下之法"绝不仅仅是空悬高处的光辉理想,而是具有可以在新的情境中再次具体重现的历史真实性。尤其具有法学基础理论价值和法政思想史意义的是,梨洲在此篇中提出了"非法之法"的批判概念和"有治法而后有治人"的建设性命题。前者是其之所以能够以"天下之法"对"一家之法"进行彻底否定的关键所在,后者虽然尚未构成对"有治人无治法"这一由荀子提出、并为汉代以来的儒家重新解释而奉为金科玉律的基本命题的直接反题,却实在是对儒家自孔子以来"为政在人"、"仁者无敌于天下"等理论命题的重要修正,具有极大的思想史意义。在第一组的这三篇文章中,《原法》篇不仅是全书枢纽,还具有承上启下的地位。自从汉代将儒学树立为官方意识形态而确立了儒家的统治地位、而官方儒家则正式在思想系统确立"三纲六纪"的统治地位以来,"君臣"一纲就成为了传统中国法政思想所必须讨论的最重要的焦点,而其论说则多采取了对"君道"与"臣道"进行演讨的形式。故而,梨洲的《明夷待访录》以《原君》、《原臣》两篇居首,既与论题的重要性有关,也与思想史言说的传统有关。但是,在梨洲的思想系统中,其对"君职""臣职"的讨论,以及对"君""臣"之应有关系的制度设想,也并未出于其"天下之法"这一概念的网罗之外,——《置相》篇对中央政府之议政机关的具体设计,已经切实表明了这一点。而《原法》以下十题十八篇所讨论的,不过都是这"天下之法"在某个方面的具体内容。

《待访录》第二组文章为《置相》、《学校》、《取士》三题四篇。这四篇文章就论题所属而言,属于直接讨论"君臣"一纲的"臣"的部分。《置相》篇直接承续《原君》《原臣》两篇"分立群工以共治天下"的题旨而来,具体论述法政制度构建的核心关节:借论宰相的地位、作用与对明代史事的批判性反思,来讨论中央政府应有的内部构造和运转机制。在理论方面,梨洲再次强调了"君主"与"臣工"之间并不存在实质性的差别,同时还强调宰相选贤而任可以矫正君主世及传子所带来的为君不贤的政治弊端。其核心制度设计,则在于杂取汉初相制与唐初政事堂故事,严分内外,提高宰相作为外朝领袖的政治地位,扩大宰相在政治决策与施政中的实际权力。而作为儒家政治理想之现实代表的宰相,若获得上述地位与实际发挥应有的作用,除了朝廷的虚礼节文之外,不可以没有具体实在的社会依托,这就是"学校"。梨洲《学校》篇所论,最见其法政思想的创造性与建设性所在;其中所论,既可以看出黄宗羲对北宋中叶以来,尤其是明代中叶以来儒者讲学议政之历史的积极吸纳和理论升华,也可以考证出晚明天主教教义对黄宗羲思想的影响①。虽然题为"学校",但梨洲在兹篇所论,却直接指向作为判别政治是非之标准的公议舆论的形成机制。和前面几篇一样,黄宗羲对"学校"的议论和制度设计,依然是在一个批判的起点上展开的,借既是历史论说又是理想寄托的"古之圣王"的设施制作,来批判"三代以下,天下之是非一出于朝廷"。其积极的理论言说,则强调一种"天子之所是未必是,天子之所非未必非,天子不敢自为非是而公其非是于学校",从而使"治天下之具皆出于学校"的秩序状态②。《取士》一篇直接承《置相》与《学校》而来。《置相》篇中在其结尾已经提示了"士人"的主题,因为设官任人必以士人为选。而《学校》篇又已经指明"学校所以养士也",即学校最基本的功能即在于养士。则在《置相》与《学校》之后讨论"取士"问题,自为理所当然。《取士》共上下两篇,上篇(或即为《留书》之《制科》)重在批判"制科"与"时文";下篇重在建设,以"宽取无枉才,严用少幸进"立说,而标举出"取士宽,用士严"的基本原则,并对当时"取士严而用士宽"的情形进行了严厉批判。其否定性的结论为,"严于取,则豪杰老死丘壑者多矣;宽于用,此在位者多不得其人也"③,进而提出了以"宽取严用"为指导原则的全方位取士而严格用士的人才选用办法。

---

① 详见下文。
② 见《黄宗羲全集》,第一册,第10页。对于这种秩序状态,前辈学者多将之与卢梭的"公意"学说或者议会制等联系起来。当代有些学者则试图以阿玛蒂亚·森对"public reasoning"这一概念为分析根据,对它进行新的审视,并进而称之为"公议社会"。参看彭国翔在其《公议社会的建构:黄宗羲民主思想的真正精华》一文中的讨论,此文收于吴光主编,《从民本到民主:黄宗羲民本思想国际学术研讨会论文集》,杭州:浙江古籍出版社2006年,第157—172页。
③ 见《黄宗羲全集》,第一册,第16页。

第三组为《建都》、《方镇》两篇。前者讨论中央政府所在地的选取问题,为安国之本;后者讨论地方政府的制度设计,为强国之基。在黄宗羲的构思中又将此二篇先后鱼贯而列,故以二者主题之对应性,正可合为一组。都城所在地的选取,对于中国历史上任何朝代实在都是一件大事,而对于中央集权的大一统政治体制,则尤其重要。因为在这种集权体制下,随着一个城市在政治上成为国都,全国经济资源的分派调度就会向它严重倾斜,随之而来的文化和教育资源的极度集中,更是会让都城成为人才汇聚的"首善之区"。同时为了保证国家中枢和皇室成员的安全,国都在军事防卫以及配套设施方面,尤其会集中大量资源。由此,在传统的"史家"看来,一朝国都的选定,往往关系到这个朝代开国的"规模"与"格局",甚至连国祚享命的长短与治乱兴衰的机运,都可以在国都的选定是否得当方面找到根源。故此,虽然它所讨论的是中央政府的选址问题,却必须单独列出,以示重视。在《建都》之开篇,黄宗羲即以"北都之亡忽焉,其故何也"做出设问,并在答案中强调以北京(燕)为首都的"失算",进而在列数明朝"都燕"在军事防卫和经济运输方面所导致的巨大弊端和危害之后,主张以金陵(南京)为都城。在解决了中央政府的制度设计(《置相》)和国都的选定问题(《建都》)之后,接着讨论地方政府的制度可能性(《方镇》),就是几乎是理所当然之事了。而《方镇》一篇对地方制度的讨论,虽然论题承《留书》之《封建》而来,但是在所针对的具体问题和论说展开的思路方面,已经远远超越了《封建》篇所论。梨洲此篇所论,大要以普遍的郡县制为大背景,而主张在沿边设置独立性极大的方镇,使方镇与郡县并行以达到民事、政事与军事三方面的综合果效。其寄封建之意于方镇之中的思路,正与顾炎武寓封建于郡县之中的思路遥相呼应,已经预示了现代联邦制的某些特征,并且实际影响了清末民初建构现代国家的法政理论与联邦制实践。

第四组文章为《田制》、《兵制》、《财计》，共三题，九篇，其中所论，可以称为是《明夷待访录》所设想之新秩序的支撑与维护结构。田土问题，是中国法政思想的传统话题，而其讨论的内容，大致有两个方面：一是以"井田"面目展开的对土地产权（事实上更加侧重于井田养民的功能）的讨论，其间往往涉及对是否"抑兼并"的讨论；一是对赋税徭役问题的讨论，——这个问题虽然与土地产权并不必然相关，却往往在"井田"所暗示的"均平"话语传统中展开[①]。事实上，所谓"井田"，在传统中国法政思想的世界里，可以看作是综合了政治、经济、伦理等多个维度的基本书化符号，在几千年的历史中不断激发着思想者的秩序想象，也实在不断激励着根基于底层关怀的改革者与革命家的革变热情。黄宗羲以《田制》为题展开的三篇讨论，皆以"井田既坏"为大背景展开。《田制一》述"井田既坏"之后，国家不能体国经野计口授田以养民，反而在百姓所自买的田土上征收赋税，而赋税又越来越重，最终至于"天下之赋日增，而后之为民者日困于前"的境地。故论"井田既坏"之后的重建之世，若有王者起，"必当重定天下之赋，重定天下之赋，必当以下下为则"[②]。《田制二》论井田可以恢复，而其所设计的恢复之道，乃在于参考历史上卫所屯田的制度和实践进行。事实上，在梨洲的论述中，恢复井田并不是一概而论的空洞设想，而只是在"官田"范围内的实践。其基本的制度规划在于，将数量巨大的"官田"，首先按户为单位计户授田，以极低的税率交由当地人耕殖；对于授田所剩余的"官田"，则"听富民之所占"，然后按照国家税率征收赋税。同时，除"官田"而外，还有大量的"民所自有之田"即私田的存在。故而梨洲对"田制"所作的制度设计，是人民自己

[①] 参看赵园在《制度·言论·心态》一书在"井田"一题下的讨论，此部分内容见是书第302—322页。
[②] 见《黄宗羲全集》，第一册，第24页。

的"私田"、富民量力自占的"官田"和计户授田的"井田"三维并举,以达到"遂民之生,使其繁庶"的目的。此后,在《田制三》中,黄宗羲乃详细论证如何"以下下为则"来厘定税赋,除去税制三大害:"积累莫返之害"、"所税非所出之害"与"田土无等第之害"①,以从根本上铲除暴税,彻底结束"斯民之苦暴税久矣"的悲惨历史,做到实实在在地为民制产,疏解民困,使人道大行于天下。

然而,古语说:人道以兵为先。事实上,华夏文明"和合天下"的文化理想,无论是在春秋战国那列国林立的局势中,还是秦汉以降在蛮夷猾夏的威胁下,都必须有实实在在的军事实力的护卫。梨洲《兵制》一题三篇所论,正在于如何使华夏王朝既能够组织并维持强大的军事力量,以保证自己的存活延续,同时又让这种军事力量服从并服务于根本的文化目标,而不是跋扈误国戕民害道。《兵制一》论具体兵制与养兵之道。据梨洲所言,明代卫所有其长,但弊端在于兵民分离太过,以至于在卫所军兵失去战斗力后不改旧制而行招募,终至于"以一天下之民而养二天下之兵",不止苦害天下之民,而且造成严重的财政危机。改革的方略主要在于施行征兵制,使兵民重新合流。梨洲此篇所论,几乎是最早的对国家兵役制的论说。《兵制二》论"将",重在批评明末武人跋扈,提示崇武与重将之难得,《兵制三》则在其基础上论革弊之方。据梨洲所言,古时文武一途,入则卿相,出则将帅,以儒者而统兵事本是常态,时至秦汉,此风犹然。自唐宋以下,文武分为两途,但其"官""职"

---

① 对于黄宗羲在《田制三》中所批判的"积累莫返之害",在著名学者秦晖将其形象总结为"黄宗羲定律"并对其进行了现代学术表述后(尤其是在温家宝总理在2003年的政府工作报告中明确提到"黄宗羲定律"所指向的税制问题后),而更加广为人知。虽然秦晖的早期文章已经涉及这个问题,但"黄宗羲定律"这一概念的明确使用,则是在《中国改革》2001年第10期的文章《说费改革:历史的经验与现实的选择》一文中,并在《农村合作经济经营管理》2002年第三期的文章《并税式改革与"黄宗羲定律"》、《税务研究》2003年第7期的文章《"黄宗羲定律"与税费改革的体制化基础》两篇文章中得到了集中论述。

交叉，事实上依然是文武参用。明代则文武官职互不相及，又在具体的操作中使他们彼此牵制以防叛乱。至于实际效用，则文人因不识武术而乱军事，武人亦终不受文臣节制，结果是下害民人，上欺君父，终至于亡国而后已。黄宗羲所提出的改革方略则在于恢复古制，合流文武，使儒者知兵书战策之要、武人识亲上爱民之道。

在《财计》三篇中，黄宗羲的论旨主要在于养民富民，并施行教化移风易俗。在《财计一》中，梨洲认为要达到天下安富，就必须废除作为通货的"金银"。在论述了货币从古代的布帛粟米到后世的金银的演变历史之后，提出了废除金银会带来的七点好处："粟帛之属，小民力能自致，则家易足，一也。铸钱以通有无，铸者不息，货无匮竭，二也。不藏金银，无甚贫甚富之家，三也①。轻赍不便，民难去其乡，四也。官吏赃私难覆，五也。盗贼朒箧，负重易迹，六也。钱钞通路，七也"②。其中第一、第三和第四点纯从养民着眼，第二和第七点则是为《财计二》的主要论点（废金银之后以铸钱和钞票为通货的主张）进行准备了。事实上，在废除金银以后，由于粮米布帛的携带不便必不可能作为通货使用，而在明代商业发达的环境中又需要有效的通货，铸钱和钞票作为替代方案就会被自然提出。在《财计三》一文中，梨洲在《田制》（厘定田土等第并"以下下为则"重定赋税）、《兵制》（重定兵制实现兵民自养）二篇所奠定的基础上，认为要实现人民安富天下和合，仅靠政府的轻徭薄赋还远远不够，还必须让民间做到消除奢靡浪费的习气，改易巫佛蛊惑的习俗，以工商为本，而兴学校教化，使一切尽归于礼。梨洲在这里所遵循的基本思路，除了明显承自孔子"庶""富""教"

---

① 这一点，黄宗羲和洛克对现象的观察完全一致，但是他们思考的方向和应对贫富分化的策略，却极不相同。
② 《黄宗羲全集》，第一册，第38页。

的儒门法言以外①,似乎还有宋明儒家更强调的儒者要在"移风易俗"一面发挥功用②的立场在发挥影响。

第五组为《胥吏》一篇,所讨论的似乎是附及的问题,但置于当时情境,却又是极为重要的制度问题③,而且与前文所论有线索相连。无论论中央政府或是地方政府的构成,只要一涉及人员选用,便不能不谈到"胥吏"。既然前文已经有了《置相》、《方镇》和《取士》,又因为胥吏受轻贱而不入士流,故而此处以《胥吏》作为附及,最是自然,其大旨在于论胥吏之害与革除的办法。梨洲论当时有两种胥吏,一种在于"守簿书,定期会",另一种在于"奔走服役"。对于以各种名目在民间"奔走服役"时造成危害的胥吏,梨洲主张用恢复差役的办法对其作釜底抽薪式的解决。对于在政府的各个部门服务而"守簿书,定期会"而造成"无封建之国,有封建之吏"情势的吏胥,则主张用士人来代替。在这一点上,黄宗羲与顾炎武对病症的判断相同,但是二者所提出的解决办法,却各有特色;而相比于黄宗羲对于"士人"操守的极高信任,顾炎武在"寓封建之意于郡县之中"的思路下所提出的解决办法,似乎更加注重了历史变迁的延续性,也更具有制度上的可操作性④。

至于"奄宦",这本是中国历史的一个大问题,汉朝唐代都遭受奄宦之祸极重,及至明代,尤其惨烈。"奄宦"也是中国文化史上一个阴暗的死结,虽然历代大儒对之多有批判,却终究不能将它

---

① 见《论语·子路》。
② 宋代以来,随着科举取士规模的急速扩大,儒家更强调"在下则美其俗",即在"移风易俗"一方面发挥其社会功能。参看余英时先生在《宋明理学与政治文化》一书中的多处论说。
③ 胥吏架空堂官的问题在宋代就已经十分严重,流传极广的"今天下官无封建而吏有封建"一语,就出自宋人叶正则之口,虽然叶氏被朱熹称为"都是闲说""杜撰""虚谈"(见《朱子语类》,中华书局1986年,第2967页),而叶氏此言亦不无夸张,但其包含的基本事实却被历来史家所证实。
④ 顾炎武对胥吏问题的具体论说,主要见于其《郡县论 八》,并散见于《日知录》中。下文讨论"封建论"的部分对此有详及,此不赘述。

除去，其中的关键就在于"奄宦"已然构成了传统中国"普遍皇权"①制度的一个组成部分。在明清之际，凡论及法政体制的思想家，也几乎都会论及"奄宦"②。梨洲前文已经有了《原君》一篇，而《奄宦》两篇正可作为《原君》的附注来解读。在《奄宦上》一文中，梨洲将明代与汉唐比较而论，首先论述明代宦官之祸的惨烈，实在不是由于君主本人的暗弱昏庸，而主要是因为不良制度使然（此说在《原臣》《置相》两篇中，已经论及）。接下来则极力发挥"奄宦"与"廷臣"、"奴婢"与"师友"根本不同，强调大臣对君主以道德相砺并规劝其过失的本然责任，更是对《原臣》一篇未尽之意的延伸与补充。在《奄宦 下》这篇文章中，梨洲接续《原君》篇的基本思路来批判奄宦制度，并进一步借对郑玄注周礼之失的批判，对传统之普遍皇权制度的另一个重要组成部分——后宫制度进行了彻底否定，主张"三宫而外，一切当罢"③。

以上略述了《明夷待访录》各组文章内容大略，主要分析了上述几组文章之间所具有的内在结构性，以及各组内部不同篇章的相互关系。接下来要简略梳理叙述的，是就《明夷待访录》各篇文章的具体言辞，来显示彼此间具体的呼应关系与线索联系，以为《明夷待访录》成书的严谨性与所表达思想的系统性提出进一步的证明。

---

① 传统中国的君主制作为一种"普遍王权"，是综合了宗教权威、文化权威、政治权威和军事实力等多方面因素的庞大复合结构，故而与发端于西方思想尤其是亚里士多德思想之政体论中的君主制政体，在其历史承载、文化内涵和具体的制度构设等方面，均有很大的不同。参看林毓生著，《思想与人物》（台北：联经出版事业公司1983/1985年）第132页、第149—150页；葛兆光著，《中国思想史》（第二卷上海：复旦大学出版2001/2009年），第2页、第177页。
② 明末清初另一位著名思想家唐甄，在其《潜书》中有居然用了《贱奴》、《丑奴》、《去奴》、《耻奴》四篇文章专门讨论此一问题，足见其重视程度。
③ 黄宗羲这一主张被当代一些学者认为是对传统思想的石破天惊之语。但是在这里，却正可以根据文本证据而考证出天主教影响的思想痕迹。对于黄宗羲与天主教的关系，笔者有《略论晚明天主教对黄宗羲法政思想的影响：以〈明夷待访录〉为中心的考察》一文专门申述，文见陈建敏主编《天主教论辑》第十辑。

在《原君》篇中，黄宗羲说"古者天下之人爱戴其君，比之如父，拟之如天，诚不为过也"，此即就"君父"一语的原指立言，又言"后世之君，欲以如父如天之空名禁人之窥伺"，则是就"君父"一语在后世意义的变异立言。这是在"古"与"今"的对比框架中论说"君职"，而梨洲的立场则是否定后世所谓"君父"的正当性。在《原臣》篇中，又在论述"臣职"的过程中强调"君臣"关系与"父子"关系的不同，人臣不可以孝父之道忠君，并对此进行了理论解说，事实上已经打断了由"孝亲"而"忠君"的理论链条[①]。在《置相》篇中，梨洲在讨论"君"与"臣"没有实质的不同，又谈到"君臣之义"与"父子之恩"的问题。在《学校》一篇中，梨洲说后世人君不仁之甚，"而以其空名跻之曰'君父，君父'"，依然在对《原君》篇中对君主问题的讨论做出回应。在《兵制 三》一篇中，梨洲说"万历以来之将，掩败饰功，所以欺其君父者何所不至，亦可谓之倾危矣。乃止能施之君父，不能施之寇敌"[②]，其对"君父"一词的使用，所指在君，乃是明代的通用。其在《奄宦 上》中论大臣与奴婢之悬绝时，批评说道，"天下之为人臣者，见夫上之所贤所否者在是，亦遂舍其师友之道而相趋于奴颜婢膝之一途。习之既久，小儒不通大义，又从而附会之曰：'君父，天也'"[③]，这里的"君父"一词虽是明代通用语指君主，但从梨洲的立场追究却是否定的意思，而其所论，正与《原君》《原臣》篇相呼应。

在《原君》篇中，梨洲还论及"古之人君"的风范为"不以一己之利为利，而使天下受其利，不以一己之害为害，而使天下释其害"，

[①] 这一点堪称是黄宗羲对儒家法政思想的巨大贡献。而作为西方现代法政思想之巨擘的洛克，在其《政府论》的"上篇"中，也第一次认真细致地对"君父"一体的西方法政思想主流传统进行了批判，并提出了在"君权"与"父权"之间做出严格分别的理论。详见本书第三章有关内容。
[②] 见《黄宗羲全集》，第一册，第35页。
[③] 同上，第45页。

并说"古者天下为主,君为客,凡君之所毕世而经营者,为天下也"①。梨洲在《原臣》篇中称"天下之治乱,不在一姓之兴亡,而在万民之忧乐"②,在《原法》篇中,他称"二帝、三王知天下之不可无养也,为之授田以耕之;知天下之不可无衣也,为之授地以桑麻之;知天下之不可无教也,为之学校以兴之,为之婚姻之礼以防其淫,为之卒乘之赋以防其乱。此三代以上之法也,因未尝为一己而立也",还说"三代之法,藏天下于天下者也。山泽之利不必其尽取,刑赏之权不疑其旁落,贵不在朝廷也,贱不在草莽也"③,以及其在《田制 三》中对"任土作贡"和"田土等第"的论说,都是对《原君》篇中积极论述的直接呼应。

《原臣》论臣道臣职,《置相》全篇皆在回应此篇。其后在《学校》、《取士》、《奄宦》等篇中,也各有呼应此篇的文字。

对于《原法》一篇,上文已论其为全书枢纽而承上启下。文章开头梨洲即论二帝三王授田、授地、学校、卒乘之法,后来乃直接以"复井田、封建、学校、卒乘之旧"立论,而此下文章中,《田制》三篇即对应于"井田",《方镇》一篇对应于"封建",《学校》一篇对应于"学校",《兵制》三篇对应于"卒乘"。至于《原法》篇首论"秦变封建"、"汉建庶孽"、"宋解方镇之兵"而否定之,明显是在为其后《方镇》一文做铺垫。

而《置相》篇在一开始,即简要总结了《原君》与《原臣》两篇所论的大旨,接下来论证说,"古者君之待臣也,臣拜,君必答拜。秦、汉以后,废而不讲,然丞相进,天子御座为起,在舆为下。宰相既罢,天子更无与为礼者矣。遂谓百官之设,所以事我,能事我者我贤之,不能事我者我否之。设官之意既讹,尚能得作君之意

---

① 见《黄宗羲全集》,第一册,第2页。
② 同上,第5页。
③ 同上,第6—7页。

乎？"这一段论述①，更是对以上两篇的明确呼应。此篇论"政事堂"的构设与人事选任一节，则明确与《取士》两篇所论的内容形成呼应，也预示了《胥吏》篇"用士人"理论主张和制度设计。

《学校》篇除直接与《原法》篇相关外，而其"嗟乎！天之生斯民也，以教养托之于君。授田之法废，民买田而自养，犹赋税以扰之；学校之法废，民蚩蚩而失教，犹势利以诱之。是亦不仁之甚，而以其空名跻之曰'君父，君父'，则吾谁欺"一段论说②，又分明与《原君》、《田制》两篇呼应。其"太学祭酒，推择当世大儒，其重与宰相等，或宰相退处为之……政有缺失，祭酒直言无讳"一段③，直接呼应《原臣》与《置相》。其"天子之子年至十五，则与大臣之子就学于太学……毋得闭置宫中，其所闻见不出宦官宫妾之外，妄自崇大也"一段④，则呼应于《原君》与《奄宦》。其论学校、书院"有所非也，则朝廷必以为是而荣之；有所是也，则朝廷必以为非而辱之……其始也，学校与朝廷无与；其继也，朝廷与学校相反"，与其"东汉太学三万人，危言深论，不隐豪强，公卿避其贬议。宋诸生伏阙捶鼓，请起李纲。三代遗风，惟此犹为相近"两段⑤，则呼应于《原臣》的主题，并与《奄宦》论"奴婢"与"师友"的部分互为发明。

《取士》与学校互为表里，并与《原臣》篇遥相呼应。《田制》篇对"所税非其所出之害"的讨论，直接关系到《财计》篇对废除金银这一计划的基础性论证。《胥吏》篇对胥吏之害，以及相应解决办法的讨论，直接呼应于《置相》《方镇》二篇对用人的牵涉，又呼应着《田制》对土地清量和税赋征收的论述。

---

① 见《黄宗羲全集》，第一册，第8页。
② 同上，第11页。
③ 同上，第12页。
④ 同上，第12页。
⑤ 同上，此二段引文均见第11页。

在《奄宦》篇中，梨洲论道："且夫人主之有奄宦，奴婢也；其有廷臣，师友也。所求乎奴婢者使令，所求乎师友者道德。故奴婢以伺喜怒为贤，师友而喜怒其喜怒，则为容悦矣；师友以规过失为贤，奴婢而过失其过失，则为悖逆矣。自夫奄人以为内臣，士大夫以为外臣，奄人既以奴婢之道事其主，其主之妄喜妄怒，外臣从而违之者，奄人曰：'夫非尽人之臣与，奈之何其不敬也！'人主亦即以奴婢之道为人臣之道，以其喜怒加之于奄人而受，加之于士大夫而不受，则曰：'夫非尽人之臣与，奈之何有敬有不敬也！盖内臣爱我者也，外臣自爱者也。'于是天下之为人臣者，见夫上之所贤所否者在是，亦遂舍其师友之道而相趋于奴颜婢膝之一途"①，此段文字与《原君》《原臣》两篇直接呼应，而其所论对《原臣》而言尤有补充。其论君主后宫，有"吾意为人主者，自三宫以外，一切当罢。如是，则奄之给使令者，不过数十人而足矣。议者窃忧其嗣育之不广也。夫天下何尝之有！吾不能治天下，尚欲避之，况于子孙乎！彼鳏鳏然唯恐后之有天下者不出于其子孙，是乃流俗富翁之见。故尧、舜有子，尚不传之。宋徽宗未尝不多子，止以供金人之屠醢耳"一段②，明显是对《原君》题旨的继续，也是对彼篇未及之余意的发挥。

3. 对部分存疑之处的推测

由上文所述可知，《明夷待访录》是一部为后世说法、并且涉及法政秩序重建之各个方面的整体性著作。其内容不但对传统法政思想传统有了实质突破，并且其论说具有极强的系统性，而其文章得以组织的内在结构也十分严整。全书主旨明确，层次清晰，前后

---

① 见《黄宗羲全集》，第一册，第44—45页。
② 同上，第46页。

呼应，一体贯通。虽然如此，但细究起来，其中仍不免有结构性逻辑环节的缺失，略作推述与解释如下：

自从汉代以来，以儒家为主体的传统中国文化，逐渐确立了"三纲六纪"在整个生活秩序中的统治地位；而与此相伴随的是，所有对法政思想的言说，无论是批判性的还是建构性的，也无论其讨论的是基础理论的内容，还是具体的制度设施，都必须在"三纲六纪"所设定的基本框架中发言著述①。再加上《大学》中所确立的"修齐治平"思路的典范作用，尤其是在宋代以后儒家学者对法政秩序的论说中②，宋明学者几乎没有任何一人是单独进行制度批判并建言相关设施、而不以积极的姿态论述为治者之内在修习的③。在这样的背景下，不难发现黄宗羲的《明夷待访录》在这两个方面都对此

---

① "三纲"之说，其初并非儒家言述。孔子所说的"君君臣臣父父子子"，与后世所谓"三纲"，两者之相去不可以道里计；如果把孔子论题所蕴含的逻辑推演到极端，甚至可以包容蕴含孟子"暴君放伐论"的激烈主张。就今文《春秋》学所主张的"书法"而论，甚至可以说孔子"君君臣臣"的说法中自987然就包含着双重指向。以弑君事件为例，对罪在其大臣的弑君事件，书大臣之名，不书君名，对那些罪在其君的弑君事件，都书君主姓名，而不书大臣姓名，仿佛是国人共诛之。如《春秋》记载：文公十六年，"冬，十有一月，宋人弑其君杵曰"。文公十八年，"夏，五月戊戌，齐人弑其君商人"。文公十八年，"冬，十月……莒弑其君庶其"。成公十八年，"晋弑其君州蒲"。襄公三十一年，"莒人弑其君密州"。昭公二十七年，"夏四月，吴弑其君僚"，等等，皆是此例。下至《荀子》书中，亦未见"三纲"之说。将"三纲"并举，初见于《韩非子·忠孝》其原文曰："臣事君，子事父，妻事夫，三者顺则天下治，三者逆则天下乱，此天下之常道也"。在秦汉之际的思想与学术交融过程中，尤其是入汉以后，"三纲"渐为儒家学统所接受，至《白虎通》一书出，"三纲六纪"乃成为儒家基本经义。但政统与道统对此之理解，尚有极大变数，如陈寅恪先生即在自由精神的大传统中，将"三纲六纪"理解为中国文化之基本定义。参见姚中秋在《重新发现儒家》一书中所收"原三纲"一文中的释说。
② 宋代儒者，如二程和朱熹，认为王安石变法之所以会失败，关键在于其学不正，以至于此后儒者的思想精力较此前明显更加注重"内圣"的一面。参看余英时先生在《朱熹的历史世界》一书中的论述。
③ 以与黄宗羲同时而略晚的唐甄为例，以上两个方面在其法政思想著作《潜书》中都得到了自觉的充分体现。观其篇目设计即可知其发言著述首先在"三纲六纪"的大框架中展开，同时又继承了宋儒以来由"内圣"而"外王"的思路，从而在著述的形式与风格上与黄宗羲的《明夷待访录》极不同。可以说，就传统中国法政思想而论，《潜书》是完全传统的，《明夷待访录》则是立足于传统而具有革命性的、并且具有思想史上的突破性意义。

前的传统构成了突破：首先是在"三纲六纪"方面。黄宗羲以当世大儒而论"为治大法"，其论锋所及却仅仅止于"君臣"，对于儒家法政思想而言更具有基础意义的"父子""夫妇"，竟然不置一词，并且在论述中明确拒斥"父子"关系的政治指向。可以说，黄宗羲在这里已经明确注意到邦国治理与家内关系所具有的实质性不同。由此出发，我们不仅可以窥见梨洲对"公"之理解的一个维度，看到他对传统中国法政思想在紧要关节处的一个突破和发展，甚至还可以就此发现他试图为新的法政秩序奠定新的基础的自觉努力①。其次则在于其对"修齐治平"这一"内圣外王"思路的斩断，这尤其体现在其对"君臣"一纲的讨论中。就此论题，历来儒家多注重对"君道"与"臣道"的研讨，宋儒更是将对"君道""臣道"的讨论提升到了形而上层次的极致。但黄宗羲对"君"与"臣"的论说，却都以"职"为中心②。因而相较于宋明儒对"君主圣心"的期待而言，梨洲明显更加专注于制度约制的建构，从而将宋代以来儒家奉为最大的法政思想论题、并认为是"得君行道"以"重序人伦"之关键所在的"格君心之非"，降到了其问题关切的第二个层次③。

---

① 以洛克为例，西方思想传统对此的讨论是在"自然"与"人为"的框架中展开的，"父子"一维是符合"自然"的，也就是合乎事物与秩序之本性的，而作为政治关系的"君臣"关系却是后起的，是人为的，只是权宜应事的设施罢了；而黄宗羲在传统中国法政思想史的语词系统中的言说则为，"父子"关系是"天"，而"君臣"关系非"天"。虽然措辞不同，但二者在语词背后深处的批判指向与建构意图却极称相通。另外，考虑到政治关系为人为构设而非天经地义这一预设，正是自由民主的现代法政秩序得以建构的重要基础这一点，则梨洲在此处所打开的思维空间就更加值得我们重视。详见本书第三章的讨论。
② 就思想史的延续性和论题的相关性而言，黄宗羲以"职"为中心讨论"君"与"臣"及其关系，应是对方孝孺《君职》篇所论的继承和发展。详见本书第三章。
③ 这一点，黄宗羲在当时最堪称是个异数。同时期的顾炎武、王夫之和唐甄等人，在论述法政秩序的建构时，虽然都涉及制度批判，而顾炎武对制度批判所下的细节功夫更是前无古人，但是就其理论构造中问题关切的层次而言，对"圣心君王"的期待仍然是第一位的。而在黄宗羲的思想系统中，虽然他反复以"古之人君"立论，而且并未彻底放弃对"圣心君王"的期待，但是在其法政思想批判与建构的系统中，这已经是第二位的了。笔者认为，梨洲的这种立论特色除了与直接的现实关切有关以外，还与他基于"气一元论"的更为深刻的人性论紧密相关。相关内容，参看本书第三章论黄宗羲权力批判和政府批判的内容。

但是在梨洲对"君臣"一纲的讨论中,却存在着逻辑上的严重不对称,甚至是结构性环节的缺失。如上所及,整部《明夷待访录》是以华夏法政秩序重建为目标、以"为治大法"为论说对象、具体围绕"君臣"一维而展开论述的,而其基本内容也可以就此分为两项:第一为"君臣"一纲基本结构的重整,主要内容是《原君》与《原臣》两篇,第二乃为对这一基本结构进行维护和有效批判之系统的构建,如《学校》、《田制》等。但是在《明夷待访录》以《原法》为枢纽的其余二十篇文章中,除了《原君》、《建都》、《奄宦》三题四篇从属于"君"这一端之外,其余九题十六篇文章,可以说都是"臣"之一端在理论思辨和制度设施两个层面的充分展开。《原臣》篇在于辨明君臣关系与"臣职"所在,其制度构设则以《置相》开始,以《学校》、《取士》《兵制》为直接支撑部分,延入地方而容纳《方镇》,并以《胥吏》为终端。逻辑明晰,体系俨然。但是对于"君"这一端,《原君》篇直接讨论"君职",属理论辨析;但是在制度批判与构设的部分,除了《建都》以讨论中央政府选址问题从属于"君"、《奄宦》以讨论奄宦与后宫问题而从属于"君"、以及《置相》篇在论及中央政府议事机构时对"君"略有涉及之外,与"君"相关的其他制度性构设尽皆阙如。故而黄宗羲对"君"的论说,主要停留在理论批判层面,而对如何在制度空间里对君主进行选择,以及对行为不当的君主如何进行矫正,甚至予以改换等重大问题,除了其思想线索中暗示的"革命"一途外,几乎未置一词。考虑到对"臣"之一端在逻辑上展开的详尽性,再考虑到明朝建立不久朱棣即在靖难之役中夺取了建文帝的帝位、而晚明以来明朝的皇位继承又屡次出现危机等历史情实,《明夷待访录》在"君主"一端之制度建构纬度的缺失,就实在是一个不易理解的思想史现象。

然而在历尽劫难与沧桑的三百多年后的今天,学术界对此已经难做出准确的考论。笔者猜测,这或许并非是黄宗羲思考论述之原本的缺失，而更可能是某种历史际遇的后果：考虑到《明夷待访录》本出于《留书》，而其在篇幅上又只是原本《留书》的三分之一，而对于今本《明夷待访录》和《留书》之外的部分，已经没有任何文本资料的依据，故而对于这种情况的造成，也许应当推测如全祖望所说，其主要缘故在于最初因为因嫌忌讳而没有将《待访录》全部刊出，而后来甚至连原版也都毁失于火烬之中了①。无论历史的原状究竟如何，我等后人读不到梨洲对君的更充分的论说，都是一件大大可惜的事。

---

① 全祖望著《书明夷待访录后》，见《黄宗羲全集》第十二册，第190页。

第二章
黄宗羲与中国法政思想传统

夜夜夜深难梦寐，古事今事不消息。
一身屡误尚康健，百年缠病真危急。
辗转反侧痛斯谓，求索往来觅所期。
翻起重理案头卷，灯明满窗待晨曦。

前文已对黄宗羲之生平大略和主要著述做了简要评述，并对其法政思想的两个重要文本进行了初步考述，至于对其法政思想的具体内容，则虽然偶尔有所涉及，却均未展开。本章将对其法政思想的具体内容进行集中论述，并择要对部分内容进行仔细的思想史分疏：首在探寻梨洲论题的时代前承与其论述的思想源流，以知其学术渊源所自来与运思之际的取舍；次则论列与梨洲同时代主要学者的相关主张，以知梨洲与当时贤达之间的思想呼应及其论说异同；最终期于该梨洲法政思想之大略轮廓而窥其全豹，至于叙述所及，则亦有所侧重而或详或略，量力而行且以合乎时宜。就叙述原则而言，首先，本章对黄宗羲法政思想内容的分疏叙论，以传统中国法政思想故有论题为纲目展开；其次，对中国传统法政思想所特有而西方思想所无的论题或内容，以及黄宗羲有所论列而洛克未有论及的内容，本章作详细展开；对于黄宗羲和洛克都所有论列而可资比较的具体内容，则或略或阙，以留待下文在比较的部分中细绎讨论。就黄宗羲法政思想的具体内容而言，大略可以根据传统中国法政思想论说的固有论题，将其分为"君臣论"、"正统论"、"夷夏论"①、"封建论"、"学校论"、"治法论"、"政府论""革命论"等几个方面。在以上数题中，有的内容与下文比较的部分会有互见，故而在本章中仅仅略说其要，而对于"君臣论"、"学校论"、"封建论"和"正统论"等较为独立，并且为黄宗羲特有而洛克所无的几题，则在本章进行较为详细的论述。至于其专门讨论兵制与田制税赋的内容，则以文旨所限，不作专门论述，仅仅在论述以上几题的过程中根据需要偶做涉及。

一 黄宗羲之论"君""臣""学校"合述

黄宗羲《明夷待访录》的《原君》与《原臣》两篇，历来为学者所重视，其中关键即在于，文中所提出的权力批判和新型君臣关系设想，在中国法政思想史上，尤其是在明清之际的历史语境中所具有的发凡启蒙式意义。自清末至今的百余年来，学界对《学校》篇的重视虽然不及《原君》《原臣》，但晚近以来，在更为积极取向的研究中，渐有将黄宗羲法政思想研究的重心由"君"、"臣"移转到"学校"的趋势②。本篇合述二者之大略。

1. 黄宗羲之"君臣论"述要③

梨洲论政，所涉极广，至其根本理想，则以苍生为念，以天下

---

① 因为黄宗羲的"夷夏论"直接承胡翰和方孝孺而来，与"正统论"的内容关系密切，故不做单独处理，而附之于对"正统论"的详细讨论之中。
② 这一种新近立场，主要由青年学者彭国翔提出（见下文）。虽然笔者对学界一贯以《原君》《原法》为研究重点的情势不敢苟同，但是对于过度强调《学校》在《明夷待访录》中的核心地位的观点，也持相对保留的态度。笔者观点，在前文分析《明夷待访录》的文本结构时，已经大略表明，此不赘及。
③ 对黄宗羲法政思想中极具理论个性的"君臣论"一项内容，尤其是其对君权讨论的部分，将在第三章详细展开，此处仅就本书下文叙述所需而对其相关内容略述其要，侧重点稍偏向于"臣"的内容。又，本篇之部分内容，曾经以《论黄宗羲的君臣观及其主要思想渊源》为题，发表在《儒道研究》第一辑上。

为主，论而及于数千年历史间无数兴亡治乱，皆以万民忧乐为旨归。从此立场出发，论君而为客，论臣亦为客，及其论君、论臣与对君臣之间相互关系的讨论，乃在对前人思想的继承和发展中，尽以"职"之一字为衡量，在在是立基于儒家之道而对有明一代历史情实的批判与反思。

在明代统治的近三百年间，君臣关系的一边倒乃是无可争辩的历史事实。明朝代元而起，实亦承元而来，虽然在法政体制上不乏其更张变革，因仍其弊的方面，却也是所在多有。相比较于制度方面，元代以落后异族入据中原而施行近百年的变态统治，对于当时与明初思想观念的影响，尤其重大①。明太祖朱元璋在元末生活中习见而知、知而信奉，并在明朝开国之后付诸政治实践，并最终影响了有明一代政治的君臣观，即受元朝歧视政策的统治下——尤其是奴隶制度下——的主奴关系影响极深。在朱元璋看来，君臣之间的关系，就其最好的一面而言，略近于父子关系。而在这一维度之下，其实质强调的是父对于子的绝对权威，以及子的绝对服从低位：父是否对子进行诸般慈爱，是父自己的问题，但是无论父是否慈爱，子都应当绝对地尽孝于父。即从父子关系、天君关系都是源出于"天"的角度出发，通过强调子要绝对性地侍父、君绝对地侍天，来强调臣要绝对地侍君②。于是，传统中国法政思想由"孝"而"忠"的秩序建构思路与政治实践，到了朱元璋的统治时期及其统治手段中，

---

① 这一点与宋代的情形差异最大，而明代的情形，又几乎全部为清代所沿袭。清初大史家万斯同曾有议论说："吾圣尝谓三代相传之良法至秦而尽亡，汉唐宋相传之良法至元而尽失。明祖之兴，好自用而不师古，其他不过因仍元旧耳，中世以后并其祖宗之法而尽亡之。至于今之所循用者，又明季之弊政也。"见万斯同《石园文集》卷七《与从子贞一书》，转引自吴海兰《黄宗羲的经学与史学》（厦门：厦门大学出版社2010年）第270页。关于宋代和明代政治在大处区别的情形，请参看余英时在《宋明理学与政治文化》一书中的讨论。
② "臣之事君，与子之事天，其道不相远"，见《明太祖实录》第四九卷，"洪武三年二月庚午"条；"君臣之分，如天尊地卑，不可逾越。"同上，第一百一十卷，"洪武九年冬十月甲寅"条。

可以说在君权主义的立场上阉割了"孝"对于"忠"的约制纬度后①，被发挥到了最称极致的地步。而在朱元璋眼中的君臣关系之坏的一面，二者乃几乎是纯粹的主奴关系了。观其"天下之治乱，在于君臣能驭不能驭耳。若君能，则驭臣下以礼法……故治由此始。若君罔知所以驭臣下……故乱由而始"②一段空前议论，则其后来对开国重臣与辅治官僚的大开杀戒、对"寰宇士夫不为君用罪"的设科、对种种不可思议的文字狱的制造，以及居然在大庭广众之下对大臣施以廷杖的做法，都可在此一"奴"字中得到根本解释了。在如此统治理想之中，普天之下也自然应当——而且必须以朝廷之所是为是，以朝廷之所非为非。而在如此君臣关系理想之下，"臣"自然应当——而且必须以"君"之所恶为恶、以"君"之所好为好。——此道若行而久之，必然禁锢世人之耳目心灵，此后而欲其为"臣"之人不流于仆妾奴婢，也已难矣；至于欲起主奴君臣而转之为相辅相期之师友、同行共治之君臣，则其论所发即不啻于非常之说、可怪之论了。虽然对于儒家王道仁政理想而言，这样主奴一般的君臣关系，自是无法被从学理上全然接纳的，但是从理论上进行批判性反思并在实践中作出积极的抗争，却并非易事。至黄宗羲，乃将这种君臣关系的理路予以了正本清源的批判，而在黄宗羲之前并对其君臣观的形成具有启发或直接帮助作用的，主要有明初的方孝孺、中期的丘濬和晚明东林党人。

---

① 在孔子"君君臣臣父父子子"的思路中，已经蕴含着一个反向约制的维度了。至孟子极力申张的"舜窃负而逃"说与"暴君放伐论"，乃将儒家"君臣父子"由"孝"而"忠"的建构思路中，"孝"对"忠"的优先和"臣"对"君"的约制内涵，发挥到了淋漓尽致。朱元璋欲废孟子并且最终制造出《孟子节文》给明代士人读诵，即是对这一约制维度最大的政治阉割。关于明太祖制造《孟子节文》的要点所在及其对孟子各章原文的删存细节，请参看关桐《古代社会文化探究》（北京：中国社会科学出版社2005年）一书《从明初的〈孟子节文〉看孟子思想》（上书第36—73页）一文，以及文末所附《〈孟子节文〉删存一览表》（上书第73—77页）。
② 语出朱元璋《谕福建承宣布政使司参政魏鉴罢庄诏（又）》一文，引文见《明太祖文集》（合肥：安徽古籍出版社1991年）第15页。

世所共知，面对明朝初年的政治实际，方孝孺即已经拈出"君职"一题，其目的即在于试图明君之职而正君之事，其间议论与其他文字，也已经涉及君臣关系问题。方孝孺在《周礼辨疑》中说，"君臣之际有常礼，上不以尊而威其下，下不以卑而屈于上，道合则仕，否则引而退，不宜以鞭笞戮辱惧之也"①，其所论虽然针对《周礼》所记资料的真伪而发，但其间隐含着对明初政治的批评，则无可置疑。然而细察其文字，则不难发现他对于"君亢臣卑"的情形，并未提出解决之道。其论及君臣关系的大部分文字，不过是讽劝为君者重爵禄之颁赐，善待高士诚臣以求国运长久罢了②。其在《君职》一篇中说，"受命于天者，君也；受命于君者，臣也。臣不供其职，则君以为不臣；君不修其职，天其谓之？何其以为宜然而佑之耶？抑将怒而亟绝之耶？天与人，其形虽殊，其好恶去就，不甚相远也。使君命一人焉而治民，而困踣之，厉虐之，其有不怒者乎？怒而能全其禄位乎？天之于君，虽不若君臣相接之明且著，然未尝不明且著也"③。可知虽然方孝孺试图对君臣关系予以重新定位，但是其对君职的讨论和对君臣关系的论说，所遵循的却依然是明太祖由"天"而"君"、由"君"而"臣"的思路。试图限君重臣，却最终不得不寄希望于为君之父而虚悬幽眇不语无言的"天"，方孝孺的论证是多么软弱无力。——虽然已经提出"君职"的问题，但他并未打开在君臣关系方面由明太祖系下的死结，而对于要对君主进行约制

---

① 见方孝孺著，《逊志斋集》（徐光大校点，宁波出版社2000年）第97页。
② 参方孝孺《治要》《官政》《重爵禄》等文，皆见前及《逊志斋集》第三卷。
③ 见前及方孝孺著《逊志斋集》第77页。

的思考，方孝孺就更是一头扎进"正心"一路①。因而在约制君权这一紧要关节上，方孝孺对传统中国法政思想也就没有做出任何突破性的建树。虽然如此，其在宋儒以"君道"立说之外，特别拈出更具经验意义和制度操作性的"君职"一题展开论述，在思想史上已经启发了黄宗羲运思考量的基本方向②。

对黄宗羲的"君臣论"产生过实质影响的另一个思想史文本，是丘濬的《大学衍义补》③。丘濬此书对明中叶以下思想界影响很大，其中对君臣关系的言说虽然依然主要从方孝孺的思路出发，也并未全然破出"臣"从属于"君"的地位，但是其从"职"出发对"臣"之地位与作用的强调，已经大大发展了明初以来儒者对君臣关系的思考，并下开黄宗羲君臣观之先河④。丘濬论君臣关系最集中的一段文字是，"君有君之职，臣有臣职。君之职在乎任人，臣之职在乎

---

① 就今存《逊志斋集》而论，方孝孺虽然标出"君职"一题，但其论述依然是高调的理想论说，并未提出任何制度方面的建设性思考。而其论政的11题12篇文字，《君职》仅处于第四篇的位置上，其第一、二篇为《君学》上下，第三篇为《君量》，《君职》之后依次为《治要》、《官政》、《民政》、《成化》、《明教》、《正俗》、《重爵禄》和《正服》。观其篇章前后顺序，则其间的轻重缓急已经一目了然。而在第一篇《君学·上》之所论中，关键在于如下一段文字："古之圣王为学之道虽殊，然其大要不过敬天仁民，别贤否，明是非，数者而已。而必皆以正心为本。正一心以对天下，智者为之谋，仁者为之守，勇者为之战，而艺能才术之士，咸以其术自奋，何患有所不知哉？心之不正，而欲徒务乎学，以之治身且不可，而况天下乎？"见前及《逊志斋集》第74页。观方孝孺11题12篇以及其他文字所论，没有一处论及以确切可靠的制度来约制君权。本篇专论"君臣关系"，对于君权的产生、职守以及约制问题，将在下文讨论。
② 黄宗羲跟刘宗周读书时，即已经知闻方孝孺的思想学术了，至《明儒学案》，乃首列《师说》一卷，并以方孝孺居首。黄宗羲本人论方孝孺极高，甚至将其与朱子相比，云"持守之严，刚大之气，与紫阳真相伯仲，固为有明之学祖也。"见《黄宗羲全集》第八册，第334页。
③ 本书引《大学衍义补》皆据京华出版社1999年出版的林冠群、周济夫校点本，下引文皆直接注出页码，对版本细目不再另作交代。
④ 对于丘濬和黄宗羲法政思想上的相似性，请参看李月华《丘濬民本主义君主观与黄宗羲君主论的相似性》一文所举的几个要点，文见《广西社会科学》2007年第7期，以及李月华的硕士论文《〈大学衍义补〉中的天、君、臣、民观》。但是李月华在其论文中从丘濬"凡夫朝廷之间，百官庶务，何者而非为民者乎？帝既分命之，又总告之……以见臣之事即君之事，君之事即民之事，民之事即天之事也"（《大学衍义补》"正百官"之"定职官之品"条，见上书第43页）一段来支持其"丘濬认为君、臣的权力共同来源于天"的论点，尤其以"君臣同受天命"为论题（硕士论文，第三章，第一节"君臣同受天命"），则未免尚欠深入考量。

任事。君不任人而自任,则是君行臣职矣。君行臣职,则是以一身而代百工之事,力有不及,虑有所不周。曰力有所不给,本欲以防一人之奸,而适足以致百废,是故人君为治,有一事则设一官,则司一事,分曹而异局,委任以责成。盖以任之也专,则其志不分于他务,责之也切,则其心不敢以苟且。人君清心于上以照之,而又持之以公,守之以信,是以事无不治,而功无不成。凡事莫不皆然,而况夫求贤审官,尤出治之要务,乌可信人言,任己私,而不责成于有司哉"①。在这里丘濬试图通过对君臣职分之分别的强调,来表达君不应侵凌臣子之职分、以至于得到欲成其事而适得其反之结果的意思。但是如果说其中表达了通过"臣职"来约制君权,则似乎是一种过度推论,——这层意思在丘濬的文字中,最多不过是暗示罢了。因为丘濬论及臣职,虽然也说"人臣之职,在乎致君泽民。其为乎上也,必陈善闭恶,以为乎君之德;其为乎下也,必发政施仁,以为乎民之生。如此之人,然后任之于左右,俾其上辅君德,下济民生"②,但其展开论述的目标,却是"为治之道在于用人,用人之道在于任官。人君之任官,惟其贤而有德、才而有能者则用之人"③。其《大学衍义补》的基本论旨,虽然注目于社稷民生,但其所设计的君臣关系的基本纲要,却依然是"人君则当奉顺天道,人臣则当承顺君命","君则奉乎天而顺之,臣则承乎君而行之,则生民无不得其所者矣"④。臣对于君,并没有独立自主的地位,而其致治论的理想秩序,也依然是圣君得贤能辅弼而天下治平。至于其对于约制君主滥权虐民之基本策略的期望,粗翻《大学衍义补》的一些卷目,就不难发现他依然在宋儒"正心"一路上奔波。丘濬在其书

---

① 语出《大学衍义补》"正百官"之"公铨选之法"条,见上引书第87页。
② 语出《大学衍义补》"正百官"之"总论任官之道"条,见上引书第40页。
③ 同上。
④ 语出《大学衍义补》"正百官"之"定职官之品"条,见上引书第44页。

全部正文之前，特为首列"诚心正意之要"与"谨理欲之初分"两篇以为申明强调，早就表明了他相关论说的思想史渊源和运思方向。

黄宗羲君臣论的另一个重要来源，是东林党人在晚明数十年间的思想言述和政治实践[①]。晚明东林运动的发起目的，一言以蔽之，专在救弊：在思想方面，东林之议承晚明王学末流之弊而起，试图以程朱理学相救。既以去两者之短、合两者之长为高旨，身体力行将读书体证合二为一，其精神风貌自然是别有一番气象。发而为用，在政治上，东林之争则多针对明代君亢臣卑情势下君权泛滥（尤其是以宦官形式表现的君权滥用）而发。生命之精神根基的大节已立，进而行诸于生活实践，乃成就了一批直言敢谏、与亢奋之君权相抗、与堕污之世道奋争的铮直之臣与忠勇之士，即使为此而付出自身生命的代价，也在所不惜。在其当时，就已经为新的君臣关系打开了规模[②]。而在明清鼎革以后，"数十年来，勇者燔妻子，弱者埋土室，忠义之盛，度越前代，犹是东林之流风余韵"[③]，更足见东林之学术与政争在晚明清初影响之巨大。亲与东林之事且身为东林遗孤的黄宗羲，毫无疑问已经对这种鲜活跃动在其生命周围的思想和立场，进行了最大可能的吸纳和承续。至于对东林政争"一堂师友，冷风热血，洗涤乾坤"的评论[④]，足见梨洲急东林之切、知东林之深。

综上所及，可以说起自朱元璋的明代近三百年君亢臣卑的现实，为黄宗羲的君臣论说提供了批判性反思的实际对象；由方孝孺所专门拈出的"君职"一题，则直接给黄宗羲的君臣论以思维方向上的

[①] 对于东林党的政治主张和黄宗羲法政思想历史关系的大要，请参看小野和子教授《从东林党到黄宗羲》一文所述，文见《黄宗羲论》（杭州：浙江古籍出版社1987年）第273—286页。
[②] 就现今遗留文字而言，观高攀龙在得到厂卫缇骑来抓捕自己的消息后，自沉前所留"臣虽削夺，旧系大臣，大臣受辱则国辱，故北向叩头，从屈平之遗则"一语（见《黄宗羲全集》第八册，第755页），对东林政争所开启的新的君臣关系的规模，及其对于黄宗羲君臣论的影响，也可大略想象其一二了。
[③] 见《黄宗羲全集》，第八册，第727页。
[④] 同上。

极大启发；至丘濬在《大学衍义补》中对君臣分职的讨论，则成为了黄宗羲君臣论具体内容的建设性资源；其切身而及耳闻目睹之东林党人的思想言说和政治实践，则可以说是黄宗羲所主张的君臣关系的现实初型。而从方孝孺拈出"君职"，中间经过丘濬的发展和细化，再到东林党人的政争议论，正可以说是标志着明代儒学对朱元璋君臣论之反思与抗争的渐趋深入。正是在对以上四者的结合中，黄宗羲根据儒家思想的基本原则，展开了其君臣论的主要言说。

梨洲论君臣关系，主要从职守的现实角度入手，其核心的观点则是"臣之与君，名异而实同"，并期望由此建立一种君臣分职共治天下，臣以道事君，君对臣有充分尊重的合理君臣关系。对于"臣"在理论上存在的必要性，前人已经从现实角度做过说明，丘濬在《大学衍义补》中就曾经引用前人议论立说："天子能以一心察天下机，不能以一身兼天下之务，……天下之事，皆天之事，天以此事付之君，君不能自治而分之人"①。黄宗羲论"臣"之必要的主张，虽然在形式上明显承丘濬的论说而来，但是却已经突破了丘濬思想的最大外围。梨洲一则说"缘夫天下之大，非一人之所能治，而分治之以群工"②，二则说"原夫作君之意，所以治天下也。天下不能一人而治，则设官以治之；是官者，分身之君也。……自外而言之，天子之去公，犹公、侯、伯、子、男之递相去；自内而言之，君之去卿，犹卿、大夫、士之递相去。非独至于天子遂截然无等级也"③。上引丘濬和黄宗羲两段文字之间的不同之处，正是黄宗羲在中国法政思想史上的特发之处。上文已经述及，方孝孺和丘濬论君臣关系，都没能够跳出朱元璋所设定的思路。而在丘濬以"不得不"来论"臣"对君之必要的思路中，其关于职权所设想的两层授受关系，最明显

---

① 语出《大学衍义补》"正百官"之"总论任官之道"条，见前及书第40页。
② 见《黄宗羲全集》第一册，第4页。
③ 同上，第8页。

地体现了朱元璋的思路:第一层授受关系发生在"天"与"君"之间。"君"从天获得治理天下的地位。但是君主仅凭其一人的能力,却无论如何不足以使天下得到治理,故而乃必然发生第二层权力授受:君主不得不将治理天下的权力进行分解,并择人而任之:"人君以一人之身,居四方之中,东西南北咸于此焉取正者也。一身之精神有限,耳目之见闻不周,人不能尽识也,事不能尽知也,故必择大臣而信任之"①。既然"天以此事付之君,君不能自治而分之人",则由此而发生的君臣关系,自然而然就是"君"应当对付事于他的"天"负责,"臣"则必须对分事于他的"君"负责。在"臣"与"天"之间,不发生任何直接关系。虽然黄宗羲也说"原夫作君之意,所以治天下也。天下不能一人而治,则设官以治之",但是他马上就补上了一个限定:"是官者,分身之君也"。故而在"君"与"官"之间,只是形式上的差异而并没有任何质属的不同,也就不存在权力方面的实质性授受关系。于是,所谓的"官"或者"臣",也就与"君"一样,同是为了天下的治平而受命于天;其所不同者,仅在于所受之"命"的具体内容不同罢了,而这种不同又主要表现为君臣职分的不同。"天下之大,非一人之所能治,而分治之以群工",这里"分治之"的主体是"天",从天受命的是"群工",至于作为"一人"的"君",只不过是"群工"之一,又因为职分有所特殊而为"群工"之首罢了。——既然"臣"与"君"一样受命于天,且同为"群工"的组成部分,则"臣"对于"君"就没有要负担的绝对责任,而是和"君"一样,必须对"天"负责。推而及于"臣"的根本职分,即在于和"群工"中的其他人员一起以某种形式组织起来,完成"天"所赋予的使命,即平治天下、和合万民。黄宗羲甚至将"治天下"譬喻为"曳木",以"君"与"臣"同为曳木之人,

---

① 《大学衍义补》"正朝廷"之"总论朝廷之政"条,见上引书第2页。

而二者的基本关系，乃是在"曳木"这一共同目标下，相互搭配的合作关系："夫治天下犹曳大木然，前者唱邪，后者唱许。君与臣，共曳木之人也"①。

事实上，在黄宗羲的法政思想中，君臣关系也仅仅是一种与"共曳木之人"相似的有限的合作关系。进而，黄宗羲乃在这种有限的合作关系中，论述了"臣"所应当有的立场和行事。既然"臣"与"君"之间并没有绝对的从属关系，而是受命于"天"而行其职分的，则当他出任"官"职的时候，并非是为报答君主的知遇之恩一类，也并非为了一姓正统，而是为了天下的平治和万民的康乐："我之出而仕也，为天下，非为君也；为万民，非为一姓也"②。由此出发，黄宗羲乃在"臣"与"宦官宫妾"之间做出了"臣不臣之辨"："吾以天下万民起见，非其道，即君以形声强我，未之敢从也，况于无形无声乎！非其道，即立身于其朝，未之敢许也，况于杀其身乎！不然，而以君之一身一姓起见，君有无形无声之嗜欲，吾从而视之听之，此宦官宫妾之心也；君为己死而为己亡，吾从而死之亡之，此其私昵者之事也。是乃臣不臣之辨也"③。即"臣"之出任官职，为的是天下万民，而不是君主一人一姓之私。故而，如果君之所为不合其道——即其所为不是为了天下万民，而是为了一己一姓之私，则不论君主如何延请，也不会枉道屈从而立身其朝；即使君主以命令强迫，也坚持抗争绝不听从。至于那种"以君之一身一姓起见"，揣摩君主种种"无形无声之嗜欲"，从察言观色中"从而视之听之"的做法，根本就是"宦官宫妾之心"，与"臣"受命于"天"而所应守的以天下万民为归的职分，相差真不可以道里计。——在这里，黄宗羲一定想到了方孝孺大义凛然而对抗朱棣的情形，也一定想到

---

① 见《黄宗羲全集》第一册，第5页。
② 同上，第4页。
③ 同上。

了东林党人对抗皇权虽九死而未悔的高风亮节，也一定想到了其恩师刘宗周一生屡次因抗上直谏而被罢官撤职的那种知其不可为而为之的以道自任。可以说，这些都是因其肩负着天下万民之责而与君主相抗的典范，否则"吾无天下之责，则吾在君为路人"。由此，更见梨洲论君臣关系是一种有限的合作关系。——对君臣之间这种有限的合作关系，黄宗羲还从另一方面进行了驳论：针对应当以"视于无形，听于无声，资于事父"之道来奉侍君主的主张，黄宗羲认为君臣关系与父子关系具有实质性的不同，因而不能以事父之道奉君，从而通过分别"君—臣"与"父—子"，进一步论证了君臣关系是一种并不合乎自然的有限性合作关系①。

黄宗羲"君臣论"的另一项内容，乃是从这种立基于天下万民的有限的合作关系出发，对不谙此义的俗儒庸臣和自恣骄君提出了严正的批评。庸臣俗儒"以谓臣为君而设者也。君分吾以天下而后治之，君授吾以人民而后牧之"，其结果自然是"视天下人民为人君囊中之私物"，由此出发，其所作所为，必然一切以君主的意志和利益为旨归。如果"四方之劳扰，民生之憔悴"足以威胁到君主的统治，则想尽办法讲求治民牧民之术。如果情形"无系于社稷之存亡"，则即使已经"四方劳扰，民生憔悴"，也不过以为是"纤芥之疾"罢了②。如此情形下，"草野之应于上者，亦不出夫奔走服役。一时免于寒饿，遂感在上之知遇，不复计其礼之备与不备，跻之仆妾之间而以为当然"③，即在黄宗羲看来，俗儒庸臣忘记臣职的结果，必然会忽略天下万民而专注于君主私欲，最后即使不至于毁坏天下祸害万民，也一定会使自己堕落于"宦官宫妾"一流人物之中。与

---

① 此一分别实为黄宗羲对传统中国法政思想，尤其是儒家思想中由"孝"而"忠"的秩序建构思路的一大突破，而与洛克的相关论点和论证极为相似，详见本书第三章相关内容。此不详及。
② 见《黄宗羲全集》第一册，第4页。
③ 同上，第5页。

庸臣俗儒不谙臣职相并而立的,乃是骄君自恣的情形,——甚至在一定程度上说,庸臣俗儒之所以不谙臣职,正是骄君自恣的一个结果;骄君自恣,"谓百官之设,所以事我,能事我者我贤之,不能事我者我否之"①。如此一来,自然也就不会再"以天下万民为事"了。"其所求乎草野者,不过欲得奔走服役之人。乃使草野之应于上者,亦不出夫奔走服役"。②在黄宗羲如此短短数语中,其对朱元璋一流自恣的骄君和一般不知大义的庸臣俗儒的刻画与批评,可谓入木三分,而其中所蕴含的思想批判,也可谓酣畅淋漓。而黄宗羲在《明夷待访录》中竭力要阐明的"治法"和"法外之意",就是要重新讲明"臣之与君,名异而实同"的根本道理,并在对君臣职分的分别中,通过各种合理的制度设施的搭配,——尤其是通过对"自恣"之"骄君"的制度性约制,来重建合理可欲的法政秩序。

至此,黄宗羲通过对君臣关系的批判和重理,尤其通过从根本上确立"臣"相对于"君"而得之于"天"的独立地位,不但完成了其对"臣"之地位与作用的重新铸造,而且提出了从制度上分散、约制君权的大胆设想,从而完成了对朱元璋、朱棣等骄君所设定的君臣格局的彻底颠覆。事实上,黄宗羲正是在《明夷待访录》的首篇《原君》和次篇《原臣》中提出并确立了上述君臣观之后,乃在这一"天下为主"而"君""臣"各有其职合作共治的基本框架中,展开了他极具理论个性与启发意义的诸般法政论说。

---

① 见《黄宗羲全集》第一册,第8页。
② 同上,第5页。

2. 黄宗羲之"学校论"述要[①]

对"学校"从目标上进行根本性的重新定位,并从组织和制度上进行积极重构,乃是黄宗羲法政思想中极具创造性的一项内容。在其论述中,黄宗羲对学人议政的政治功能不但如宋儒一样寄以厚望,更是切实思考了以社会构成为依托的制度可行性问题,堪称是发前人之所未发[②]。这不但是黄宗羲对传统中国法政思想的一项创造性贡献,也是他留给华夏子孙极为丰厚的一笔精神遗产,而对于合理可欲之华夏自由法政秩序在当今世界的重构而言,更是具有极大现实意义和思想启发性的传统文化资源[③]。

[①] 黄宗羲对"学校"之法政功能的讨论,涉及具体制度的部分极多,本篇只是述其思想原则之大要,制度性部分则主要留待第三章讨论。另外,本书侧重对黄宗羲《明夷待访录》的细致阅读与梳理,至于梨洲所设想的建制化的学校公议与欧洲近现代议会制民主之间的是是非非,学界已经颇多无谓的争论,本书不做涉及;原则性的观点,见"导论"所述。又,本节的部分内容,曾以《黄宗羲〈学校〉篇之法政意旨探微》为题发表在《京师法律评论》第九卷;本篇中讨论黄宗羲思想所受天主教影响的部分,经过扩展改写后,曾以《论晚明天主教教义对黄宗羲法政思想的影响》为题,发表在《天主教研究论辑》第十辑(2013)上。

[②] 赵轶峰教授称黄宗羲在《学校》一篇中表达的思想,"不仅为一笼统倾向,且有制度安排,超越百代,为中国式公权力体系根本性具体设计"。但是将黄宗羲"学校论"的主旨理解为"养士以外,'大师旅、大狱讼、大祭祀'亦皆行之辟廱,则国家征战决策、最高司法权、信仰体系,皆由学校确定",则似乎与梨洲原文意思相悖。说见氏著《十七世纪中国政治、社会思想诉求的维度:对〈明夷待访录〉的一种新解读》一文,文见《东北师大学报(哲学社会科学版)》2008年第2期。

[③] 对于这一要点,国内已经有学人在与本书立论稍有不同的方向上有所论及。彭国翔在其《公议社会的建构:黄宗羲民主思想的真正精华——从〈原君〉到〈学校〉的转换》一文中即称,与《原君》相比,《学校》"才是黄宗羲政治思想的真正精华。在目前已经并不存在君主制的情况下,在民主作为一种普遍价值早已成为世界大多数国家和地区人们的日常生活经验的情况下,后者如何从人类的传统中发掘资源【时案:本句原文如此】,反省目前民主在思想内涵和制度设计方面的问题或许更为重要。《学校》中的思想甚至具体的举措,恰恰与西方当今政治理论前沿的'公议'思想有颇多相合之处,可以提供一笔丰富的资源,"在文章的总结性部分又说"第一,在目前的情势之下,要想从中国文化自身的传统中发掘挈接现代民主的资源,至少就黄宗羲而言,我们的重点当从《原君》转换到《学校》,后者所蕴涵的'公议'思想才是黄氏民主思想的真正精华。第二,在国家领导人发表公开信肯定黄宗羲民主思想的情况下,我们应当深入思考'公议'问题的重要性,以之作为民主建设的核心内容……。第三,结合西方现代的民主理论,发掘和发展《学校》篇中的'公议'思想,并不只能'坐而论道'。如何在建构'和谐社会'的诉求之外,同时致力于建构一种'公议社会',恐怕更是执政者和广大知识人所当再三致意的。"彭文见《求是学刊》第33卷第4期(2006年7月),又见吴光主编《从民本走向民主:黄宗羲民本思想国际学术研讨会论文集》(杭州:浙江古籍出版社2006年12月)第112—129页。

黄宗羲论"学校",开篇即谓"学校,所以养士也。然古之圣王,其意不仅此也,必使治天下之具皆出于学校,而后设学校之意始备"①。学校的建制,在中国历史上可谓源远流长,《左传》已经记载,孟子也已经言及,黄宗羲则一开篇即明确标出古代学校的基本功能在于"养士"②。然而却马上又说:古代圣王建立学校的本意并不仅仅是为了养士。黄宗羲这一做法,既呼应着《原法》篇中所谓"莫不有法外之意存乎其间"的论说,又直接引启下文。至大胆提出"必使治天下之具皆出于学校"一语,堪为黄宗羲"学校论"的基本原则,而极力突出了学校的政治功能。似乎为了排除某种误解,黄宗羲紧接着对学校的具体功能做出了限制:"非谓班朝,布令,养老,恤孤,讯諴,大师旅则会将士,大狱讼则期吏民,大祭祀则享始祖,行之自辟雍也"③。即"必使治天下之具皆出于学校"的基本原则,绝不意味着是要在具体制度的设置和施行上,让"学校"成为无所不包无所不行的地方。而是要"使朝廷之上,间阎之细,渐摩濡染,莫不有诗书宽大之气",即通过诗书教化的施行,使无论朝野,均具有某种人文意义的普遍精神气象,进而在这种普遍的精神气象之下,"天子之所是未必是,天子之所非未必非,天子亦遂不敢自为非是,而公其非是于学校。是故养士为学校之一事,而学校不仅为养士而设也"④。由此可知,在黄宗羲的论述中来,具体构成上述普遍具有"诗书宽大之气"精神气象的,是一种独立的人格担当意识与理性批评能力。而这种独立的人格担当意识和理性批评能力的成就,则要由"学

---

① 见《黄宗羲全集》第一册,第10页。
② 《左传·襄公三十一年》记载了子产不毁乡校的事(见下文注)。《孟子·滕文公上》对夏商周三代的学校分析说,"庠者,养也;校者,教也;序者,射也。夏曰校,殷曰序,周曰庠,学则三代共之,皆所以明人伦也。"相对于孟子以"明人伦"作解,黄宗羲以史家所谓"养士"为古代学校的基本职能,无疑更接近于历史事实。
③ 见《黄宗羲全集》第一册,第10页。
④ 同上。

校"以"诗书"所代表的儒家教育通过对"士"的培养而达致。这一过程,必然既是通过"诗书"教育"明道"的过程,也是对日后"授业"的准备。在开篇一段这短短数语之中,黄宗羲无疑已经再次明确申扬了儒家"从道不从君"的理想主义传统,并明确表达了承道入世的士人,对于政治现实所应有的批判性立场①。由此而来,学校也就成为了对政治现实进行批评的建制性载体。而"学校"之所以能够有此批判的资格,乃是因为在"诗书"中已经现实化的"道",在士人的学校中而不是在天子的朝廷中,得到了最大可能的阐明、保持和传续。正是在"诗书宽大之气"的精神气象中显示自身的"道",使得日日以"诗书"为事的学校,比一贯纠缠于现实利禄的朝廷,更加能够从根本上判定是非。

在开篇第一段确定了"学校论"的基本原则后,黄宗羲立即展开了他思想史立场上的历史批判。"三代以下,天下之是非一出于朝廷。天子荣之,则群趋以为是;天子辱之,则群摘以为非"②。这可以说是黄宗羲以"是非"出发展开的现实批判的总论,在思路上则继承并呼应着《原法》篇中对三代上下的判别,并直接与第一段形成比照。"天下之是非一出于朝廷"的一个现实后果,是"簿书、期会、钱谷、戎狱,一切委之俗吏。时风众势之外,稍有人焉,便以为学校中无当于缓急之习气"③。一语之中,已经蕴含着黄宗羲对后世儒者无能于治世的严厉批判,不但渗透着他宏伟博大的经世之学的根本精神,也已经提示了下文对于学校内容的具体设施。"其

---

① 儒家"从道不从君"的理想主义传统,在孔子、孟子和荀子的思想中,均有明确标出。秦汉以降,尤其是科举制全面确立以后,这一理想的实现机制受到了严重伤害。但是,这一儒家理想主义传统却在宋儒及其后学所发展的民间书院中保存下来,而其文明史尤其是思想史意义,亦在方孝孺于抗朱棣的历史事件中,得到了最大限度的激活。晚明东林党人的政治活动,也可看作是这一传统的现实发用。黄宗羲的"学校论",受东林党人思想言述与政治活动之启发者极多。
② 见《黄宗羲全集》第一册,第10页。
③ 同上。

所谓学校者,科举嚣争,富贵熏心,亦遂以朝廷之势利一变其本领,而士之有才能学术者,且往往自拔于草野之间,于学校初无与也,究竟养士一事亦失之矣"①。这里,黄宗羲已经明确提出了对科举制的批判。其中又有两层意思可寻:第一层,是对唐太宗以来的君主为统治的私利,而以富贵为诱饵、以科举为形式,通过所谓的学校教育使"天下英雄"(人才)尽受羁绊的措置的批判;第二层,则是对"富贵熏心"而不顾天下,"以朝廷之势利一变其本领",通过"学校"读圣贤之书、行科举之事,而汩汩于权势名利的所谓"人才"的批判。在这种情势下,那些真正有才干能力的人,"往往自拔于草野",而其学术功业的最终成就,跟"学校"的教育根本没有任何必然关系。于是,所谓的"学校",连最起码层次的"养士"都做不到了。

但是,恶落腐败的情势尚且不止于以上所及。原来以天下万民为旨归的"学校",既然已经被官方化的科举和求富贵的俗儒所败坏,那些识见才能足以"往往自拔于草野"的人士,乃尽其自身的努力在正式制度之外寻求替代之道。"于是学校变而为书院"。最初的"学校"为圣王所建立,为的是给天下"养士"。后来的"学校"由朝廷建立,用以为朝廷制造可供"奔走服役之人"。"书院"则是民间自己自然形成,那些承道而立的大儒以及慕道而趋的学子,则以天下为事而在"书院"中讲论道理,切磋琢磨,砥砺德行。其间自然不乏评点议论,如若古代乡校之事。然而奇怪的是,书院"有所非也,则朝廷必以为是而荣之;有所是也,则朝廷必以为非而辱之"。②这里黄宗羲所论,虽然原则上也适用于宋代书院与朝廷之间的大致关系,但是用以形容明代的情形,则更加切实。而黄宗羲

---

① 见《黄宗羲全集》第一册,第10页。
② 同上,第11页。

这段话话,几乎与顾宪成所说"外人所是,庙堂必以为非;外人所非,庙堂必以为是"如一口所出,更见其明确的思想来源。只是黄宗羲的抽象论述较之于顾宪成发言的具体场景,其针对性指向更加明确,其批判性深度也要深刻许多。是非乖离之后,并不限于羞辱而已。"伪学之禁,书院之毁,必欲以朝廷之权与之争胜。其不仕者有刑,曰:'此率天下士大夫而背朝廷者也'。"① "伪学之禁",远可以指朱熹在"庆元党禁"中的遭遇,而晚近的情形,则明白指向王阳明之学在其身后一段时间的遭际;而"书院之毁",则直接指向明代中叶以下朝廷数次大规模的"毁天下书院"。而两者的缘由,都是因为书院的大公议论与朝廷上下之私利不合,于是朝廷就动用本应为邦国天下某福祉的公权力,不惜以禁毁的方式来压制书院的议论。然而,后来的历史却又总是证明朝廷错了,书院的议论才真正合乎天下公道,能够促进邦国天下真正的治平。"其不仕者有刑"一语,则直指明朝初年由朱元璋定下的"寰宇士夫不为君用罪"之科。黄宗羲此三项具体批判,与《原君》《原法》两篇的论述前后呼应,切中君主以私心谋天下的痛处。总结书院的情形就是,"其始也,学校与朝廷无与;其继也,朝廷与学校相反"。② 因为书院是民间自发组织的,故而"其始也,学校与朝廷无与",但是朝廷却"必欲以朝廷之权与之争胜",在书院处于一种纯粹自发性而无所依托的条件下,自然而然的结果也就是"朝廷与学校相反"。书院虽屡次遭受禁毁,在其当时却也只能无可奈何。这样的朝廷,以及朝廷掌控下的学校,已经有名无实,不但不能达到"养士"的起码目标,而且已经堕落到以合法伤害权来"害士"的地步了。这一段批判,延续第二段的思路而来,而其间涉及的历史实际对儒家理想而言,则更为不堪。

---

① 见《黄宗羲全集》第一册,第11页。
② 同上。

如果要寻求实质性的改变,使学校或书院取得独立的批评性地位,则无论是学校还是书院,都非得加强其自身的组织性,并取得相对独立于朝廷而有切实保障的地位不可。——这正是黄宗羲对"学校"在种种具体制度设施方面,积极加以改造所要达到的重要目标。

在接下来的一个段落,黄宗羲以东汉太学生不隐豪强的危言深论,和宋代太学生伏阙掉鼓而重起李纲的史事立论,盛称"三代遗风,惟此犹为相近"。并由此出发,进一步为"学校"的根本政治功能申辩,为学人法政批判的正当合理性申辩:"使当日之在朝廷者,以其所非是为非是,将见盗贼奸邪慑心于正气霜雪之下,君安而国可保也。乃论者目之为衰世之事,不知其所以亡者,收捕党人,编管陈、欧,正坐破坏学校所致,而反咎学校之人乎!"。在这里,黄宗羲已经将东汉之所以灭亡的原因归结为"收捕党人"、将宋代之所以灭亡的原因归结为"编管陈、欧"了。这样的言辞和推论,表面上看似突兀激烈不合情理,但在其背后却着实有一层更深的理性逻辑:因为在黄宗羲论说的基本思路中,东汉党人和宋代陈欧的议论,正代表着肃穆无言之皇天与亘古永恒之大道,从学校之中、借斯人之口所发出的、关乎天下兴亡的大是大非;如彼若朝廷,置此等天下为公坚固国本的大是大非于不闻不顾,反而裹私携诈,借维护邦国秩序为名,利用公共权力处处予以打击迫害,直欲将其置于死地而后快,如此朝廷,如此作为,不亡而何?不亡而何!

在从正反两方面论述了"学校"的重要性,确立了"使治天下之具皆出于学校"的基本原则,并且特别指出"天子之所是未必是,天子之所非未必非,天子亦遂不敢自为非是,而公其非是于学校"这一紧要关节之后,黄宗羲对其理想之"学校"的种种制度,进行了勾画陈列,以图重现古时"朝廷之上,闾阎之细,渐摩濡染,莫不有诗书宽大之气"的普遍气象①。

综上可知,黄宗羲"学校论"的大旨,在于通过学校将儒家关于"教"的理想落到实处,从而为实现儒家的法政理想张本奠基。而此一儒门大旨,在黄宗羲所阐发的"学校论"中,又可以明确辨识出两层主要内容:在向上一面,试图积极地通过"学校"之"教"来影响和评判实际的法政操作,可以谓之"匡政";在向下一面,则试图积极地通过"学校"之"教"来化民成俗移风易俗,不妨称之为"变俗"。荀子曾以"在本朝则美政,在下位则美俗"②来描绘儒者立世的基本理想,而黄宗羲则可以说是要通过"学校"来实现这份理想③。黄宗羲所设想的"学校"处于朝廷与民间之间,既非官方,亦非野处,正可以打通朝廷与民间的隔阂,并通过由学校公议是非而影响朝廷决策与行事的方式,消解——至是少缓和——因朝廷公权私用而导致的与民间的激烈对抗,从而实现"立君"和"设官"皆为天下万民的理想。但是黄宗羲对"学校"的如此设计,并非凭虚造车,而是有着深厚的思想文化渊源和时代资源的支撑。虽说古代中国有明确资料记载的学校议政传统,已然可以追溯到春秋之世,而当时之人对学校议政之于国邦治理的重要意义,也已经有了较为普遍的认同④。但是黄宗羲"学校论"较为晚近切实的思想资源,除

---

① 黄宗羲对于"学校"制度从上到下的具体设计十分具体,并且与取士用人之法互为搭配(见《黄宗羲全集》第一册,第11—19页),二者表里互见,极为可观。本篇主要述其精神与原则,对具体的制度性设计不再一一征引,部分内容将在下文有所论列。
② 语出《荀子·儒效》。
③ 在黄宗羲这里,对于这份理想的实现,《学校》一篇自是十分关键,但还是要有其他诸篇——尤其是《置相》《取士》等篇的搭配,才构成一个整体。
④ 《左传·襄公三十一年》记载:"郑人游于乡校,以论执政。然明谓子产曰:'毁乡校,何如?'子产曰:'何为? 夫人朝夕退而游焉,以议执政之善否。其所善者,吾则行之。其所恶者,吾则改之。是吾师也,若之何毁之? 我闻忠善以损怨,不闻作威以防怨。岂不遽止,然犹防川,大决所犯,伤人必多,吾不克救也。不如小决使道。不如吾闻而药之也。'然明曰:'蔑也今而后知吾子之信可事也。小人实不才,若果行此,其郑国实赖之,岂唯二三臣?'仲尼闻是语也,曰:'以是观之,人谓子产不仁,吾不信也'。"细细玩味子产与然明的对话以及孔子的评论,可知当时之人对乡校评议之于国邦治理的重要意义,应有普遍的认知。以前人多以此段为根据、并由孔子的评论而论子产本人之德行可观,至于时人对乡校评议之政治功用的一般性认识,则多未涉及,故而将此段文字多做引述。

了学者已经论及的"清议"和"乡约"两项内容外①，主要的还有两个：第一即是宋代以来的书院传统，尤其是明中叶以来的书院讲学传统；第二则是晚明至清初在中国思想界华光一时并吸引了大批思想家目光的天主教。对于第一点，已经是人所共知，兹不赘及，本篇之末，仅就其第二点略作推述。

虽然远在清末之时，就有人疑心黄宗羲在《明夷待访录》中所表达的一些思想，可能并"非我华夏故有"而是"来自晚明西儒"，但是并没有提出相关的具体内容，而就其行文所关涉的内容推测，主要是在海通的背景下就黄宗羲的君主批判而论②。而今人研究中专论或涉及黄宗羲与西学关系的著作，也大多以历史学考证的方法，从外围入手，而着眼于考察黄宗羲的行年和交游，试图通过确定其中直接涉及的西洋传教士人员（如汤若望等），以及黄宗羲的师友中与传教士有密切交往的人员（如方以智等），来确定黄宗羲与西学的基本关系。但对于黄宗羲思想中的哪些部分和内容曾经受西学启发，学界则少有述及，而业已述及的内容又集中于天学历算一目③。本书则认为在黄宗羲对"学校"原则性期待和种种制度性设计中，可以辨识出其直接受天主教启发而来的一些内容④。

首先在黄宗羲《学校》篇给人的整体印象中，其所设想的儒家在基本形式上与天主教就有着一层相似。通观梨洲对学校的论述，其立意明显是要建立一种以建制化的学校为制度依托的、具有相当

---

① 有学者对黄宗羲的学校论做出研究，认为其间的主要思想，是对"清议"和"乡约"两种传统资源的"继承与转化"，说见孙卫华《试论〈学校〉对清议和乡约的继承与转化》一文，文见《华中科技大学学报（哲学社会科学版）》2008年第4期。
② 笔者当日读得却未及时作记录，以致遗忘出处，多次翻检，均未获得，姑且留待日后补充，亦愿识者教我，不胜感激。笔者电邮 laoshi2003@126.com。
③ 参看徐海松《清初士人与西学》（北京：东方出版社2000年），张西平《中国与欧洲早期宗教和哲学交流史》（北京：东方出版社2001年），贾庆军《冲突抑或融合：明清之际浙江学人与西学东渐》（北京：海洋出版社2009年）等著作的相关叙述。
④ 这一点亦非笔者首发，香港学者罗秉祥已经涉及（见罗氏为杨秉球先生《民本与民主》一书所作序文），只是其推论略显疏阔。以资料所限，本篇推论依然不能缜密无失，小补罗氏之所未及，述其大略而已。

程度之组织化的儒家系统。但是黄宗羲所设计的这种以诗书之"教"为业的"学校"系统，既要实现其建制化，而又绝不隶属于官方，并以其对天下之大是大非的根本掌握，而对官方权威在批评性立场上形成一种制度化制约的独立权威。此种情形下的制度化权威，已经接近于一种政教二元结构。稍微熟悉中国思想史和政治史的人都会发现，黄宗羲设想中的"学校"这种形式特征，早已突破了之前任何一个儒者的想象范围，而与欧洲政教二元权力结构下，天主教之于世俗政权的情形极相仿佛。虽然黄宗羲此种设想的思想史根源，与传统儒家思想对"政统"与"道统"所作分别有不小关系，但是将"政统"与"道统"在观念层面的区别进行制度化的努力，就笔者所见，黄宗羲的设想虽然不是绝后，"空前"则似乎并无疑问。而黄宗羲之所以能有此突破性创见，其具体的历史缘由从如下一则史料中应该能推测其大概：

> 据彼云："国中君主有二，一称治世皇帝，一称教化皇帝。治世者摄一国之政，教化者统万国之权。治世则【时案：疑则当为者】相继传位于子孙，而所治之国，属教化君统，有输纳贡献之款。教化者传位，则举国中之习天教之贤者而逊焉。"是一天而二日，一国而二主也。无论尧舜、禹汤、文武、周公、孔子之政教纪纲，一旦变易其经常，即如我皇上可亦为其所统御，而输贡献耶？嗟夫！何物妖夷，敢以彼国二主之夷风，乱我国一君之治统！①

该段资料出自《圣朝破邪集》第五卷《辟邪摘要略议》一文，作者为在儒且崇佛的著名居士张广湉。《圣朝破邪集》刊刻于崇祯

---

① 见夏瑰琦编《圣朝破邪集》（香港：建道神学院1996年），第276页。

十二年(公元1639年),在明清之际的著述文字中多简称为《破邪集》,其中汇集了晚明释道儒三家反对天主教的主要言论,其流布范围远超出传教士本身著作流布的范围,在晚明清初的知识界影响甚大①。张广湉《辟邪摘要略议》一文,旨在论证传教士为"妖夷"、并且"公然欲以彼国之邪教,移我华夏之民风,是敢以夷变夏者也"。其文章的主体部分,则列举了天主教教义中五条与中国情实必不能容,而绝对互相冲突的内容作为论证②。可以想象,上述文字中引述天主教教义中"一天而二日,一国而二主"的内容,在传统中国思想界,要么会被一般士人视为虚妄无证的奇谈怪论,要么会被视作别有用心的蛊惑之说,上述"妖夷"二字,最见此意。然而对于深知"道统"与"政统"分别的根本意蕴所在,思想嗅觉又十分敏锐,并且直面专制皇权滥权虐民的现实,而积极寻求着对皇权专制进行约制之方的黄宗羲来说,其从"治世皇帝"与"教化皇帝"的分别中所能受到的识见性启发,就是不可想象的。故根据上述资料所转引的天主教言述内容对当时思想界的刺激程度,以及该文本流传之广范,可以推论认为黄宗羲试图对儒家进行非官方的组织化的基本思路,乃受启发于晚明天主教,殆无可疑。至于黄宗羲上述试图以"学校"为建制化的制度依托,而在实践中对儒家进行组织化的思想取向,是其本人直接与西来传教士或者中国信徒的交游观感而受到的启发③,还是他通过对天主教传教士作品的阅读而受到的启发,或者是因为他阅读了《圣朝破邪集》而间接从反天主教人士所引用或引述的文字中受到的启发,至今已经很难给出精确的答案。然而除了《学

---

① 关于《圣朝破邪集》的成书经过及其在晚明清初思想界的影响,参看上书所收夏瑰琦著《〈圣朝破邪集〉校注本序》一文。
② 见夏瑰琦编《圣朝破邪集》,第276—278页。
③ 黄宗羲与汤若望有直接交游,并且享受殊荣而受汤若望赠送日晷;而在黄宗羲交情极深的友人中,又有数人(如瞿式耜、魏学濂等)是极著名的天主教徒。以黄宗羲那样罕见的求知欲,其对天主教的基本教理自然不会放过,而对于其组织形式,应该也不会置之不问。

校》篇所具有的上述整体印象所显示的整体性建构思路之外，黄宗羲对"学校"种种具体的制度性设计，亦足以证明天主教的种种影响①。兹乃择其几条最相关之之资料，附及于本题之尾：

"郡县学官，毋得出自选除。郡县公议，请名儒主之。自布衣以至宰相之谢事者，皆可当其任，不拘已仕未仕也。其人稍有干于清议，则诸生得共起而易之，曰：'是不可以为吾师也'。"②此段文字所表达的意思，就其中所蕴含的历史经验而言，虽然与宋代以来的书院传统密切相关，并且可能与魏晋时期九品中正制的思想与实践有一定渊源关系，但其与上引文中论"教化王"传位文字在思路上的相似性，亦极值得注意。——如果说其受两者的共同影响而进行了综合，似乎更加切近历史原本的真实。

"学宫以外，凡在城在野寺观庵堂，大者改为书院，经师领之，小者改为小学，蒙师领之，以分处诸生受业。其寺产即隶于学，以赡诸生之贫者。二氏之徒，分别其有学行者，归之学宫，其余则各还其业"③。此一段文字中，虽然黄宗羲原则性地说"在城在野寺观庵堂"，但其具体内容却仅限于"二氏之徒"，并未将天主教的教堂和人员包括进来。事实上，在明朝结束以前，天主教已经传及大明王朝"两京一十三省"除云南和贵州之外的"两京一十一省"；天主教会的统计数字表明，在1636年时，天主教中国信徒的数目是三万八千二百人，而经过明清易代的丧乱战祸之后，在1650年时，

---

① 事实上，在黄宗羲《明夷待访录》所表达的思想中，可以辨识出受过天主教影响的，尚不限于"学校"一篇。在"奄宦下"一篇中，黄宗羲提出"为人主者，自三宫以外，一切罢"的主张，被当代一些学者认为是对传统思想的石破天惊之语。但是在这里，也可以根据文本证据考证出天主教影响的明显痕迹。笔者认为，就黄宗羲《明夷待访录》中所可以辨识的内容而言，其所受天主教影响应该主要来自《圣朝破邪集》中反教人士对传教士作品或传教言论的引用或引述。详细的申述见笔者前及《论晚明天主教教义对黄宗羲法政思想的影响》一文，文见《天主教研究论辑》第十辑。
② 见《黄宗羲全集》第一册，第11页。
③ 同上，第12页。

天主教中国信徒的数目已经超过了十五万人①。如此情形,对于迟至1620年只有五千多万人口的大明王朝来说,——借用儒生论释家"庙宇满山""僧徒遍地"的旧语来讲,已经可以说是全国都是天主教堂、遍地都是天主教徒了。黄宗羲对于这种情形绝不可能一无所知,而其在这一段叙述中却对天主教予以保留,正与他从天主教中获益的事实并对天主教亦较为亲善的态度相合。

"太学祭酒,推择当世大儒,其重与宰相等,或宰相退处为之。每朔日天子临幸太学宰相、六卿、谏议皆从之。祭酒南面讲学,天子亦就弟子之列。政有缺失,祭酒直言无讳"②。此一段最能直接显示出天主教对黄宗羲思想的影响,略述其中要点如下:就本段整体而言,大学祭酒的地位,显然与天主教的教宗或者大主教的地位上下仿佛。"每朔日,天子临幸太学"的思路,则与天主教下君主每周日都要到教堂做礼拜的仪轨如出一辙。"天子临幸太学"这一举动和"祭酒南面讲学,天子亦就弟子之列"的安排,与宋代以来的"经筵"制度相比,正好主客易位,而与上述天主教仪轨完全一致。"宰相、六卿、谏议皆从之"的情形,又是宋代以来"经筵"制度所绝无,却恰恰是天主教礼拜的常制。仅就以上数点而言,黄宗羲此段论述思路极受启发于天主教,业已无可置疑。至于其具体的思想来源,则不甚可考,或者有闻于其好友瞿式耜③。

"择名儒以提督学政,然学官不隶属于提学"④。"凡一邑之名迹及先贤陵墓祠宇,其修饰表章,皆学官之事。淫祠通行拆毁,但留土谷,设主祀之。故入其境,有违礼之祀,有非法之服,市悬无

---

① 见徐宗泽著《中国天主教传教史概论》(上海:上海世纪出版集团2010年)第131页。
② 见《黄宗羲全集》第一册,第12页。
③ 瞿式耜为南明重臣,亦为梨洲好友。南明王室皆崇信天主教,宜有王室礼拜。瞿式耜为天主教徒,为南明所依赖之股肱重臣,以天主教的礼节,应该曾经与王室有过共同的礼拜,故而他对于帝王以弟子礼而受教于神甫的情形,应该有过亲历。而梨洲从瞿式耜处得闻此种情形,并非毫无可能。
④ 见《黄宗羲全集》第一册,第12页。

益之物，土留未掩之丧，优歌在耳，鄙语满街，则学官之职不修也"①。黄宗羲在这里强调"学官"独立于行政系统而专职于文教方面的职能，只要考虑到明清之际学人对于西洋"教化王"的僚属系统及其统治范围的想象（可见前引张广湉文字），就不难发现二者之间的相似性②。

二　黄宗羲之"封建"论说的思想史绎读

"封建"一词，就其在传统中国文化中的历史本意而言，实为对商周时期，尤其是周初"封邦建国"之法政体制的省称③。在其当时，似乎以"封建"为自然而且应然，并未因为有任何争议而为思想家所注意并加以讨论，大略属于"百姓日用而不知"的情景。春

---

① 见《黄宗羲全集》第一册，第14页。
② 但这并不是说黄宗羲全然依靠西方资源论述，而否定其论述中依然具有中国资源，此不详及。
③ "封建"此中国本意，自商周起一直维持到民国初年。后经陈独秀、郭沫若等人以意识形态为导向的非历史滥用后，才逐渐发生了内涵与外延的急剧改变（参看冯天瑜著《封建考论 第二版》，武汉：武汉大学出版社2007年，第241—245页，第299—304页）。另外，对商周时期的"封建"，除学界一般所说因亲戚而封建、以功臣而封建、以古圣王后裔而封建等这种比较具体的划分形式以外，还可以从社会史的角度提出一种标准而将其划分为两种基本形式。其中第一种可以称为"确认性封建"，在这种形式下，接受"封建"的邦国在事实上早已存在，而所谓"封建"只不过是作为"天下共主"的"天子"对其存在合法地位的一种确认。另一种则为创制性封建，即对原本不存在邦国的地方对某些人以赐号、封地、予民等方式建立封建邦国的实体。前者可以太公封于齐国为代表，后者则可以周公封于鲁国为代表。另外，建制化的封建体系并不能统括整个邦国林立的事实。以周代为例，在事实上存在的邦国之中，有些既非由周认可，也非其由周创制，而是受封于夏、商二代并遗留下来、在商周易代之际却又未接受周作为"天下共主"之合法地位的"封建"实体。这些邦国之立国往往在周代之前，如当时的莒、莱等，而在周代的官方词汇中，有时甚至会将它们与蛮夷同置。此论之要点参看傅斯年先生《夷夏东西说》和《与顾颉刚论古史书》二文，见刘梦溪主编"中国现代学术经典"之《傅斯年卷》，石家庄：河北教育出版社1996年。本篇专论传统思想家对"封建"予以反思的"封建论"，对于商周封建体制的具体实践内容则不作涉及。阅者可参看瞿同祖教授《中国封建社会》和许倬云教授《西周史》二书对商周"封建"简明扼要的交代；至于对商周时期封建体制之宪法机理的探讨，请参看姚中秋教授在《华夏治理秩序史》（海南出版社2010年）第二卷"封建"中所作的出色阐释，此一阐释的价值只有在该书第一卷"天下"所奠定的基础上才能得到充分理解。

秋战国以降，列国之中以晋与楚为先导，设置了直接隶属于国君的郡或县，从而开创了"封建"与"郡县"杂处而互用为治的局面①。在此一时期的文献资料中，也第一次明确出现了对"封建"与"郡县"作为制度之功用的反思性论说②。经过春秋战国数百年的攻战侵伐，秦始皇第一次建立了中央集权的家产官僚制帝国。但秦朝创制伊始，对应当以"封建"还是以"郡县"作为广土众民之中华帝国体制建构的基本结构，就发生了两次激烈的争论。虽然秦始皇最后决定尽废"封建"而单行郡县制，但"封建"在制度上的反复、以及以其他更加隐蔽的形式借尸还魂而延续生命，却贯穿了此后两千多年的中华历史。与此相应，在法政思想史领域，在明末清初黄宗羲、顾炎武等人重新对"封建"展开热议之前，中国历史上主要发生过五次是否应当（以及如何）采纳"封建"的争论：第一次发生在秦朝初年，第二次发生在汉代初年，第三次发生在魏晋之际，第四次发生在唐朝初年，第五次发生在安史之乱前后的数十年。这五次对"封建"问题的讨论，无疑都是明清之际"封建论"的思想史背景，而其中秦朝初年对是否应该"封建"天下，和唐朝在武后之祸与安史之乱以后对是否应该重新采纳封建制的讨论，对于理解黄宗羲"封建论"的特别之处，尤其具有重要价值。

1. 黄宗羲以前之"封建论"的主要言说

由于原始史料的缺乏，秦初围绕"封建"展开的具体争论已经

---

① 世多有谓秦始皇始置郡县者。非。晋、楚两国置郡县远在秦之前，却是不废封建而杂用郡县。祖龙所为之异于前人者，乃在其尽废封建而单行郡县，并在此郡县制之基础上建立中央集权之大一统王朝。
② 《左传》，"僖公二十四年"条，记载富辰谏周王不可将狄讨伐同为姬姓的郑国时，说"大上以德抚民，其次亲亲以相及也。昔周公吊二叔之不咸，故封建亲戚，以藩屏周"。见杨伯峻编著《春秋左传注》（北京：中华书局1990/2000年）第420页。《左传》，"成公七年"条记载，"楚围宋之役，师还，子重请于申、吕以为赏田。王许之。申公巫臣曰：'不可。此申、吕所以邑也，是以为赋，以御北方。若取之，是无申、吕也。晋、郑必至于汉。'王乃止"。见上及《春秋左传注》，第833—834页。

不可确考，但其争论的问题核心却十分清楚。早在秦朝建立之前，吕不韦在《吕氏春秋》中根据"便势全威"的理论，以"封建众者其福长，其名彰"为主要现实理由，主张推行封建制①。其后在公元前二二一年（秦王嬴政二十六年），秦朝初定天下，丞相王绾等考虑到秦朝对燕、齐、楚等六国旧地的有效控制，乃主张分封秦始皇诸子到这些地方为王。这一提议获虽得了普遍支持，却遭到了廷尉李斯的激烈反对。至于李斯提出反对的理由，乃是封建制虽然可以保证一时之和平，但是长久而论，则会导致诸侯征战不已的恶果；并坚持只有皇权一统的郡县制，才能够保证真正的长治久安。秦始皇兼听两造，并考虑到晚周以来诸侯攻伐的惨酷历史，不愿再立侯王以启兵端，决定采纳李斯的建议，废封建而单行郡县②。公元前二一三年（嬴政三十四年），博士淳于越以"封建"可以长治久安、并方便于应对大臣篡位的情形为理由，再启"封建"之议。然而，淳于越的提议不但被李斯和秦始皇再次否定，因而没有给恢复"封建"带来任何机会，更是在李斯的借题发挥中，招致了秦朝统一天下后第一次大规模的严厉焚书③。通观秦朝初年关于是否施行"封建"

---

① "古之王者，择天下之中而立国，择国之中而立宫，择宫之中而立庙。天下之地，方千里以为国，所以极治任也。非不能大也，其大不若小，其多不若少。众封建，非以私贤也，所以便势全威，所以博义。义博利则无敌，无敌者安。故观於上世，其封建众者，其福长，其名彰"。见《吕氏春秋·审分览》"慎势篇"，见《诸子集成》（上海书店1986/1996年）第六册收《吕氏春秋》第211页。

② "秦初并天下……丞相绾等言：'诸侯初破，燕、齐、荆地远，不为置王，毋以填之。请立诸子，唯上幸许。'始皇下其议於群臣，群臣皆以为便。廷尉李斯议曰：'周文武所封子弟同姓甚众，然後属疏远，相攻击如仇雠，诸侯更相诛伐，周天子弗能禁止。今海内赖陛下神灵一统，皆为郡县，诸子功臣以公赋税重赏赐之，甚足易制。天下无异意，则安宁之术也。置诸侯不便。'始皇曰：'天下共苦战斗不休，以有侯王。赖宗庙，天下初定，又复立国，是树兵也，而求其宁息，岂不难哉！廷尉议是'。"见《史记·秦始皇本纪》。

③ "博士齐人淳于越进曰：'臣闻殷周之王千馀岁，封子弟功臣，自为枝辅。今陛下有海内，而子弟为匹夫，卒有田常、六卿之臣，无辅拂，何以相救哉？事不师古而能长久者，非所闻也。……'始皇下其议。丞相李斯曰：'五帝不相复，三代不相袭，各以治，……异时诸侯并争，厚招游学。……古者天下散乱，莫之能一，是以诸侯并作，语皆道古以害今，饰虚言以乱实，人善其所私学，以非上之所建立。……如此弗禁，则主势降乎上，党与成乎下。禁之便。臣请史官非秦记皆烧之。非博士官所职，天下敢有藏《诗》、《书》、百家语者，悉诣守、尉杂烧之。有敢偶语《诗》《书》者弃市。以古非今者族。吏见知不举者与同罪……。'制曰：'可'。"见《史记·秦始皇本纪》。

的两次争论,可以发现:主张施行"封建"的一方,主要从享国久远着眼,而反对"封建"的一方,则主要以"封邦建国"会重启兵端战火,以至危害天下立论。最终,在春秋战国数百年诸侯攻伐战火延绵的历史背景下,反对"封建"体制,主张在邦国天下单行郡县制的观点,最终占据了上风①。

秦汉易代之后,汉之有国者鉴于秦二代而亡的事实,在不废除郡县制基本结构的情形下,积极恢复了"封建"体制②。汉初除了大封刘姓诸王以外,功臣宿将多受王侯实封,从而再次形成了"封建"与"郡县"互用为治的局面。就历史资料而言,此一时期的思想界,对于应当恢复"封建"似乎没有异议,有争议的部分主要在于"封建"的范围和方式上③。其间最重要的法政思想命题,当首推贾谊在其上汉文帝之《治安策》中所提出的"众建诸侯而少其力"的主张④。但是,这个极有见地的主张虽然得到了汉文帝的赏识,也进行了部分实施,

---

① 这一点事实上正是柳宗元认为"公天下之端自秦始"的重要原因。说见下文。
② 但是汉初的"封建"与商周时期的"封建"已经具有某些质的不同,比如:周在取代商成为"天下共主"以后,除了分封亲戚与功臣之外,还分封了商人后裔和古圣王之后裔,此即所谓"不绝人之祀",亦即孔子所谓"兴灭国,继绝世"。但是汉初"封建"首先排斥掉的,就是所谓古代圣王的后裔和六国之后。
③ 对此一点,曹魏时期的曹冏在《六代论》中所论堪称代表:"汉监秦之失,封殖子弟,及诸吕擅权,图危刘氏,而天下所以不倾动,百姓所以不易心者,徒以诸侯强大,盘石胶固,东牟、朱虚受命於内,齐、代、吴、楚作卫於外故也。向使高祖踵亡秦之法,忽先王之制,则天下已传,非刘氏有也。然高祖封建,地过古制,大者跨州兼郡,小者连城数十,上下无别,权侔京室,故有吴、楚七国之患。"见《三国志》第二十卷,《魏志》第二十,"武文世王公传"裴松之注。陆机在《五等论》中所论,与此类似,见下文。但其称汉之灭亡在于中叶以后有封建之名而无封建之实,则为曹冏等所不及:"汉矫秦枉,大启王侯,境土逾溢,不遵旧典,……是以诸侯岨其国家之富,凭其士庶之力,势足者反疾,土狭者逆ử,六臣犯其弱纲,七子冲其漏网,皇祖夷於黔徒,西京病于东帝。是盖过正之灾,而非建侯之累也。然吕氏之难,朝士外顾;宋昌策汉,必称诸侯。逮至中叶,忌其失节,割削宗子,有名无实,天下旷然,复袭亡秦之轨矣。"见《晋书》第五十四卷《陆机本传》。
④ 贾谊《治安策》载:"欲天下之治安,莫若众建诸侯而少其力。力少则易使以义,国小则亡邪心。……割地定制,令齐、赵、楚各为若干国,使悼惠王、幽王、元王之子毕以次各受祖之分地,地尽而止,及燕、梁它国皆然。其分地众而子孙少者,建以为国,空而置之,须其子孙生者,举使君之。诸侯之地其削颇入汉者,为徙其侯国及封其子孙也,所以数偿之。"见《汉书》第四十八卷,《贾谊传》。

却没有得到最终贯彻。另一方面，随着异姓诸侯和吕氏势力被逐渐消灭，刘姓诸王却日渐坐大，以至于最终诱发了"吴楚七国之乱"。此后，随着以贾谊上述主张为基本精神的"推恩令"的逐步实施，汉代"封建"也逐步由实转虚，并最终被全面纳入了郡县制的大框架之内。通观两汉史事，思想界似乎对"封建"议题的兴趣不大，而此间大凡主张施行"封建"的议论，其言说核心仍是在皇家享国久远一点上立论。东汉中期以后，各地州牧刺史无封建之名而有封建之实，因缘际会之间乃成汉末群雄割据之大乱。时至魏晋之际，天下一统的普遍秩序得到重建，而"封建论"亦应之再起，主要的代表人物为曹冏、刘颂与陆机。虽然论者生存的历史境遇存在是否已经施行封建的不同，但此一时期的重要论者却一致主张应当施行封建，而其所思所言对后世的影响也极为深远。

在曹冏①看来，"非贤无与兴功，非亲无与辅治"，故而那些可为典范的古代君王，"知独治之不能久也，故与人共治之；知独守之不能固也，故与人共守之"，"必建同姓以明亲亲，必树异姓以明贤贤"。但是他也明确意识到，"亲亲之道，专用则其渐也微弱；贤贤之道，偏任则其弊也劫夺"②，于是主张"博求亲疏而并用之，近则有宗盟藩卫之固，远则有仁贤辅弼之助，盛则有与共其治，衰则有与守其土，安则有与享其福，危则有与同其祸"，"兼亲疏而两用，参同异而并建。是以轻重足以相镇，亲疏足以相卫，并兼路塞，逆节不生"。如此一来，必然"能有其国家，保其社稷，历纪长久，本枝百世"。而曹冏提出以"亲亲""贤贤"广行封建的理论根据

---

① 曹冏《六代论》论"封建"，文见《三国志》第二十卷，《魏志》第二十，"武文世王公传"之裴注。以下引文皆出此篇。
② 根据一条出处并不太可靠的早期资料（《淮南子·齐俗训》），太公最早注意到了"亲亲尊尊"则"鲁弱"，而周公则注意到了"举贤尚功"则有陪臣执国而国非其姓之忧。这一资料虽然不能作为周初史实予以传述，但是却明确提出了中国法政思想的一个大问题。

则在于,"亲亲"封建依靠亲戚之间的血缘联系,从而可以使得他们"相救於丧乱之际,同心於忧祸之间,虽有阋墙之忿,不忘御侮之事",而"贤贤"封建之所以可取,是因为它使得统治者"与天下共其民",从而使"天下同其忧",故而可以长治久安。

刘颂①的"封建论"也主张施行封建体制,其展开论说的理论根据明显承前及《吕氏春秋》"慎势篇"中的"势"说;而其具体的论述,则直接在与郡县制的弊端的对比中展开。"善为天下者,任势而不任人。任势者,诸侯是也;任人者,郡县是也。郡县之察,小政理而大势危;诸侯为邦,近多违而远虑固。"刘颂除了在这一点上将三代与秦代进行比较,以提出封建制的优越性之外,还提出了封建制相对于郡县制的另一个巨大优点:"圣王知贤哲之不世及,故立相持之势以御其臣。是以五等既列,臣无忠慢,同于竭节,以徇其上。群后既建,继体贤鄙,亦均一契,等于无虑。且树国苟固,则所任之臣,得贤益理,次委中智,亦足以安"。而在子弟无尺寸之封的中央集权郡县制下,一旦有幼君暗主而遭遇重臣,则国祚承续就会危在旦夕。但是如果施行封建制,则"建基既厚,藩屏强御,虽置幼君赤子而天下不惧,曩之所谓重臣者,今悉反忠而为任臣矣",即封建藩屏所制造的外部情势的作用,可以对邦国重臣形成威慑牵制,使其由重臣转归任臣,而不至于危害邦国。

至于陆机②所论,实承曹、刘而来又有发展。其论封建则曰:"立其封疆之典,裁其亲疏之宜,使万国相维,以成磐石之固;宗庶杂居,而定维城之业","诸侯享食土之实,万国受传世之祚",如此一来,"南面之君各务其政,九服之内知有定主,上之子爱于是乎生,下之礼信于是乎结,世平足以敦风,道衰足以御暴。"论到

---

① 刘颂《论封建疏》见《晋书》第四十六卷《刘颂本传》。以下引文皆出此篇。
② 陆机《五等论》论"封建"优于"郡县",文见《晋书》第五十四卷陆机本传。以下引文皆出此篇。

封建之长与郡县之短，陆机说，"五等之君，为己思政；郡县之长，为吏图物。何以征之？盖企及进取，仕子之常志；修己安人，良士所希及。夫进取之情锐，而安人之誉迟，是故侵百姓以利己者，在位所不惮；损实事以养名者，官长所夙慕也。君无卒岁之图，臣挟一时之志。五等则不然。知国为己土，众皆我民；民安，己受其利；国伤，家婴其病。故前人欲以垂后，后嗣思其堂构，为上无苟且之心，群下知胶固之义"。曹冏所论固然不足为训，因为"亲亲"与"贤贤"的不可靠，在其当时就已经为历史所证明；而刘颂主张以封建制来对臣下形成牵制平衡，从而弥补郡县制下国君容易为重臣所制的不足，这一点确实有一定道理。但是，综合曹刘二人所论，可以发现，虽然世易时移，曹冏以魏不"封建"而主张"封建"，刘颂以晋行"封建"而主张更好地"封建"，但他们立论所着眼的基本目的却是一致的："兼建诸侯而树籓屏，深根固蒂，则祚延无穷，可以比迹三代"，即为皇王一姓续命。至于陆机论"封建"长于"郡县"的地方，虽然表面上与曹刘有许多相似之处，但实质上却已经有所不同，因为陆机在论说"封建"的长处时，已经不仅仅从一姓朝廷享国运祚的长短来考虑，同时也已经切实考虑到了如何有效进行地方治理以安民、养民的内容（这一点已开明末黄宗羲、顾炎武等主法"封建"之意而眷注于民生疾苦的先河）。另外，虽然他对汉初"封建"的认识和评论，与曹、刘二人上下仿佛，但陆机认为汉代在其中叶以后因为"封建"的由实转虚，而至于逐渐削弱终至于灭亡，这一点则为曹刘二人所未及[①]。

[①] 陆机《五等论》载："汉矫秦枉，大启王侯，境土逾溢，不遵旧典，……是以诸侯岨其国家之富，凭其土庶之力，势足者反疾，土狭者逆迟，六臣犯其弱纲，七子冲其漏网，皇祖夷于黔徒，西京病于东帝。是盖过正之灾，而非建侯之累也。然吕氏之难，朝士外顾；宋昌策汉，必称诸侯。逮至中叶，忽其失节，割削宗子，有名无实，天下旷然，复袭亡秦之轨矣。"见《晋书》第五十四卷《陆机本传》。

唐初①，高祖滥施封建，最终以各降等第了事。贞观二年，唐太宗"以宇内晏清，思以致理"，对大臣提出问题说"朕欲使子孙长久，社稷永固，其理如何？"所谓"致理"即是"致治"②。而所谓"致治"的一个核心标准乃是"子孙长久，社稷永固"，这一点实值得深思。时任尚书右仆射、受封宋国公的萧瑀，就此提出了应当仿效周汉施行"封建"的主张。但是在廷议时，李百药和魏征提出了反对意见，颜师古则采取封建和郡县杂用的折中立场。李百药称施行"封建"的建议是"欲以百王之季，行三代之法，天下五服之内，……以结绳之化行虞、夏之朝，用象刑之典理刘、曹之末。锲船求剑，未见其可。"而其根本的反对理由，则在于"数代之後，王室浸微，始自藩屏，化为仇敌。家殊俗，国异政，强凌弱，众暴寡。疆埸彼此，干戈侵伐"。魏征的反对则基于对"事理"和"时宜"的分别，认为"封建"虽然合乎事理，却不合乎时宜。魏征总共提出了施行"封建"的五点不合时宜，反而读之，又都是其主张施行郡县的时宜理由。其中第四第五两点最堪注意：第四点强调封建不利于国家赋税，"王畿千里，地税不多，至於贡赋，所资在於侯甸之外，今若并为国邑，京师府藏必虚"；第五点强调边防问题，"今燕、秦、赵、代俱带蕃夷，黠羌旅拒，匈奴未灭，追兵内地，远赴边庭，不堪其劳，将有他变，难安易动，悔或不追"。颜师古则认为施行单一的封建或郡县，"皆不臻至理，两失其衷"，故而都不足以使天下达到治理。

---

① 关于唐初"封建"事，两《唐书》"高祖本纪""太宗本纪"中所记极为疏略，相关传记中亦不过偶及而已。吴兢之《贞观政要》所述稍详，李百药《论封建疏》之全文即见于《政要》之"封建"篇。又有马端临《文献通考》第二百七十五卷"封建考第十六"甚详唐初封建之事，兼以《政要》所记唐初诸事多有渲染附会而与史实往往有所出入，故此处所论之资料主要据《文献通考》，北京：中华书局1986/2006年，影印本。
② 唐代文献为避讳高宗李治之名，而多将"治"字改为"理"字。关于古书避讳问题，请参看陈垣《史讳举例》中简明扼要的讲述。

进而他积极主张杂用封建制与郡县制互补为治,"量其远近,分置王国;均其户邑,强弱相济;画野分疆,不得过大;间以州县,杂错而居;互相维持,永无倾夺。使各守其境,而不能为非,协力同心,则定扶京室。陛下然后分命诸子,各就封之,为置官僚,皆一省选用,法令之外,不得擅作威刑。朝贡礼仪,具为条式。一定此制,万代永久"。通观五家之言,太宗所欲,在于"子孙万代,社稷永固";萧瑀主张施行封建,自是认为封建可以达到这一目标;李百药反对"封建",其立论仍是李斯"封建启兵端,而郡县致和平"的思路;魏征立论最为平允,而所论也最合唐初时宜;颜师古所论,则最称以史为鉴,考虑到他对《汉书》的精湛研究,则其所论列之有鉴于汉代情实,而吸收贾谊《治安策》之理论思路者,当不在少数[①]。其后太宗又欲以"世封刺史"行封建之事,始于贞观十一年六月,于贞观十三年二月停止[②],而其间的思想争论,亦如上及。

武后柄政,屠戮李氏;灾祸方息,刘秩即再倡宜行"封建"之说,而其着眼,依然在于必行"封建"而后可以屏藩为用,以保证李氏统续之长久。一时间颇孚人心思定之殷望,也合乎时局情势之所需。但是,开元一朝具体历史活动的结果,却是实封"封建"的体制并未能真正施行,而割据性的藩镇乃借以兴起,其后不过数十年,又发生了"安史之乱"。八年战乱,终于安定,"封建"存废,争端再起。一方面,主张施行"封建"者的理据,并未超出前代曹冏、刘颂与陆机等人的基本论说。但在反对者方面,却以柳宗元的《封建论》一文为代表,发出了千古之声:柳氏封建论倒转了《吕氏春秋》"慎势篇"中以"势论"为施行"封建"辩护的理论方向,大大发

---

① 黄宗羲"封建论"的基本思路是外方镇而内郡县,也是封建与郡县并用。考虑到黄宗羲对二十二史的稔熟于胸,加上他对颜师古的推崇有加,其基本思路极可能是受颜氏启发而来。
② 事见《旧唐书》第三卷,"太宗本纪 下";《新唐书》第二卷,"太宗本纪"。

展了李斯的论点,从而为反对"封建"而单行郡县制的主张,提出了中国历史上最强有力的论说①。柳宗元的反"封建"论证有四个层次:第一,从"势论"出发,论证三代"封建"出于当时之势所必须,而非汤武等圣人之本意;第二,以秦、汉、唐三朝史事为根据,论证秦朝速亡的原因不在于废封建而行郡县制,乃因为施政不良以至于人怨累积所导致;第三,直接针对陆机"封建"制下"封建者,必私其土,子其人,适其俗,修其理,施化易"的观点提出反驳,以周代史事立论,认为在"封建"制下"乱国多,理国寡。侯伯不得变其政,天子不得变其君。私土子人者②,百有一。失在于制,不在于政",故而不可能长治久安;而在郡县制之下,只要"善制兵,谨择守",则天下即可治平;第四,作为总结部分,以"封建世及"起论,论证在"封建"体制下不可能实现、而郡县制则可以实现"惟贤者在位"的儒家政治理想,从而再次归结到封建制"非圣人之意"的论点上来。尤其值得注意的是,在柳宗元的论证中,隐含在千年"封建论"争议背后而作为其立论依据的"公""私"观念,第一次被彻底倒转。在此前的"封建论"争议中,凡为施行封建辩护的,理据之一是,惟有施行"封建"才可以子孙万代百世世及;理据之二则是,三代施行封建制,是因为其时圣王怀"公"天下之心,而"封建"制即为三代圣王"公天下"之制度;秦朝废封建而施行"郡县"制,是因为秦王怀"私"天下而自有之心,故郡县制为"私"天下之制度。至于反对"封建"而主张单行郡县制的立论,其立论和论证都主要在于"封建行久则兵端必起"这一点上,至于对"公""私"一说,并不能提出有效的反驳。而柳宗元对反"封建"论的最大贡献就在于,他不仅以周代和汉代的历史为根据,再次论证并且强化

---

① 柳宗元《封建论》原文见《柳宗元集》第一册,北京:中华书局1979年,第69—75页。
② "人"即"民",唐人集中避讳太宗,"民"皆作"人"。

了上及反对论点,更是以《吕氏春秋》提出的"势论"为基础,通过对"力"与"意"的区分,论证三代圣王之所以施行封建,是"势"所必须的"不得已"而为之,其公心本意并非如此;进而又在"制"与"政"之区分的基础上,论证了封建制为"私"而郡县制为"公"的法政哲学大命题,并最终得出了"公天下之端自秦始"这一惊世骇俗的结论(黄宗羲的"封建论"即暗含着对柳宗元上述论证的反驳和修正。见下文)。

至于宋代,苏轼也有对封建与郡县的讨论①,并明确提出了"封建者,争之端而乱之始也"的说法。而其所论则全是承袭柳宗元而来,称"宗元之论出,而诸子之论废矣,虽圣人复起,不能易也",认为"李斯、始皇之言,柳宗元之论,当为万世法"。至于其所谓"吾取其说而附益之"的"附益",即在于将柳氏论述中圣人不得已而施行封建的"势论",改为了"圣人不能为时,……能不失时而已"的"时论"。但是,在苏轼的时代,"封建论"已经没有了现实生活的政治指向,故其所说也已经近于书生读书之余的空谈了。元朝的统治体制是实际封建与郡县制的混合为用,但其体制的形成,似乎更多的是基于对之前实践的承袭,而并没有充分的理论自觉。明朝虽然继承元朝的做法而广行朱姓封建,但裂疆而守自治其国的情形,却只是承元末大乱之余绪仅仅在明初昙花一现,终究不过是虚封名号爵位,厚赐田土奴婢,足其衣食赏其富贵而已,思想界对此并没有什么新的说法。故而在思想理论上,真可以说自柳宗元《封建论》以后,废封建而单行郡县或虚封建而实郡县的主张,就成为了传统中国法政思想领域的一定之说、不刊之论。思想界的这种情形,一直到明末大乱满清入关以后,才发生了实质性的改变,并对此前

---

① 见《东坡志林》卷五《论古》之《秦废封建》篇。

中国历史上的"封建论"形成了结构性突破[1]。

2. 黄宗羲同时代之"封建论"述要

明清之际，天崩地解。因缘际会之中，"封建论"也在思想界再次复兴。虽然还在使用传统的术语，但此时种种亲"封建"的"封建论"，却已经由于时代因缘的不同而具有了新的理论内涵，亦可以说是明清之际法政思想对旧有传统的重要突破之一。就其上溯而言，此时的思想家大都已经不再要求回复"三代"式的封建，而普遍主张"法其意"（具体主张仍有不同，见下文），这一点确实可以说是在柳宗元《封建论》以后仍然亲封建之思想家的共同特征；于其下流而言，尤其是顾炎武和黄宗羲对"封建"的论述，则可以说已开清末民初对联邦制之热议（与实践）的先河。此处即以与黄宗羲同时期的主要思想人物王夫之、顾炎武、颜元为代表，略述其要，以资与梨洲法政思想中的"封建论"互勘发明。

王夫之论封建[2]，主三代"封建"至战国而百弊丛生，必然更革而变为"郡县"，而且秦代以下以至于明末清初，"封建"必不可

---

[1] 南宋胡宏在其《知言》中对"封建"与"郡县"的利弊也散有论及，但其论调一生三变：其初，欲以加强人才选用来校正郡县制下吏治难为的弊端；尔后，又欲杂用郡县与封建，目的在于以封建补郡县之不足；最后，直欲完全以封建取代郡县，以彻底恢复三代之治（其基本思路之大略，可参看陈欣《胡宏"封建"思想研究》一文，见《船山学刊》2008年第4期），实属柳宗元以后论封建者之异数，而其空想不切实际也已表露无疑（与下文述及颜元主张彻底复古，以至于连肉刑都要恢复的论调颇有一比），当时稍晚就有朱子对他提出批评，认为"封建实是不可行"，称"柳子厚《封建论》则全以封建为非，胡明仲辈破其说，则专以封建为是"，又说"封建井田，乃圣王之制，公天下之法，岂敢以为不然！但在今日恐难下手。设使强做得成，亦恐意外别生弊病，反不如前，则难收拾耳"（语见《朱子语类》，北京：中华书局1986年，第2679页、第2680页）。而朱子后之一言所及，正是柳宗元以后而亲封建的思想家主张"法其意"的立论前提之一。
[2] 王夫之对"封建"与郡县的讨论，集中见于《读通鉴论》卷一之"秦始皇"条第一则（见王夫之《读通鉴论》，北京：中华书局1975年，第1—3页，引文未注明者，皆出此条），在其后的讨论中，也有多次散见的议论。本书正文引作"秦始皇一"，下引皆同此例。

复①。由其称"郡县之制,垂二千年而弗能改矣,合古今上下皆安之,势之所趋,岂非理而能然哉",可知其立论受柳宗元的影响不小。再看他称"郡县者,非天子之利也,国祚所以不长也;而为天下计,则害不如封建之滋也多矣",则已经明白讲出了这番道理:在郡县制下,皇王一姓往往不会传之久远,但对于天下苍生而言,郡县制的害处却远较封建为少。在立论思路上也与柳宗元完全一致。至于王夫之说"秦以私天下之心而罢侯置守,而天假其私以行其大公",则几乎是对柳宗元《封建论》中"秦之所以革之者,其为制,公之大者也;其情,私也,私其一己之威也,私其尽臣畜于我也。然而公天下之端自秦始"②一段议论的简要复述了。然而,"郡县之与封建殊,犹裘与葛之不相沿"③,故而其最后的结论,只能是"帝王立法之精意寓于名实者,皆原本仁义,以定民志、兴民行,进天下以协于极,其用隐而化以神,固不在封建、井田也……其意深远,虽百世可师也"④。对于在时势已经迥异的时代如何师法三代圣王之封建真意,除了回归宋儒"格君心之非"的老路外,王夫之还设计了一个主要见于其《黄书》"宰制"一篇的基本方案。其基本主张为"散列藩辅而制其用","革分司,重府权",要在加重地方权属,除了重新划定府治地界以外,尤其要加大地方在财政和军事方面的权力,从而增强地方的自主性。王夫之所设计的这个基本方案,与黄宗羲对于"方镇"的设计颇有相通之处,但他与此相配套的另一主张"分兵民而专其治",却与黄宗羲试图使兵民重新合一的主张拉开了距离。

---

① "夫封建之不可复也,势也",见《读通鉴论》卷二,"汉文帝 一六";"封建不可复行于后世,民力之所不堪,而势在必革也",见《读通鉴论》卷二,"汉文帝 二一"。
② 柳宗元《柳宗元集》第一册,北京:中华书局1979年,第74页。
③ 王夫之《读通鉴论》卷三,"汉武帝 一"。
④ 王夫之《读通鉴论》卷二十二,"唐睿宗 一五"。

相比于王夫之，顾炎武的"封建论"更加具有制度建设上的可操作性，而其基本主张乃为"寓封建之意于郡县之中"，其理想期望则是"二千年以来之敝可以复振"[①]。顾炎武在其《日知录》第二十二卷"郡县"条说，"禹会诸侯，执玉帛者万国，至周武王仅千八百国，春秋时见于经传者百四十余国，又并而为十二诸侯，又并而为七国，此固其势之所必至"[②]。考虑到列国攻伐以至于由万国千国而至于七国最后乃一归于秦的历史，与各国在灭他国以后多将其改置为本国郡县的历史实为同一过程，则可知顾炎武认为从封建到郡县的历史变迁也是"其势之所必至"，从中也可以看出柳宗元思路的深层影响。其《郡县论一》开篇即云："知封建之所以变而为郡县，则知郡县之敝而将复变。然则将复变而为封建乎？曰，不能，有圣人起，寓封建之意于郡县之中，而天下治矣"。又因为自来论秦之速亡者，都以废封建立说，顾炎武乃批评说"不知秦之亡，不封建亡，封建亦亡；而封建之废，固自周衰之日而不自于秦也。封建之废，非一日之故也，虽圣人起，亦将变而为郡县"。这一段文字，更见他在思想深处对柳宗元"势论"的接纳，但其"寓封建之意于郡县之中"的方案，却是要在必须接纳郡县制的前提下，通过法封建之意，通过新的制度施设来改造郡县制，这一点又大大超越了柳宗元单行郡县而彻底否定封建的主张。接下来，顾炎武分析了"封建"与"郡县"之利弊："封建之失，其专在下；郡县之失，其专在上。古之圣人，以公心待天下之人，胙之土而分之国；今之君人者，尽四海之内为我郡县犹不足也，人人而疑之，事事而制之，科条文簿日多于一日，而又设之监司，设之督抚，以为如此，守令

---

① 顾炎武对"封建"与"郡县"之优劣长短的讨论，以及对"寓封建之意于郡县之中"这一主张的展开，主要见于其《郡县论》九条，见《顾亭林诗文集》，北京：中华书局1959/1983年，第12—17页。若非注明，引文皆出于此。
② 见顾炎武著，陈垣校注，《日知录校注》，合肥：安徽大学出版社2007年，第1209页。

不得以残害其民矣。不知有司之官，凛凛焉救过之不给，以得代为幸，而无肯为其民兴一日之利者，民乌得而不穷，国乌得而不弱？率此不变，虽千百年，而吾知其与乱同事，日甚一日者矣"。论郡县制为依托的大一统中央集权体制之害，亭林先生之寥寥数语已经直探根本，虽不能说已经周全该备，却也可以称得上是深切著明了。进而在对症下药上，其"寓封建之意于郡县之中"的主张，主要涉及三个方面的具体内容：第一，"尊令长之秩"，进而是第二，"予之以生财治人之权"；第三方面首先是否定性的"罢监司之任"，在积极的方面则为"设世官之奖，行辟属之法"。所谓"尊令长之秩"，指的是提高地方政府官员的品级，"改知县为五品官"，并按照名副其实的要求"正其名曰县令"。而对于出任县令的人，"必用千里以内习其风土之人"，其目的首先在于克服隋代以来异地为官的制度给官员施政所带来的短期效应，其次则着眼于解决胥吏架空主官的问题。对于在十二年间四次考察中都达到"称职"及以上标准的县令，要"进阶益禄，任之终身"，而等其老病退休时，"举子若弟代；不举子若弟，举他人者，听；既代去，处其县为祭酒，禄之终身"。对于被举荐出任县令的人，一切要求与待遇"如上法"。在县令之下设一县丞，由吏部选授，但是对于县丞以下的簿、尉、博士、驿丞、司仓、游徼、啬夫等等，"其人听令自择，报名于吏部；簿以下得用本邑人为之"，这些就算得是"予之以生财治人之权"的主要所指了。对于县令，使其在任职处安家，而除去他们本来的户籍，"使天下之为县令者，不得迁又不得归，其身与县终，而子孙世世处焉"。在县之上有郡，"每三四县若五六县为郡，郡设一太守，太守三年一代。诏遣御史巡方，一年一代。其督抚司道悉罢"，这样一来，可以说郡隶属于中央政府，而在县的层面，则虽无封建之名却有封建之实了。

通观顾炎武所论，其"寓封建之意于郡县之中"的主张和设计，理论根据在于"人情"与"势论",其着眼点首先在于"厚民生",而强调治于内;其次也关乎兵事,能够强于外。"天下之人各怀其家,各私其子,其常情也。为天子为百姓之心,必不如其自为,此在三代以上已然矣。圣人者因而用之,用天下之私,以成一人之公而天下治"。这是他在"封建"有大利,却已经不可能重新恢复、而郡县有大害,却也不可以尽行废除的情势下,积极主张"寓封建之意于郡县之中"的最终理据。"夫使县令得私其百里之地,则县之人民皆其子姓,县之土地皆其田畴,县之城郭皆其藩垣,县之仓廪皆其囷窌。为子姓,则必爱之而勿伤;为田畴,则必治之而勿弃;为藩垣囷窌,则必缮之而勿损"。这是"寓封建之意于郡县之中"的"厚民生"之用。"一旦有不虞之变,必不如刘渊、石勒、王仙芝、黄巢之辈,横行千里,如入无人之境也。于是有效死勿去之守,于是有合从缔交之拒",这是"寓封建之意于郡县之中"的兵事功能(其中言辞之表面说的虽是石勒、黄巢之流,但在亭林之语义所指范围中,必不会遗漏掉其时正值蛮夷猾夏的满清)。在这里,虽然无论是"厚民生"还是"拒贼寇",皆"非为天子也,为其私也"。但是这却是最合乎情势道理的做法,因为天子无私,其所求者,专在于天下安和、四方平治,故而县令"为其私,所以为天子也"。"故天下之私,天子之公也"。那么,自然而来的结果就是"公则说,信则人任焉。此三代之治可以庶几,而况乎汉、唐之盛,不难致也"。这里顾炎武对"公"与"私"的讨论,实在已经突破了传统儒家思想中"公私"、"义利"之辨的旧框架,对"公"与"私"的关系做出了新的定位和解释,代表了晚明儒学"遂私成公"这一论题的菁华①，而其具体的论述和道理根据，也正好可以和黄宗羲的讨论互为发明。就思想史的连续性而言，从中还可以看到顾炎武（与黄宗羲）关于"封建"与"郡县"的思想，对清末民初思想界关于联邦制（联省自治）的讨论与设计的重要启发。

与黄宗羲同时而略晚的颜元，对"封建"也有过专门细致的讨论②，但比起王夫之、顾炎武来，其见识与议论就相差甚远了。虽然颜元也说"师古之意，不必袭古之迹"，但是他的复古主张，却实在是"袭古之迹"，与顾黄王三位的"法古"相较而言，则尤其如此。其立说曰："先王遗典，封建无单举之理，大经大法毕著咸张，则礼乐教化自能潜消反侧，纲纪名分皆可预杜骄奢，而又经理周密"，结果在他的相互关联的"存治"主张中，《井田》篇以必复古代井田为事，《治赋》篇以必重新合一兵农为归，《学校》篇所论所取终究没有越出于《周礼》与《王制》的文辞记录之外。其在《宫刑》一篇中，更是从帝王对妇女阉寺的蓄养需求为自然正当立论，强调必须恢复宫刑以使有罪为阉人，而后为治者方可为"仁"且"智"，其中他甚至以"倘复封建，则天下之君所需妇寺愈多"作为论证，就更加是泥古不化。——这些言论与黄宗羲为正君职而提出"为人主者，自三宫以外，一切当罢"进而废除宦官制度的主张相比③，其间的距离真是不可以道里计。在其《封建》一篇的论述中，虽然也说到"民生天地，咸沐封建之泽"一句，但其所指，却全就朝代更

---

① 关于中国古代思想史上"公""私"观念的演变大略及其在晚明清初思想界的结构性突破，请参看沟口雄三《中国前近代思想之曲折与展开》（陈耀文译，上海：上海人民出版社1997年）的序章"中国式近代的渊源"；黄俊杰在其论文《东亚近世儒者对"公""私"领域分际的思考：从孟子与桃应的对话出发》中，对此也有涉及，见黄俊杰主编《公私领域新探：东亚与西方观点之比较》（上海"：华东师范大学出版社2008年），第85～98页；王国良著《明清时期儒学核心价值的转换》（合肥：安徽大学出版社2002/2005年）第七章"公与私 义与利 价值的转换"的内容，也可参看。
② 颜元对"封建"的讨论，集中见于其《存治编》中"封建"一篇，收于《颜元集》（北京：中华书局1987年）第110～113页，下文所论，主要据此展开，引文凡未注明者，皆出此篇。
③ 见《黄宗羲全集》（浙江古籍出版社2005年）第一册，第46页。

替之际兵事灾祸的大小立论。其《封建》通篇主旨，全部限制在"封建"可以使国祚长久一点上，其一则曰"使非封建，三代亦乌能享国至二千岁"；再则曰"夏以有仍再造，商有西伯率叛服殷，周则桓、文主盟尊王，周、召共和不乱。四百也，六百也，八百也，递渐益长，是皆服卫叠叠，星环棋布，隐摄海外之觊觎，秘镇朝阙之奸回，有以辅引王家天祚也"；三则曰"以三代败亡论，受命者犹然我先王之股肱甥舅也，列辟无恙，三恪世修，失天下者仍以一国封之，是五帝、三王有数百年之天下，而仍有千万年不亡之国也。使各修天子礼乐，事则膰之，丧则拜之，客而不臣，是五帝、三王有千万年不亡之国，即有千万年不降之帝王也"；三论而不尽，乃复作言曰"君非桀、纣，谁敢犯天下共主，来天下之兵耶？侯非汤、武，谁能合千八百国而为之王耶？君非桀、纣，其亡难也；侯非汤、武，王之难也，故久而后失之也……秦人任智力以自雄，收万方以自私，敢于变百圣之大法，自速其年世"。观其通篇所论，颜元对此前一千八百年间论封建者诸家所述，似乎全部都视而不见。虽然他主张恢复"封建"，并在篇末对柳宗元提出批评说，"文人如柳子厚者，乃反为公天下于秦始之论，是又与于不仁之甚者也"，但是通观颜元文字，却丝毫看不出柳氏《封建论》对其立论与论证所构成的任何挑战及其回应。故而，颜元立论的本心虽然是关注现实的政教民生，同时他可能也并不缺乏知识上的真诚，但他论述恢复"封建"的文字，却与千余年间发生的思想争论和当下急需的制度建构似乎皆初不相关，不过是一介书生自发感慨式的空谈臆说罢了。

3. 黄宗羲之"封建论"言说的内涵与特色

黄宗羲对"封建"的讨论，主要集中在以下两篇文章之中：一为见于《留书》的《封建》篇，二为见于《明夷待访录》的《方镇》篇，前者又被部分学者称为《待访录》"以多嫌讳弗尽出"的

"未刊文"①。两篇所论,前后承继发展,侧重却又各有不同。然而,对于此前千数百年间以"封建论"为名纠缠不息的"子孙久远"问题,在此两篇文章中均未置一词。仅从此一点,亦足见黄宗羲对"封建"问题的关注,在其内容实质上已经突破了旧有"封建"论题的范围。

《留书》之《封建》一篇②,重在论述秦代以来废"封建"而单行郡县所导致的巨大祸害。考虑到对黄宗羲对于旧史的熟悉,其对前此历代围绕"封建"问题所展开的争论,应当不会陌生,而对柳宗元冠绝一世而影响百代的《封建论》一文,自然不会轻易放过。虽然梨洲文中没有明确提及柳宗元,却实实在在地隐含着他对柳氏《封建论》的批评性回应,——除了梨洲的立论要点和展开论述的驳论思路,明显针对柳氏论述的几个要点以外,其文中有"或者犹以谓诸侯之盛强,使天子徒建空名于上"一句,则明白是对柳氏《封建论》中"余以为周之丧久矣,徒建空名于公侯之上耳!得非诸侯之盛强,尾大不掉之咎欤"一句的引用。

然而,黄宗羲之《封建》篇力主封建之利。其开篇即云:"自三代以后,乱天下者无如夷狄矣",并且直接把造成这种情形的缘由归结为"废封建之罪"。在积极论证"封建"所具有的好处一面,黄梨洲认为秦代以前的中国,较少受到夷狄的危害;即使时而有之,也"不过侵盗而已",并不能对中国——即华夏政教文明——的整个局面造成大的威胁,更不用说颠覆和占据了。而之所以能够有这样的绩效,主要都因三代施行"封建"的缘故。因为在当时"封邦建国"的体制下,"兵民不分,君之视民犹子弟,民之视君犹父母,无事则耕,有事则战,所谓力役之征者,不用之于兴筑,即用之于攻守"③,由此各国在内外实力上都达到了"一国之足以自支一国"

---

① 见《黄宗羲全集》,第一册,第419页。
② 同上,第十一册,第4—6页。
③ 同上,第5页。

的状态。除了如此说理,梨洲还以战国时期与匈奴邻接的燕、赵、秦三国史事为例,说明它们一方面积极谋求吞并他国,而另一面又足以独立对付北方匈奴,借以论证在面对夷狄时,"封建"体制能保华夏政教存续传衍之无虞。至秦灭六国以后,废"封建"而单行"郡县",以至于为了抵抗匈奴而不得不"竭天下之力以筑长城……于是天下不胜其苦,起而亡秦"。在这里,梨洲既接纳了柳宗元秦亡于"政失人怨"的说法,却反其道而行,进一步论证这种"政失人怨"的结果,恰恰是由秦废"封建"而单行郡县所造成的情势而来,从而反驳了柳宗元"秦非亡于封建"的论说,在更深的层次上为"秦亡于封建"提出了论证。接下来,梨洲以后世兵制和历史情实为基础,对废"封建"之害提出了进一步的论说①:"废封建则兵民不得不分,分兵民则不得以民养兵,以民养兵则天下不得不困……历观夷狄之取中国也,其平时累入以挠之,重构以瘵之,相与守之数十年,中国未有不困绌。乘其内忧,不过一战,而天下之郡县皆望风降附矣。向使列国棋置,一国衰弱,一国富强,有暇者,又有坚者,房能以其法取彼,未必能以其法取此,岂有一战而得志于天下如此而易易乎?"如果是在"封建"制下,"即不幸而失天下于诸侯,是犹以中国之人治中国之地,亦何至率禽兽而食人,为夷狄所寝覆乎!"在这里,黄宗羲更是将秦代以下千余年间,夷狄侵害中国连绵不断、祸害严重、甚至直接危及华夏政教之生死存亡的制度性根源,明确归结到了"废封建"这一点上来。——梨洲《封建》篇作于顺治十年(公元1653年),如果考虑到作为蛮夷的满清,自其从白山黑水之间出关兴兵南下,在短短的数年间就占据了将近四分之三地域的华夏中国这一段历史,则可知梨洲对"废封建"的感慨真是痛入肌

---

① 这里再次看到《明夷待访录》各篇之间互补支持而成为一严整体系的结构性关系。说见前文。

肤而寒彻心肺，亦可知其所指之深切著明了。

《明夷待访录》有《方镇》篇①，无"封建"之名，法"封建"之意，在明清之际的历史情势中，以《留书》《封建》篇所论为主要前提，不但延续了原有的题旨，还建设性地发展了原有论证。梨洲在其中乃以积极的姿态，论述在国家沿边设置方镇的制度设想，以期既得封建、郡县之利，又同时避免两者故有的弊端。其展开论说的框架为"夷夏之辨"，而其所注目的关键与设施目的，乃在通过提升地方的独立自治性，实现中国之强盛、百姓之安乐与华夏政教之保全。

兹篇伊始，梨洲就说"今封建之事远矣，因时乘势，则方镇可复也"，目的在于据方镇制度以行封建之遗意，至为明显。其中所谓的"方镇"，则显然从唐代之"藩镇"而来。然而，历来论者皆认为唐之所以灭亡，即在于藩镇之尾大不掉，并进而在现实的制度设计中反对设置藩镇。故而，黄梨洲要主张"复方镇"，就必须对此说作出回应。事实上，梨洲并未全盘拒绝上述一般性的说法，却在其中通过"区分"的智慧，首先对唐之所以灭亡的制度性原因进行重述，进而为"复方镇"的合理性进行论证。针对"唐以方镇亡天下"的观点，黄宗羲在区别了藩镇的不同情形后，主张唐"亡于藩镇之弱"，并论证道："当太宗分置节度，皆在边境，不过数府，其带甲十万，力足以控制寇乱。故安禄山、朱泚皆凭方镇而起，乃制乱者亦藉方镇。其后析为数十，势弱兵单，方镇之兵不足相制，黄巢、朱温遂决裂而无忌。然则唐之所以亡，由方镇之弱，非由方镇之强也"。在此基础上，梨洲又说"封建之弊，强弱吞并，天子之政教有所不加；郡县之弊，疆场之害苦无已时。欲去两者之弊，使其并行不悖，则沿边之方镇乎！"至于"沿边"所对应的方位地段，则为"辽东、蓟州、宣府、大同、榆林、宁夏、甘肃、固原、延绥"，

---

① 见《黄宗羲全集》，第一册，第21—22页。

再加上西南的云、贵。由此可知黄宗羲沿边设置方镇的主要目的，即在于防范应对北方蛮夷如蒙古、满洲等对华夏中国的威胁和侵犯。而其"方镇"建构中法封建之意、除郡县之弊的原则性设计则为："务令其钱粮兵马，内足自立，外足捍患；田赋商税，听其征收，以充战守之用；一切政教张弛，不从中制；属下官员亦听其自行辟召，然后名闻。每年一贡，三年一朝，终其世兵民辑睦，疆场宁谧者，许以嗣世"。其中"务令其钱粮兵马，内足自立，外足捍患"为军政，即方镇必须独立拥有相当的军事实力；"田赋商税，听其征收，以充战守之用"为财政，即方镇在经济方面自足独立。此两点明显以《封建》篇所论"一国之足以自支一国"为基础，而直接取自商周"封建"中各个邦国军事财政自足的情形；"一切政教张弛，不从中制"，此为文政，即方镇在文教政策上有极大的选择空间。这一点似乎既是黄宗羲对唐代北方藩镇中汉文化与胡族文化混合杂处之历史与治理经验的借鉴，也是对边疆民族文化具体情实的充分尊重（这一点也正是现代联邦制中的必有之义）；"属下官员亦听其自行辟召，然后名闻"，此为人政，即方镇在人事选任上拥有独立的权力，中央对此仅作备案知闻，不作实质性干涉；"每年一贡，三年一朝，终其世兵民辑睦，疆场宁谧者，许以嗣世"，到了这时，所谓"方镇"也就成为附条件的世袭封建了。这一点与前及顾炎武的主张几乎如出一辙。

在对方镇的合理性进行论证、并对其施设原则予以说明后，黄宗羲接着又进行了一番实利主义的论证："凡此则有五利：今各边有总督，有巡抚，有总兵，有本兵，有事复设经略，事权不一，能者坏于牵制，不能者易于推诿，枝梧旦夕之间，掩饰章奏之上，其未至溃决者，直须时耳。统帅专一，独任其咎，则思虑自周，战守自固，以各为长子孙之计，一也。国家有一警急，常竭天下之财，不足供一方之用。今一方之财自供一方，二也。边镇之主兵常不如客兵，故常以调发致乱，天启之奢酋、崇祯之莱围是也。今一方之兵自供一方，三也。治兵措饷皆出朝廷，常以一方而动四方。既各有专地，兵食不出于外，即一方不宁，他方宴如，四也。外有强兵，中朝自然顾忌，山有虎豹，藜藿不采，五也"。第一点是梨洲对明代边防制度反思后的理性校正，但其论证却是从方镇的切身利益，即从"各为长子孙之计"出发，与顾炎武对"寓封建之意于郡县制中"的论证如出一辙。这已经足以表明黄宗羲和顾炎武都已经在新的人性论基础上，突破了传统儒家法政思想的展开结构和论辩逻辑，从而为中国法政思想新的发展打开了一定思想空间。第二点以方镇财政自主为前提立论，是对明代中央集权体制下，中央对地方财政施行严格控制之害的校正。第三点从明代史事出发，强调方镇拥有独立军事力量自安一方而天下安治的好处。第四点从校正募兵制下经常以一方而动四方的弊端着眼，以《兵制》篇中强调兵农适当恢复合一和《田制》中以屯田的形式恢复井田的设计为依托①，强调在方镇设计中"兵食不出于外"，故而可以消弭兵灾的连锁效应。至第五点，则强调拥有独立地位和实力的方镇，可以对中央朝廷形成制约，从而使朝廷因有所顾忌而在施政上不敢造次，这里明显又隐含着梨洲对明代极度中央集权体制的反思与批判了。

在梨洲的"封建"论说中，还要注意的一点是他对"方镇"一词的选用所可能具有的思想史意义。中外思想史上不断发生的一种情形是，一些极具创造性的思想家，在思想实质上已经突破了原有的内容，但却由于文化传统所具有的强大力量和基本语词的长期稳定性，而不得不使用传统词汇来表述自己的思想，但是只要仔细分别语词间的细微差异，就可以发现思想家在思想史内部做出突破的

---

① 《兵制》、《田制》皆为《明夷待访录》中的篇名。

某些线索①。梨洲对"方镇"一词的选用，或许即是如此。在中国历史上，"封建"在其积极的一面，长期被注意到的是其"藩屏"作用。而唐代在边郡设置都护府、节度使等，即统称"藩镇"，其文辞根据即在于《左传》"僖公二十四年"条所记载的"周公吊二叔之不咸，故封建亲戚，以藩屏周"。由此亦可见唐代设藩镇与商周行封建一样，其基本的指向都在于保证中央朝廷的安全与长久。但是黄宗羲却采用了"方镇"一词，而其中所谓"方"之所指，毫无问在于与"中央"相对的"四方"、"地方"的含义上面。这里不仅仅表达着梨洲"方镇"制度设计所直接关注的是地方政府，似乎还暗示着思想层面上更多的含义，即：梨洲在"方镇"题中更强调地方政府的积极作用，而这种作用，其最直接的一点在于以边防设置防御夷狄并指向华夏政教的保全问题；但是，还有十分重要的一层则指向对中央政府的制约——即梨洲所列方镇五利的第五点。由此推论，如果说梨洲已经在政府体制设计上，注意到了在中央政府与地方政府之间适当分权、以权力制约权力的理论思路，似乎并不构成对他思想文本的过度解释。——而这一点，正是现代联邦制的精髓所在②。

前已述及，陆机在论说"封建"的长处时，已经不仅仅从一姓朝廷享国运祚的长短来考虑，同时也已经切实考虑到了如何有效进行地方治理以安民、养民的内容，已经下开黄宗羲、顾炎武等主张法"封建"之意而眷注于民生的先河。事实上，在讨论"封建"问题时，不同程度地摆开传统"封建论"原有的"藩屏中央王朝"和"子孙长久"的基本思路，转而眷注于文化政教的保全与民生疾苦的安置，

---

① 以赛亚·柏林对维科的研究，是这一方面的典范，参看其在《反潮流：观念史论文集》（冯克利译，南京：译林出版社 2002/2006 年）中的相关论述。
② 关于现代联邦制通过在中央与地方之间实现有效分权，以实现对权力的双重制约的思路，请参看奥斯特罗姆在《美国联邦主义》（王建勋译，上海：上海三联书店 2003 年）一书第二章、第九章和伊拉扎在《联邦主义探索》(彭利平译，上海：上海三联书店 2004 年）第五章第六节中的论述。

几乎是明清之际诸家"封建论"所共有的特色。这一点虽然有时代使然的重要因素,但思想者的生命气象及其思想自身的内在质素依然不容忽略。顾炎武在《郡县论》中明确提出以"厚民生"为旨归,并提到了其在拒贼寇问题上的积极作用。黄宗羲在"封建"、"方镇"两篇中,虽然没有明确提及"厚民生",但是在《留书》和《明夷待访录》的整个结构中考虑,则会发现梨洲所有制度设计的最终目的,都在于保全华夏政教而眷注于天下民生:富民、教民、养民,而其议论之所出的根本基点,乃是:"天下之治乱,不在一姓之兴亡,而在万民之忧乐"①。但相对于王夫之、顾炎武等而言,黄宗羲之"封建论"的最大特色,却在于对华夏政教之保全的关注。这一点,由其"封建论"从《留书》的《封建》篇,到《明夷待访录》的《方镇》篇,十余年间一贯着眼于"封建"体制对于夷狄所具有的军事优势,便可知其大略;而这种军事优势,乃是建立和维持一个足够强大的华夏王朝,以实现文化保全和民生安置所必不可少的基本前提。

由以上所论可知,梨洲对"封建"、"方镇"的论说,乃是法封建之意,以在兵制上适当恢复兵民合一、在田制上适当恢复井田为基础制度依托,以华夏政教的保全和万民忧乐的保护为主要目的,而设计建立一种具有外而方镇、内而郡县的双重结构的华夏王朝自由法政秩序。其所论述,与顾炎武在《郡县论》中的主张,具有极大的精神相似。而在制度上将顾炎武几乎完全眷注于民生的、已经"封建"化的郡县制,积极纳入到黄宗羲的"方镇—郡县"结构中来,并不存在理论上的扞格之处。在这一点上,这种在中央政府和地方政府之间适当分权,加强地方的独立性和自治能力,通过两层权力之间的相互约制平衡,以实现法政权力的对内负责,正是现代联邦制的核心精神和积极追求的基本目标。而就思想立场和论证目的而

---

① 见《黄宗羲全集》第一册,第5页。

言，黄宗羲（以及顾炎武）对"封建"的论述，最明显地体现了如下一个基本要点：要建立一个有足够的能力维持自己之生存，同时又不至于蜕变异化成为一种压迫和奴役性力量的国家①。——而这一要点，正与美国之开国元勋们的根本精神与政治志向明显一致。也正是立足于这一点，我们完全可以说以黄宗羲和顾炎武为代表的明末清初思想家的"封建论"思想，与西方近现代以来以自由精神为旨归的联邦制论说之间，虽然没有血脉源流的直接联系，却在基本精神和建构思路方面，有着深层的相通之处②。另一面，就思想文本的具体传衍与影响而论，黄宗羲在《方镇》一文中所讨论的主要内容，已经实质性地影响了章太炎《分镇》一文的论说方向和制度设计。也即是说，黄宗羲的"封建论"思想，已经通过章太炎等晚清民初思想家的渠道，在近现代的中国思想界发挥了积极影响，从而以某种间接的方式，介入了后世法政思想讨论以及华夏联邦制的政治实践之中③。

三 黄宗羲之"正统"论说的思想史绎读

自汉武以至清末，两千多年的传统思想学术，大要皆以"经"

---

① 这样的国家秩序即是宪政主义的自由秩序。就其关于一个国家内部制度的组织构成而言，宪政主义的关键思路有二：其一，在中央政府层面实现权力的相对分散化，在高层实现权力对权力的横向约制和平衡；其二，在中央政府与地方政府之间实现相对分权，通过加强地方自治，在地方与中央之间实现权力之间的纵向约制和平衡。在黄宗羲的批判思考和建构设想中，已经充分意识到了这两个层面的问题，并有了相关制度设施的展开。
② 虽然梨洲对地方拥有较为独立之兵权的设想，则与现代联邦制国家的军队国家化有些距离。但是，如果我们把军事力量理解为正规部队、治安警察和民兵的集合，则会发现梨洲的设想并非毫不可取。事实上，在西方联邦制发展的历史上，联邦各组成单位（邦或州）的军事地位与兵权问题，也曾深深困扰过那些伟大的思想者和政治家。参看《联邦党人文集》、《联邦主义探索》、《民治政体》等书所述。
③ 黄宗羲对章太炎的影响，远不止《方镇》对于《分镇》一文，《訄书》受《明夷待访录》的影响之处还有许多。笔者另拟有《论黄宗羲对章太炎的影响：以〈明夷待访录〉和〈訄书〉为根据的研究》一文专门讨论，尚未完稿。

与"史"为其基本架构。与此相生伴随,乃有历代"经史"的制作和编修;而两千年"经史"之制作与编修,又须臾不能脱离对"正统"问题的思考。饶宗颐先生曾云,"中国史学观念,表现于史学史之上,以'正统'之论点,历代讨论,最为热烈"①。先生之说,固为不刊之论。然先生之言,本为讲史而立,且主要面对西方学界,以衡论传统中国史学之发展变迁为其范围,其基本立场则介乎传统"史学"与现代"历史学"之间。若以法政哲学的视角观察,乃明显有进一步拓展讨论的空间。因为,以具体资料而言,传统中国思想家对"正统论"的言说,往往以讨论史书编纂之体例义法的形式展开。但是,在中国思想文化的悠久传统之内部,所谓"正统论",则以衡论某王朝统治"正统"之有无、及其何时起始与何时终结为论辩中心;至于其间所关注的基本问题,乃是该王朝获得政治权力并进行统治之正当性与合法性问题。南宋末年的郑思肖曾说"中国之事,系乎正统;正统之治,出于圣人。中国正统之史,乃后世中国正统帝王之取法者,亦教后世天下之人所以为臣子也"②,堪称最为发明此义。

事实上,传统史学与史家所谓的"正统论",乃是在儒家学说判定"政统"与"道统"在孔子以后处于分离状态的情势下,儒者从"道统"的立场上评判"政统"是否得到了延续、以及其时的统治是否正当合理或是否可取的一种思想论说。故而,我国历史上延

---

① 见饶宗颐著,《中国史学上之正统论》,上海远东出版社1996年,第1页。先生此书所搜辑荟萃之资料极为丰富,而先生对于"正统论"在中国历史上各朝代发展的考证和梳理,遗惠后学者尤多。但是对于传统史学"正统论"在法政哲学层面的含义,先生则未多注意。另外,关于传统中国文化之"经史学"与西方十八世纪晚期以来之"历史学"的根本差异,是本篇一项基本预设;然以论题所限,本篇暂对其因由表现存而不论。读者可以参看章学诚《文史通义》第五卷《申郑》《答客问》《浙东学术》三题五篇文字中对传统之"经史学"简明扼要的论及。有意对此深究的读者,不妨从细读《文史通义》前三卷、以及尼采《历史学对于生活的利与弊》一篇宏文入手。章著以叶瑛《文史通义校注》(中华书局1985年以次)为优,尼采之文见《不合时宜的沉思》(李秋零译,华东师范大学出版社2007年)第133—240页。

② 见郑思肖《心史》之《古今正统大论》,全文转见前及饶宗颐《中国史学上之正统论》第121—1124页附录资料。

绵不断之"正统论"言说的具体内容,实与两千年间儒家之法政学说及其实践紧密相关。所以,对于传统"经史之学"范围中之"正统论"的研究,并不能简单地将它纳入十九世纪以来所谓"历史学"的研究范围之内,进而以实证主义的方法予以全面批判和彻底否定①;而是应当将对"正统论"的研究,纳入到法政哲学的论题范围之内,并从对传统中国法政思想史的研讨出发,以诠释学的方法理解和阐释②。

本篇即尝试遵循这一思路,将黄宗羲对"正统"问题的相关言述,置于传统中国"正统论"言说发展的结构和脉络之中,并将"正统论"问题从"历史学"范围提出,转而纳入到传统中国法政哲学的思想结构中来理解,并进行仔细的分疏析辨,以展现"正统论"言说之内在的丰富性及其深刻的法政批判意义。

---

① 梁启超在1902年的《新史学》中对传统"正统论"发出了激烈批判,称"中国史家之谬,未有过于言正统者也。言正统者,以为天下不可一日无君也,于是乎有统。又以为天无二日、民无二王也,于是乎有正统。统之云者,殆谓天所立而民所宗也。正之云者,殆谓一为真而余为伪也。千余年来,陋儒断断于此事,攘臂张目,笔斗舌战,支离蔓衍,不可穷诘。""故夫统之云者,始于霸者之私天下,而又惧王之不吾认也,乃为是说以箝制之曰:此天之所以与我者,吾生而有特别之权利,非他人所能儿也。因文其说曰:'亶聪明,作父母。'曰:'辨上下,定民志。'统之既立,然后任其作威作福,恣睢蛮野,而不得谓之不义,而人民之稍强立不挠者,乃得坐之以不忠不敬大逆无道诸恶名,以锄之攫之。此统之名所由立也。……借曰君而有统也,则不过一家之谱牒,一人之传记,而非可以冒全史之名,而安劳史家之哓哓争论也。然则以国之统而属诸君,则固已举全国之人民,视同无物,而国民之资格所以永坠九渊而不克自拔,皆此一义之为误也。故不扫君统之谬见,而欲以作史,史虽充栋,徒为生民毒耳。"观其行文,其主要的思路就在于从十九世纪以来实证性史学的立场对传统正统论予以激烈的否定,而在其建设性的一面,则从文化意义的民族立场出发,以文化民族的统续代替王朝统续,重新建构中华民族的史学"正统"。百余年中国史学发展,鲜有越出梁氏此一思路者。引文见《梁启超全集》,北京:北京出版社1999年,第746—747页。
② 中国历史上之"正统论"主要关注的,是在朝代与朝代之间统治的正当合理性的统续问题,并由此而论定此一朝代统治地位的正当与否;在一个次要的层面上,也有学者偶尔在"正统"一题下论到一个朝代之内"一姓本宗传位之正统"的问题(见前及饶宗颐《中国史学上之正统论》,第7页)。本篇以黄宗羲讨论所涉及的范围为限,仅关注前一种情形。

1. 明代之前的"正统论"述要

虽然早在孔孟等早期儒家对三代禅让与汤武革命的解释中，就已经包含了后世"正统论"的某些核心要素，而言及"正统论"的思想家也往往会诉诸《春秋》这一儒家原始经典，但是，儒家资料系对"正统"言说的直接记载，却主要见于汉初儒者吸纳了阴阳家"五德终始"说以后的思想文本中，其中又以何休对《公羊传》的解释最为代表。此后两千多年间，凡言"正统"者，大多都以《公羊传》"君子大居正"和"王者大一统"的讲法、以及何休的注文为明显或隐含的起点立说，并在儒者自身所处之时代的情势因由中，对它们进行各具思想特色的解释和修正，以应时宜之亟需。

汉代之"正统论"，要有以"五德终始"立说和以"三代文质相救"立说两种类型。前者可以公孙臣为代表，后者则以董仲舒为代表①。汉文帝十三年，公孙臣上疏言曰："始秦得水德，今汉受之，推《终始传》，则汉当土德，土德之应黄龙见。宜改正朔，易服色，色上黄"②。以资料所限，对公孙臣之说难以详究其实。但据该条典型资料，亦可见其对"正统"所必备之条件的强调，在于朝代存续在时间上的连续性，故承认汉继秦统，"今汉受之"即是。至董子所论，虽然以孔孟王道为鹄旨归，却又杂以阴阳家言，其言述以"天"为度量标准，进而论"一统"之"正"为"天统"③。其说一则曰：

---

① "五德终始"与"三代文质相救"两者并非对立而不相为，事实上对"三代文质相救"的宇宙论理论解释，就在一定程度上以"五德终始"说为部分依据。以其与本书论旨关系甚浅，兹不细论。
② 见《史记》（北京：中华书局1959/2007年10册本）第二十八卷，《封禅书》。"上"即"尚"。
③ 司马迁曾从董仲舒学《春秋》，而其《史记·高祖本纪》乃称："三王之道若循环，终而复始。周秦之间，可谓文敝矣，秦政不改，反酷刑法，岂不缪乎？故汉兴，承敝易变，使人不倦，得天统矣。"班固《汉书·郊祀志·赞》也说"刘向父子以为高祖始起……自得天统。"饶宗颐先生认为二者皆本于董仲舒《春秋繁露》所阐述的学说，见前及《中国史学上之正统论》，第6页。

"天者群物之祖也。故遍覆包函而无所殊,建日月风雨以和之,经阴阳寒暑以成之。故圣人法天而立道,亦溥爱而亡私,布德施仁以厚之,设谊立礼以导之";再则曰:"《春秋》之文,求王道之端,得之于正。正次王,王次春。春者,天之所为也;正者,王之所为也。其意曰,上承天之所为,而下以正其所为,正王道之端云尔。然则王者欲有所为,宜求其端于天"。然而,在儒家的思想系统中,"天无言"乃是一个不可改变的事实,故而又有"善言天者必征于人"一路作为进退。董仲舒在其论及三代损益时说,"三王之道,所祖不同,非其相反,将以救溢扶衰,所遭之变然也。……改正朔,易服色,以顺天命而已……故王者有改制之名,亡变道之实①。然夏上忠,殷上敬,周上文者②,所继之救,当用此也。……道之大,原出于天,天不变,道亦不变,……继治世者其道同,继乱世者其道变。今汉继大乱之后,若宜少损周之文致,用夏之忠者"③。"三代改正,必以三统天下。曰三统五端,化四方之本也。天始废始施,地必待中,是故三代必居中国,法天奉本,执端要以统天下、朝诸侯也。是以朝正之义,天子纯统色衣,诸侯统衣缠缘纽,大夫士以冠参,近夷以缓,遐方各衣其服而朝,所以明乎天统之义也"④。由此可知,董子之论"正统",虽然据"天"立论,但其归根结底的切实标准却是两条:一为王朝在文化德运上的先后继起和连续性⑤,

---

① "亡"即"无"。
② 此三句中之"上",即"尚"。
③ 以上引文见《汉书》(北京:中华书局1962/2006年12册本)第五十六卷,《董仲舒传》。
④ 语出董仲舒《春秋繁露》之《三代改制质文篇》,转引自单及饶宗颐《中国史学上之正统论》,第6页。
⑤ 有学者认为董仲舒主张正统的含义强调"连续性",即王朝的兴替在时间上要终始相承、连续不断(孙宝山《以"民族性"重构正统论——黄宗羲对方孝孺的正统论的继承与发展》一文中即主此说,见《中国哲学史》2005年第3期),似非董子本义。以具体资料论,董仲舒所论强调的重点,似乎在于德运承继,而非王朝在具体时间上的首尾相连。如其言汉宜改周之文而用夏之忠,所考虑到的是汉代对周之德运的承继发展,而不是基于对秦汉在时间之连续性的考虑。

即汉继晚周大乱之后，其兴要救周政之弊；一为其所处地域性的"居中国"。董仲舒对"正统"应该具备的地理条件的强调，在汉代成为了一定之说，并对后世"正统论"影响甚大。直到宋代，这种对"居天下之中"的地理强调，才受到了来自于对"道德性"极端强调的实质性修正。

晋代立国之前"三分天下"的局面，对晋在理论上确立自己的正统地位造成了一些问题。由于司马氏曾仕于曹魏而晋朝亦由之而来，故晋初对于正统统续的讨论毫无争议地以曹魏为正统，然后，晋又顺理成章地从曹魏继承了正统。其中所主要争论的，是晋在哪一年开始获得天命正统的问题，对于在理论上进一步丰富和发展"正统论"，则意义不大。南北朝时，魏收与李德林都讨论过"正统"问题，却主要集中于技术性的史法，对于法政思想史的研究也无甚意义。

唐代学者对"正统论"有不小的发展。唐初，王勃对"正统论"颇有发明，惜乎其文不传，仅能从其他转述性的资料中推知其大略。根据新旧两《唐书》所提供的资料可以发现，王勃之正统论说的基要在于，以"五德终始论"为根本的理论依据，在汉代以来"正闰说"[①]的基础上，论证李唐王朝所继承的乃是汉代的正统。《旧唐书》"王勃传"记载说，"勃聪警绝众，于推步历算尤精，尝作《大唐千岁历》，言唐德灵长千年，不合承周、隋短祚。其论大旨云：以土王者，五十代而一千年；金王者，四十九代而九百年；水王者，二十代而六百年；木王者，三十代而八百年；火王者，二十代而七百年。此天地之常期，符历之数也。自黄帝至汉，并是五运真主，五行已遍，

---

① 西汉学者以西汉承周之正统，而以秦为闰位；东汉以后，又将莽新列入闰位。就思想史论题的延续性和基本结构的相似性而言，"正闰说"实为方孝孺之"正统论"中区分"正统"与"变统"的重要思想前提。方氏论说，见下文所述。

土运复归，唐德承之宜矣。魏晋至周隋，咸非正统"①。《新唐书》中的记载，亦与此相仿佛，说曰："王者乘土王，世五十，数尽千年；乘金王，世四十九，数九百年；乘水王，世二十，数六百年；乘木王，世三十，数八百年；乘火王，世二十，数七百年。天地之常也。自黄帝至汉，五运适周，土复归唐，唐应继周、汉，不可承周、隋短祚。乃斥魏、晋以降非真主正统"②。据此二处史文可知，王勃将魏晋以至于隋等朝代列为"非正统"的缘故，除了五德终始论那玄秘的装饰外，最主要的缘由乃在于他们皆运祚短促。虽然资料中对于如何具体分别"正统"与"非正统"的问题，均没有详细涉及，但以其对魏晋周隋运祚甚短而排斥它们的思路考虑，从而反行推论，则凡可以划归为"正统"的朝代，无疑都延续了很长的一段时间，如三代各有千年、汉代享国数百年等。合正反之论而统观之，则不难发现王勃所强调的重点无疑在于这样一个要点：凡受命为"正统"的王朝，其统治时间必然长久。这实为在后世"正统论"的构成要件中，明白强调王朝在统治时间上之"延续性"的正式发端，为此前之论正统者所不有。

中唐时期，又有皇甫湜在《东晋元魏正闰论》中，排斥以元魏（即北魏）为正统的做法，主张东晋的正统地位，除了当时直接而具体的现实指向外，其论述也具有相当的理论意义。其论东晋之为"正统"曰："舜传之尧，禹传之舜，以德辉者也；桀放于汤，受杀于武，以时合者也；秦灭二周，兼六国，以力成者也；汉革秦社稷，以义取者也。故自尧以降，或以德，或以时，或以力，或以义，承授如贯，终始可明，虽殊厥迹，皆得其正。以及魏取于汉，晋得于魏，史册既载，彰明可知，百王既通行，异代无异辞矣。惠帝无道，群

---

① 见《旧唐书》第一百九十卷上，列传第一百四十，北京：中华书局1975年，第5006页。
② 见《新唐书》第二百一十四卷，列传第一百二十六，"文艺上"，北京：中华书局1975年，第5740页。

胡乱华，晋之南迁，实曰元帝。与夫祖乙之圯耿，盘庚之徙亳，幽王之灭戏，平王之避戎，其事同，其义一矣"。至于其论元魏不是"正统"，一则曰"拓跋氏种实匈奴，来自幽代，袭有先王之桑梓，目为中国之位号"，二则曰"魏氏恣其强暴，虐此中夏，斩伐之地，鸡犬无余。驱士女为肉篱，委之戎杀；指衣冠为刍狗，逞其屠刈。种落繁炽，历年滋多。此而帝之，则天下之士，有蹈海而死；天下之人，有登山而饿；忍食其粟而立于朝哉？"至于其理论判别的根据，乃是文明性的："所以为中国者，以礼义也；所以为夷狄者，无礼义也，岂系于地哉？"并用具体的例子论证说，"杞用夷礼，杞即夷矣；子居九夷，夷不陋矣；沐纣之化，商士为顽人矣；因戎之迁，伊川为陆浑矣：非系于地也"；进而总结说，"晋之南渡，人物攸归，礼乐咸在。"接下来乃由此而进一步主张唐代直追尧舜的正统承续："故推而上，我（时案：即唐）受之隋，隋得之周，周取之梁。推梁而上，以至于尧舜，得天统矣"。观上文可知，其展开论述的理论思路，关键在于根据文明性的"夷夏之辨"立论，判别一个王朝的获得正统与否。其"正统论"的特色在于，既强调了王朝在统治时间上的前后承续，又将文明的标准整合进来，并将它提升到了盛行于以往的"居天下之中"的地理性标准之上。观其行文，可知皇甫湜的"正统论"明显是承董仲舒一脉而来，但其对礼义文明胜于地理居中的强调，则不仅是对董子学说的重要修正，也是传统"正统论"发展的一个重要环节，已发宋儒之先声。至于皇甫湜由于极端强调王朝在兴替时间上的连续性，以致将嬴秦曹魏司马晋等统统都纳入了"正统"的范围，并主张"自尧以降，或以德，或以时，或以力，或以义，承授如贯，终始可明，虽殊厥迹，皆得其正"，乃以"德"、"时"、"力"、"义"四者皆为获得法政统治之"正统"的一种方式，则极大地削弱了"正统论"的反思性与批评能力，故而这种观点又受到了宋儒的批判和修正。至于其论"正统"之含义为"王者受命于天,作主于人,必大一统,明所授,所以正天下之位,一天下之心"的说法,则对欧阳修的"正统论"言说产生过重要启发①。

宋代之"正统论"最为发达,论者极多,吾国历史上第一个以"正统论"为名作文发论的,即是北宋一代文宗欧阳修,而其所论述,对后世"正统论"思想之影响亦至为深远,饶宗颐先生甚至盛称其《正统论》为"古今一大文字"②。

欧阳修之论"正统",特以"正"与"统"二字为根据,标举出两条基本标准:"居天下之正,合天下于一"③。前者即据有中国华夏土地之谓,后者即一统江山之谓。在欧阳修看来,严格符合这一标准的,只有上古的尧舜禹三代和夏、商、周,以及近世的汉、唐、宋(即北宋),除此而外,皆非正统。但是,这一严格的标准又可以区别出两种次级情形:第一为"居其正而不能合天下于一",欧阳修所举为代表的例子,为周平王居天下之中而吴、徐皆称王,以至于分裂天下的情形。第二种为"合天下于一而不得居其正"的情形,欧阳修最初所举的代表例子为秦④。其后,欧阳修又讨论了可以满足"正统"要求的两种弱势情形:其一曰:"始虽不得其正,卒能合天下于一。夫一天下而居其上,则是天下之君矣,斯谓之正统可矣"。欧公举为此种情形之代表的例子,是晋和隋。其二曰:"天下大乱,其上无君,僭窃并兴,正统无属。当是之时,奋然而起,并争乎天下。

---

① 见前及饶宗颐《中国史学上之正统论》,第35页。
② 见前及饶宗颐《中国史学上之正统论》,第39页。又,欧阳修论及正统之文字共十二首,其中《正统论》原为七首,后修改删订为三首,今一并收录于《欧阳修全集》(李逸安点校,北京:中华书局2001年)第265—286页;欧公又有《正统辨》上、下二首,今收于前及《全集》第860—864页。引文皆据此本,简略见,不各为细注。
③ 对此二句文字,欧阳修在上及数篇文字中,时而用"得天下之正,合天下于一",时而用"居天下之正,合天下于一",反复观其行文,知二者之表意并无不同,皆指地理上的据有中国,故不作分别论。
④ 但后来在区分了自上古传衍数百年的秦国与秦始皇所建立的秦朝之后,欧阳修又称秦朝和汉、唐、宋一样,都满足了前及两个标准,也堪称正统。

有功者强，有德者王，威泽皆被于生民，号令皆加乎当世。幸而以大并小，以强兼弱、则大且强者谓之正统，犹有说焉"，即在一定程度上承认在大乱之世以力取胜而实行普遍统治者的正统地位。至于对"不幸而两立，不能相并，考其迹，则皆正，较其义，则均焉"，如东晋与北魏的情形，或者是"终始不得其正，又不能合天下于一"，如曹魏和五代的情形，则欧阳修主张"正统有时而绝"，"不常在人"，并论证说"正统之序，上自尧舜，历夏、商、周、秦、汉而绝，晋得之而又绝，隋、唐得之而又绝。自尧舜以来，三绝而后续"。但是"正统"这种时而中绝的情形，并不影响"正统"的存在和发挥作用，反而更加有利于"正统"发挥其真正的批判与评价作用，即欧公所谓"惟有绝而有续，然后是非公、予夺当"。论"正统"时而中绝，尤其以有绝有续而发挥其作用，千年之间当以欧公最为卓识①。观欧阳修的行文论述，其中，"居天下之正"和"得天下之正"，强调的是王朝在获取统治地位时，要满足如下至少一个标准："或其功泽被于生民，或累世积渐而成王业"，或者如商汤周武那样的"救弊拯民"。除上及三者外，所谓"居天下之正"，还有一层意思：统治者据有中国之地，而非野处于四夷蛮邦。至于"合天下于一"，则强调王朝的统治已经涵括了礼义文明的整个"天下"，后世称欧阳修的"正统论"强调地理性标准的"普遍性"，正在于此②。欧阳修的"正统论"除了上及正面的直接贡献外，还有一层贡献影响了后世"正统论"的发展，就是他对"五德终始论"的理性批判：欧公居儒家立场而称其为秦汉以来的"非圣之学"，据理性思路而称

---

① 欧阳修关于正统时而中绝，并且因有绝有续而更加发挥作用的论说，对后世影响极大，黄宗羲在《留书》之《史》中所论，即直接受欧公说启发。见下文。
② 所谓"普遍性"指的是王朝统治要覆盖"中国"的全部地域，见孙宝山《以"民族性"重构正统论——黄宗羲对方孝孺的正统论的继承与发展》一文，见《中国哲学史》2005年第3期。

其"怪奇放诞",为"谬妄之说",并在这种理性化批判的基础上,对历代王朝的兴衰起落做出了立足于历史考量的理性解释(见《正统论·上》)。而自此以后,宋元明诸儒之论"正统"者,即很少再有以"五德终始论"立论为说的了。

文忠公之《正统论》甫出,即有章望之作《明统论》三篇,反驳欧公所论。惜乎其文今已不传,仅能从苏轼在《后正统论三首》中的引文为根据,对其言述略窥一二①,从而知道章氏所论的关键,乃是在批评欧阳修论说的基础上,标举出"正统"与"霸统"的分别,认为"以功德而得天下者,其得者为正统",满足这一标准的为尧、舜、夏、商、周、汉、唐和宋;至于"得天下而无功德者,强而已矣,其得者霸统也",章氏认为秦、晋和隋都应该列入"霸统"而不是"正统"②。章氏所论已不可详述,而北宋学者在欧阳修之后论述"正统"问题而对后世有相当之影响的,当首推司马光和陈师道。

司马温公论正统,多以"遮"法从否定处入手③,而其论旨总归,则在于天下一统,强调治理所及的"普遍性"。《资治通鉴》第六十九卷有"论正闰"一段长文,其开首即云,"天生烝民,其势不能自治,必相与戴君以治之。苟能禁暴除害以保全其生,赏善罚恶使不至于乱,斯可谓之君矣。……有民人社稷者,通谓之君。合万国而君之,立法度,班号令,而天下莫敢违者,乃谓之王。王德既衰,强大之国能帅诸侯以尊天子者,则谓之霸。故自古天下无道,诸侯力争,或旷世无王者,固亦多矣"④。由此可知,司马温公

---

① 据前及饶宗颐《中国史学上之正统论》第106页附录所收资料,下不详注。
② 章氏此说似乎对宋代后来的"王霸之辨"颇有影响。至明初,则直接启发了方孝孺对"正统"与"变统"的区分,而其思想传承的中介,似乎即是苏轼的《后正统论》。此说宜有专论,兹不详及。又,苏轼《后正统论》订章(望)而申欧(阳修),其实不过为文豪辩论,对于"正统"理论,则无所发明,故不详及。
③ 司马温公此种思路,大概与隋唐以降佛学的某些发展有关。因时日促迫,加以资料不足,不可细考,姑且存此一猜测,以备后来之考论,且俟有为之贤达君子发明之。
④ 见《资治通鉴》(全二十册)之《魏纪一》"黄初二年条",北京:中华书局1956/1976年,第2185—2186页。

对于所谓正闰问题，并不采取严格的道德理想主义立场。又说"窃以为：苟不能使九州合为一统，皆有天子之名而无其实也"，则已经从反面道出其"正统论"的核心内容。对于以"相授受"、"居中夏"和"有道德"作为判别正统的标准，司马温公皆不与之："若以自上相授受者为正邪，则陈氏何所受？拓跋氏何所受？若以居中夏者为正邪，则刘、石、慕容、苻、姚、赫连所得之土，皆五帝三王之旧都也。若以有道德者为正邪，则蕞尔之国，必有令主，三代之季，岂无僻王？"其所谓正统，转就统一天下的功业实际情形立言，"周、秦、汉、晋、隋、唐，昔尝混壹九州，传祚于后。……故全用天子之制以临之"①。司马温公在其《记历年图后》一文中又说，"苟天下非一统，则漫以一国主其年，固不能辨其正闰"②，在《答郭纯长官书》中说"夫统者，合于一之谓也。……凡不能一天下者，或在中国，或在方隅，所处虽不同，要之不得为真天子"③，则再三从反面申述其所谓"正统"，必须具有统治区域的"普遍性"的标准。对于司马温公之"正统论"，以"普遍性"名之或不足以该备完全，但若说"普遍性"是其论"正统"的必备条件，则无可置疑。

温公以后，北宋诸儒讲论"正统"虽多有辩论，但以"普遍性"一条为"正统"之所必备，则了无争议。陈师道之论"正统"，也未出于此范围之外，但他对"正统"之"正"的说法，却别具一格。其《正统论》④说："正者以有贰也，非谓得之有正与否也。天下有贰，君子择而与之，所以致一也。不一则无君，无君则人道尽矣"，可知其立论也主要从现实的功业入手，并不坚持一般道德理想主义的立场。"正之说有三，而其用一。三者：天、地、人也。天者，

---

① 以上三处引文，皆同上注书，见第2187页。
② 见前及饶宗颐《中国史学上之正统论》第111页所收附录资料。
③ 见前及饶宗颐《中国史学上之正统论》第112—113页所收附录资料。
④ 陈师道（1053—1102）《正统说》据前及饶宗颐《中国史学上之正统论》第107—109页附录资料所收文本，引文不各为细注。

命也。天与贤则贤，天与子则子，非人所能为也，故君子敬焉。地者，中国也，天地之所合也，先王之所治也，礼乐刑政之所出也，故君子慕焉。人者，德功也。德者，化也；功者，事也，故君子尚焉。一者，义也。可进则进；可黜则黜，而统有归矣"。可知陈师道论"正统"的内在构成，已经明确标出"天命"、"地宜"与"人事德功"三项内容，其立论规模，实为前人所未及。至于其"可进则进，可黜则黜"一语，既是陈氏对孔子著《春秋》而自取其"义"以行褒贬的回应，也是对传统"经史"之"正统论"的法政批判功能在史法层面的凝练总结。

宋室南迁以后，立国规模比之北宋又有不及，而士人百十年间的"正统"论说，也在偏安一隅的促迫形势下有了新的内容。今以朱熹、周密和郑思肖等三夫子为例，略陈其说如下：

朱子论"正统"[①]，不废北宋以来强调"普遍性"的传统，同时又在时间上做出了修正；同时与北宋诸家所论相比而言，朱子明显已经更加强调"正统"构成之道德性的一面了。其言曰"只天下为一，诸侯朝觐狱讼皆归，便是得正统"，自然是北宋以来的共识。又说"有始不得正统，而後方得者，是正统之始；有始得正统，而後不得者，是正统之馀。如秦初犹未得正统，及始皇并天下，方始得正统。晋初亦未得正统，自泰康以後，方始得正统。隋初亦未得正统，自灭陈後，方得正统。如本朝至太宗并了太原，方是得正统"。这里在历史时间的延展方面，朱子又区分出"正统之始"和"正统之余"两种情形，其意向所存除了纯粹的史学义法外，明显有着现实的政治考虑：秦始皇并天下而秦始有"正统"、泰康时孙吴归晋而晋始有"正统"、隋灭陈得天下归一而隋始有"正统"，这里所承继的

---

① 朱熹（1130—1200）论"正统"的文字，集中见于《朱子语类》第105卷"通鉴纲目"一题，见《朱子语类》（北京：中华书局1986年）第2636—2638页。引文皆据此本，不各为细注。

虽说是以"普遍性"确立"正统"的旧说,但其中既不乏对南宋偏安之当下现实的隐隐批评,却也实实在在地为赵宋一代超迈汉唐的政治期待和文化理想,在理论上保留了足够的时间长度和想象空间。至于朱子论历史有"无统"的情形,其现实一面乃针对司马光修《资治通鉴》的史法而发,其理论的一面则传自欧阳修所谓的"正统有时而绝"(这一点对黄宗羲也影响颇深)。及至论到三国"正统"归属,当朱子说"三国当以蜀汉为正,而温公乃云,某年某月'诸葛亮入寇',是冠履倒置,何以示训"的时候,就明显已将"道德性"提升超越了地域性的"普遍性"而作为判别"正统"与否的基本标准,而其现实的政治指向,则无疑在于说明南宋虽偏安一隅,却以道德礼仪华夏衣冠而居于无可置疑的"正统"地位。

周密论"正统"[①]的基本框架与主要内容皆承朱熹而来,又有所推进。至其细处,则以"道德性"解释"正",以"普遍性"解释"统",虽然也顾及了"普遍性"的基本要求,但是已经将"道德性"绝对地提升在了统治地域的"普遍性"要求之上。依照其说而推论及史,则"道德性"与"普遍性"同时具备的"正统之兼备,自三代以后,五季以前,往往不能三四"。但这样的严格判划,正是要彰显以"道德性"作为判别正统与否的基本标准:如果以诈取力争而得天下者也可以号称"正统"的话,则"夫徒以其统之幸得,而遂畀以正,时自今以往,气数运会之参差,凡天下之暴者、巧者、侥幸者,皆可以窃取而安受之,而枭獍蛇豕豺狼,且将接迹于后世。为人类者,亦皆俯首稽首厥角,以为事之理之当然,而人道或几乎灭矣!天地将何赖以为天地乎?"以至于在周密看来,三代以后只有汉、唐与宋三朝"可当正统",至于欧阳修以来以至朱熹皆将其

---

① 周密(1232—1298)论"正统"的文字,见于《癸辛杂识·后集》之"正闰"条,收于氏著《癸辛杂识》(北京:中华书局1988年)第97—100页。引文皆据此本,不各为细注。

纳入"正统"的秦、晋和隋三朝，则被周密划为"有统无正"[1]。

郑思肖的"正统论"思想，集中见于《古今正统大论》一文[2]，而其所论"正统"的构成要素，在消极的一面，已经完全排除了统治地域之"普遍性"的要求；在积极的一面，不仅仅以礼义文明的道德性立说，并且已经发展到了以民族异同统帅礼义文明为准据，作为判别"正统"与否的地步[3]。其文开篇即云："中国之事，系乎正统；正统之治，出于圣人。中国正统之史，乃后世中国正统帝王之取法者，亦以教后世天下之人，所以为臣为子也"，又说"与正统者，配天地，立人极，所以教天下以至正之道"，可谓直接发明了传统"正统论"的法政哲学性质与秩序批判意向。但在宋元易代的情势与惨痛中，郑思肖以民族为本位的、极端激烈的"正统论"，实属前所未有。其在华夷之分的原则下，以"君臣华夷"为"古今天下之大分"，进而坚持以华夏行乎华夏夷狄行乎夷狄的标尺，将历来认可的北魏孝文改革论为"僭行中国之事以乱大伦，是衣裳牛马而称曰人也"，将历来盛称的唐朝，也以其先人有胡人血统而将其逐出了"正统"之外，"李唐为晋《载记》凉武昭王李暠七世孙，实夷狄之裔，……特以其并包天下颇久，贞观、开元，太平气象，东汉而下，未之有也，姑列之于中国，特不可以正统言"。而其理

---

[1] 周密此条成文年日已不可确考。知周密在宋亡以后隐居弁山，后因家业毁于大火，乃移居杭州癸辛街，故其晚岁文字乃以《癸辛杂识》为名，成数集传世。而此"正闰"条收于《癸辛杂识·后集》中，则其成文必在入元以后无疑。故其所论"正统"，必以"道德性"为旨归，而极力将秦、晋、隋划入"有统无正"，则其中现实政治意指在于论元朝统治为"有统无正"，不言而喻。

[2] 郑思肖（1241—1318），字所南，世称所南先生。此文收于氏著《心史》。《心史》成于宋元之际，以铁函封存沉于枯井之中，至崇祯十一年（公历1638年）乃重见天日，对明清之际的思想界影响甚大，名士如黄宗羲、顾炎武等，皆有诗吟咏，而黄宗羲在《史》篇中表达的"正统"思想，尤其与所南此文相关。笔者有《心史》崇祯版影印本之PDF文档，以文字模糊辨识不易之故，以下引文皆据前及饶宗颐著《中国史学上之正统论》附录第121—124页所收《古今正统大论》文本，不各为细注。

[3] 对这一点的理解，除了与宋亡于蒙古这一"蛮夷"民族有关外，似乎还必须考虑到元朝奉行不平等对待"汉人""南人"之民族歧视政策的影响，后者在黄宗羲的正统论辩中有明确体现，详见下文。

论依据则在于"圣人、正统、中国本一也。……故得天下者，未可以言中国；得中国者，未可言正统；得正统者，未可以言圣人。唯圣人始可以合天下、中国、正统而一之"。在这一思路下，郑氏又对"正而不统、统而不正"以及"得地势之正者为正统"的观点提出批判，认为"正统"不可以分解而论，而其关键乃在于"正"之一字，至其解释又显然以取得天下的途径是否符合"道德性"的基本要求为准据。以至于在他的标准下，"若论古今正统，则三皇、五帝、三代、西汉、东汉、蜀汉、大宋而已"，煌煌大唐已经从"正统"被降格为"中国"，其他秦晋魏隋，则更无足论矣①。

在宋元易代的历史情境中，周郑所论虽然承朱熹对"正统"之"道德性"要件的理解而来，但做出这样极端的强调，恐怕又是朱子所未曾想见的。然而似乎正是这种历史忧患的相似，使得宋代之"正统论"言说对明清之际的"正统论"影响最大。本来，"正统论"之所以在宋代讨论的最多，就恰恰表明了有宋一代士人深层的文化忧虑；而其间南宋之与北宋，又有着一些实质性的差异。北宋士人论"正统"，无论在其他方面如何争议，对于"普遍性"一条则是普遍地认同。究其历史原因，似乎主要在于北宋在北有辽金、西有党项西夏的立国形势下，并不具有周秦汉唐那样四方来朝、天下一统的规模。尤其是在"澶渊之盟"以后，宋代立国的方针已经正式转入守成。在这样的历史情势下，士人论"正统"必以统治地域的"普遍性"为说，乃明显隐含着士人阶层深处的政治忧虑和暗暗涌动的进取意图。大凡于宋文稍稍有所猎读者，皆知北宋时即有汉、唐、宋为"后三代"之说，且士人往往以"汉唐不足法"而当"法尧舜"

---

① 观郑思肖行文，不难发现其激昂慷慨充溢于字里行间，甚至时发非理性之议论，如论及司马晋室时，居然有"司马绝无善治，或谓后化为牛氏矣"等街头巷议式的说法。故而，可知其议论"正统"，情绪性的宣泄要多于理性冷静的思考。黄宗羲的"正统论"虽然受到过郑氏的影响，但其从《留书》到《明夷待访录》，已经完成了从情绪激烈的发言到冷静理智的思考的转变，已非郑氏可比。详见下文。

立论①,似乎气象超迈。然而,观乎其言而察乎其情,一旦透过表层言辞的修饰,而转到那些堂皇前台的背后,进入那些高言大论的深层,就不难发现上述政治忧虑的隐隐发用,以及进取意图的强劲脉搏。降至南宋,虽然时时仍有"恢复"论调,但是所谓"大宋"已不可能起弊重生而恢复汉唐天下,也已经是万般无奈的基本事实。时移世易,进取意图也就转为了内敛的精神。故而,所谓"正统",也就必须从内部进行强势论证,才能保证王朝统治的正当性,也才能安顿士人阶层渴慕着价值与意义的心灵。于是,礼义文明的"道德性"论说,即由此而大振。然而细究其历史际会,则可知南宋诸儒之陈义虽高,其中却多有无奈与不得已而为之的困顿。

然而,就思想论题的延续性和理论言说的相似性而言,宋代士人对"正统论"进行辩说背后的忧患意识,并没有随着蒙元的强霸中原而结束,而是以另一种略微不同的方式,实质性地介入了从元朝中叶直至明清之际士人对"正统"问题的讨论。

元代修宋、辽、金三史,官方以三家各有"正统"为修史原则,民间议论则多不与之,故有"正统"之辨。自此时以至元明之际,论"正统"而影响于有明一代学术者,当以杨维桢、王祎和胡翰三人为最②。杨氏认为"正统之义,立于圣人之经,以扶万世之纲常",

---

① 参看余英时《朱熹的历史世界》(北京:生活·读书·新知 三联书店 2004 年)中的相关论述。
② 二人对黄宗羲的思想学术皆有影响。梨洲有《赠二万北上诗》,其中"且莫一诗比老妇"中的"老妇",其典故之所出,即在杨维桢上明太祖朱元璋以示其不出之意的诗作《老客妇谣》(又称《老妇行》);胡翰之学对方孝孺的"正统论"影响甚大,而黄宗羲的"正统论"又与方孝孺极有关系。另外,黄宗羲在《明夷待访录》的"题辞"中也明确提到过他曾受胡翰学说的影响。杨维桢(1296—1370)论正统的文字为《正统辨》,全文见前及饶宗颐《中国史学上之正统论》第138—141 页附录资料。王祎(1321—1372)论正统的文字为《正统论》,亦见前及饶第 148—149 页附录资料。涉及杨、王二人者,引文皆据此本,不各为细注。胡翰(1307—1381)论正统的文字为《正纪》一篇,为前及饶宗颐《中国史学上之正统论》第150—151 页附录收录。胡氏此文又见于《宋元学案》第八十二卷《北山四先生学案》中,名曰《正纪论》,见《黄宗羲全集》第六册,第269—271 页,引文据此,不各为细注。又,黄宗羲《易学象数论》还收录了胡翰的易学论文《衡运论》,亦与此有关,而黄宗羲也自有《衡运》一文,其中论及胡氏学术,部分内容可与《明夷待访录》的"题辞"互解。梨洲之《衡运》见《黄宗羲全集》第九册,第 268—269 页。

关系重大，不可轻与。其论"正统"，主于礼义文明的"道德性"，并辅以统治地域的"普遍性"，却绝对排斥"居有中国"的地理标准。据此，杨氏认为北宋灭亡后，金虽据有中原地域，但"正统"却在南宋而不在金。杨氏又从"道统"传衍立论，论"正统"必须以"道统"为依归，而"道统"从尧舜禹汤以至于濂洛周程，宋室南迁以后则为朱子，朱子以后则为入元之许衡。故而，元之"正统"乃承续南宋而来，不在辽与金："我元之大一统者，当在平宋，而不在平辽与金之日"，"天数之正，华统之大，属之我元，承乎有宋，如宋之承唐，唐之承隋承晋承汉"。论"正统"而以"道统"立说，此义为杨氏第一个明白揭出。王袆论"正统"，其关键处皆本于欧阳修的论说，并无发明。但他身在南宋以后，却并不强调以礼义文明的"道德性"为准据，反而极力强调以王朝统治地域的"普遍性"为根本标准，以至于得出了如下观点：宋室南迁以后"正统"中绝，直到蒙元灭南宋重新合一天下后，"正统"才重新得到恢复和继续，可算得是"正统论"言述历史上少有的异说。

胡翰对"正统"的论说，就思想史论说的理路而言，似上承陈师道的"正统"言述而来，不但直接影响了方孝孺的思想学术，而且下开黄宗羲"正统论"的基本格局。胡氏之说，以"天"、"地"、"人"三层意思立论，只有在这三个层面都具备，才足当"正纪"（"正纪"即"正统"）。其《正纪论》开篇即云："六合之大，万民之众，有纪焉而后持之。何纪也？曰：天纪也，地纪也，人纪也。天纪不正，不足以为君；地纪不正，不足以为国；人纪不正，不足以为天下"。而所谓"天纪"，乃就帝王受命而言，"何谓天纪？天子无所受命者也。其所受命者，天也"，"天之所废，孰能兴之？天之所兴，又可废乎？皆历数也。"故而对于"正统"而言，"天"之一层，实为人力所不及，而"地"与"人"的方面，却可以人力的谋划措置来达到。对于"地"，胡氏之言曰："何谓地纪？中国之与夷狄，内外之辨也。以中国治中国，以夷狄治夷狄"。接下来，胡翰乃明确提出了地理意义上之"中国"的具体范围，"其外四夷居之，风气不同，习俗亦异。……虽有圣人，不能使之同仁。从其族类可也"，即主张以礼义文明治理华夏中国，至于夷狄，则使其自安其俗为治，既反对蛮夷猾夏，又反对以夏变夷，并据此而对汉唐的拓远殖民提出了批评①。对于"人"，胡翰的所指在于"君臣"、"父子"、"夫妇"、"朋友"与"长幼"的五伦秩序，而这种秩序的建立和维持，又必须以"天纪"、"地纪"的"得其正"为条件，即"天地之纪不正，虽有人纪，……何自而立哉！"虽然如此，胡氏并未完全否定"人纪"的独立价值，而是主张"人纪之在天下，固有不可泯焉者也"②，因为这正是象征着华夏中国礼义文明的具体依托。以至于对"天""地""人"三者的基本关系，胡氏乃主张"天下莫要于人纪，莫严于地纪，莫尊于天纪，乱其一，则其二随之，乱其二，则三者夷矣"，三纪并立，方为"正统"之名实相符。由此以横诸史乘，能够满足这种标准的，只有"尧、舜、禹、汤、文、武之世"，于是胡翰所开出的达到天下大治的药方乃是，"善为天下者，亦法乎尧、舜、禹、汤、文、武而已矣"③。但是自周灭秦起以来，在这"三纪并立"严格标准的

---

① 方孝孺论唐代事功而批评太宗强为功以臣夷狄终至于为中晚唐的藩将祸患埋下根由时，有如下一段文字，即直接承自胡氏此论："先王之治天下，为其所当为，而不强其所难为，……后世之君多好徼功于夷狄，故其衰也，常受夷狄之祸，……古之人君非不欲广地众民，非不能攘远伐乱，而未尝以逞于夷狄者，知夷狄之不可以仁义怀，不足以兵力取，而恐为中国之患也。"见方孝孺《逊志斋集》（宁波：宁波出版社2000年）第167页。
② 胡氏对于人纪之重要并未多做解释，但其门人方孝孺之《晋论》有如下一段文字，可为胡氏此语最好之注解："天下固非知虑之所能守也，然而先王终不敢忽人事而不修，以为尽吾所当为，俾无复遗失，然后可以奉承天之与我之意。天之予夺，岂偶然哉！其得也必有所自，其失也必有所致。天非不欲人得其全且久也，然数百年而仅一见者，人不能尽其道，天虽欲与之而不可得也。"见前及方孝孺《逊志斋集》第151页。
③ 胡翰有《井牧论》《慎习论》，即承《衡运论》、《正纪论》而下，论井田、任人之制与起弊兴革之道，对黄宗羲的法政思想颇有影响。《井牧论》《慎习论》见《黄宗羲全集》第六册，第271—282页。

衡量下，却是连一个称得上"正统"的朝代也没有了①。——这就给明儒提出了必须面对的基本问题。

2. 明代"正统论"的主要言说

明初论"正统"者有数家，其中王彝除了以《帝王统》论列传统的"正统论"内容之外，又特别以孔子为首单列《素王统》以纪儒学，堪称新说；然而究其具体内容，实为儒家"道统"的传衍统续②。而明初其他人物，如宋濂等，论及"正统"，多不过维持"全有天下"的旧义，无所发明，并因此而承认明代"正统"为继承元朝而来。明初纂修《元史》时，对元朝的"正统"地位并未发生什么激烈的争议，即是其时这种"正统"观念之明证。这种情形直到方孝孺之"释统"出，才发生了实质性的改变。饶宗颐先生乃至于盛称"方氏《释统》之作，足与欧阳修媲美，实为正统论之后殿"，为"史学史上不可磨灭之大文章"③。

方正学之论"正统"④，其大要承胡翰《正纪》而来，至其立论，则对胡氏既有承继又有修正。方氏之"正统论"，以正名立本，以劝戒为用，在前代正闰说的基础上，立"正统"与"变统"二义，正统旨在"劝善"，"变统"旨在"戒恶"，一正一反，各为其用，以达到"正统论"之法政批判的理想目的。方氏之论，首先对"以全有天下，号令行乎海内者为正统"的观点提出否定，并明确标出

---

① 这一点正与黄宗羲在《明夷待访录》的"题辞"中转述胡翰学说，云"起周敬王甲子以至于今，皆在一乱之运"的说法完全吻合。也正是由于这种"正统"的不可企及，方孝孺才发展出了"变统"的学说，以收劝世之效果。详见下文。
② 见前及饶宗颐《中国史学上之正统论》，第57页。
③ 同上，第58页。
④ 方孝孺（1357—1402）专论正统的文字共有四篇（《释统》三首与《后正统论》一首），收于《逊志斋集》卷二"杂著"目下，也为前及饶宗颐《中国史学上之正统论》附录所收，句读则略有不同。本篇引文据方孝孺《逊志斋集》（徐大化点校，宁波出版社2000年）本第52—60页所收文字，对其句读，则略有调整，不各为细注。

"正统之说"的目的在于"假此以寓褒贬,正大分,申君臣之义,明仁暴之别,内夏外夷,扶天理而诛人伪"。就"正"与"统"而言,方孝孺乃极强调"正"字的意义,认为"古之能统一宇内,而动不以正者多矣",而凡"动不以正"的情形,都不可以"正统"称之。方氏论"正"字的含义,皆在"仁义而王,道德而治"八字,前者是对取得权力和统治地位所提出的合法性要求,后者是对行使权力施行统治所提出的合法性要求。能够符合这个标准而称"正统"的,只有三代,即"天下有正统一"。但是如果"举三代而下皆不谓之正统,则人将以正统非后世所能及,而不勉于为善矣,其弊至于使人懈怠而无所劝"。于是对于汉、唐、宋三朝,虽然不能像三代一样实至名归地居于"正统",方孝孺也以"其主皆有恤民之心,亦圣人之徒"为条件,而依照孔子"与齐桓、仁管仲之意"将它们"附于正统",以图收劝善之效果。另一方面,为了戒恶,方氏在"正统"之外又立"变统",并列出了三种情形:第一为"取之不以正"。在这种情形下,即使王朝在统治地域上已经"全有天下",也不可以算为"正统"。方氏认为晋、和南朝的宋、齐、梁等都是这种情形。这是方孝孺对单以统治地域的"普遍性"立说以论"正统"的否定,因为"举有天下者皆谓之正统,则人将以正统可以智力得,而不务修德矣,其弊至于使人骄肆而不知戒"。第二为"守之不以仁义,戕虐乎生民"。在这种情形下,一个王朝即使前后传衍了百数十年,也不可以算为"正统",方氏以秦和隋为此种情形的历史例证。这是对单以统治时间的"延续性"立说以论"正统"的否定,因为如果"守之不以仁义,戕虐乎生民"还可以被算为"正统"的话,则儒家的王道理想就永远不可能获得实现的机会了;第三,"夷狄而僭中国,女后而据天位,治如苻坚,才如武氏,亦不可继统矣"①。因为"彼篡臣、贼后者，乘其君之间，弑而夺其位，人伦亡矣，而可以主天下乎？苟从而主之，是率天下之民无父无君也"。至于夷狄，则"侄母烝杂，父子相攘，无人伦上下之等也，无衣冠礼文之美也。故先王以禽兽畜之，不与中国之人齿。苟举而加诸中国之民之上，是率天下为禽兽也"。

方孝孺论夷狄不可以具有中国"正统"，其着眼处主要在于否定明初认定给元朝的"正统"地位，并为后世法政之德考虑，即"苟以夷狄之主而进之于中国，则无厌之虏何以惩畏，安知其不复为中国害乎？"②方氏这一论点虽然承胡翰讲论"地纪"时论"夷夏之防"的内容而来，却并不坚持严格以地理标准来区分"华"与"夷"，而是做出了以"礼义文明"为标准的修正。其论"中国"一则曰："夫所贵乎中国者，以其有人伦也，以其有礼文之美、衣冠之制，可以入先王之道也"，再则曰："夫中国之为贵者，以有君臣之等、礼义之教，异乎夷狄也。无君臣则入于夷狄，入夷狄则与禽兽几矣"。虽然方孝孺论元为夷狄，而极力排斥之，但其着眼却不是地理性的而是礼义文明性的，即元朝"侄母烝杂，父子相攘，无人伦上下之等也，无衣冠礼文之美"的政教风俗。当被人问及"荆舒以南，《春秋》之所夷狄，独可为正统乎"的问题时，方孝孺的回答也是礼义文明性的："自秦以来，（荆舒以南）袭礼义而为中国者二千年矣，人伦明而风俗美"，自然不可再以夷狄论处之。自方孝孺以后，严"华夷之辨"以礼义文明和"道德性"立说的"正统论"逐渐成为明代的主流学说，而以地理区域的"普遍性"和以王朝统治时间长久的"延续性"立说的"正统论"，则受到前所未有的激烈批判，

---

① 方孝孺在《释统》中没有明确提及"篡臣"，而在《后正统论》中又说"有天下而不可比于正统者三：篡臣也，贼后也，夷狄也"，主要是因为在《释统》中"取之不以正"的情形下，已经包括了篡臣。
② 黄宗羲在《留书》之《史》中所发议论，简直可以方孝孺此语之正解视之，详见下文。

甚至被完全否定而单以"华夷之辨"和"道德性"立说以判"正统"与否。至于胡翰所发明的以地理标准来伸张"华夷之辨"这一思路，除了丘濬还记得并有所强调以外，直到明清易代之后黄宗羲重新论及之前，几乎被明代士人遗忘了二百多年。

方孝孺的"正统论"言说很快就成为了明代士人的基本共识，自此之后以至于清初，士人学者对"正统"的讨论和主张多未出其范围，基本上是各取方氏学说之一面而有所发挥，或自抒所见以图补方氏论说之未臻完备而已。故其间论者虽多，但堪称有发明创作的却极为鲜见。其甚者如徐奋鹏著《古今正统辨》①一文，发挥"正统"之"正"为"道德性"的含义，并将这一条标准推至极端，乃称"天地初混，得盘古氏而始开；天地再混，得我高皇帝而重开"，并主张说"上承唐虞三代以来之正统者，惟我明而已"。——居然弄到三代以下惟有朱明王朝可以称为"正统"的地步，确实已经太离谱了。终朱明一代两百余年，能够将方孝孺的"正统论"思想积极接纳、有所发挥、并具有相当思想史影响的，当首推丘濬和杨慎；而能够对方孝孺及此前学说提出批评又自出新义的，则当以章潢最为重要。

虽然丘濬论"正统"之大略乃承方孝孺而来②，却有其特别之处，在于他尤其强调地理性的华夷之辨，并且以论"正统"为题、根据《大学》的推演思路演绎出了统括夷夏、君臣、父子于一体的法政哲学构建③。"夫华夷之分，其界限在疆域。华，华；夷，夷狄也。华不华，夷不夷，则人类淆世，不可以不正也"，由此分别出发，

---

① 徐奋鹏（1560—1642）《古今正统辨》一文，见前及饶宗颐《中国史学上之正统论》第160页附录资料。
② 丘濬（1418—1495）论正统的文字集中见于《世史正纲序》一文，见收于前及饶宗颐《中国史学上之正统论》第163—165页附录资料。引文皆据此本，不各为细注。丘濬的法政思想对黄宗羲有不小的影响，但以思想史的立场而论，则丘濬的法政思想之大要，仍为传统儒家"正心诚意""格君心之非"一路，黄宗羲则已经突破此框架而深入到了制度性批判和重建，二者虽有承续，却有质的不同。
③ 本篇仅以正统论的华夷之辨处入手讨论，至于丘濬由论正统而论君臣父子的部分，则在下文就黄宗羲对该问题的思考予以对观讨论，兹不详及。

丘濬主张华夏对于夷狄的绝对领导地位，主张在"华必统夫夷，夷决不可干中国之统"的基本原则下，"华夏安乎中，夷狄卫乎边。各止其所，而不相侵凌"，而华夏中国则在天命圣君的治理下，达到"人之所以为人者，相生相养，各尽其性，各全其命"的理想境界。而论之以史，则丘濬认为汉唐为"华夏纯全之世"，三国为"华夏割据之世"，南北朝和宋金对立为"华夷分裂之世"，东晋和五代为"华夷混乱之世"，而"胡元入主中国，则又为夷狄全纯之世焉"。并且认为"世道至此，坏乱极矣"，"中国之统尽绝"，"三纲既沦，九法亦斁，天地于是乎易位，日月于是乎晦冥，阴浊用事"，以至于在元朝统治的九十多年间，"中国之人，渐染其俗，日与之化，身其氏名，口其言语，家其伦类，忘其身之为华，十室而八九矣"，如果不是有华夏圣君出世，"乘天心之所厌，驱其类而荡涤之"，则所谓"中国"就彻底无以成之为"中国"了。前文已及，方孝孺已经根据华夷之辨立论而明确排斥元朝的"正统"地位，至丘濬乃将这种排斥发挥到了极致，而其言辞之激烈亦为此前之所未见。杨慎以《广正统论》论"正统"，志在继承方孝孺的观点而"广其未备"①，其做出拓展与发挥之处，主要在于以"易天明"、"逆天常"、"乱天纪"为说，对方氏列为"变统"之三的"夷狄"、"女主"和"篡弑"做出了更为形而上的解释。对于"夷狄"，杨氏说"夷乱华，足加首，非乎！而夷狄是已，是曰易天明"，并认为这种情况至胡元入主中国而达到极致，称其为"稽诛于两仪者也"。对于"女主"，杨氏说"柔乘刚，阴干阳，非乎！而女主是已，是曰逆天常"，并举吕雉和武则天的情形为例，称其为"稽诛于三纲者也"。对于"篡弑"，杨氏说"戕其主，逆其天，非乎！而篡弑是已，是曰乱天纪"，

---

① 杨慎（1488—1559）论正统的文字集中见于《广正统论》一文，见商务印书馆国学基本丛书本《升庵全集》（1937年）第69—71页，此文亦全文收录于前及饶宗颐《中国史学上之正统论》第161—162页附录资料。

并举王莽和曹操为例,称其为"稽诛于万世者也"。并且以"道统"之传衍不可以接纳李斯、赵高、园澄、罗什等,来论证"正统"之中绝对不可以接纳夷狄、女主与篡弑的情形。至于章潢对"正统"的讲论①,重点在以"正"帅"统",并纯以华夷之辨和"道德性"立说来解释"正"之含义。其论之大要主于"纲常",而对此前欧阳修、朱熹等"混一天下"、"有天下久长"则为"正统"的观点进行彻底否定,对方孝孺区别"正统"与"变统"的观点提出了批判,并以"华夷之辨"为根据,力主元代绝无"正统"可言。章氏之论曰:"统谓之正,必其得天下以正,又能统之以正,然后可以言正统也"。至于"统"字的含义,章氏则以"纲常"为解:"夫统,以一言也。三之而为三纲,五之而为五常,九之而为九畴,万之而为万事万物,胥出于统也"。在章潢看来,"正统"的功能就在于"正天下",而"正天下必自正身始,正身必自正纲常始,正纲常必自尊君父始"。而所谓"纲常",在章潢看来乃是"有天下者所恃,以正天下之大端大本",故而"纲常"即为"正统"之血脉精神。在章潢看来,天下散乱之时,"救之以纲常则合",天下邪慝之时,"救之以纲常则正",以此为标准衡量,则合天下以正者为帝王,合天下而不正则为盗贼。故而以"混一天下"为"正统"的欧阳修和朱熹等,是"论正统而不精",其结果必定是以胡虏为"正统"而涣散了夷夏之防;以"正统""变统"来讲论"正统"的方孝孺等,则被章潢视为"论正统而不经",必将"驱天下沦胥于盗贼未已"。章氏认为,"天不变,统不变",故而"以纲常为正统",乃是"天地之常经,古今之通谊,圣贤之所授受,民物之所趋向者也"。横

---

① 章潢(1527—1608)论正统的文字集中见于《论历代正统》一文,该长文全文收于前及饶宗颐《中国史学上之正统论》第166—170页附录资料。下文所引皆据此本。章潢对"正统"的讨论,与丘濬一样,都明确在"正心诚意""格君心之非"的思路上发挥儒家法政哲学的基本内容。

之以史，则章氏认为三代以下，能称得上"正统"的王朝，只有汉代和明代而已；至于秦、晋、隋、唐、宋，虽然因为其得天下的途径凌犯了"君臣"之纲，因而不能实质的具有"正统"的资格，但是与蒙元以夷狄入主中原而导致"冠履倒置，天地晦冥，三纲既沦，九法亦斁"的情形比较而言，还是"中国人窃中国位、奸中国统"，在"忧中国之无主，幸斯民之衽席"的条件下，"幸而不黜，非轻纲常、亵正统也"。即虽然章潢论"正统"而力主于纲常，但在更加义正词严的"华夷之辨"面前，"纲常"的绝对刚性却受到了些许调整，而秦、晋、隋、唐、宋的五朝江天，最终也因此而勉强被章氏在"正统"中保留了一席之地。

由以上论述可见，在对蒙元灭宋而臣中国、明驱蒙元而复中国这两次历史事件深入反思的基础上，明初士人胡翰于宋元儒"礼义文明"的"华夷之辨"以外，重新发展出了"地域性"的"华夷之辨"，并以之作为衡论"正统"与否的重要条件。但是在彻底排斥元代"正统"地位的思路下，这种学说很快就受到了方孝孺的修正，而重新确立了"礼义文明"之"华夷之辨"在"正统论"言说中的主导地位，自此以后直至明清易代之际，这种观念就一直弥漫在儒家士人的知识世界，而成为了一般性的共识。明清易代，天崩地解，黄宗羲等乃重提地理性的"华夷之辨"，以图排斥满清统治，重建华夏中国，从而对清王朝的统治构成了重大理论挑战。直到熙雍时期，在经过清廷数十年小心经营之后，"礼义文明"的"华夷之辨"才再一次取代地域性"华夷之辨"成为知识界普遍接纳的"正统论"共识，并成为了清廷大力推行的官方意识形态[1]。

---

[1] 参看葛兆光《中国思想史》（上海：复旦大学出版2001/2009年）第二卷，第385—389页。

3. 黄宗羲同时代之"正统论"述要

明清易代之际,除黄宗羲外,顾炎武、王夫之、魏禧、甘京等也对"正统"问题有过或详或略的讨论。他们虽然都是由明入清的儒学人物,但彼此立场却有很大的差异。故在仔细论述黄宗羲的"正统论"讲述之前,略述其时贤讲论之大概,以资为梨洲论说进行较为准确的时代定位,亦可凸显其思想的个性特质。

后世以顾、黄、王称"明清之际三大思想家"[①],然而对于"正统"问题,顾炎武和王夫之的立场都十分消极,与梨洲的积极申张大不相同。顾炎武一生对明代王学末流空谈误国之弊激愤难平,并覃思发愤以图起弊纠正,故而其全部思想学术皆主张脚踏实地,言之有物,不作空疏无聊之议论。以至于当他论及"正统"问题的时候[②],其立说也以为以往的各种议论不足为训,而主张实事求是直书其事而已。对于《春秋》书"元年"和"王正月",历代"正统论"讲述都或明或隐地以之为立论与解释的根据,并以此"谨始以正端"为基础解释"居正"与"一统"的含义,而顾炎武给出的解释,却否定其中有所谓"微言大义",从而最为接近现代"历史学"的实证主义立场。顾炎武在引证了春秋时期几种记载都有以"王"纪年的情形以后说,"当时诸侯皆以尊王正为法,不独鲁也。……今人往往有得秦权者,亦有王正月字。以是观之,《春秋》'王正月',

---

① 清代学界有"国初三夫子"或"国初三大儒"的说法,指的是孙奇逢、李二曲和黄宗羲;清末民国以来,乃以顾炎武、黄宗羲和王夫之并称"明清之际三大思想家"。从孙、李、黄到顾、黄、王的转换,实际上标志着明末清初思想界和晚清民初思想界之问题意识与思想旨趣的重要转变。深入究竟此一问题,对准确理解现代中国的思想史境遇,必大有帮助。以此非本书论题范围,兹不详及。
② 顾炎武(1613—1682)论及正统的文字集中见于《日知录》第四卷"王正月"、"天王",第二十卷"年号当从实书"等数条,以下引文皆据安徽大学出版社2007年出版的陈垣校注本《日知录校注》,引文注释标示页码,不再具体指明卷数与各条标题。

必鲁史本文也。言王者，所以别于夏、殷，并无他义。刘原父①以王之一字为圣人新意，非也"②。又说，"天子常以今年冬班明年正朔于诸侯，诸侯受之，每月奉月朔甲子以告于庙，所谓禀正朔也，故曰：'王正月'"③。又说，"未为天子，则虽建子而不敢谓之正，……已为天子，则谓之正，而复加王以别于夏、殷，《春秋》'王正月'是也"④。不独如此，甚至对孔子在《春秋》中以"天王"称周室，并被后世讲论"正统"的学者百般引用并详尽解释的"书法"，顾炎武也给出了极为实证主义（甚至是实用主义）的"历史学"解释："《尚书》之文但称'王'，《春秋》则曰'天王'，以当时楚、吴、徐、越皆僭称'王'，故加'天'以别之也"⑤。进而，顾炎武认为所谓的"正统"问题，不过是编年体史书在编纂时由于列国纪年不一、不便整齐的缘故而引发的一个技术性的枝节问题罢了，历代争论纷纷，实为不必。论及史书，对历代争论不已的三国纪年，顾炎武主张"三国志则汉人传中自用汉年号，魏人传中自用魏年号，吴人传中自用吴年号"，并说"推之南北朝、五代、辽、金并各自用其年号，此之谓从实"。而对于由此产生的年代混乱问题，顾炎武只提出技术性的"若病其难知"一条，并给了同为技术性处理的"只须别作年表一卷"的答案⑥。至于顾炎武对《元史》的如下评论，若置之于方孝孺以来二百年间论及"正统"的文字中，则非"惊世骇俗"四字不能形容："《元史·顺帝纪》，至正二十八年，乃明洪武元年也，直书'二十八年'。自是以下，书曰'后一年'，曰'又一年，四月丙戌，帝殂于应昌'。是时明太祖即位三年，而犹书元

---

① 刘原父即刘敞（1019—1068），有《春秋权衡》等著作，与弟刘攽（1023—1089）同为北宋著名的经学家和史学家，二者皆与司马光同修《资治通鉴》。
② 见前及《日知录校注》，第167页。
③ 同上注。
④ 同上，第168页。
⑤ 同上，第174页。
⑥ 同上，第1115页。

主曰'帝',且不以明朝之年号加之,深得史法。疑此出于圣裁,不独宋、王二公之能守古法也"①。由以上所述可见,顾炎武对于历代学者争论不已的"正统"问题,实大不以为然,而其基本的立足点,大要在于鉴明学之弊而崇尚务实,反对蹈虚;及至于他根据"实书"的原则对《元史》所发之评论,居然一反方孝孺以来根据华夏"正统"立说,进而对之予以批判和否定的"经史之学"大传统,甚至称赞它"深得史法",则不免有矫枉过正之嫌②。

王夫之对所谓"正统"的看法③,如顾炎武一样是批判性而彻底否定的。其论以批判"五德终始论"为始终,其主体论述则以"天人"、"离合"、"治乱"为基本概念框架展开。其言曰:"正统之论,始于五德。五德者,邹衍之邪说,以惑天下,而诬古帝王以征之,秦、汉因而袭之,大抵皆方士之言,非君子之所齿也"。而其批判性立论的根据,则在于以"天人"之别以言"离合""治乱":"治乱合离者,天也;合而治之者,人也","一合而一离,一治而一乱,于此可以知天道焉,于此可以知人治焉","天下之势,一离一合,

---

① 见前及《日知录校注》,第1117—1118页。亭林此说亦有所据。在宋濂为朱元璋起草讨元檄文时,朱元璋已经以斯民父祖生养于元为理由责备其措辞过于激烈,后来修《元史》而与之正统的理由,其大端似乎也正在于此。这一点在方孝孺《后正统论》如下一段文字中已论述分明:"百年之间,四海之内,声音器用,皆化而同之。斯民长子育孙于其土地,习熟已久,以为当尔。昔既为其民矣,而斥之以为夷狄,岂不骇俗而惊世哉?"至于方孝孺不提及朱元璋与宋濂之名的缘故,或出于"忌"与"讳"二字之隐衷。

② 就顾炎武现存《日知录》与《诗文集》(北京:中华书局1959/1983年)而言,他不但对于所谓"正统"深以为然,对于"华夷"问题也少见议论,《日知录》中凡涉及夷狄的内容,都是就事论事的考证史事,并没有任何引申之言。这种情形是亭林原本即是如此,还是文本流传过程中遭受删改所致,如今已经不可确考。至于学界举为名言的"亡国"与"亡天下"之辨,历来以为其据满清入关之事以"华夷之辨"为宗旨而发,实则未必。考顾炎武"亡国"与"亡天下"之辨,出于《日知录》第十三卷"正始"条中,其所论乃就魏晋玄学破坏纲常名教而发(见前及《日知录校注》第721—723页),通篇文字间无丝毫涉及或通过暗示而指向"华夷之辨"的意思。以此论必须细考亭林学养背景与学术精神,并参合其他资料作专文申述析辨,此不详,而本论亦止于以上所述,并不将此一段文字纳入讨论。

③ 王夫之(1619—1692)论及"正统"的文字,集中见于《读通鉴论》第十六卷"武帝 七"和"卷末"之"叙论 一",分别见《读通鉴论》,北京:中华书局1975年,第539—540页和第1106—1108页。引文据此,不各为细注。

一治一乱而已。……明于治乱合离之各有时,则奚有于五德之相禅而取必于一统之相承哉!"由此出发继续"离合"的思路而论及于史,王夫之论述了中国历史数千年间治乱的基本情势:"三代"时"天下虽合而固未合也,王者以义正名而合之",天下尊共主而治。秦灭六国以后,"天下并无共主之号",此后也就无所谓"统"了,从而开始了一合一离、治乱循环的历史。由汉以至于五代,当其合,则天下为治;当其离,则"各为帝制以自崇,土其土,民其民,或迹示臣属而终不相维系也",但是"统之为言,合而并之之谓也,因而续之之谓也",则此时已经是各不相属而无以为"统"了。从宋代至于清初的情形,"当其治也,则中国有共主;当其乱也,中国并无一隅分据之主。盖所谓统者绝而不续"(这里虽然说的是宋明为治而蒙元为乱的史事,隐含的指向却为清初的现实无疑)。事实如此,而"夫统者,合而不离、续而不绝之谓也。离矣,而恶乎统之?绝矣,而固不相承以为统",则此种情形下,"当其治,无不正者以相干,而何有于正?当其乱,既不正矣,而又孰为正?有离,有绝,固无统也,而又何正不正邪?"那么,此时是不是就真的不存在"正"与"不正"的判别了?王夫之的答案是否定的,因为"正不正存乎其人而已矣,正不正,人也;一治一乱,天也",而王夫之所谓的"人"之正与不正,却又在于华夏与夷狄的分别。故而,此时此地,在并不存在所谓之"统"的情形下,所可以期望于"人"而能够行礼义文明、积道德以膺天命"合"天下以为"治"的,端在一途:"崛起以一中夏者"。由此则可知,王夫之否定传统所谓"正统"论的一个理由,即是期望以华夏中国的重新建立以为"治",来取代满清入关所导致的"乱",而"统"所强调的"连续性",却直接成为了取代满清统治并重建华夏中国的理论障碍。

与顾王二老同为易代隐居之人的魏禧,对传统"正统论"却持一种积极伸张的立场①。其对"正统"问题的论述，以回应欧阳修、苏轼和郑思肖等"正统论"言述的形式展开，认为三者各有其得，又各有其偏见，故而欲辨三子之非而申明"正统"之所是②。在魏禧看来，欧阳修论正统"有时而绝"为其得，而论"正统"有时而绝却不见"统"之未绝为其失；苏轼以名实之辨论"正统"为其得，而以"有天下"且生长于其间立论界说"正统"为其失；郑思肖以得国之正与不正判别"正统"与否为其得，而为了尊宋而至于黜唐而不知唐宋在实质上的类似为其失。魏禧本人则并立"正统"、"偏统"与"窃统"三个名目，来解决传统史学和法政哲学层面的"正统"问题：第一，所谓"正统"，指的是"以圣人得天下"，或者"德不及圣人，而得之不至于甚不正"，并且"功加天下者"的情形。在魏禧看来，以实至名归而符合这一标准的，首先是上古三代的唐、虞、夏、商和周，三代以下则为西汉、东汉、蜀汉、东晋、唐和南宋。第二，所谓"偏统"，指的是"正统绝，而其子孙无足以系天下之望，而后归之偏统"，魏氏以后唐和后汉作为这种例子。第三，所谓"窃统"，指的是既非"正统"亦非"偏统"，以贼乱篡弑发迹，即使已经达到了已经"正乎其为天子而有天下"的情形，也"不得不归之窃统"。在魏禧看来必须归入这种"窃统"的，有嬴秦、曹魏、司马晋、南朝的宋齐梁陈、杨隋、五代的后梁后晋和后周、以及赵氏北宋，——这些朝代虽然地理幅员之大小各异，享国运祚之短长不同，但共同的本质都是"取之以诈力"，而这一点正是魏氏"窃统"的充要条件。

总的来说，魏禧的"正统论"言说近于折中，也比较温和可取，但是却明显存在一个严重的问题：最初是最受史法贬斥而居于"窃统"的西晋和北宋，经过数百年的传衍到了东晋和南宋时，却成为

---

① 魏禧（1624—1681）论正统的文字，集中见于其《正统论》上中下三篇，见《魏叔子文集》，北京：中华书局 2003 年，第 35—42 页。引文皆据此本，不另为细注。
② 三子之说，前文已及，此不转述。

了实至名归的"正统"。虽然魏禧已经意识到此问题，并以答设问的形式作了血脉延续的历史性解释[①]，但却始终无法抹去这种情形对其以"得国之正"来义正词严地界定"正统"之根本立场的伤害。事实上，其中问题在于逻辑标准的不一贯，即：在魏禧以"得国之正"界定"正统"时，不但以取得政权之方式的合道德性标准立义，还同时强调了子孙继承祖先基业时血脉传衍的要素，以及享国延续久远的时间性要素，以致这些基本的构成性要素在其理论内部发生了冲突和矛盾。为了解决魏禧"正统论"言说中的内在矛盾，乃有甘京、邵廷采等人的"正统论"言说为之修正。以邵廷采为入清以后出生之人，本文对其说乃存而不论；独对甘京的"正统论"言说略述大要，以见其时士人"正统论"辩说中更为激烈的一面，并且作为梨洲"正统论"言述在同一时代的最后一个参照。

甘京论"正统"[②]，即从批评魏叔子以西晋北宋为窃统，而又以东晋南宋为正统之不当入手，"为严绝之"而发论辨析，以"使天下后世，知正统之不可以一日而或奸，篡统之名，垂于万万世而不能改也"。其具体论述以"正统"、"篡统"、"攘统"三名目立说，对于"正统"，甘京说，"禅者，正统也。诛君吊民者，正统也。正统之子孙，世守其天下者，正统也。正统之子孙，灭篡统而中兴者，正统也。正统之子孙不能守其天下，偏安于一方，以系正统之脉者，正统也。……外此皆非正统矣"。对于"篡统"，甘京则又分别"为

[①] 魏氏原文说："晋、宋之君天下，天下奉为共主久矣。虽其始不正，前后相承，而元帝高宗，当灭亡之余，有特起之势，又以子孙复其祖业，义不得不进之于正统。"（见前及《魏叔子文集》，第39页）此处魏氏所论，明显是一种以时间和血脉的延续性立说的历史性解释。

[②] 甘京（1622—1667），生平不详，《清史稿·列传第二百六十七》"儒林 一"仅有简略记述如下："京，字健斋，南丰人。负气慷慨，期有济於世。慕陈同甫之为人，讲求有用之学。与同邑封濬、曾曰都、危万光、汤其仁、黄熙勳事文浡，粹然有儒者气象，时号'程山六君子'。著《轴园稿》十卷"。其专论"正统"问题的《正统论》一文，据前及饶宗颐《中国史学上之正统论》第205—207页附录之文本，不各为细注。

人臣废弑其君而自立者"的"异姓之篡",和"以不同父之兄,而废同父之子以自立者"的"同姓之篡"两种情形。对于"攘统",甘氏的界定是"其势废矣,因而废之,其人废矣,因而自立。物自来而取之曰攘,上以别于正统,下以别于篡统,曰攘统"。甘京这三统的界定,不过是对魏禧三统的严密和细化而已,其修正魏禧的地方在于其以血脉延续论"继统"的思路:"继正者得谓之正,所以隆正统也。继篡者概谓之继,继攘者概谓之继,所以重罪篡与攘也"。如此一来,似乎消弭了此前"正统论"中由极端强调得国之正的"道德性"而来的矛盾,但事实上却又种下了另一个严重问题:若以血脉延续而继承"正统"者永为"正统",并以君臣一纲永为维护,则这种"正统"与汤武之臣面对桀纣之君而吊民伐罪所得"正统"的合理性之间,必然又会发生理论上难以通融的扞格。

4. 黄宗羲之"正统论"言说述微①

黄宗羲的"正统论"讲述,集中见于《留书》中《史》之一篇,而在黄氏其他文章著述中,亦多有星光闪耀之辞可资引证。另外,黄宗羲对"正统"的看法也并非一成不变。就现有的资料而论,可以说黄宗羲早年在《留书》中所表达的"正统论"思想,是严格地从"华夷之辨"出发的,而且极力强调"华"与"夷"在地里居处上之差异的重要性。但是,综合《明夷待访录》等文章著述中关涉王朝正统的文字,则可以论定黄宗羲后期的"正统论"思想,已经因受到以"天下为主"和"保民而王"等思想的微妙影响而有了更进一步的深化和发展。

在《留书》之《史》篇一开头,黄宗羲就以批判的立场提出了"使

---

① 本小节的一个改写版,曾以《黄宗羲史学正统思想之法政意涵述微》为题发表在《福建师范大学学报(哲学社会科学版)》2014年第6期上。

乱臣贼子得志于天下者,其后之作史者乎"的激烈观点。而他之所以要归咎于"后之作史者",乃是因为他们不明《春秋》义法,以至于混乱"正统",不但收不到"孔子成《春秋》,而乱臣贼子惧"那样劝善戒恶的效果,反而在纲常名教的破坏方面助长了夷狄之志。具体而言,梨洲所论乃以其对《晋书》、《新五代史》、《宋史》和《元史》为例所提出的批评中逐步展开。

对于《晋书》,黄宗羲认为,传统史书中的"纪",是为了记载华夏"正统"的传衍而设,其具体记述则以帝王为经纬①。但是《晋书》却改变了《史记》以来的传统,将原本意义一致的"本纪"或"纪"改为"帝纪",与此同时又于"四夷传"之外,特别增设"载纪"一类,用以记述"夷狄"首领中曾经入主中原而称帝一时的人物②。黄宗羲认为这种体例完全不足为训,因为这不啻于是在助长后世夷狄祸乱华夏的动机:"同一四夷也,守其疆土者则传之,入乱中国者则纪之。后之夷狄,其谁不欲入乱中国乎?"③ 对于《新五代史》,黄宗羲以"世家"与"帝"的分别批判立论。"帝"为帝王简称;以"世家"纪史,创兴于司马迁之《史记》,主要用

来传记王侯列国。而太史公又以孔子入于"世家"之中,则可知所谓"世家"并不仅仅是高门王侯世代传衍而已。晚唐而至五代,战乱频仍,其间很多君主都被臣下篡弑而终。而《新五代史》对于多有篡弑的后梁、后唐、后晋、后汉和后周的君主,都以"某帝"

---

① 黄宗羲论"正统"而以"纪"立说,正与胡翰论"正统"而以《正纪》为名一致;而梨洲论华夷之辨,而以地理性的分别为一大关节,正与胡翰《正纪》篇中论"地纪"的内容吻合;加上梨洲在《明夷待访录》的"题辞"中明确承认受到胡翰"运说"的影响,则梨洲"正统论"之内容具体的思想渊源,应当以胡翰最为重要,而非孙宝山所认为的方孝孺。孙氏说见氏著《以"民族性"重构正统论:黄宗羲对方孝孺正统论的继承与发展》(《中国哲学史》,2005年第3期,第101—108页)一文。
② 《史记》以"本纪"述帝王,至于太史公以"本纪"传述项羽行迹,则似乎是以其曾以"西楚霸王"而为"天下共主"的缘故。《汉书》、《三国志》、《后汉书》皆成于《晋书》之前,均以"纪"专述帝王行事。
③ 见《黄宗羲全集》,第十一册,第11页。

称呼，并以"本纪"记述，而对于偏安一方也少有犯上作乱的吴楚等所谓十国，则以"世家"传记。对此，黄宗羲不乏激愤地论道："守其疆土者则世家之，与于篡弑者则帝之，后之盗贼，其谁不欲与于篡弑乎？"① 由以上两条已经可知，对于夷狄之入据中原和篡弑而得天下的情形，黄宗羲认为他们无论如何都不能被承认"正统"的合法地位。这个论点在黄宗羲对《宋史》和《元史》的评论和引申中，得到了进一步发展。

元朝灭南宋不久，即曾立意修纂《宋史》，但由于在朝的学者对于宋、辽、金何为"正统"的问题争持不下而搁浅。元末再次修史，最终以宋、辽、金各有其"正统"、进而各为一史的形式完成了"三史"修纂②。《宋史》成于元朝至正三到五年，虽然此时距元朝灭亡仅仅剩下二十余年，但距离元朝灭南宋而"全有天下"，却已经过去了近七十个春秋。参与修纂《宋史》的学者，已经全部是生于元长于元的人物，书中认元朝为"我元"而与之"正统"，几乎已经是理所当然的事。以至于虽然宋恭帝曾经以"德佑"的年号称帝两年（在其被元兵北俘以后受封为瀛国公，后专事藏传佛教的修习研译，却又在多年以后被莫名赐死），但是《宋史》中虽然将宋恭帝列于"本纪"，但称呼却只是"瀛国公"，而对于宋端宗赵昰和宋代最后一位皇帝怀宗赵昺，则不列本纪，不作专述，但称"二王"而附记在"瀛国公"之下。这些都表明当时的修史者，已经完全接受了元朝对宋恭帝的封号，而这则意味着承认并接纳了元朝的"正统"地位。以至于黄宗羲批评说："德佑君中国二年，降，书'瀛国公'；端宗、帝昺不列本纪，其崩也，皆书曰'殂'。虏兵入寇，

---

① 见《黄宗羲全集》，第十一册，第 11 页。
② 如元代名儒吴澄，即认同郑特立"兴国无所承，亡国无所授，各为系"而论宋、辽、金、元各为一系的观点。见前及饶宗颐《中国史学上之正统论》第 145—146 页所附录的吴澄《皇极经世续书序》一文。

则曰大元……。此岂有宋一代之辱乎？而天下恬然不知为怪也！"①梨洲的谴责可谓十分激烈，然而在其激烈谴责的背后，却有着立足于华夏文明的理性根由；至其立言发论，则以对许衡和吴澄的评论见其主意："许衡、吴澄无能改雇收母簐丧之俗，鞾笠而立于其朝，岂曰能、贤？"②梨洲此说乃就许衡和吴澄为元代名儒、而元朝后期的儒者（大家如杨维桢）多以许衡继承朱熹以来的"道统"发言，不与之意，十分明显；而其理性根由，乃在于以文明立说，以二人不能改变蒙元蛮夷风俗并使之接纳华夏政教文明为据，批评他们为不"能"、不"贤"。对于许衡曾经以"万世国俗，累朝勋旧，一旦驱之下从臣仆之谋，改就亡国之俗，其势有所甚难"③作为辩解，黄宗羲则以华夏政教文明所内蕴的永恒价值为准据予以批判："夫三纲五常，中国之道，传自尧舜，非亡宋之私也。乃以为亡国之俗，虽曰异语，衡独不畏得罪于尧舜乎？"④对于古往今来的任何一个儒家人物而言，"传自尧舜"的"中国之道"，都是永恒不变的秩序理想与判别是非的最高标准⑤；而对于汉代以后的儒家人物而言，"三纲五常"也一贯都是其建构生活秩序、理解生命意义的基本架构。梨洲据此以对许衡提出严厉批评，不啻于彻底的否定，而其中关键，则在于儒者所应有的对华夏政教文明之绝对性地高于、优于蛮夷风俗的坚定信仰。"正统"而外，梨洲论吴澄之语，还与宋代以下儒

---

① 见《黄宗羲全集》，第十一册，第11页。
② 同上。
③ 同上。
④ 见《黄宗羲全集》，第十一册，第11页。思想史家萧公权对此的评论略有不同："许衡一代儒宗，存用夏变夷之妄想，不惜屈膝于夷狄之君，而于事无补。"但是，对于元朝入主中原后儒者屈从蒙古习俗的思想文化史后果，萧氏的评论则与梨洲一致："《春秋》内外之义既亡，汉人且甘心蒙古化。"见氏著《中国政治思想史》（沈阳：辽宁教育出版社1998年）第864页。
⑤ 这一点对于当代新儒家而言，也一样成立，其中的关键即在于对"传自尧舜"的"中国之道"，以西方哲学尤其是康德哲学为外部资源作一种合乎现代世界价值标准的解释罢了。

者极为关切的"道统"问题相连。梨洲引述吴澄的话说:"近古之统,周子其元,程、张其亨也,朱子其利也,孰为今日之贞乎?" 其中"近古之统"的"统",即是宋代以后儒家所极力伸张的"道统";而吴澄言述所及的"今日之贞",若非吴澄的宏伟自期或高调自况,则其所指当为许衡无疑①。此说对于元儒,或许不足深责怪罪,而身处明清易代之际的梨洲,却一语而将其置于死地:"澄尝举进士于中国,变而为夷,贞者固如是乎?"②——梨洲此语的根据在于春秋学中"进于中国则中国之,退于夷狄则夷狄之"的基本原则。对于在宋代取得进士功名,而又入仕于元朝的许衡和吴澄而言,梨洲此语可谓诛心。接下来,黄宗羲论许衡和吴澄可能成为后世出而"事虏"之人为自己辩解的借口以致于毁裂华夏政教纲常的担心③,则更是体现了明清易代之际,一心紧系华夏中国的儒者对"蛮夷猾夏"的深深忧虑。由此而论及明初纂修《元史》以元朝为"正统"的做法,黄梨洲又一次激愤不已:"当时之臣,使有识者而在,自宜改撰《宋史》,置辽、金、元于四夷列传,以正中国之统,顾乃帝之宗之以为一代乎!"④此时距离《元史》修纂时间,已经是两百余年之后,而梨洲论锋所及,依然字字血泪,究其原因,似乎正在于满清入关而华夏中国再次遭受践踏蹂躏的历史境遇。

虽然黄宗羲对于"正统"问题的论说,处处以"华夷之辨"为准据,但是他所强调的却并不仅仅是"政教灿烂""礼义文明"之"华",

---

① 元儒论道统而以许衡继朱子。即使大家如杨维桢,也明确接受这种观点。杨氏原文曰:"尧以是传之舜,舜以是传之禹汤,禹汤以是传之文武周公孔子。孔子没,几不得其传百有余年,而孟子传焉。孟子没,又几不得其传千有余年,而濂洛周程诸子传焉。及乎中立杨氏而吾道南矣。既而宋亦南渡矣,杨氏之传,为豫章罗氏、延平李氏、及于新安朱子,朱子没,而其传及我朝许文正公,此历代道统之源委也"。引文见前及饶宗颐《中国史学上之正统论》第138—141页所附录之杨维桢《正统辨》。
② 见《黄宗羲全集》,第十一册,第11页。
③ 梨洲原文为"后世之出而事虏者曰:'为人得如许衡、吴澄,足矣。'二子者尚然,则是竟不知其不可矣。"见《黄宗羲全集》,第十一册,第12页。
④ 见《黄宗羲全集》,第十一册,第12页。

与"画革旁行""科头露紒""鸟居兽处"甚至"收母箧丧"之"夷"的分别[①]。当黄宗羲以"中国之与夷狄,内外之辨也"立论的时候,他更加强调的,毋宁是"内诸夏而外夷狄"中"内""外"二字以地理立说的本义。虽然黄宗羲以"人不可杂之于兽,兽不可杂之于人"来比喻性地解释"以中国治中国,以夷狄治夷狄"时,不免还是掺杂着"礼义文明"的考量因素,但是,观梨洲激烈的"即以中国之盗贼治中国,尚为不失中国之人也"的说法,并以"徐寿辉改元'治平',韩林儿改元'龙凤',吾以为《春秋》之义将必与之"作为论证[②],可知其强调的重点在于"华夏"与"夷狄"在地理上的分别自处,而其基本的秩序理想,则在于华夏中国以其政教文明为治,夷狄以其自身风俗为治,尊卑既定,优劣判分,彼此安和,互不侵犯。在此一基本原则或理想准下,夷狄而据有中国"正统"的正当性问题,就一劳永逸地被彻底否定了。

虽然如此,对于元朝合法地位的情形,黄宗羲依然提出了在明朝初年曾经作为基本事实而困扰过如宋濂、朱元璋等人的两个问题作为设问:第一,如果否定了元朝的"正统"地位,则明朝的"正统"是否也将因为上无所承而不复存在?如前所及,明初学界和官方对此问题的意见都是肯定的,而此说立论的根据,无疑在于明代以前的"正统论"都十分强调的两条原则:"全有天下"的"普遍性"原则和从"天下不可一日无君"出发所推论出的、必须确定朝代之间统续承递无所间断的"连续性"原则。无论是以此前居于主流地位的"全有天下"或以"居中国之正"作为标准,元朝都符合了"正统"的要求;再从"正统"必须授受相沿连绵不断的层面着眼,则明初必须给予元朝以"正统"地位,以致于胡翰以"地纪"论"正

[①] 见《黄宗羲全集》,第十一册,第3页。
[②] 同上,第12页。

统"并隐含了排斥元朝"正统"地位之指向的学说,不能被朝野接纳就成为了自然之事。此后,虽然胡翰的思路并未完全断绝,如前及丘濬的论述就继承了这种对地理性的强调,但是终明之世,《元史》和宋、辽、金"三史"都没有得到重修的事实,却实质性表明了学界和官方对明初主流正统观的接纳或承受。至黄宗羲,则断然否定了这一设问的肯定答案,认为否定元朝的"正统"地位,不但不会危及明朝的"正统"地位,反而能够更加突出和彰显明朝的"正统"地位。而其立说论证的内容,则有三层:首先是承认"尧舜相传之统"并非毫无间断地存在于各个朝代,而是可断可续的(此说承欧阳修而来),当元朝入主中原、荡涤江南之后,这种"正统"就随着南宋的灭亡而断绝了;接下来,黄宗羲又以"衣裳之旧"所代表的"礼义文明"来为这种"正统"确立其所应具有的规范性要求,并称明太祖朱元璋以其"驱甄裘之属,还衣裳之旧"的功业而为"百王之嫡嗣"。虽然黄宗羲在这里对华夏"正统"的界说,乃是立足于"礼义文明"等规范性内容之上,但观其行文所使用的"驱"与"还"等字,则可知对"华夷之辨"中地理性的强调,才真正是大明王朝获得华夏"正统"最为直接的关键所在。即,黄宗羲以地理性的"华夷之辨"为核心标准、辅之以"礼义文明"等规范性要求,对元朝的"正统"地位进行了彻底否定。最后,黄宗羲又从血脉传衍的角度,通过比喻进行说服的方式,对子孙可以在隔代之后恢复并继承先祖统续的论点,进行了补充论证[①]。——在黄宗羲等儒者看来,相对于蒙元而论,明太祖就是一个恢复并隔代继承了中国正统的华夏子孙。

黄宗羲所提出的第二个设问是:"元之享国也久,其祖父皆尝

[①] 黄宗羲论此要点的原文为:"尧、舜相传之统,至元而绝,高皇帝驱甄裘之属,还衣裳之旧,是百王之嫡嗣也。犹祖传之父,父传之子,若孙不幸而有春申、不韦之事,祖父之不享久矣,子若孙复而嗣之,乃责其不从异姓以接夫本支乎?"见《黄宗羲全集》,第十一册,第12页。

为之民矣,胡得不帝之乎?"这个问题所包含的,同样是明初诸人切身可及的历史事实。"元之享国也久"所具有的理论指向,在于强调一个王朝统治时间的长短,在其是否能够构成"正统"时所具有的地位;而"其祖父皆尝为之民"一句,则不仅仅只是援引了朱元璋对宋濂指责元朝过于激烈时的批评之辞①,而且还更多地从"为尊者讳"的角度,引出了一种出于"不得已"的情感论证。对于这个问题,方孝孺在《后正统论》中已经触及,但方氏却没有做出正面的回答,只不过大而化之地将其看作是"一时之私"的"顾嫌",而不是圣贤立法的"百世不易之道",最终模糊了事②。黄宗羲对此问题的处理,颇为高明,因为他同样给出了另一个明初诸人也同样切身可及的历史事实,作为论辩的理据:引用元朝法律的相关歧视性规定,而直接从"华夷之辨"的角度对这两者都给予了否定的回答:"元之法律曰:'蒙古人殴汉人,汉人勿得还报,蒙古人殴死汉人者,断罚出征。'彼方以禽兽加之人类之上,何尝以中国之民为民乎?"这里可以看出,黄宗羲以"禽兽"例"蒙古人"、以"人类"例"中国之民",从"华夷之辨"出发对元代正统地位的否定,虽然依然包含着"礼义文明"的重要因素,但其文字间对以地理性为基础之民族性的强调,则无疑仍居于绝对的主导地位。至于黄宗羲接下来设喻以"虎"比喻作为元朝统治者的蒙古人、以"僧道男女"比喻愚蒙不明而主张元朝正统的"中国人"、以"猎者"比喻那些主张元为夷狄而不可以具有中国"正统"的人,则可谓对上述论点进行

---

① 转见孙宝山《以"民族性"重构正统论:黄宗羲对方孝孺正统论的继承与发展》,《中国哲学史》2005年第3期,第102页。
② 方孝孺论及此点的原文为:"俗之相成,岁熏月染,使人化而不知。在宋之时,见胡服,闻胡语者,犹以为怪。主其帝而虏之,或羞称其事。至于元,百年之间,四海之内,声音器用,皆化而同之。斯民长子育孙于其土地,习熟已久,以为当尔。昔既为其民矣,而斥之以为夷狄,岂不骇俗而惊世哉?然顾嫌者,乃一时之私,非百世不易之道也。贤者之虑事,当先于众人,而预忧于后世,使其可继。"见前及《逊志斋集》第58页。

了极为形象化的说明①。

如上所及,黄宗羲在《留书》之《史》篇中所表达的"正统论"思想,完全以"华夷之辨"立说,来论述一个中国王朝若要取得其统治的正当性而应该满足的基本条件:首先是地理性和民族性的以"中国之人治中国之地",其次则是对华夏中国"礼义文明"之规范性内容的强调。至晚于《留书》十年的《明夷待访录》,黄宗羲对这种立基于地理性和民族性的"华夷之辨"的"正统论",又做出了新的发展和深化。

就黄宗羲在《明夷待访录》中所论,可以大略看出其"正统论"的基本轮廓有"天命"与"人事"两层,而所谓"天命"亦必由人事见其真假,其中的关键则在于"天下之治乱,不在一姓之兴亡,而在万民之忧乐";而其思想理论的历史渊源,则可以看作是梨洲对传统中国文化中自西周初年以来"保民而王"思想的时代诠解。据此,梨洲的下述议论,可以说是吸纳了传统思想资源而实现的对传统之"正统论"的一个极大突破:"故桀、纣之亡,乃所以为治也;秦政、蒙古之兴,乃所以为乱也;晋、宋、齐、梁之兴亡,无与于治乱者也。"在这里,黄宗羲的评论已经远远超越了"五德终始说"以及"文质相救说"的层面,而纯以理性的、历史可触的"万民忧乐",作为判定王朝统治之正当性的具备与否。通观《明夷待访录》诸篇,《原君》篇论三代之君"以天下为主",并述其"保民而王"之事,其积极的一面,端在于为"正统"之王朝和君主树立一个堪为"理想型"的取法标准;至于其消极的一面,则在于据此理想标准批判后世王朝和君主"以天下为客",不但不能行"保民而王"之事,

---

① 黄宗羲这一比喻的原文为:"吾闻猎者张机道旁,虎触机矢,贯心死。有僧道男女举群至,号哭曰:'杀我将军'!猎者叱之曰:'尔侎无知,生为虎食,死为虎役,今幸虎死,又哀哭之,何故哉?'于是诸伥奔散,不知将军者虎也。则夫史臣之帝元者,何以异于是?"见《黄宗羲全集》第十一册,第12—13页。

反而"屠毒天下之肝脑","敲剥天下之骨髓","离散天下之子女",以至于成为"天下之大害"。其《原臣》篇所论,端在于阐明正当性统治(即所谓"正统")所必备的君臣同质异职、有限合作、为天下万民之忧乐而共同施治的基本关系。其《原法》篇论"三代以上之法"与"后世之法",其论述格局与《原君》篇大略一致,而其目的则在于阐明,在一个具有正当性的王朝统治下,其法政体制所必须满足的"良法"标准。至于其余《置相》、《学校》、《取士》、《田制》等等诸篇,其所论理,无不集中于建立和维持一种合理正当的华夏统治(即所谓"正统")所应具有的权力结构与各种制度设施,而其全部的精神旨归,一言以蔽之,尽在"天下为主""保民而王"八字之中。

但是,从《留书》中以严格的"华夷之辨"立论来论述王朝统治的"正统"标准,到《明夷待访录》以"天下为主""保民而王"论王朝统治是否"正统"的基本标准,并非如某些研究者认为的那样,是黄宗羲对前者的否定或扬弃。事实上,后者乃是以前者为基本前提而做出的理论上的发展和深化。有学者认为《明夷待访录》所待放的对象是清王朝或康熙帝;也有部分学者以《明夷待访录》中黄宗羲以"天下为主"的基本立场,来推论他对康熙大帝统治的并不排斥——甚至是心悦诚服的接纳。此种论说,由于乖违"知人论世"之基本法则,殊不足引以为训,笔者已经在前文中根据黄宗羲著作文本的内证,并参考相关思想史的旁证对这些观点进行了反驳。此处就其与"正统论"有关者,略作引述:根据笔者相关考论,可以判定黄宗羲著《明夷待访录》所"待访"的具体对象,乃是郑成功及其后嗣所领导的"延平海国",而黄宗羲对"延平海国"的历史感受和政治想象,又代表着满足地理性和"礼义文明"双重标准的"华夏中国"。由此可知,《明夷待访录》展开其思想论说的起点,实以"华夷之辨"的问题已经得到解决为其基本预设;而其中诸篇论说的具体内容,则仅仅指向为"华夏中国"的"正统"王朝设法创制并设置防范。故而黄宗羲在《明夷待访录》中所主张之"天下为主""保民而王"的"正统论"思想,完全是在《留书》所确立的"华夷之辨"的基本前提下得到展开的,而绝不是否定了"华夷之辨"之后而提出的新说。

5. 结论:黄宗羲之"正统"论说的思想特色

黄宗羲不仅是一位通晓孔门经义的大儒,还是一位涵养极深、识见极高的"经史"巨匠,由此而延及其"正统论"思想,无论是论题本身,还是具体内容的某些方面,都有其儒学根基以及思想史的前后承续。同时,又由于身处一个"天崩地解"的大时代中,黄宗羲的整个生命既深受沧桑情势的渗透,其反思性极强的理论也因而显示出与以往"正统论"颇为不同的思想特色。其"正统"学说之大要,乃在于继承胡翰的思路重提地理性的"华夷之辨",并将其提升到"正统论"核心构成的地位,又辅之以宋代以来以"礼义文明"立说的"华夷之辨",进而以奠基于地理居处和文化特质的"民族性"为基准、以"天下为主""保民而王"为"正统"王朝的理想类型,对以往以"全有天下"的"普遍性"、"居中国"的"地理性"、"正统不可一日而绝"的"连续性"和"享国日久"的"持续性"等来界说"正统"的做法,进行了或明确或潜在的批判。最终在明清之际再次出现的"蛮夷猾夏"的历史危局中,黄宗羲在"正统论"这一"经史学"基本论题下,重新论述了中国王朝的统治在正当性和合理性方面所应具备的基本条件,并以此出发,满怀信心地勾画了一种可欲的儒家式自由法政秩序的宏伟蓝图。

如前所述,传统中国文化中的"正统论"在秦汉之际开始出现的时候,最初以"五德终始论"为其最重要的理论依托;而董仲舒以下的"正统论"言说所最为强调的"正统"构成,又是"居天下之正"，即实际性地据有中国地土。这种观念，至唐犹然。自北宋欧阳修之《正统论》出，才对"五德终始论"提出了严肃的批判，转而集中从历史和人文的角度重构"正统论"，并在继承"居天下之正"的基础上，提出了以"全有天下"为"正统"的观点。欧公在历史人文的背景下、以统治地域的"普遍性"立说的思路影响深远，后世学者虽多有批评与修正，但完全拒绝它的，却极为鲜见。元末明初的胡翰，惩于蒙元以蛮夷而入主中原并"全有天下"的事实，回溯先秦之基本华夏法理，明确提出了从地理居处的角度分判"华夷之辨"的思路，以拒斥元朝的"正统"地位，但他以"地纪"衡论"正统"的学说却并未被有效接纳。然而，胡翰所开启的基本思路，却并未随着元朝之"正统"地位被明初朝野承认而全然断绝。方孝孺《释统》之作，即继续了胡翰的思路进行论说，并第一次明确将元朝列入"夷狄"之列，而彻底否定了其取得中国"正统"的可能。但是，如前所述，方孝孺的"华夷之辨"却对胡翰学术做出了实质性修正，从居处位置之自然地理性的分别，更多地转而重视"礼义文明"的关键作用。考之以史，方孝孺所面对的基本问题，乃是排斥元朝的"正统"地位，而其所展开的论说也根据元代的基本情实而达到了这一目的。然而，在方孝孺的基本思路下，只需略作推衍便可得出如下结论：当原来的"夷狄"以某种制度性的方式，如北魏孝文帝的改革，明确接纳了华夏中国的"礼义文明"之后，其朝代也就具备了取得华夏中国之"正统"王朝的基本条件。至黄宗羲所面对的基本问题，则是必须彻底否定已经入主中原、近于"全有天下"、而且已经试图开馆修纂"明史"的满清建夷获得中国"正统"的任何可能性。以"天崩地解"为历史大背景，直接刺激于"薙发易服"的蛮夷化政策，黄宗羲乃高调重提胡翰以地理居处分判"华夷之辨"的思路，强调身处方外的夷狄即使已经"全有天下"，也绝对不可以得称华夏中国之"正统"。就其历史情势而言，黄宗羲所论专在排斥满清；但其激烈批判的理论成果，则是从民族性的"华夷之辨"的角度立说，对以"普遍性"立说的正统观做出了彻底的否定。对于"全有天下"的情形，梨洲的批判尚且如此，至于仅仅"据有中国"的情形，就更不必说了；而对于以"持续性"立说的"正统论"言说，黄宗羲展开批判的思路也与此完全一致：其批判的表面言辞虽然指向元朝的"享国日久"，但其历史指向则明确地在于满清——即使满清可以享国日久，也不能获得华夏中国的"正统"。如果用法政思想的语言来表述黄宗羲的这种思想，就是说，只有华夏中国之人，在华夏中国的土地上，以华夏中国的礼义文明建立的统治，才可能是正当合理的。这是黄宗羲以"正统论"论统治之正当性与合理性的第一要义。

承这种以地理性为主、辅以礼义文明的"华夷之辨"，黄宗羲进一步得出了其"正统论"言说的第二个重要结论，而这一结论又与此前的"正统论"言说极为不同。这主要体现在黄宗羲对以"连续性"立说论"正统"之观点的批判上面。虽然远在晋代的时候，习凿齿曾经以排斥曹魏的立场，认为晋应该直接承继汉代的"正统"，从而已经触及了"正统"可以中断，并可以隔代承续的问题[1]，但这种思路仅仅是昙花一现而已，而且在理论上并未得到展开。直至北宋初年，"正统论"言说的基本观点，都主张"正统"在各个朝代之间的传承必须是连绵不断的，以至于即使在天下分裂时期，也必须清理出"正统"传衍的谱系[2]。自欧阳修论"正统有时而绝"以后，传统的"正统论"言说才开始真正注意到"正统"的"断续"问题，并在正统的"断"与"续"之间，深入发掘其中所蕴藏的法政哲学

---

[1] 参见前及饶宗颐《中国史学上之正统论》，第27页。
[2] 在这种"连续性"的思路下，对于三国鼎立时期的正统，必归于承汉而来的曹魏，并由之下传于西晋；而南北朝时期的正统，或归之于北魏，经两魏齐周而传之于隋，或归之于南迁之东晋，后经宋齐梁陈而传入于隋；五代十国时期的正统，则以朱氏后梁继承唐之正统，辗转而至于后周，最终下传于赵宋。

意义。这种发掘主要有两个方向:第一,欧阳修自身及其追随者的方向,强调以"全有天下"的"普遍性"立说一面,而当天下处于分裂状态时,则"正统"断绝;第二,承朱熹的相关论说而来①,以郑思肖和徐奋鹏最为代表,在在强调以"得天下之正"的"道德性"立说论定"正统",以至于得出结论认为,除了汉高祖、汉文帝、光武帝和明太祖等时期,"正统"都处于"绝"的状态。黄宗羲对这两种思路都很重视,但其取舍却又不同:对于第一种思路,黄宗羲在严格的"华夷之辨"立场上全然予以否定,一如上及;对于第二种思路,黄宗羲虽然没有明确的予以否定和批判,但并非全然承取,而是从此前学者对"得天下之正"的"道德性"的强调,转而强调"华夷之辨"在"正统"之"断"与"续"中间的关键地位。由其以"尧、舜相传之统,至元而绝"立论,则可以推知他认为在元代之前,无论天下是统一还是分裂,华夏正统都没有真正断绝。而之所以能够做出这一推论,乃是根据黄宗羲"以中国之人治中国之地"的基本主张,来衡量元代以前中国史事的结果:即使在南北朝并立相持——甚至是五代十国篡弑横行、割据纷仍的情形下,以中国之人、守华夏之礼义文明而治理中国地土的情形,也并没有完全绝迹于神州华土。但是到了元代,夷狄不仅入主中原,而且真正占据了全部的神州华夏,并将夷狄落后野蛮的风俗强加到了中国之礼义文明之上(即黄宗羲所说的"以禽兽加之人类之上"),以至于以中国之人、行华夏礼义文明而治理中国之地土的情形,已经不复存在。黄宗羲以此"华夷之辨"立论申明其"正统""有时而绝"的主张,虽然已经构成对以"连续性"论"正统"的学说的深刻批判,但还仅仅是第一步。接下来,黄宗羲更是就此立场,借其史论而提出了一项革命性主张:"高皇帝驱氈裘之属,还衣裳之旧,是百王之嫡嗣也"。

---

① 朱熹自身观点却仍旧以"全有天下"的"普遍性"为第一义,以礼义文明的"华夷之辨"和"得天下之正"的道德性为第二层意义。

就其字面而言，以此论说元明之际的史事，自然毫无疑问。然而，如果考虑到黄宗羲所置身其间的历史危局，则可以说他已经提出了在当时情境下继承华夏"正统"的基本条件：那能够"驱氇裘之属"而将满清建夷逐出山海关以外，而"还衣裳之旧"，以华夏礼义文明治理中国地土的"中国之人"，即是承续"尧舜之统"的"百王之嫡嗣"。而这一要点，也就正是黄宗羲虽身处"明夷"之中却仍然积极期待着的生命理想，至于如何更进一步，具体阐明怎样以华夏礼义文明来治理中国地土，则是其巨著《明夷待访录》的基本命意所在。以上所述，可算是黄宗羲之"正统论"言说的第二层要义。

至于黄宗羲"正统论"思想的第三层与众不同的要义，则主要体现在《明夷待访录》及其他文章的散见论说中；其基本内容，则如前所述，可以总结为"天下为主""保民而王"八个字。在黄宗羲之前的法政论说和秩序批判中，承孟子遗绪而明确论及"保民而王"的儒家士人，并不鲜见。但是，另外提炼出"天下为主"的观点，与周初以来的"保民而王"思想互见发用，并明确以这种观点来衡量历史上各个朝代之兴亡起落、而且进一步将其具体可行地应用于儒家式自由法政秩序之建构的，黄宗羲似乎应属首例。正是在《明夷待访录》中，黄宗羲在收摄容纳了这三重要义之"正统论"思想的主导下，积极阐述了他对一种可欲而且可行的华夏自由法政秩序的构想。至于黄宗羲这种以"天下为主""保民而王"为精神旨归的法政思想的其他主要内容，以及这种法政思想和秩序构想中间所蕴含的现代价值，笔者将在下文的研究中予以较为详细的讨论和呈现。

第三章
黄宗羲与洛克法政思想之对观比照

> 梨洲著书称大吕，洛克发论比洪钟。
> 东西峰峦相辉映，古今血脉共交通。
> 慕道求学南北游，鼎新革故后前承。
> 已识断裂道旁语，不作扦格尘上声。

　　本章试图在前文论述的基础上，以洛克的法政思想论说为具体参照，将黄宗羲法政思想置于一个更大的比较框架中，做一番细致的梳理和新的考量。就论题展开的外在形式而言，将不再局限于用传统中国法政思想的语言来进行重述和解释，而是试图在"传统"与"现代"之间、在"中国"与"西方"之间，寻找一种立基于人类生存的基本需求、条件和现象的、因而可以超越表面语词之捆绑的深层沟通。这部分内容共分为四篇叙述：首篇交代黄宗羲和洛克法政思想得以形成的大历史背景，意在凸显二者所面对的基本历史问题、及其在"古今中西"表面差异之下的深层相通之处。虽然黄宗羲居于华夏中国而洛克居于欧洲西方，却在相似的历史课题面前展开了路向甚似的法政批判，并提出了极具相通性的秩序建构设想。接下来的三篇，将以合理可欲的秩序探寻为基本主题，从法政批判与秩序建构的正当合理性、具体制度性规划设计的可欲可行性等方面，对黄宗羲和洛克都进行过思考的一些问题，在思想史的路线内进行比较分析。总之，本章力图达到的基本目标是，在洛克思想言说的参照下，发现并重新估量黄宗羲法政思想中所具有的现代品质、及其对于建设一种"华夏自由法政秩序"所可能具有的实质性意义①。

一 黄宗羲与洛克之时代背景述略

前文"导论"部分,已经对黄宗羲和洛克所生存之中西时代背景的相似性与可比较性,进行了积极的提示。本篇将在"导论"所提示的线索和方向上,对这一积极性提示的予以展开;其基本目的乃在于表明,对于华夏中国的黄宗羲和欧罗西方的洛克而言,二者不仅具有生存生活在自然时间上的同时间性,更具有蕴含着人类精神意义的历史时间上的同时代性,进而以此为下文在比较框架中展开的内容,提供一种具有意义提示作用的历史背景。

1. 黄宗羲法政思想的大历史背景与基本问题关切述要

自宋代以来,传统中国社会在其构成的各个层次和方面,开始表现出与此前的时代相当不同的一些特征,以至于许多学者都把它描述为"唐宋变革"②。进而在这种描述下,参照西方社会演进变迁的历史,不少学者主张一种"宋代近世说",即:就中国社会自身

---

① 虽然在批判指向和建构设想方面具有极大的相似性,但黄宗羲和洛克所收纳承继的主要思想资源又非常不同,因而其展开批判和进行建构的深层思想基础(主要包括人性论、天人论、宇宙论等内容),也就各有立基于彼此思想文化传统的特色。但是要对这一问题进行讨论,却已经超出本书论题范围而进入形而上之神学与哲学层面,加以笔者学力所限,故留之以待将来之专门研究。

② 参看台湾学者柳立言的论文《何谓'唐宋变革'》,该文收录于氏著《宋代的家庭和法律》(上海古籍出版社2008年)一书,第3—42页;张其凡《关于"唐宋变革期"学说的介绍与思考》一文,见《暨南学报(哲学社会科学版)》2001年第1期;罗祎楠的论文《模式及其变迁:史学史视野中的唐宋变革问题》,见《中国文化研究》2003年夏季号。近来,著名宋史研究专家戴建国先生也对何谓"唐宋变革"做出了一个概要的说明,同时根据充分的史料论证和强调了这一变革期的下限应该划定在北宋后期,说见氏著《唐宋变革时期的法律与社会》(上海:上海古籍出版社2010年12月)之长篇"序"。

的历史发展而论,自宋代开始,传统中国社会进入了它的近代时期[①]。虽然也遭到了不少批评和非议,但这种观察却并非没有历史的根据。更为重要的是,这种宋代以下与宋代以前极为不同的言说,并非现代人所刻意拼凑出来的西方发明,因为早在宋明两代的知识人中间,就有不少人已经具有了这种自觉性的认识[②],其中明代学者陈邦瞻的论说最为明确:"宇宙风气,其变之大者三:洪荒一变而为唐虞,以至于周,七国为极;再变而为汉,以至于唐,五季为极;宋其三变,而吾未睹其极也。今国家之制,民国之俗,官司之所行,儒者之所守,有一不与宋近乎?"[③]由此可知,明代学者自觉认为明代处于宋代所开出的规模和方向之中的,已经不乏其人。事实上,在当今的中国历史研究中,无论是通史著述,还是政治、经济、思想、文化等方面的专史研究,把宋明或宋元明列为一个单元[④],也已经是学界普遍的共识。

另一个在中国文化史和思想史研究中越来越得到承认的共识是,清末以来,基于与西方文化的对比而在几代学人的反思中逐渐形成的"中国文化"概念,其基本特征主要都是宋代——尤其是南宋所遗留下来的,甚至可以说,今日一般所谓"中国文化"或"传统文化",主要是宋代学者所塑造流传下来的文化样式。事实上,从十一、十二世纪前后开始勃兴的这场具有总体意义的社会变革,影响及于经济、政治与思想文化的各个方面,而其兴起则与儒家士人阶层的

---

① 这一学说的首倡者是日本学者内藤湖南。关于这一主张的详细论说,可见氏著《中国史通论》(夏应元等译,北京:社会科学文献出版社2004年),尤其是第323—334页的内容。另外,戴建国先生虽然根据北宋社会发展主要是中唐以来变革的同质延续的观点,而对内藤氏笼统的宋代近世说有所保留,但也明确认为南宋时期乃是中国历史文化一个新时代的开始,说见前及《南宋变革时期的法律与社会》之"结论",尤其是第454页的内容。
② 参看张邦炜的论文《"唐宋变革论"的首倡者及其他》,见《中国史研究》2010年第1期。文中,张氏论证出郑樵为"唐宋变革论"的首倡者。
③ 见氏著《宋史纪事本末·叙》(北京:中华书局1977年,第1191—1192页)。
④ 清末民国以来,也有不少学者(如侯外庐先生主编的《中国思想通史》)在分期时,把这一阶段的下限划在清中期。

形成及其整体的文化自觉紧密相关,在这延绵了数百年的历史变迁的某些关键方面,实际上还受到该阶层所怀之文化理想的极大推助[1]。经过四、五百年的曲折发展以后,在它达到十六、十七世纪的晚明中国时,在一些方面已经实现了它由"理"而"势"的最大现实可能性[2],在另外一些方面则已经是强弩之末山穷水尽,必须亟待另一场变革来激发出生命的激情与活力了。对本书论旨而言,具有非常重要之意义的,是宋代以降传统中国在政治权力结构方面的变迁,而这一段历史时期最显著的特征,是中央集权的全面加强和君权专制的制度化与常规化[3]。

秦始皇废封建,第一次以郡县制为制度依托统一了天下,将中央政府的政策法令通过官僚体制而实行到各个地方,从而首次使皇帝成为了真正的统治者,也使中国第一次成为专制主义的中央集权国家。从秦汉到隋唐,中央政府结构发展的历史轨迹显示出皇权不断加强的趋势,皇权相对于相权逐渐具有了绝对优势,从秦汉时期内外分明的君相制,发展到隋唐时期君主一统的三省六部制,是这种变迁的极好说明。但是,稍通汉唐史事即可明白,当时帝王得以

---

[1] 参看钱穆《国史大纲》(北京:商务印书馆1996/2010年)第三十二章"士大夫的自觉与政治革新运动",尤其是第558—561页的内容;以及余英时《朱熹的历史世界》第二章"宋代'士'的政治地位"、第三章"'同治天下':政治主体意识的显现"和第六章"秩序重建:宋初儒学的特征及其传衍"等章节,尤其是第215—220页在唐宋对比的框架中展开的论述。
[2] 这里借用了金岳霖先生"理有固然,势无必至"命题的言说立意。关于金先生此一命题的哲学意涵,参看王中江的论文《论金岳霖的"理有固然,势无必至"》,文见中国社会科学院哲学研究所编《金岳霖学术思想研究:金岳霖学术思想研讨会论文集》,成都:四川人民出版社1985年。
[3] 笔者曾试图以唐宋变革论理解框架,立足于对君主个人才略和君主制之制度化运作的分别,拟提出一对互为的概念,将传统中国秦汉至唐代的专制形态称为"君主专制",而将宋明清时期的专制形态称为"君权专制",以细化并加深对传统中专制主义因素的研究。尚未完稿。另,虽然秦汉以降之传统中国法政体制确有其"专制"一面,然而笔者对于将传统中国政制系统以"专制"和"专制主义"之名笼统称之的做法,则深不以为然。因为除了从"汉承秦制"给后世遗留下来的"专制"一面以外,传统中国法政体制的整体运作,尤其是在各个鼎盛时期,还有某种古典类型的弱宪政因素长期而稳定地参与其中。对于后者,姚中秋教授所代表的"儒家宪政论"近年来已有许多极有价值的发明。兹不细述。

实行专制统治所凭借的，主要是君主本人的才干，而且所谓"专制"，也往往会受到社会因素和制度性设置的约制，一般不会造成长期的连续性后果。一旦在位者本人并非雄才大略之主亦非强干猛烈之君，则帝王专制问题即不复存在，甚至连中央集权也无法保证，转而产生各种权力危机以及地方政府尾大不掉的问题。宋初承晚唐五代地方势力坐大之弊而起，以"强干弱枝"为原则，首先革除了节度使以军事实力对地方施行控制的弊端，以文臣统管地方政事，实现了以文制武，开数百年文治风范；又设诸州通判以对地方长官形成牵制，并由中央直接任命地方官员，从而将人事权力直接收归中央；又专门设置转运使，处理地方财政，将大量财富直接收归中央政府，最终使吏治、兵权和财赋都脱离了地方割据势力的控制，而统一到了中央，重建了可以维持天下号令四方之相对集权的中央政府①。

但是经过唐太宗和武则天的有意改造，加上中唐以下和五代十国两百年战乱的破坏，时至赵宋开国，在秦汉隋唐（更不用说南北朝的门阀士族了）时期可以以社会实力为依托，足以对朝廷和皇权形成制约社会力量以及正式的建制性力量，如果不是已经完全不复存在，就是已经被全面削弱而不再能有效发挥作用②。在宋代，皇权第一次通过科举制与大量平民出身的儒家士人实现了联合，从而将汉唐时期原有中间势力所具有的政治权力一分为二，一部分以上移的形式并入从而加强了皇权，另一部分则以下移的形式，为通过科举出身的儒家士大夫所群体分享共有。如此政治规模，自其在宋代正式的全面确立以后，以至于清朝在西洋的促迫中灭亡，在传统中国历史中延绵近千年而没有实质性改变。吕思勉先生曾论及传统中

---

① 参看钱穆《国史大纲》（北京：商务印书馆 1996/2010 年）第 525—527 页的论述。
② 吕思勉先生曾论传统中国对君权足以形成限制的几种力量为：神教、贵族、社会惯习、相权，见《中国制度史》（上海：上海世纪出版集团 2005/2006 年）第 268—273 页。到了宋代，相权已经名存实亡，中唐五代的混乱已经毁灭了贵族，理性之非人格的"天"观以及天理观的形成又消解了神教。

国对君权足以形成限制的几种力量为：神教、贵族、社会惯习和相权①。到了宋代，制度化的相权已经名存实亡，中唐五代以来的混乱也已经毁灭了贵族，而宋儒逐步建构起来的理性的非人格的"天"观、以及"天理"观的形成②，又从根本上消解了神教对专制君主的制约。于是，在这种政制规模下，就消极的方面而言，已经消除了社会中间阶层直接凭借其实力对朝廷和皇权形成制约的可能；就积极的方面而言，围绕皇权组建起来的朝廷，却可以以科举制和官僚制为依托，自上而下地全面贯彻皇权的专制意旨。以至于自从科举制在宋代全面确立并发挥作用以后，还能够对皇权形成微弱制约的，除了某些文化性的惯习以外，几乎只有官僚阶层的整体利益诉求以及官僚制运作过程中的繁文缛节了。如此而下衍至于明代，皇权又利用完全依附于皇权的宦官来对付时而暧昧甚至有些牵绊的官僚阶层，以图解除对皇权的最后一点制约，而皇权专制也就在明代达到了其中国历史的巅峰极致③。

---

① 见吕思勉著，《中国制度史》，上海：上海世纪出版集团 2005/2006 年，第 268—273 页。
② 关于宋儒非人格性之"天理观"的形成及其对于法政思想批判与法政秩序建构的意义，参看沟口雄三教授《论天理观的形成》（见沟口雄三 小岛毅主编《中国的思维世界》，孙歌等译，江苏人民出版社 2006 年，第 220—240 页）和小岛毅教授《宋代天谴论的政治理念》（同书第 281—339 页）两篇长文的论述。
③ 对于宋明专制的特质，还可以宦官问题略加说明。自从齐桓公晚年的易牙竖刁之乱开始，宦官之祸在中国历史上就有了明确记录；赵高虽然拜相，却也是宦官；此下汉、唐、宋、明，皆有宦祸。但是，宦官之祸在宋明时期与汉唐时期的表现，却甚为不同。汉唐最称盛世，但其晚期宦祸极烈。其时宦祸不仅仅祸及外廷，甚至帝王废立也由得他们，唐末数位帝王甚至身死其手。这一时段中宦官之所以能够为祸如此，是因为他们本身与君主所代表的实力一样也是一个实力集团。可以说，汉唐的皇权，在其实质部分，往往是一部分实力集团的代表者——如隋至唐中叶之皇权与关陇集团，而宦官也往往具有相当强大的社会实力为其基础——如何进为铲除宦官无法依靠关中力量而引董卓入京。故而在此一阶段，宦官虽然表面依附皇权而存在，实际上却并不全然从属于皇权，不少时期甚至皇权也对之无可奈何。宋代以下则不然。宋代宦祸并不严重，但就徽宗宠信童贯的前后情形而言，若非国运中斩，则宋代宦祸的程度应当不止于此。明代宦官的惨酷激烈，人所共知。但是稍稍通观宋明两代史事，就不难发现，在宋明时期，即使为祸一时的宦官如何威风猎猎，而帝王甚至仅凭一纸诏书就可以轻易将其处置。这一点在北宋末年宋钦宗即位后，轻易即将童贯贬斥斩杀的例子中已经充分体现。后来明朝数大权宦的死生经历，尤其是明思宗之于魏忠贤，更是充分体现出宦官对皇权的完全依赖性地位。故而，宋代以后的宦官虽然为祸于外廷和社会极大，但是却从来无法威胁到君主和皇权自身。这是因为他们已经被整合为皇权专制制度的一个组成部分，故而即使宦官权力极大，即使其可以危害到整个国邦天下，而皇权也可以轻易将其处置。由此亦正见皇权专制的极致。

然而，孔子所开创的儒家学派，从未主张全然对此世做出无原则的适应，而且在儒家经典文本所确立的理想政治图景中，也本来就蕴含着对现实政权衡长量短的批评性标准。因而，读儒书出身而心怀天下的士大夫们，对于日益膨胀的皇权并非无所措意。在宋代开国不久，士大夫们就逐渐开始以"三代"立说，来表达他们所期待的理想法政秩序，并或明确或隐含地对当下的政治现实提出批评。而在他们所推重的三代圣王形象，以及那"治平天下"的"三王大中之道"里面，无不包含着儒者对君主专制之隐患的忧虑，也正委婉表达着他们对当下君主制度及其施政行为的批评①。但是儒者对宋初史事，尤其是对王安石所主导之变法的反思，结合了要通过与释老二家在理论上进行细致驳难以重建儒学之形而上根基的冲动，使得宋儒以秩序重建为目标的理论反思和文化批判的主流，在范仲淹、欧阳修等人之后不久，就全面走上了"正心"一路，终赵宋一朝而无所改易。虽然此时的程朱理学并不缺乏反思的深度和批判的锋芒，但在这种反思和批判的思路下，具体到对于君主专制隐忧的救治而言，"格君心之非"就几乎成为了可以出手的唯一药方②。

如果说宋代（尤其是南宋）的儒者们能够对政治现实提出深入的批评，并积极谋求救治之方的缘由，相当一部分要归功于"道学"

---

① 参看余英时在《朱熹的历史世界》（北京：生活·读书·新知 三联书店 2004 年）第一章"回向'三代'"中的研究，尤其是第 191—195 页以石介、尹洙、欧阳修和李觏四人为例的论述。
② 这种观点以朱熹的表达最为人所共知。举以下二则以见其要："天下之事，其本在于一人；而一人之身，其主在于一心。故人主之心一正，则天下之事无有不正；人主之心一邪，天下事无有不邪"（语见《朱熹集》成都：四川教育出版社 1996 年，第二册第 491 页）。"天下事有大根本，有小根本。正君心是大本"（语见《朱子语类》，北京：中华书局 1986 年，第 2678 页）。关于"正君心"在宋儒思想系统中的核心地位，请参看余英时在《朱熹的历史世界》（北京：生活·读书·新知 三联书店 2004 年）之"绪说"中对张载、程颐、朱熹等理学论说之政治意涵的论述。也可参看卢国龙在其《宋儒微言》（北京：华夏出版社 2001 年）第 311—314 页与地 324—327 页的论述。

或"理学"所处的边缘立场的话[1]，那么，当它奇迹般地在继起的异族王朝中进入了主流，并凭借科举考试的方式成为了正式制度系统的一部分以后，就必须为了给这个制度系统进行合理化解释而部分放弃它批判的力量。当朱元璋重建了汉族的皇权正统之后，作为汉文化之标志的程朱理学，也就顺理成章地成为大明王朝的官方意识形态，并很快在与皇权的合作中，掌握了统括一切的真理话语。当在针对皇权专制的政治批判、针对佛学言说的思想批判、和针对世俗世界的文化革新等多重批判立场中逐渐衍生而成、并长期处于边缘地位、却是那样鲜活跃动的程朱理学，通过收敛和消磨思想的批判锋芒而进入主流，再经过接受进一步的阉割宰制而成为官方意识形态之后，干瘪与僵化就是它无法逃避的定命。虽然如此，已经成为意识形态的程朱理学，却又注定了要以干瘪的躯壳借政治权力的打击和引诱，来压制人间生命鲜活的灵性。救弊之道必然应运而生。王学在明朝中叶以后的勃然兴起，就其内因而言，即是要从根本上回应儒学更新的紧迫需要，在业已无可救药的官方理学之外寻求出路。明代中叶以降，一方面是经济生活的大大发展和思想意识的重新活跃，一方面是专制皇权的极度滥用而危害社会。伴随着种种政治与社会问题的纠结缠绕，不时发生的政治危机和公共事件，使得社会上反思求变的气氛更加普遍和深入。正当此时，王学以"（致）良知"为号召，简洁明快，直指本心，很快就冲破了官方理学的束缚与羁绊，而在各个阶层中广泛传布开来。就其积极一面而言，王学所到之处确是解放了人心，并从一元论的角度为重新确立人格的终极根基开辟了道路。然而，伴随着人心的解放与个性的张扬，晚

---

[1] 这一点可以引思想史学者葛兆光的如下评论话略作说明："南宋的理学……在士人阶层中，它迅速弥漫并形成风尚，在政治主流的打压下，始终处于边缘，在民间知识界，它已经拥有舆论权力，已经建构了相当的公共空间，而在政治权力中枢，在实用的政治运作中，它却始终没有发言权"。见氏著《中国思想史》（上海：复旦大学出版社 2001/2009 年）第二卷，第 225 页。

明王学已经对官方理学以天理灭人欲的专制主义根基形成了根本挑战，接下来就会有瓦解这一秩序的现实可能。以至于在明清易代之后反思明朝之所以走向灭亡的缘由时，许多知识分子都重新回到了程朱理学的旧思路上，对王阳明的思想学术尤其是王门后学，大加鞭挞，集火猛攻，甚至直接究问以亡国之责①。

不难发现，宋代以来——尤其是明代以降，以儒家为担纲之传统中国思想者所面对的根本问题有两个基本维度：第一，如何才能立基于儒学而收拾人心，以为世人的身心性命提供一种普遍有效的终极寄托？第二，如何才能立基于儒学建立一种合理可欲的法政秩序，以成就真正的天下有道、四方治平？与此附随而来的一个问题是，这两个维度的基本关系又是怎样的？——这就是宋代以来的儒家不断对王霸义利之辨重新展开讨论的思想史根由所在了。这两个维度所指引下的上述三个问题，也正是黄宗羲思想所面对的最根本的理论问题；而与其前辈学者相比唯一有所不同的，乃是在明清易代之际的具体情势中，黄宗羲所有的反思和批判都增加了一重更加浓厚而沉重的"华夷之辨"的历史背景。——也正是在这种历史背景中，本书才将黄宗羲所设想的秩序重建称为"华夏自由法政秩序"理想。至于黄宗羲在上述两个维度上进行反思和批判的成果，前者主要以《明儒学案》和《宋元学案》两部思想史巨著为代表，后者则主要以《留书》和《明夷待访录》这"近世政论第一杰作"为代表②。并且，对于黄宗羲而言，这两个维度之基本问题的解决，并非各自独立而互不相关，其间有一种贯穿其思想之首尾始终的鲜活命脉，乃是立基于历史研究之上的独立的理性批判精神：《留书》和《明夷待访录》堪称梨洲批判性法政思想的集中表达，两部《学案》巨著则既是梨

---

① 这一立场可以顾炎武、傅山最为代表。
② 杨幼炯论《明夷待访录》语，见氏著《中国政治思想史》（上海：上海书店1984年）第282页。

洲批判性的史学成果，又分别是其批判性的心学和批判性的理学之表达载体。而所谓批判性的心学、批判性的理学、批判性的法政思想和批判性的史学，在黄宗羲那里，又共同结合成一个根基于经史、着眼于经世，并且自成系统的批判性儒学整体①。

2. 洛克法政思想的大历史背景与基本问题关切述要

一般认为，西方整体性的现代世界明确出现于十六、十七世纪，但这种现代秩序所具有的各种实质性特征，却并非丛集于此而一时出现。现代西方学者对所谓"现代"之主要精神特征（如世俗性取向）的历史追溯，则往往认定必须以兴起于十二世纪的"文艺复兴"为其发端。事实上，十一世纪晚期的欧洲有至少两件事情对后世产生了无可估量的影响：第一是教宗格列高利七世于1075年在基督教世界发动的"教宗革命"②；第二件则是1080年前后，人们在意大利的一个教会储藏室中，意外发现了一部古代法律文献抄本，后来它被称作"国法大全"。

"教宗革命"的目标，是试图使教宗超越在君王之上，并使教士完全摆脱世俗权力的管辖，其直接后果是长达数百年的教权与王权之争。在"教宗革命"的推动下，思想家们在不同的立场上对教宗权力和君王权力都进行了深入的批判研究，其现实的结果之一乃

---

① 参看成中英《理学与心学的批评的省思》一文所述，文见《黄宗羲论》（杭州：浙江古籍出版社1987年）第8—45页。以成中英教授本身是当代海外新儒家代表人物之一，故其论述主要从黄宗羲思想所具有的批判性特质（亦即"批评性"）着眼，从理学和心学的思路出发进行论述，试图从与康德哲学的批判性的隐含比拟中，揭示黄宗羲思想的现代价值。关于黄宗羲儒学的批判性立场及其创新贡献，另请参看吴光《从阳明心学到"力行"实学：论黄宗羲对王阳明、刘宗周哲学思想的批判继承与理论创新》一文，见《中国哲学史》2007年第3期。
② 对于天主教首脑专用称呼的拉丁文Papa或英文Pope一词，国内一般翻译为"教皇"，但是考虑到"皇"字在汉语中的意义及其附着的政治想象，并不能准确描述天主教首脑的地位和职能。港台学界与海外学人多用"教宗"一词，似乎比"教皇"一词更为恰切。

是教会发展出了第一个"现代"的国家组织和法律体系①；与此同时，欧洲中世纪后半期教权和王权各有界守、而又充满对峙与协商的基本二元权力结构得以逐渐形成。"教宗革命"的后果波及政治、经济、文化等各个方面②，其中之一就是推动了对古代罗马法的研究：因为最初对罗马法抄本进行研究的人都是教会僧侣，而其主要目的则在于通过对古代法典的研究来对庞杂凌乱的教会法进行系统化整理，以为教会在与世俗权力竞争的时候提供支持和帮助。其最大的历史性后果，自然是延绵了近千年的"罗马法复兴运动"。但是，伴随着对古代罗马法研究的深入，及其在欧洲范围内的整体性影响，欧洲知识界对古代希腊罗马古典文化的兴趣也越来越浓，一个不期而至却又非常自然的后果，就是十二世纪以来以意大利为发源地的欧洲"文艺复兴运动"的出现。

"教宗革命"、"罗马法复兴"和"文意复兴"对欧洲产生了重大的综合性影响。简略而言，"教宗革命"确立了欧洲基本的二元权力格局，并直接开启了思想界对于世俗权力的批判。"罗马法复兴"所提供的可以为双方利用的法理论证和具体法律手段，又不断加强着对立双方各自的集权倾向（甚至可以说，从教宗革命直至"宗教改革"的欧洲史，主要就是一部教会国家和世俗政府在相互斗争中不断通过集权而强化自身权力能力的历史）。"文艺复兴"所默默传达的古代异教文明精神，既影响了教会僧侣的知识和精神结构，又逐渐渗透着世俗世界，在旧有的二元权力结构中，不断积累着逐渐唤醒各种现世欲求和此岸理想的文化因素。世俗的"人"，借助于对古代文明的想象渐渐得到凸显，并在新的标准上被衡量和期望而进一步寻求着解放自身的机会。另一方面，罗马教会长期集

---

① 参看〔美〕哈罗德·J·伯尔曼，《法律与革命》（中国大百科全书出版社1996年）第二章和第五章的论述。
② 见前及伯尔曼《法律与革命》，第122—6页。

权而其高层又普遍世俗化的重要后果之一,就是导致了罗马教廷的严重腐败。当罗马教会内部的几次改革都以失败告终之后,路德乃以彻底反对腐败的罗马教皇的名义,在罗马教会之外发动了史称"宗教改革"的新教革命①。"宗教改革"借助了数百年"文艺复兴运动"所积累的力量,而其主流又在反对教皇的共同目标中与世俗政府达成了不同程度的联合。统一的欧洲精神破裂了,以罗马教会为载体的欧洲政治统一也就此告终,接下来"欧洲在一个半世纪中沐浴在血泊里"②。

以"文艺复兴"为主要标志的全面世俗化和中世纪后半期知识的发展,还引发了另一个严重后果。古代世界和中世纪基督教世界所持有的,都是目的论的宇宙观和自然观。古典时代的宇宙是为自身的目的所规定的(斯多葛学派就认为宇宙的目的是理性的和谐),进而世界上的万事万物也都被设定了自身的目的,它们的存在也就是为了这个目的的实现。与这种宇宙观相应,古典时代的自然世界是充满"精神"的领域,而这种"精神"的存在正是自然界秩序和法则的渊源:自然界不仅是一个充盈着生命活力并永恒回复的世界,而且还是一个有着永恒秩序和法则的理性世界。"自然被分化了,为的是给每一件东西安排一个适当的归宿。……每件东西都在扮演自己的角色"③。而人类事务的秩序和法则,即必须奠基在理性的自然世界之秩序和法则之上。中世纪以来的基督教世界观并没有彻底改变这种宇宙想象,只是在其上多出一位"全知全能全善"的上帝。一切出于上帝,一切指向上帝。上帝成为了所有存在的最终渊源和终极目的。但是,根据托马斯阿奎那的理论,上帝不仅创造了世界,而且通过"理性"统治世界。上帝以其绝对的意志通过理性为宇宙、

---

① 参看〔德〕黑格尔著《历史哲学》,王造时译,上海世纪出版集团2006年,第386页以下。
② 〔英〕怀特海著《科学与近代世界》,何钦译,商务印书馆1959年,第2页。
③ 同上,第8页。

自然和人类的道德世界立法，而上帝所启示的神圣秩序和道德法则，就是人类生活秩序及其道德法则的唯一渊源和最终基础。

但是"文艺复兴"以来数百年间科学和哲学的发展，逐渐改变了上述目的论的宇宙观和自然观，并逐渐形成了一种机械论的宇宙观和脱去了精神与意义的、质料性的自然观（也就是马克斯·韦伯所谓的"去魅"）。宇宙被更多地设想为一部机器，它完全被某个外在于它的智慧设计和制造，并按照制造者所确定的法则与目的运转。相应的，自然世界也不再是充满"精神"和生命活力的领域，它自身既没有灵魂，也没有理智。宇宙和自然世界所有的目的和法则，都出于某种外来的赋予。很明显，在最初的时候，这种宇宙观并没有完全脱离基督教创造论的背景[①]。但是上帝已经从宇宙和自然世界中逐步隐退，祂只给予了它们以某种不为人类所知的目的和运动的最初动力。上帝已经把自然世界完全交给了人类，由人类为自己的利益通过自己的力量开发利用：自然世界逐渐成为了人类生活和进行创造的纯粹质料。而这样一个机械论的宇宙和纯粹质料性的自然世界，也就再也不能为人类道德事务提供秩序和法则的正当基础。这就在深层导致了极其严重的政治后果：人类政治秩序的旧有根基已被彻底摧毁，它必须在新的条件下被重建。

贯穿了欧洲数百年的"三R运动"，既给现代西方世界提供了确定自身性格特质的思想资源，也给初露曙光的现代世界制造了重要的问题[②]。尤其是在"宗教改革"以后，欧洲在精神领域和政治世界同时陷入了混乱与纷争，中世纪的精神构造和数百年间发展出的

[①] 就思想史和科学史的情形而言，自"文艺复兴"以来西方许多伟大的心灵都试图为机械论的宇宙观和自然观寻找上帝之外（或独立于上帝）的目的来源和动力根据，其中最明显的例子是：科学家数百年间对发明"永动机"的热衷之下正隐含着从宇宙中彻底驱逐上帝的欲望。

[②] 参看〔美〕伯恩斯与拉尔夫著《世界文明史》（罗经国等译，北京：商务印书馆1987年）第二卷第十五章"中世纪后期：宗教和知识的发展"、第十七章"意大利的文艺复兴"、第十八章"文艺复兴的传播"、第十九章"改革时代"和第二十一章"专制主义时代"等章节的论述。

政治秩序全面崩溃。在这巨大的中世纪废墟之中，同样为古代希腊、罗马世界和中世纪基督教世界完全陌生的、肉体化的"个体人"开始出现。与此同时，野性四射的近代民族国家，也开始逐渐走出地平线而登上了人类历史的大舞台。就法政思想史而言，这两者最堪称是西方现代世界开始形成的标志①。自此以后，秩序重建的问题就不断变换着形式出现在欧洲世界，以至于形成了一个数百年间挥之不去的巨大阴影，至今仍笼罩着欧罗巴变幻莫测的天空，困扰着思想家们忐忑不安的心魂：宇宙和自然已经不再为人类道德事务提供终极目标，也不再能够提供对道德人事进行正当性评价的统一标准。虽然灵魂拯救问题依然困扰着业已四分五裂的欧洲，但是，已经充分肉体化的"个体人"和不断在战争与条约中夺地争财的民族国家，却成为了最大的、不可逃避的、而又必须被约制的此岸现实。既然已然没有了有目的的神圣宇宙，脱去了"精神"与生命的自然世界，也不再决定现世人类政治秩序的目的和归属，也不能够继续据此对它提出评价，那么，政治秩序就必须在此岸世界被重新奠基。从而，业已此世化、肉体化的"个体人"和民族国家，这一实在的现实就成为了必然的出发点。其中，肉体化的"个体人"又是比民族国家更为基本的起始性存在单位。新教拆除了个人与上帝之间的所有中介，个人只能直接面对上帝②。而且，为自己的灵魂救赎，个人必须

---

① 之所以做出"就法政思想史而言"的限制，是因为当讨论现代世界从何时开始以及以何种现象为其主要标志的时候，如果所注意的领域不同，则所采取的标准可能完全不同，以至于甚至会得出"确定现代历史是什么时候开始的，其实只是一个方便性的问题"这样的结论。对这个思路最好的叙述，参看（美）罗宾·W. 温克 托马斯·E. 凯泽 著，《牛津欧洲史》第二卷（赵闯译，孙洁琬 储智勇 郑红 校，长春：吉林出版集团有限公司2009年）第172—173页的论说。

② 对于天主教教义而言，在上帝和作为信仰者的个体人之间，存在多重中介，如圣母、十二门徒和历代圣人等等，而教士阶层则直接充当着灵界与个人之间的中介；而以路德和加尔文为代表的基督新教，则主张个人直接面对上帝通过信仰获得救赎。参看（美）保罗·蒂利希著《基督教思想史》（尹大贻译，北京：东方出版社2008年）第四章"从特伦托会议到现在的天主教"和第五章"新教教改革者的神学"，尤其应该参看的是蒂利希在第193—194对"权威"和195—196页对"成义"问题的讨论。

自己对上帝负完全的责任。个人成为了绝对孤立的"个体人"。在救赎关系中，存在的只有上帝和这个绝对孤立的"个体人"。即使最亲密的骨肉至亲，在这里也将变得漠然无助。没有了可资帮助的中介，每一个孤立无助的"个体人"在上帝面前变得完全平等，而且取得了以自己的良心单独面对上帝的绝对自由。但这样的结果是，他必须为自己灵魂的救赎而用尽一切手段，并且自己承担所有此世的重担与责任。"人"之自身，乃成为了政治秩序之正当基础的最终现世来源。与此相伴随，在"宗教改革"解除了罗马教皇高高在上的普遍统治权之后，新兴民族国家之间逐渐取得了相互独立的地位。但是这种独立平等所带来的，并非和平共处，而是使它们彼此深陷战争的泥潭，即使通过联盟和条约取得了短暂的和平，却仍时时刻刻处于经由背盟利诱而导向战争的威胁之中。这乃是十六、十七世纪所有人都在切身感受着的死亡性现实。由此，一种立基于新的正当合理性而从内到外的秩序重建，正是呱呱坠地即野性四射的现代世界，给西方满怀忧患的头脑所设置的巨大挑战，也是那段惨痛的历史抛给西方思想界最根本的问题。

　　十七世纪的欧洲思想界对此"秩序重建"的理性解决，确乎非同凡响。依据秩序重建的内外两面内容，试图主要地从世俗出发解决这一问题的思想家有两种基本的思路，而这两种思路又深深影响了西方此后三百多年的思想言说和政治实践。对于"内"之一面，即宗教信仰冲突问题的解决，第一种思路是将国家彻底提升到宗教组织之上，并对宗教组织和宗教行为施行全面监控，如有必要，则直接建立国家宗教；第二种思路则主张国家在宗教事务上的消极地位，强调宗教信仰的个体生命特质，并积极提倡一种立基于个体信仰自由的宽容理论。对于"外"之一面，即法政秩序的重建，第一种思路全面主张君主制在恢复与有效维持和平方面不可代替的地位，将其思路推而极致，就是绝对主义君主制的政治构想；第二种思路则对绝对主义的种种弊病进行批判,并积极提出了以"自由"为精神的宪政法治理想。第一种思路,可以法国的黎塞留、路易十四、英国国教派、费尔默、霍布斯等为代表人物①,第二种思路则以英国的阿什利勋爵和洛克最为代表。至于在理论上进行了深入发掘、内外贯通前后一致、论证细致缜密而成就最大影响最大的,则非霍布斯和洛克莫属。而无论是霍布斯和洛克,其解决全面秩序重建问题的逻辑出发点,都在于对"自然状态"的设定。通过上文的叙述,不难发现十七世纪思想家们"自然状态"思想最核心的构成性特征,也正是对初期民族国家和"个体人"所具有的核心特质的理论抽绎。现在,既然一切道德秩序和道德学说的建构,都必须从肉体化的"个体人"和野性四射的民族国家这两个最大的现实出发,那么,也就意味着它们必须从"自然状态"出发,因为"自然状态"思想所抽取的,乃是肉身化的"个体人"人性和野性四射的民族国家最基本的真实。而政治秩序正是道德秩序的核心部分,政治理论正是道德学说的重要内容,它们都必须从"自然状态"中寻找自身的基点。在十七世纪的西方,霍布斯、普芬道夫和洛克,这些思想大师们,正是从这里出发建构了各自的法政思想大厦,并切实影响了此后三百年欧洲思想言说与政治实践的历史。

3. 黄宗羲与洛克法政思想的同时代性问题

就现有考古资料的发现而言,中国经由一些中介民族与域外文

---

① 对于詹姆斯一世、路易十四等所代表的"绝对专制"或"绝对王权",西方史学家有时也更准确地称之为"神权君主制",见〔美〕罗宾·W.温克、托马斯·E.凯泽著,《牛津欧洲史》第二卷(赵闯译,孙洁琬 储智勇 郑红 校,长春:吉林出版集团有限公司2009年)正文部分第1页;对于黎塞留和路易十四"神权君主制"思路下的绝对主义,可参看该书第4—15页的内容,也可参看帕尔默·科尔顿著《近现代世界史》(北京:商务印书馆1988年)第230—243页的论述。对于十七世纪欧洲专制主义的普遍发展,参看(美)伯恩斯与拉尔夫著《世界文明史》(罗经国等译,北京:商务印书馆1987年)第二卷第258—295页的论述。

明进行的以丝织品为主要项目的商业交流,最迟在商周时期就已经相当可观①。在此后的两三千年间,华夏中国对域外文明的闻知和交流,绵延不绝,日渐发达。自汉代以降以至于唐朝,横穿亚欧大陆的丝绸之路,在沙漠山岭之间宛转延伸,持续了千余年,既是商业史上的奇迹,也是中外文化交通史上不可磨灭的万古华章。

但是自宋代以来,中国与域外文明的商业交通和文化交流的主要途径,明显开始从陆路向海上转移。就造船技术而言,宋代中国已经能够制造出排水量达到八百吨、可以承载五、六百人的大型船只。十二世纪时,从福建、广东出海到南洋的中国商船逐渐增多,而其地出产的船只由于性能优良而享有"南船"的美誉。最迟至宋代初年,指南针就已经在海上航行得到普遍应用,十二世纪时则已经发展到使用浮针的罗经仪,并配备了细致的航海图②。这一切都大大提高了海上航行的安全性和航向的正确性,极大地促进了远洋航运的发展,因而使得满载丝绸和瓷器的中国商船,可以远航至印度洋沿岸各国。十二世纪末,中国人已经开始取代穆斯林,在东亚和东南亚的海上取得了商业贸易的明显优势③。到了十三、十四世纪的时候,中国的造船技术和航海配备都有了进一步的发展,而南印度和中国之间的海上交通,也已经完全处于中国商船的控制之下④。至明代永乐年间,中国和海外交通更是极为频繁。据说,明成祖为了取得官方对海外贸易的全面控制,不惜倾注巨大的财力,试图用政府的政治威望和经济资源,将整个印度洋范围的国际贸易网置于自己的控制之下,乃至于有郑和船队浩浩荡荡七次下西洋的

---

① 参看沈福伟著《中西文化交流史·第二版》(上海:上海人民出版社2006年)第17—20页的内容。
② 参看前及沈福伟《中西文化交流史》第233页。
③ 参看〔美〕斯塔夫里阿诺斯著,《全球通史:1500年以前的世界》(吴象婴 袁赤民译,上海:上海社会科学院出版社1999/2004年)第332页。
④ 参看前及沈福伟《中西文化交流史》第232页。

旷古盛举。而十五世纪初期的郑和下西洋,实将传统中国的航海事业推向了震惊世界的高峰,它既标志着中国海外贸易史上一个空前伟大的历史时期的来临,同时也写下了中西文化交流史上最称灿烂辉煌的篇章①。

当郑和船队已经第七次远下西洋并满载而归的时候(公元1433年),西方世界最称航海先进的葡萄牙人,才刚刚沿着非洲海岸摸索前进,开始了他们的海上航行事业,直到十二年后(1455年),他们才到达了佛得角群岛②。虽然如此,后来居上的西方却以惊人的速度全面展开了他们的海外探索,而葡萄牙和西班牙两国,成功地在十五世纪末期建立了它们在西方世界的海上霸权之后,进而将其触角一步步伸向了东方世界。在大明世宗嘉靖三十六年(公元1557年)时,葡萄牙的海外探索者们甚至成功地取得了在澳门的合法居住权。——如果说西班牙通过哥伦布发现了美洲,其获得的是大片富饶的土地和金银财富的话,葡萄牙在远东发现的则是异质的文明资源,而且这乃是一个比西方文明远为悠久和发达的文明世界③。事实上,与西方帝国在经济野心下急速扩张的脚步几乎同时进行的,还有另一份专注于灵魂救赎的高贵文化事业:随着欧洲以外世界的渐次出现,基督教以拯救灵魂为宗旨的海外宣教也逐渐起步。在1517年,路德以"因信称义"为核心教义,发起了与罗马天主教决裂的宗教改革运动。此后新教国家和传统天主教国家的从对立走向战争,欧洲的数百年的秩序统一开始从根基处遭受严重破坏。伴随着基督新教与罗马天主教的对立冲突而来的重要结果之一,乃是在

---

① 几乎与此同时,明朝居然可以放弃嘉峪关以外的领土而退守关内,这不啻于对已经衰落的丝绸之路的严重打击。而明政府之所以能够做出如此举动,除了政治与军事上较为直接的缘由外,自宋代以来,中外经贸往来的重心早已经转向东南海路,也是不可忽略的历史大背景。
② 参看前及斯塔夫里阿诺斯著《全球通史:1500年以前的世界》第332页。
③ 参看张西平《欧洲早期汉学史》(北京:中华书局2009年)第33—36页对"地理大发现"的叙述。

天主教世界反宗教改革运动中，耶稣会在1541年的建立，其最重要的目标之一，就是将天主教所保持的基督福音，积极向海外之诸东方民族传布。当受耶稣会差派的沙勿略神父于1549年到达日本的时候，西方的文化使者们就已经感受到了华夏中国的厚重与气度。1578年，范礼安神父在澳门建立了第一个耶稣会中国会和天主教圣堂，此举象征着天主教中国传教根据地的建立；而罗明坚和利玛窦于1583年的获准在广东肇庆开堂传教，则标志着以基督教为载体的西方文化在华夏中国传布的正式奠基①。

事实上，由宋代初年至明朝中晚期的数百年间，出海贸易的中国商船所大量载出的，虽然主要是华美可人的丝绸和典雅精致的瓷器，同时却也处处标志着文明大国悠悠中夏的华风仪节；其满载而归的，不止是闪光的金银和夺目的奇异，还有异国生民的风情消息，更有从天文历算到医学艺术的域外新知。而在十六、十七世纪之交，身负文化使命的西洋传教士们，渡海八万里来到东土华夏，其后的数十年间，既传播了先进的天文历算知识和基督福音教理，也第一次根据其自身耳闻眼见的确切资料，将这个与西方全然迥异的古老文明，以连续不断的书信和专门著作的形式，介绍给了正值身陷困境而不断挣扎左右奔突的西方②。在这个时候，同样身陷困境，不断挣扎，而已届浴火重生之际的晚明中国，已经与同样正在寻求出路的西方世界揖让为礼，打开了全面交流与和平发展的大门。"当西班牙人和葡萄牙人在福建外的海域相逢时，当麦哲伦在1522年完成环球航行时，世界合围。全球化的时代开始了"③。

---

① 参看徐宗泽著《中国天主教传教史概论》（上海：上海世纪出版集团2010年）第102—107页。
② 参看前及张西平《欧洲早期汉学史》第十五章至第十九章的论述。
③ 见前及张西平《欧洲早期汉学史》第36页。但张氏此说略欠精准，因为麦哲伦于1521年在菲律宾被杀，其同伴继续航行，完成了地球航线的圆周合围，故而完成环球航行的应是"麦哲伦船队"。

在十六、十七世纪世纪的时候，就当时已知的历史世界而言，中国依然处于最为遥遥领先的地位之上；而当时正处于一片混乱之中的西方，无论如何也看不出有任何可能会在世界范围内取得巨大的发展优势①。此时的华夏中国和欧罗西方都各自面临着它们的困境和危机，而生活于其间的主要思想者和政治人物，也都在尽力动用自身传统所提供的一切历史文化资源、并积极吸纳外来思想文化资源，以图实现一种新的合理可欲之生活秩序的重建。传教士写回欧洲的信件和著述，极大地刺激了欧洲思想界对西人生活秩序之可能性的想象活力。虽然也有无法避免的误读和曲解，但是东方想象、中国发明、儒家精神、官僚制度等等，确实在瓦解欧洲中世纪种种捆锁方面居功甚伟，并且以此成为了催生欧洲十八世纪启蒙运动的重要因素之一，并影响了此后欧洲两百年的思想论说和政治实践②。而此时的中国士大夫们，也以全然开放的心态，积极学习着西洋的天算历学和经世技术，如徐光启、李之藻等儒学出身的一代巨子，甚至在援耶补儒、耶儒会通的基础上，真诚地接纳了基督福音的生命信仰。在那些与远道而来的文化使者交往甚密的东林人士的心灵和头脑中，毫无疑问也正和西方的思想者们一样，通过对一个新世界充满活力的想象，而积极期待并参与着自身生活于其中的现实秩

---

① 当今史学界的一个基本共识乃是，西方世界相对于中国的整体性优势，是在十八世纪以后才逐渐出现并稳定下来的。简要的说明，可以参看（美）保罗·肯尼迪著，《大国的兴衰》（蒋葆英等译，中国经济出版社1989/1992年）"序言"第2—3页和正文第3—4页的叙述。

② 参看吴孟雪、曾丽雅著《明代欧洲汉学史》（北京：东方出版社2000年）在第二章"耶稣会时代"、第四章"制度文化传入欧洲"和第五章"中国语文及文献的西传"中的考论。另外，前及张西平《欧洲早期汉学史》第十五章"卫匡国与中国文化西传"第四节《〈中国上古史〉对欧洲的思想意义》的内容尤其值得参看。【时案：《中国上古史》又称《中国历史概要》，是卫匡国的一部汉学著作，以拉丁文出版于1658年（慕尼黑）和1659年（阿姆斯特丹），目的在于通过对中国深厚丰富的历史文化的介绍，来对耶稣会在华传教路线进行辩护，但是其中内容却对传统天主教发展出的《圣经》史观构成了严重挑战，并直接启发了十八世纪启蒙思想家对天主教会的批判——伏尔泰的《风俗论》即受益于此书颇多。】见张西平上书第387—392页。

序的改革①。然而可惜,"正是在向东方的学习中,西方走出了中世纪,借东方之火煮熟了自己的肉,而中国向西方学习的运动终未酿成社会大潮"②。明清易代,蛮夷猾夏。至雍正皇帝即位,乃在一片孤傲自负中,将中西文化和平交流、平等对话的大门轰然关闭,施行闭关锁国的政策,最终将与几乎同步的西方世界共同走向现代的机缘拦腰中斩。传统中国没有从与西方世界的交流中浴火重生,实现那几代士人所切切期待的凤凰涅槃,而是再一次转入了昏迷与沉睡。

然而,对于十六、十七世纪的文明世界,无论是中国,还是西方,却都是一个"我"要从"群"里超拔别出的发现个性的时代,都是一个"新"要从"旧"里冲撞破出的充满希望的时代,也都是一个"活"要从"死"里挣扎脱出的文化再造的时代。在差不多同样的地平线上,在平等的对话与和平的交流中,东方,西方,几乎同时看到了

---

① 巴利托在《耶稣会史》一书中最早注意到了在华耶稣会成员和东林人士的关系。其中东林领袖邹元标和利玛窦、郭居静等均有相当深入的交往,晚明重臣、东林的另一位领袖叶向高和利玛窦、艾儒略也交往颇深。对于耶稣会士对于晚明清初思想界的积极影响,参看前及张西平《欧洲早期汉学史》第十二章"传教士汉学家介绍的西学与明清之际中国文化思想变迁"的详细论述。
② 见张西平著,《中国与欧洲早期宗教和哲学交流史》(北京:东方出版社2001年)第7页。

那个新的伟大时代的曙光①。而黄宗羲和洛克正是以满怀忧患的先知先觉,触摸到了新时代的鲜活脉动,并在对自身历史文化和思想传统的批判性继承中,在对外来思想文化的吸收和接纳中②,完成了他

---

① 如果说晚明中国在十六、十七世纪时曾经一度面对过"启蒙"问题的话,前及黄宗羲所面对之根本问题的两个维度就可以表述为中国的启蒙问题:第一,如何从官方僵化的理学中解脱出来,寻求思想的自由空间;第二,如何从皇权专制滥权虐民的泥潭中解脱出来,建立一种足以约制皇权的合理可欲的法政秩序。从这个角度来讲,十六、十七世纪中国思想界所面对的基本问题,和欧洲思想界在十六至十八世纪所面对的基本问题(上文已述),就具有极大的结构相似性。虽然在中西思想界所提出的解决之道的实质性内容方面各有特色,但并不能忽略这种基本生存现象与基本问题结构的相似。因而赵轶峰教授将欧洲的"启蒙主义"化约为"专指18世纪欧洲由中世纪宗教愚昧文化控制解脱之思想运动",已经不妥(见下文),进而认定"中国古典时代成立之文明精神、制度虽恒在嬗变中,却不曾被腰斩,文明一脉贯通,不曾沦落于'黑暗'、'蒙昧',故中国现代以前无所谓'启蒙',"就是一种极可商榷的观点。说氏著《十七世纪中国政治、社会思想诉求的维度:对〈明夷待访录〉的一种新解读》一篇长文,文见《东北师大学报(哲学社会科学版)》2008年第2期。虽然如此,赵轶峰教授对十七世纪中西社会在性质与发展方向之不同方面的认定,并将中国的情形界定为"帝制农商社会",却依然堪称是近二十年来明清社会史研究方面极具创见性的观点,不但具有极大的历史合理性,也具有很大的思想启发性。而其总论黄宗羲的法政思想说为,"黄氏之说,根本上不脱儒家思想理路,却将儒家政治、社会观推演为一更具民本精神之制度化蓝图。其中以制度限制君权、臣为君主师友而非仆妾、以公天下为法而私法非法、宰相执政、使治天下之具皆出于学校、多途取士、君主三妻而止等等,无不振聋发聩,超越古人。若以为其所论仍与'现代'不侔而定其为无新见,则失于以'现代'事物为绝对尺度","《明夷待访录》政治诉求之基本指向,为开明帝制农商社会。此种社会理想,有明代社会实际为事实基础,有儒家为主之传统政治哲学为渊源,非资本主义、民主社会之直接建言,乃17世纪中国社会进化与文明嬗变一种可能性之思想表现"(见上及文),更是尽显史家目光之犀利处。只是赵教授将黄宗羲的法政思想仍旧归结于"民本"这一名目之下,则不免仍未破出清末民国以来思想史研究所设定之基本概念的圈套之外,而直面基本的生存实态与思想现象。关于近代以来"民主"为对持概念的"民本"概念的衍生史,及其对于中国法政思想史研究的种种便利与对更深入之思想史研究的种种障蔽,必须以专文讨论方能胜任,此不详及。

② 除了晚明著述间接的影响外(参看前及张西平《中国与欧洲早期宗教和哲学交流史》第六章"天主教哲学与明末理学、佛学的理论争辩"所述),黄宗羲与汤若望有密切交往,并从汤若望处受赠日晷,并在其《赠百岁翁陈庚卿》一诗中称"西人汤若望,历算称开辟。为吾发其凡,由此识中陌"(见《黄宗羲全集》第十一册,第285页),即坦言他从汤若望处获得过关于天文历算与数学的极大教益(参看徐海松《清初士人与西学》,北京:东方出版社2000年,第278—281页所述)。而关于黄宗羲对于西学了解和吸收的大略情形,可参看吴光等主编《黄宗羲三百年祭》(北京:当代中国出版社1997年)一书所收夏瑰琦《黄宗羲与西学关系之探讨》一文。而洛克对于作为东方文化之伟大代表的中国文明,也不乏知识的了解和由衷的崇敬:参看《政府论上篇》第141节(中译本第117—118页)、《人类理解论》第一卷第四章第八节(中译本第50页)和《教育片论》第94节(中译本第168页),并请参看纳·塔科夫在《为了自由:洛克的教育思想》(邓文正译,北京:生活·读书·新知 三联书店2001年)第227页的叙述。事实上,洛克对中国饱有兴趣,甚至在这方面有丰富的读书札记,参看上及塔科夫著作在第247页注释中的交代。至于洛克对中国的知识和想象,是否、以及在多大程度上影响了其思想的具体内容,尚不可考。

们以法政批判关注于秩序重建的不朽之作。

二 黄宗羲与洛克之权力批判的简明对勘

前文已经对黄宗羲和洛克展开其思想的大历史背景进行了交代，并简要勾画了其所面对的基本思想史问题及其法政思想的大旨所在。事实上，黄宗羲和洛克同为十七世纪伟大的综合性思想家，在一个历史巨变的时代，各自对他们背后的数个重要思想传统予以吸收整合，并最终取得了世所公认的伟大成就。就其法政思想而言，两位思想家分别以《明夷待访录》和《政府论两篇》两部巨著，为人类对良好法政秩序的探求做出了巨大贡献①。三百多年来，洛克作为为现代西方法政秩序奠基之思想大师的声誉和地位，已经无可动摇，而中华学界近一百多年来对黄宗羲法政思想的研究和评价，则一直颇涉争议②。本篇拟以洛克为参照，对黄宗羲关乎权力批判的思想文本进行疏读阐释，以期对黄宗羲法政思想在传统中国法政思想结构内实现的突破、以及对其法政思想已经达致的现代品格，获得些许新的认识

1. 黄宗羲权力批判的思想史背景与基本内容述要

本部分内容分两部分展开，首先对黄宗羲之前中国法政思想传

---

① 黄宗羲生于1610年，卒于1695年；洛克生于1632年，卒于1704年。黄宗羲于1653年初成《留书》，于1662年至1663年增删修订而成《明夷待访录》；洛克于1660至1662年间写下了《政府两论》，其思想已颇具深度，而经典名著《政府论两篇》则写于1682年至1688年间，发表于1689年。黄宗羲和洛克一样地理智、清醒，同以现实的大危机与大混乱为痛伤，其思想理论在在以"自由秩序"的重建为旨归。
② 对于黄宗羲法政思想的整体性评价，当今中国学界已成二派：申之者以之为中国民主道路之先驱，辟之者以之为重构专制之元凶，二派对立，势如水火，于其殁身盖棺三百年后，无以定论。而其争议之大，实属罕见。西方近世思想史上，似只有马基雅维利和霍布斯二人有此遭遇。对于黄宗羲法政思想之研究范式及其核心品格问题，请参看本书之"导论"。

统对权力的认识予以略述，其次则交代黄宗羲权力批判的主要内容及其对传统思想的突破与创新所在。

(1) 黄宗羲之前的权力批判述要①

传统中国文化，自始至终对权力和政府均有较大的寄托，表现在跨越两千多年的思想史方面，即为除道家之外的各个思想流派，均普遍对"权力"抱持一种较为积极的态度和立场，其中又以儒家和法家对后世影响最大②。

以今天可见的资料而论，在先秦儒家之中，孔子对于权力源起问题，不过是重述了那个非经验所及的基本原则：天命授受；除此而外，即注重修德配天。由此，权力是如何发生的这一问题，便不在孔子的直接讲说范围之内，——他所关注的主要问题在于如何恰当配置、并合理地行使既定的权力。孟子和荀子承七十子遗言而起，对于发生意义上的权力，皆有所论。然而，就孟子而言，主要是在

---

① 传统中国的思想家关于权力的言述，往往以"君"为具体的依托而在家国天下和民生忧乐的论说框架中展开，故而与其对"君"的看法互为表里、紧密结合。黄宗羲的权力批判，亦是如此。究其原因，其中关键似乎在于"权力"即意味着"统治"，而"统治"即意味着君臣上下。如此一来，一向习惯于根据历史现象而以"远取诸物，近取诸身"的方式立说的中国思想，以"君"为载体，借论"立君"而论权力，似乎是自然而然的事。

② 这一论断，首先要将东汉以来组织化的道教与贯穿数千年中国文化的道家哲学区分开来；其次则须对道家内部略作区分。对后者而言，道家中极端派因为对权力的正当性均予以绝对否定，因而其政治主张近于所谓的无政府主义。对于较温和的道家人物而言，对权力则持一种消极而非绝对否定的立场，并从此消极立场出发，在政治上提出无为而治的基本主张。——但是这种"无为而治"的观点，实际上可以看做是在极端的道家立场与儒法两家积极有为的政治取向之间的一种折中。虽然黄宗羲对道教学理有很深的了解，并且对其道教的态度，也远较佛教为积极，但出于技术角度的考虑，本篇对黄宗羲与道家思想以及道教的关系，暂不涉及。另外，墨学在战国周秦之际期影响虽然极大，而其立基于"天志"展开的对权力的讨论也极具特色；然而入汉以后，墨学即突然斩绝，中唐韩愈偶有所及却不为主流儒家所接受，此后墨学几乎无闻，直至清中晚期以后，才再次进入国人的思想世界。故而其对汉至清的近两千年思想史，影响不大。又，《墨子》一书自汉以后，即少有独立行世，后世乃收入"道藏"之中而得以幸存。黄宗羲青年时期曾经集中阅读过"道藏"（见前文），故就其自身而论，可能读到过《墨子》。但是，就笔者所阅读之黄宗羲所著文献，尚未发现可资论证之证据，故本书对二者关系亦不涉及。

更细致、也更激进的意义上重述了《尚书》中天命授受的观点①。荀子则在儒家中第一次立基于对人性的判断、在历史性立场上论述了权力的产生：

> 人之性恶。故古者圣人以人之性恶，以为偏险而不正，悖乱而不治，故为之立君上之势以临之，明礼义以化之，起法正以治之，重刑罚以禁之，使天下皆出于治，合于善也。是圣王之治而礼义之化也。②

> 水火有气而无生，草木有生而无知，禽兽有知而无义，人有气、有生、有知，亦且有义，故最为天下贵也。力不若牛，走不若马，而牛马为用，何也？曰：人能群，彼不能群也。人何以能群？曰：分。分何以能行？曰：义。故义以分则和，和则一，一则多力，多力则强，强则胜物；故宫室可得而居也……故人生不能无群，群而无分则争，争则乱，乱则离，离则弱，弱则不能胜物；……君者，善群也。群道当，则万物皆得其宜，六畜皆得其长，群生皆得其命。③

由以上数语，可知荀子论权力的产生，既是对历史过程的设想，也是完整的逻辑推论，而其论旨之大要，即在于权力的产生是为了适应合群为治、定分止争的实际需要。荀子的出发点是：人性恶，却又不得不以"合群胜物"的方式求生存生活。这一基本事实导致了严重的后果：既然人之性恶，自然就"为偏险而不正，悖乱而不

---

① 《尚书·泰誓》有"天佑下民，作之君、作之师。惟其克相上帝，宠绥四方。……天矜于民，民之所欲，天必从之。""天视自我民视，天听自我民听"等语，为孟子极重要的思想渊源。
② 见《荀子·性恶》。
③ 见《荀子·王制》。但是这种思路却并非荀子首创，墨子在"尚同"一题三篇中、商鞅在《商君书》"开塞"一篇中，都已经从稍有不同的着眼点论及。墨子之说，本书不论；商君所述，略见下文。

治",即起"争",而争的后果是逐渐使所谓的"群"趋于"不能胜物"。于是权力和统治就成为定分止争以合群胜物的实际需要。然而这却仅仅表明了权力与统治的必要性,却并没有说明权力和统治在这种必要的压力中,是通过怎样的程序产生出来并得到有效组织的。——荀子的回答是:圣人。然而"圣人"却是一个超乎于任何程序之外的介入者①。虽然如此,在权力产生之后,正当合理的政府行使权力之最终目的,在儒家内部却自始至终有一个被普遍接纳的核心观点,即天命立君或圣人立君的目的,在于"养民"和"教民"。儒家致治论的此一根本目的,就历史而言,乃从商周之际周公"保民而王"的思想中演变而来。其在孔子的思想中,具体体现为"庶富教"三字真言;在孟子那里,则体现"王道政治"下"制民之产"的养民论与"民为贵,社稷次之,君为轻"的"贵民"主张;在荀子处则表现出更加综合性的内容:"明礼义以化之,起法正以治之,重刑罚以禁之,使天下皆出于治,合于善也。是圣王之治而礼义之化也",即圣人立君是为了"万物皆得其宜,六畜皆得其长,群生皆得其命"。用现代术语来说,先秦儒家对权力的基本看法是,权力的产生和使用都是(应当)为了全体国民(即群)的福祉。

先秦法家论权力的产生,当以商君所论最为明确:

> 天地设,而民生之。当此之时也,……民务胜而力征。务胜则争,力征则讼,讼而无正,则莫得其性也。故贤者立中正,设无私,而民说仁。当此时也,亲亲废,上贤立矣。凡仁者以

---

① 关于"圣人",孔孟荀三者的理解并不相同。虽然孔子和孟子对什么样的人才是"圣人"的看法略有不同,但都认为"圣人"是天命所生,非人力可为;荀子则似乎强调"圣人"可以通过修习进学而达致:"学恶乎始?恶乎终?曰:其数则始乎诵经,终乎读礼;其义则始乎为士,终乎为圣人"(语见《荀子·劝学》)。但是通观《荀子》各篇,其所谓创制立法的"圣人",依然是与神秘的终极存在有某种超出一般关系之特别关系的超人或神人。以此题与本书关系不大,兹不详及。

爱利为务，而贤者以相出为道。民众而无制，久而相出为道，则有乱。故圣人承之，作为土地货财男女之分。分定而无制，不可，故立禁。禁立而莫之司，不可，故立官。官设而莫之一，不可，故立君。……古者民藂生而群处，乱，故求有上也。①

由以上资料可知，在以商鞅为代表的法家基本理论中，权力的产生是为了应对人民"藂生而群处"之弊端所需。其基本思路从自然而然的"亲亲爱私"出发，经由"务胜力征"的过程，推论而至于"讼而无正"的混乱境地。于是，一种使"讼"得其"正"的统治权力就是在所必须。那么在这种乱境之下，君上官长是通过怎样一种程序或过程得到确立的呢？商鞅并没有给出完整的逻辑推演，在商鞅的叙述中，"立中正，设无私"的"贤者"，和承"贤者"而来"立禁""立官""立君"的"圣人"，都是毫无缘由地出现在推论进程之中的。商鞅上述讲论权力产生的思路，与前及荀子的推论思路极为相似②。而深究法家权力论述的大旨，会发现他们也并非为一家一人的私利立说，依然是以天下之公利为立君设官的基本目标；而其所失之处，乃在于将天下公利过分地集中在有效统治秩序的恢复一面，最终至于以实现和平的追求而戕害了其他方面的基本价值。

承战国之弊，秦始皇乃以郡县制为依托建立了第一个皇权大一统的专制帝国，所谓"天下一家"的情势才真正形成。"乃今皇帝，

---

① 语见《商君书·开塞》。虽然商鞅在荀子之前，但以由儒而法的叙述次序，故列于荀子之后。
② 商鞅和荀子之间是否有思想渊源关系，尚无可考。商鞅之学，出于李悝（亦作李克）与吴起；李悝曾受业于子夏，吴起则出于曾子之门。荀子之学与吴起也颇有渊源：年十五即游学于稷下诸先生之间，后以一代儒宗而三为稷下祭酒，对于战国初期以来之法家言说当不陌生，前文引述文字若非师传与自造，当或曾有闻于商鞅后学。关于上及诸子学术源流，请参看钱穆《先秦诸子系年》（石家庄：河北教育出版社2002年），第三十八、三十九、五十、六十六、六十七、七十三、一百零三等诸条所记）。

一家天下","人迹所至,无不臣者"①。原有各种形式的封建贵族的"家",已被消灭净尽,所谓"天下一家",即是皇帝之"家"。自此以后,所有的官员(包括藩王)必须奉皇帝为唯一的"君",而从上至下的郡县主官(隋代以后乃扩大到全部在编人员)都以皇帝的名义任命,从而真正成为皇帝的"家臣"。与此同时,秦朝一变春秋以来各国普遍推行的学术自由政策,以政治权力制造了焚书坑儒的大事件。此后中国法政思想史中的权力观和致治论,乃随之而发生了许多微妙的变化。——在"天下一家"的观念中,就其产生于周秦战国时代的历史语境而言,至少可以辨识出以下两层基本含义:第一,"天下"成为了皇帝一家的家产;第二,生养于其中的民众,都成为了皇帝一家的"家人",——具有家内奴仆性质的臣妾②,以至于不再具有独立而完整的人格,转而或强或弱地附属于皇权之"家"。秦汉之际,刘邦"某业所就孰与仲多"的话语③,固然是对上述第一层含义最为形象的通俗表达;而在其数十年后,以养士聚书且好学覃思而闻名天下的淮南王刘安,在他上汉武帝的奏疏中的如下一段文字里面,已经从当时知识界的眼光将以上两层

---

① 语出《史记·秦始皇本纪》,见北京:中华书局1959/1982/2007年本,第245页。
② 参看甘怀真著《皇权、礼仪与经典诠释:中国古代政治史研究》(上海:华东师范大学出版社2008年)第160页。甘怀真对中国古代皇权与国家研究的基本思路,受启发于日本学者之研究者极多。日本学者在此一方面的研究,参看尾形勇著《中国古代的"家"与国家》(张鹤泉译,北京:中华书局2010年)一书"序章"部分的介绍。但在日本学界,并不都认为自秦确立"天下一家"的情势以后,其他的"家"就真的全然从"天下"消失了,而仅仅是可以对皇帝之"家"形成实力约制甚至与之分庭抗礼的"家"消失了,其较低层面的"家"则依然存在,并且皇权也不得不通过对诸"家"的整合来施行统治。前述尾形勇教授即是此种主张。而且"家"的含义,并非一成不变。就笔者看来,在上引甘怀真教授所述的内容中,其对"家"所使用的是周秦时期的古义,而尾形勇教授则在其针对于"家族国家论"而展开的论述语境中,以秦汉至清的通史为背景,与"家"的古义相比,更为侧重后世所谓"家族"的含义。事实上,在甘怀真《皇权、礼仪与经典诠释:中国古代政治史研究》一书中,正是由于对"家"的古义和后世义之间的界限没有严格的分别和把握,而使得其前后各篇的论述在逻辑上并不一贯。若展开批评,须作专文,此不详及。
③ 语出《史记·高祖本纪》,见北京:中华书局1959/1982/2007年十册本,第386—387页。

意义说透[①]:

> 陛下以四海为境,九州为家,八薮为囿,江汉为池,生民之属皆为臣妾。人徒之众足以奉千官之共,租税之收足以给乘舆之御。玩心神明,秉执圣道,负黼依,冯玉几,南面而听断,号令天下,四海之内莫不向应。陛下垂德惠以覆露之,使元元之民安生乐业,则泽被万世,传之子孙,施之无穷。

在这一段资料中,"陛下以四海为境,九州为家,八薮为囿,江汉为池",可以说是从"物"的角度对皇帝"天下一家"的解说,而"生民之属皆为臣妾"所述及的,就是法权意义上的人格依附问题。另外,自古以来,能够名正言顺地"传之子孙"的,自然是私家产业,而自秦皇以来,这大大的一份"家业",就是皇权所笼罩的"四海九州"。"施之无穷"的"施"字,其正解为现代汉语的"使用"——亦即黄宗羲《原君》篇所谓"产业之花息"。自此以后,在中国历史上以"皇权"而谋一家私利的实践及其辩护,才有了从"势"出发的合法性。

但是,传统中国思想文化中对于正当合理之秩序的建构,自《诗经》和《尚书》以来,就有着立足于民生而更为广大的理想;在晚周那战乱频仍与凋丧衰绝面前,"方今之世,仅免刑焉"的残酷现实,更是直接激发了诸子百家对这种理想从不同方面和不同层面展开的讨论与辩难;而从秦汉确立"天下一家"的秩序构造以后,那些忧怀民生的思想者们,也依然在不断进行着思想建构与理论解释的努力:他们首先试图从理论上否定"皇权"制度所具有的"私家"

[①] 语出《汉书》第六十四卷上,严助本传所附淮南王上汉武帝疏。见北京:中华书局1962/2006 年十二册本,第 2784—2785 页。

特征，进而则努力在实践中促使它在一家之私利以外，更加重视对以民生为本的、惠及"天下"之普遍公利的谋求①。中国历史上这种前后贯穿了百数千年的思想运动的重要结果，是"权力"以"皇权"及其附随制度的形式，确定了它一成不变的表达形式。而以"皇权"形式得到表达的"权力"，乃成为了联系和沟通"天""地""人"三者的枢纽，因而也成为了合理可欲之人间秩序得以建立和维持的紧要关节之所在②。自此以后，帝王君主制成为了传统中国永远不变的政体形式。就学理构造而言，君王其位乃成为了上通天道而下谋求人间大利的公器，而君王其人则成为了天下治乱兴亡的命脉所在。然而，中国两千年历史事实所显示的吊诡之处在于，历代儒者在修德配天的思路下对帝王所进行的教诲和引导，并没有驯化那一旦肆虐就无可约制的皇权。因为在这种满怀圣理想而对君王所进行的教诲和引导中，其深层意向并非通过政制设计层面的权力分配来约制皇权，而是试图通过在君臣父子之间以"正名"的方式，重建"家—国—天下"的礼制秩序，从而达到软化皇权的目的。在这一秩序建构思路中，极为关键的推衍逻辑乃是由"孝"而"忠"。

然而，"孝"立足于"家"，其基础是发于自然的血缘亲情，其最核心的关系为"父子"③；"忠"则立足于"国"，其基础是出于必须的统治秩序，其最核心的关系为"君臣"。两者并不一致。在先秦时期儒法两家的思想论说中，这两者之间就已经存在着相当

---

① 请参看邢义田教授《奉天承运：皇帝制度》（见《中国文化新论·制度篇》，北京：三联书店1992年）和张端穗教授《天与人归：中国思想中政治权威合法性的观念》（见《中国文化新论·思想篇（一）》，北京：生活·读书·新知三联书店1991年）两篇长文的卓越论述。
② 此一论断，不为对传统法政文明持积极态度的学人所持有，即便从消极看待传统法政文明的学人著述中，也可看得十分清晰。参看刘泽华《中国政治思想史集》第三卷《王权主义与思想和社会》（北京：人民出版社2008年）第五章"天人合一与王权主义"（尤其是第三节"天人秩序的统一：帝王是秩序的枢纽"）和第九章"战国百家争鸣与王权主义理论的发展"等内容。
③ 请参看曾昭旭《骨肉相亲·志业相承：孝道观念的发展》一文，文见《中国文化新论·思想篇（二）》，北京：生活·读书·新知三联书店1992年。

的紧张，而在其极端之处，则几乎全然对立。以至于儒家与法家在治国方略上的差异甚至对立，几乎可以总结表述为是"孝"的原则与"忠"的原则之间的差异，及其在极端情形下的对立。先秦儒家均强调"孝"在建构合理可欲之生活秩序中的绝对优先性地位。孔子思想以"仁"为精神贯通始终，其出发点在于个人的仁心，其终结处为天下归仁的理想，从个人到天下的基本路径则是修齐治平，从个人到家国天下之间，没有任何断裂①。但在这个由个人到天下的秩序建构过程中，孔子曾多次强调"孝"的根本地位②，并且在面对邦国统治秩序试图越过家庭而直接向个人要求"忠"的时候，孔子立足于身家秩序的优先性，明确以"父为子隐，子为父隐，直在其中"的回答③，来强调"孝"在秩序建构中更为根本的地位。为后世儒家反复引用的名言，"其为人也孝弟，而好犯上者，鲜矣；不好犯上，而好作乱者，未之有也"④，正可看做是孔子对其上述回答所下的一个注脚。当儒家思想在孟子那里明确标举出王道政治之大旗的时候，"孝"对于"忠"的优先性，也获得了它最极端的言说形式⑤。面对"忠"的要求，孟子没有丝毫"大义灭亲"的暗示，而是主张舜"窃负而逃"。思想史的细节含义尚不止如此，因为"窃负而逃"的舜，居然可以终身"诉"然，并且在真正的"乐"中，将天下置之一旁、弃如敝屣。在这里，孟子在言辞的表面明确表达了"孝"在"忠"面前的绝对

---

① 参看萧公权《中国政治思想史》（沈阳：辽宁教育出版社1998年）第828—830页。
② 《论语·学而》："君子务本，本立而道生。孝弟也者，其为仁之本与。"《孝经》亦称孝为"德之本也"，甚至将"孝"上升为"以顺天下，民用和睦，上下无怨"的"至德要道"。《孝经》伪托于孔子名下，实际成书则在战国时期，一般认为是七十子后学的作品，其中以孔子之口所说的内容，虽然不能认为都是孔子本人言论，但如果说它传述了孔门思想，而其中也确实保留了一部分师门相传的孔子言述，当无可疑。
③ 见《论语·子路》。
④ 见《论语·学而》。
⑤ 桃应问曰："舜为天子，皋陶为士，瞽瞍杀人，则如之何。"孟子曰："执之而已矣。""然则舜不禁与。"曰："夫舜恶得而禁之？夫有所受之也。""然则舜如之何？"曰："舜视弃天下犹弃敝屣也。窃负而逃，遵海滨而处，终身诉然，乐而忘天下。"语见《孟子·尽心上》。

优先性,但同时在更深处也可说意味着"孝"对"忠"的否定。——甚至可以从另一个角度说,在孟子法政思想构造的根本之处,"忠"相对于"孝"而言,是一种绝对无价值。不但孔子和孟子如此,以"隆礼"而开出法家两位大师的荀子,也丝毫没有放松对"孝"之于"忠"的优先性的主张①。总之,在先秦儒家的思想系统中,"孝"具有绝对的价值,"忠"则仅具有相对的价值。而当"忠"威胁到"孝"的时候,先秦儒家明确主张"孝"在价值和行为层面的双料优先性。由此,儒家乃在一种差序格局由近而远的推衍中,在秩序建构方面主张一种"由孝而忠"的思路。儒家这一思路明确的文本根据,除了可以追溯到《尚书》中那并不系统的记载以外②,最主要的乃在于孔子"其为人也孝弟而好犯上者,鲜矣;不好犯上,而好作乱者,未之有也"的说法③。先秦法家则立足于皇权国家主义的立场,从"忠"出发对"孝"之优先性进行了否定,而其论证,又以商鞅最为明确和典型。在商鞅看来,"孝"的基本原则为"亲亲",而施行"亲亲"原则的结果,无疑会使人们过度专注于一人一家的私利,最终必将导致邦国秩序的混乱而非治平④。后世法家虽然在言说重心的侧重上

---

① "孝子所不从命乃三:从命则亲危,不从命则亲安,孝子不从命乃衷;从命则亲辱,不从命则亲荣,孝子不从命乃义;从命则禽兽,不从命则修饰,孝子不从命乃敬。故可以从命而不从,是不子也;未可以从而从,是不衷也;明于从不从之义,而能致恭敬、忠信、端悫、以慎行之,则可谓大孝矣。"语见《荀子·子道》。事实上,儒家讲"孝",除了由"孝"而"忠"的建构性思路以外,在其深层一面,从来都有一种以"孝"制"忠",在皇权国家主义面前保护家庭(家族)等社会力量的意识和努力。对此说的阐发,请参看姚中秋教授《论儒家多中心治理秩序》一文,见《儒家式现代秩序》,广西师范大学出版社2013年。
② 《尚书》《洪范》篇有"天子作民父母以为天下王"的说法,《泰誓》篇有"惟天地,万物父母;惟人,万物之灵。亶聪明,作元后,元后作民父母"的说法。
③ 见《论语·学而》。
④ 《商君书·开塞》:"天地设,而民生之。当此之时也,民知其母而不知其父,其道亲亲而爱私。亲亲则别,爱私则险,民众而以别险为务,则民乱。"

各有不同①，也并非一例对"孝"所具有的积极价值进行彻底否定②，但基本上都对"由孝而忠"的秩序建构思路予以否定，并明确主张（尤其是重法一派）"忠"对于"孝"所具有的、贯通价值和实践的双重优先性。

自秦汉以后，皇权大一统的"天下一家"已经是一个业已给定

---

① 参看葛兆光《中国思想史》第一卷（上海：复旦大学出版社 2001/2009 年）第 171 页。
② 虽然孔子曾以"君君臣臣父父子子"作言（《论语·颜渊》），荀子也曾说"君臣，父子，兄弟，夫妇，始则终，终则始，与天地同理，与万世同久"（《荀子·王制》），但这两种说法中均隐含着一种立足于名分的双向推论的可能性。第一次将单向性的"三纲"并举，见于《韩非子》的《忠孝》篇，其原文曰："臣事君，子事父，妻事夫，三者顺则天下治，三者逆则天下乱，此天下之常道也。"可见韩非子并不否定"孝"所具有的积极价值，但是却要将之纳入"忠"的统摄之下。秦汉以降"三纲"渐为儒家学统所接受，至《白虎通》出，"三纲六纪"乃成为后世儒家的基本经义。即便如此，亦必须慎重对待"三纲六纪"之历史文化含义的复杂性。陈寅恪学生以"三纲六纪"为"中国文化之定义"，并称"其意义为抽象理想最高之境，犹希腊柏拉图所谓 Eïdos"，见《陈寅恪集 诗集 附唐筼诗存》（北京：生活·读书·新知 三联书店 2001 年 5 月）第 12 页。这一点曾使许多学者颇觉费解。笔者管窥蠡测，此处略为疏解一二：首先，以陈先生的学问，对佛学和道家都有极深的了解和把握，但他自身赖以安顿身心性命的，还是儒家，尤其是宋人新儒学所开启的精神世界。这应该是先生所以极称"三纲六纪"的个体性缘由；其次，陈先生以史家眼光，借写《冯友兰〈中国哲学史下册〉审查报告》一文而论及儒释道三家的不同影响时，曾说"二千年来华夏民族所受儒家学说之影响，最深最巨者，实在制度法律公私生活之方面，而关于学说思想之方面，或转有不如佛道二教者。"见《陈寅恪集 金明馆丛稿二编》（北京：生活·读书·新知 三联书店 2001 年 7 月）第 283 页，可知在先生看来，儒家的影响主要在于整个生活秩序的建设这面，而"白虎通三纲六纪之说"的意义，正是从整顿生活秩序的紧要处下手。这应该是先生所以称举"三纲六纪"的社会、历史与文化层面。第三，更为重要的是，陈先生所标举的作为"中国文化之定义"与"抽象理想最高之境"的"三纲六纪"，是以一个守道的儒者（"中国文化托命之人"）的身份提出的理想言说，并非那些已经在历史中实现的具体人事可以范围，倒是历史上所已经实现的所谓"纲常名教"，均应在这一理想的光照之下来审查批评。由此，"三纲六纪"所具有的理念标准意义，就会与先生持守一生的生命宗旨"独立之精神，自由之思想"贯通一致。这当是先生所以称举"三纲六纪"的理想与批判层面。以君臣一纲为例：在陈先生的思路中，"君为臣纲"当然不是朱元璋与朱棣父子那蛮皇帝所主张的臣下对君主的绝对服从。恰恰相反，从"君为臣纲"的理想义出发，正要对这样的皇帝与皇权进行否定和约制，因为"三纲"的发端正在孔子"君君臣臣父父子子"一语中，而孔子的言说中恰恰蕴含了后来孟子发挥的双向关系以及对君主的积极要求。后来，二程朱熹对"天理""人欲"的论说，对"正君心"、"格君心之非"的积极主张，黄宗羲顾炎武对君主专制的深刻批判，都可以在这里找到他们展开批评的根据。近代以来，大凡言纲常者往往皆以否定立场入手，其所缺失的，似乎正是陈寅恪先生所主张的"同情之了解"的立场与体味。关于"三纲"在儒学中的积极含义，请参看姚中秋教授在"原三纲"一文中的申述，文见氏著《重新发现儒家》，湖南人民出版社 2012 年。

的基本事实，思想者亦不得不在这一基本事实的笼罩下展开思考。由此，在秩序建构与解释的思路方面，儒法合流乃成为势所必然的一途。自从汉武帝"罢黜百家，独尊儒术"以后，经过调整的儒家逐渐成为帝国的官方意识形态，而儒家基本主张也至少在文本层面上占据了主导地位。虽然儒者依然主张"孝"对于"忠"的绝对优先性，并试图将儒家思路其作为现实秩序建构的根本所在，但在"天下一家"基本情势中，面对阳尊儒学而阴行法术的强悍皇权，儒者却不得不退而求其次：只能调和儒法，寻求折中①。于是，在通过"正名"（而非权力配置的硬性制度）来实现礼义秩序建构的思想根基处，"由孝而忠"几乎成为了唯一的选择②。韩非子已经以"臣事君，子事父，妻事父"为天下常道；而"三纲"之说在《白虎通》中的确立，则明确表示儒家已经接纳了法家的核心主张，承认了"君臣"一维在人间秩序建构中的优先地位，这也明确标志着传统中国法政思想大传统之基本构造和核心价值序列的正式确立③。此后又经过数百年的发展，隋唐律文最终确定了"亲亲相隐"的基本原则和"十恶大罪"等混合儒法而成的具体内容，——历来学者皆认为这是中华律典儒家化的巨大成功：传统儒家思想与法政制度，在《唐律疏议》中达成了完美的结合。确实，在此后千余年的中国历史上，《唐律疏议》既作为一个重要的思想文本不断启发着思想者的心魂，又以制度范型的形式持续影响着现实的制度实践。

---

① 赵绾、王臧的被杀，河间献王的遭废，皆与"明堂古制"有某种关系，究其意图，似乎与试图以儒学建构一种规范化王权的努力相关。

② 在这一过程中，假托孔子之名成书于周秦之际的《孝经》一书，所起的作用最大。《孝经》："夫孝，始于事亲，忠于事君，终于立身"，"资于事父以事母，而爱同；资于事父以事君，而敬同。故母取其爱，而君取其敬，兼之者父也。故以孝事君则忠，以敬事长则顺。忠顺不失，以事其上，然后能保其禄位，而守其祭祀"。

③ 但这并不表明儒家和儒学放弃了约制王权的努力，而整个沦为了皇王权力的附庸。经过儒家解释的"三纲六纪"，也依然从正名守职的思路上对王权提示并要求着某些规范性的要求（方孝孺对朱棣的抗争可谓著例），从而在某种程度上也具有自由精神的维度。见前注所述。

但是，事情还有另一面：考虑到"十恶大罪"具体罪名的排列顺序，以及危害皇室的重罪不在容隐之列的但书规定，却又明明显示出立足于皇权国家主义的"忠"，对立足于血族亲情与人格完善的"孝"的优位。更坏的一层是，在皇权独大"天下一家"的情势下，思想者从"由孝而忠"的思路出发所完成的秩序建构和思想解释，对儒家思想系统的自足性带来了极大的伤害：一面深深地损伤了儒学的批判角色，同时也并未切实达致约制皇权的目标。因为，当这种"由孝而忠"的秩序建构完成的时候，帝王君主不但可以在国家主义的立场上，对臣民提出一般性的"忠"的要求，同时还可以在"父"的立场上，对臣民提出更深层的"孝"的要求。在"正名"的思路中，儒者对"君父"之名所作的种种解释，以及历代儒者"正君心"的不懈努力，并没有使帝王君主更加爱民如子；反而以其建构和解释理论的余屑，在历史发展的吊诡局势中，为帝王君主们以"父"为名向臣民主张更多的权威和服从，完成了形而上之合理性的论证①。在对抗性的社会实力载体被皇权削平之后，外在的制度性约制在"正心"一路中最终没有发展起来，皇王权力乃逐渐获得了更大的任意性和专断性。以至于在元明理学有意无意的推助中，有明三百年间的"邦国天下"，在更深的意义和更强的根据上都实在成为了朱明帝王一家之私姓产业。而这样的皇王权力，也实在以它不可逆料的任意性和无可约制的专断性，制造了中国历史上空前之滥权虐民的悲惨历史。对中国历史上这种情形，著名史家吕思勉先生曾评论道，"立君为民，而国非君主一人所私有，此理本古人所深知"，

---

① 帝王天子有"君父"之名，或起于中唐以后经宋元而趋于确定。唐人俗称天子为圣人，至宋末元初胡三省注通鉴时，以"君父"称其帝王天子已经十分自然（参看陈寅恪先生《隋唐制度渊源略论稿 唐代政治史述论稿》，北京：生活·读书·新知三联书店2001年，第219—220页）。至明代，"君父"乃成为臣民对君主最常用的称呼。另外，关于这种建构模式中"忠"所具有的伦理色彩，请参看刘纪曜《公与私：忠的伦理内涵》一文的分析，文见刘岱主编《中国文化新论·思想篇（二）》，北京：生活·读书·新知三联书店1992年。

"然君主之权，既莫为之限制，则其不免据天下以自私，亦势所必至也"①。先生之说，可谓的论。而黄宗羲的法政思想，正是从切实可行的制度层面解决皇权约制问题的一次伟大努力；至其权力批判和政府批判的具体内容，则既有对传统学说的继承和吸收，又有立基于时代情势的创新和发明。

(2) 黄宗羲之权力批判述要

由上文所述可知，在黄宗羲之前的中国法政思想主流传统中，对权力的认识大致可以总结为以下三层内容：第一，在"权力"的产生方面，先秦时期的思想家或者认为"权力"是天命所生，或者是在纷争混乱中实现和平秩序的必须。后世学者则在"天下一家"的皇权大一统情势下，将二者融合起来，认为帝王权力源出于天命，而其基本职责乃是要在人间负责地建设和维持一种天人相通的合理秩序；第二，在权力的目的方面，两千余年来，中国法政思想主流传统所确立的基本论题是"立君为民"，帝王权力必须为天下万民谋其福祉②；第三，在秩序建构的基本思路方面，立基于"由孝而忠"的思路，试图通过修齐治平的过程打通从个人到家国天下的界限，而完成一以贯之的礼义秩序建构。而黄宗羲的权力批判，在第一方面继承前人并加以综合为多，在第二方面则有所发展，在第三方面，乃发前人之所未发，在秩序建构的思路方面提出了突破性的主张。

就权力何以产生而言，黄宗羲的主张包含两个方面：第一是天命所欲，第二是"人情"之势所必须。在这里，黄宗羲既对此前的思想进行了批评性的吸纳综合，又提出了进一步的解释。在天命所欲一面，以"仁民爱物"为其实质规定性的"天"，作为人间秩序

---

① 见吕思勉著，《中国制度史》（上海：世纪出版集团 2005/2006 年）第 276 页、278 页。吕思勉先生认为，立君为民的思想，本为中国古义，且一度极为强大，其从盛大转而衰弱以至于消亡的时间，大约在于东西汉之际。参看上书第 276—278 页所述证。
② 即使法家意义上的和平秩序的维持，也可以在最低意义上解释为天下万民的福祉。——从"弥大乱"历来是中国传统王朝政治合法性论辩的重要内容之一这个要点上，似乎可以窥见此中关键。

之正当基础的宇宙论根源,是传统中国儒者思想家或多或少都必然承认的,黄宗羲亦不例外:"天地之生万物,仁也。帝王之养万民,仁也。宇宙一团生气,聚于一人,故天下归之,此是常理"①。这是黄宗羲之权力生成论在天命一层内容的表达,论证权力的生成有着宇宙论的背景。但是他更进一步的解释,却突破此前一直居于主流地位的天人感应论的限制,而是从气化流行论的角度给予了解释,并以此解说后世帝王以不仁而居君位的情形:"自三代以后,往往有以不仁得天下者,乃是气化运行,当其过不及处,如日食地震,而不仁者应之,久之而天运复常,不仁者自遭陨灭。……班彪《王命论》,止以命言,犹未离于世俗。"②班彪的《王命论》是东汉谶纬之学的代表,其基本思路原承董仲舒天人感应论而来,此时乃被黄宗羲在新的基础上批评为"犹未离于世俗",——其批评的根据自然主要在于宋明理学更加理性化的思想构造③。黄宗羲虽然并未放弃"天"一面的因由,但是其权力生成论的重心,却在其第二方面,即"权力"和统治乃"人情"之势所必须。

《原君》篇首段即云:"有生之初,人各自私也,人各自利也。天下有公利而莫或兴之,有公害而莫或除之。有人者出,不以一己之利为利,而使天下受其利,不以一己之害为害,而使天下释其害。此其人之勤劳必千万于天下之人。夫以千万倍之勤

---

① 见《黄宗羲全集》第一册,第90页。
② 同上。
③ 天人感应论本非先秦儒家论说,经战国时期的学术大融合后,乃渐为儒家所接受,并在汉代董仲舒的理论中形成了一种系统完备的整体,影响了此后数百年的政治思想和实践。宋儒所发展起来的"天理"说,可以看作是通过对"天""人"关系在更深基础上的重建,试图通过天理应于人事而约制王权的一种思路。故而,虽然宋儒对旧的人格化的天人感应论进行了批判,而其所建构的理论体系,却仍不妨称之为一种更加精致的理性化的天人感应说。有关宋儒此方面的思想言述以及宋代的相关政治实践,请参看小岛毅《宋代天谴论的政治理念》一文,文见沟口雄三、小岛毅主编《中国的思维世界》(孙歌 等译,江苏人民出版社2006年)第280—339页。

劳而己又不享其利,必非天下之人情所欲居也。故古之人君,量而不欲入者,许由、务光是也;入而又去之者,尧、舜是也;初不欲入而不得去者,禹是也。岂古之人有所异哉?好逸恶劳,亦犹夫人之情也"①。

在这一段文字里面,黄宗羲完成的内容包括了三层论证和一个总结:"有生之初,人各自私也,人各自利也。天下有公利而莫或兴之,有公害而莫或除之",这是论证展开的第一层。其中描绘的是一个没有权力亦即没有统治的原初状态②。生活于其中的人的共同行为逻辑是③,各自谋其私,各自谋其利。那么,这种状态是一种和平遍地、安乐幸福的状态呢,还是一种混乱无序、充满斗讼和战争的状态④?对此,黄宗羲都没有交代。顺着思想史的线索逆推而上可知,传统儒家以"大同"立说的言述指向安和幸福,而以商鞅为代表的法家言说则指向混乱争斗。然而无论如何,在黄宗羲所设想的原初状态中,一开始就存在着已经被人意识到的"公利"和"公害",只不过在"人各自私,人各自利"的环境和逻辑中,面对出力而不讨好的结果,没有人去做兴"公利"、除"公害"之公共事业罢了。但是,"公利"不兴,尚且可说;公害"不除",必然会导致每一个人都不愿看到和承受的某些后果,则无可置疑。这些后果究竟是什么?是否这些后果导致了权力的产生为"势"所必须?黄宗羲也

---

① 见《黄宗羲全集》第一册,第2页。
② 因为"自然"一词在中文的特定含义,与西方"nature"一词差别甚大,为了与西方法政思想史上"自然状态"学说略作区分,本书对黄宗羲等所提示的这种状态称作"原初状态"。
③ 这里的"人"在做出一定限制后,可以解释为"个体人",这一点可以从晚明思想解放对人之个性的突出和彰显的种种言说和社会实践中找到根据。同时也能够理解为由"个人"所组成的一些团体,如家庭等。
④ 这正是洛克与霍布斯在为他们的理论设定起点而论及"自然状态"时,对这种状态所描绘出的基本差异,其理论后果至为重大。对此问题的细致申述,请参看笔者的论文《论"自然状态":洛克对霍布斯的继受和修正》,《中山大学法律评论》第九卷第一辑。

没有明言,只是接着说,"有人者出,不以一己之利为利,而使天下受其利,不以一己之害为害,而使天下释其害",这是他第二层的论证。这里的"人者",可以解释为"某人"或"某些人"或"某一种人",但是在思想史的语境中——尤其是在儒家"仁者人也"的解释学视域中,不难发现黄宗羲此处的"人者",也就是儒家理想中的"仁者"或"圣人"。这样的"人者"是从何而出呢?《明夷待访录》这一文本并未给出回答,但在黄宗羲的思想中,前述"宇宙一团生气,聚于一人"的思路,已经能够对此提供充分的解释了。而这一面,正是属于儒家"天人"学说中"天"的一面,非人力可及。但是"人者"毕竟难得,因为在"各私其私,各利其利"的生存环境和逻辑包围中,"不以一己之利为利,而使天下受其利,不以一己之害为害,而使天下释其害"的要求,实在是太高了。除了全然为公而彻底无私的圣人,谁人能及?虽然如此,通过这一重论证,黄宗羲已经确提出了权力和统治产生的现实根据:为了使天下受其利,释其害,权力和统治成为必须。与此同时,居位之人掌握权力并施行统治的原则——即设官(立君立臣)的职守,也已经在这一众所周知的目的中被确定下来。由此出发,黄宗羲进一步提出了第三层论证:"此其人之勤劳必千万于天下之人。夫以千万倍之勤劳而己又不享其利,必非天下之人情所欲居也"。在这里,黄宗羲明确提出:这样掌握权力而施行统治的"人者",其操心劳累必然大大超出常人的负担,却又不能(或不会)用这种公权力来谋自身私利,以至于最后的结论必然是,人君之位"必非天下之人情所欲居"。接着黄宗羲提出了几项"古之人君"的历史证据,作为第三层论证的补充:"故古之人君,量而不欲入者,许由、务光是也",这是支持上文推论最自然的例证;"入而又去之者,尧、舜是也",这也是一个对上述论证具有较大支持的资料;"初不欲入而不得去者,禹是也",这里的情形要复杂一些:禹"初不欲入"的理由,自然与尧、舜、许由、务光"不欲人"和"去之"的理由一致。但是，禹出任君王最后的结果却是"不得去"。那么，可以推论的是，在这中间一定发生了什么变化，才使得禹对君位的取舍有了根本的转变。然而无论是"取"还是"舍"，黄宗羲的总结都是一个惊天之论："岂古之人有所异哉？好逸恶劳，亦犹夫人之情也"。这之所以是惊天之论，是因为在这个总结中，黄宗羲并不以自古相传的尧舜等圣人与世俗常人有本性的不同，而是认为他们和常人一样，都具有"好逸恶劳"的"人之情"，并因为这"好逸恶劳"的"人之情"，而厌弃了那个让人操劳过度而不得自利的君位。面对掌握权力施行统治的君位，许由、务光的"量而不欲人"，尧、舜的"入而又去之"，禹的"初不欲入而不得去"，在黄宗羲的解释中，这些行为都是合理正当的"自私""自利"。

综上可知，在黄宗羲的叙述中，权力的产生既有着"天命"的神学－宇宙论根源，同时也是在"人情"好逸恶劳而"自私""自利"的情势下，为人世兴"公利"除"公害"之所必须。如此一来，掌握权力和施行统治的全部现实正当性，都奠基在了"兴公利、除公害"这一根本目的上面，亦即古来所谓"立君为民"。黄宗羲则从更根本地强调万民忧乐、并着眼于对皇权施行约制的角度出发，给了它一个更加明确也更具有突破性意义的说法："天下为主，君为客。"因为，传统中国法政思想所谓的"立君为民"，其中所强调的仍不过主要是一种"爱民"的观念，是一种寄托于君主个人的"仁民爱物"的希望，一旦帝王君主及其辅治官僚们的掌权施政并不"仁民""爱民""为民"[①]，则"民"除了寄望于帝王"爱民"之心的苏醒以外，

[①] 当小岛毅教授以"朝廷的官僚机构是以时间、空间的中心体现者——皇帝的个人身体为核心进行组织和运转的"（前及《中国的思想世界》，第351页）来对王朝体制做出解释的时候，不过是对马克斯·韦伯"家产官僚制"研究的另一种重复，而且两者都没有充分照顾到"君位"与"君身"之间的观念区别所具有的重要意义，及其对传统中国王朝体制的建构和运转的深层影响。

别无其他可以寻求改变的合法途径,因为与"君"(和"官")相对的"民",始终处在王朝政治决策和政策执行的有效参与之外。在现实一面,"君"永远都是不可动摇的主体,"民"仅仅是一种仁爱或者暴虐的"受施者"罢了①。然而,在黄宗羲"天下为主,君为客"的逻辑中,主体已经从"君"转到了"天下"。而"天下"在黄宗羲的法政思想中,又可直接理解为万民百姓的福祉。"君"则成为了临时照顾这万民福祉的"客"。——黄宗羲的卓越之处更在于,他不仅仅从观念上实现了这层突破,还积极地在具体可行的制度设计方面,进行了卓然可观的深入探讨②。

黄宗羲在以上三层论证中,提出了"天下为主,君为客"这一理念标准,而其目的,除了为下文进行积极建构的诸般制度设施提供理念支持外,首先即在于对千余年来"君为主,天下为客"的历史现实展开批判。所谓"君为主,天下为客",在黄宗羲看来,就是秦皇汉祖代代相传的"视天下为莫大之产业,传之子孙,受享无穷"的观念和实践,也就是"一家天下"的观念和实践。既然"君为主,天下为客",则其"以为天下利害之权皆出于我,我以天下之利尽归于己,以天下之害尽归于人,亦无不可",而其关键之处乃在于"使天下之人不敢自私,不敢自利,以我之大私为天下之大公"。由此观念出发形诸于生活现实,则当其未得君位之时,"屠毒天下之肝脑,离散天下之子女,以博我一人之产业",而无丝毫惨痛羞愧之心——因为已经有观念论证在先;当其既居君位之后,"敲剥天下之骨髓,离散天下之子女,以奉我一人之淫乐",而视其为理所当然——因为已经有观念论证在先。于是,始则"君为主,天下为客",终则

---

① 参看约瑟夫·列文森在《儒教中国及其现代命运》(郑大华、任菁译,桂林:广西师范大学出版社2009年)第148页和第189页的相关论述。
② 相对于许多传统儒家高调理想主义的空头批判,黄宗羲法政思想一个最显著的特色,即在于他既保持了儒家的理想主义批判,同时又对制度可行性问题给予了极大的关注。《明夷待访录》《原法》以下诸篇,皆围绕较为具体的制度改革展开。

"为天下之大害者,君而已矣"①。至此,理念世界中"天下为主,君为客"的"设君之道",在历史展开的现实世界中,已经荡然无存。与此同时,黄宗羲对中国历史上君主专制滥权虐民的峻烈批判,也达到了中国法政思想史上空前绝后的高潮②。

但是黄宗羲的权力批判,并未在这个批判的高潮就此结束。——在立基于"天下为主,君为客"的理念,对"君为主,天下为客"的观念和实践进行了激烈而彻底的批判之后,黄宗羲又大大地退了一步,从"人情"之常理出发,又对"一家天下"的君主们提出了一条善意的劝诫:"使后之为君者,果能保此产业,传之无穷,亦无怪乎其私之也"③。然而实际的情形却是"既以产业视之,人之欲得产业,谁不如我?"诚哉!梨洲斯言!君位既然已经不再是"兴公利""除公害"的天下公器,而是成为了可以力夺而有、有则尽情享用的私产,则全天下稍有实力之人必然都对它窥伺觊觎。于是君主必然想尽办法要"摄缄縢,固扃鐍",以保护这份大大的家业。以至于在掌权施政之际,必要形成"君亢臣卑"之势,携阴谋法术以临天下;对于那些或有德行或有才干的大臣,则"动以法制束缚其手脚",以免威胁到我的如许家业④。黄宗羲曾对明代政制批判道:"有明之无善治,自高皇帝罢丞相始"⑤,可谓明证。以国谋私,莫此为甚。然而"一人之智力不能胜天下欲得之者之众",结果是"远者数世,近者及身,其血肉之崩溃在其子孙矣。"进而,黄宗羲乃总结说,"明乎为君之职分,则唐、虞之世,人人能让,许由、务

---

① 本段引文均见《黄宗羲全集》第一册,第2页。
② 对于"空前",学界当无异议;对于"绝后",则需略说一二:黄宗羲对君主专制滥权虐民进行了峻烈的批判,但并未否定君主制依然在秩序整合方面的积极作用,其基本的方向是建立一种君权受到约制的规范君主制。清末民初革命党人的君主制批判,其激烈程度固然丝毫不让梨洲,但那已经是全面、彻底否定君主制之后的结果了,与黄宗羲的批判,在思路和建构方向上,已然迥异。
③ 除特别注明以外,本段引文皆见《黄宗羲全集》第一册,第3页。
④ 见《黄宗羲全集》第十册,第53页。
⑤ 见《黄宗羲全集》第一册,第8页。

光非绝尘也；不明乎为君之职分，则市井之间，人人可欲，许由、务光所以旷后世而不闻也"。即是说，天下的治乱兴亡，就君主一面而论，全在于"为君之职分"的明白与否，——亦即在于居位者对掌握权力和施行统治的根本目的与基本原则的明了和践行与否。然而，即使"立君之道"和"君之职分"并非那么明白易晓，仅仅从保全身家性命和子孙血脉的常识出发，君主本人甘居客位，而以"天下为主"，运用权力施行统治，也是最合乎自然情理的选择。因为，"以俄顷淫乐不易无穷之悲，虽愚者亦明之矣"。愚夫愚妇尚且明白，何况是皇王君主？至于怎样才能真正让"天下为主君为客"的理念原则，切实在人间法政秩序的建构和运作中实现，则是黄宗羲在具体的制度设施中要解决的问题。

在黄宗羲的权力批判中具有重要突破性意义的，除上及"天下为主，君为客"这一理念标准的提出及其相关批判外，在秩序建构思路方面对传统"由孝而忠"思路的斩绝，无疑也具有重要的基础理论价值[①]。黄宗羲对此项内容的基本论述，一面在君臣关系和父子关系之间做出质的判别，论定不能将以子侍父的原则，移转到君臣关系之中；另一面又在皇权统治的前后传续中，通过对"子孙以法祖为孝"观念的批判，强调了"孝"在皇权内部所能够发挥作用的范围和限度。其论述的展开，一承"天下为主君为客"的基本原则而来。由于黄宗羲对这一问题虽然明确论及，但其所进行的探讨却并未充分展开，故引其原文而略为疏解如下：

黄宗羲在《原臣》篇有如下一段以问答形式展开的论述：

【问】有人焉，视于无形，听于无声，以事其君，可谓之臣乎？

[①] 如果考虑到《孝经》在汉代以后的经典地位，及其在传统法政秩序建构中的根本作用，则黄宗羲试图打断"由孝而忠"的建构思路所具有的革命性，将更加容易理解。然而，由于黄宗羲在这一点上并未做充分展开，故本篇对这一点也止于将其拈出并略作疏解。

曰：否！

【问】杀其身以事其君，可谓之臣乎？

曰：否！

【问】夫视于无形，听于无声，资于事父也；杀其身者，无私之极则也。而犹不足以当之，则臣道如何而后可？

曰：缘夫天下之大，非一人之所能治，而分治之以群工。故我之出而仕也，为天下，非为君也；为万民，非为一姓也。吾以天下万民起见，非其道，即君以形声强我，未之敢从也，况于无形无声乎！非其道，即立身于其朝，未之敢许也，况于杀其身乎！不然，而以君之一身一姓起见，君有无形无声之嗜欲，吾从而视之听之，此宦官宫妾之心也；君为己死而为己亡，吾从而死之亡之，此其私昵者之事也。是乃臣不臣之辨也。①

在上引文字中，黄宗羲对以"视于无形"、"听于无声"的事父之道来侍奉君主的做法，明确给予了全然否定。进而强调"臣"之于"君"的关系，是立足于"群工"共治天下的有限合作关系。在这种关系下，"臣"之所以出仕于朝，为的是天下万民，不为一君一姓。其基本的目标在于实现天下治平和万民安乐，故而行事原则本于由这个目的所规定的立臣之道，并严守臣所当职。如果违反了天下万民的利益，即使君主根据他的君位"以形声强我"，作为臣者也要坚守臣道臣职，而绝不听从②。否则即是宦官臣妾与主人之间关系，而非君臣关系了。及至《原臣》篇结尾处，仿佛是要对前

---

① 见《黄宗羲全集》第一册，第4页。
② 黄宗羲在这里提出的批判，与《孝经》第十五章"谏诤"或许有一定关系。其中曾子问"子从父之令，可谓孝乎？"孔子的回答，则是"当不义，则子不可以不争于父，臣不可以不争于君；故当不义，则争之"，从而否定了"从父之令"的表面之孝。但是《孝经》中所说的"不义"，在战国秦汉之际有其具体所指，必不可以作今日的泛泛理解。而且，黄宗羲针对绝对君权下"君亢臣卑"的情势而论君臣关系为一种有限合作关系，已经非《孝经》所论能够包容。

文论述做出补充论证并再次予以强调，黄宗羲又有如下一段以问答形式展开的文字：

> 或曰：臣不与子并称乎？
> 曰：非也。父子一气，子分父之身而为身。故孝子虽异身，而能日近其气，久之无不通矣；不孝之子，分身而后，日远日疏，久之而气不相似矣。君臣之名，从天下而有之者也。吾无天下之责，则吾在君为路人。出而仕于君也，不以天下为事，则君之仆妾也；以天下为事，则君之师友也。夫然，谓之臣，其名累变。夫父子固不可变者也。①

如果说在上面一段资料中，黄宗羲直陈臣道臣职的本义的话，这一段资料就是从"正名"的角度，对"君臣"关系与"父子"关系的不可通约做出论证。在黄宗羲看来，子之与父，就其形质而论，乃是分父亲之身而来。两者在根本上气质相同，血脉相通②。因而父子关系的确立，是属"天"一面，立基于人之天性，并非人为的"化性起伪"所致，其基础在于天地自然。无论是肖亲的孝子，还是不肖其亲的不孝之子，与之相应的父子之名都永远不会变更。即父子关系是一种永远不可改变的自然关系，是永恒的、绝对的。与此不同的是，君臣关系的确立，其基础在于天下之事与天下之责。所谓天下之事，在黄宗羲的思想中，即是为天下之人"兴公利""除公害"；所谓天下之责，即以群工之一的身份出任官职（"君""臣"都是"官"，

---

① 见《黄宗羲全集》第一册，第5—6页。
② 立足于分形同气论父子关系，并非黄宗羲的首创，南朝时的傅隆已经论及"原夫礼律之兴，盖本之自然，求之情理，非从天堕，非从地出也。父子至亲，分形同气，……虽云三世，为体犹一，未有能分之者也。"见《宋书》第五十五卷《傅隆本传》。

"官"各有其"职"),与君主辅弼等共同治理天下之事①,完成以万民忧乐为实底的"曳木之职"。天下之责得以产生的前提,是"兴公利""除公害"之天下之事的存在。但是,这并不意味着所有人都有此天下之责。而在其没有担负天下之责的情况下,"则吾在君为路人"。——即君臣关系乃是一种后起于自然的人为制造,仅是立基于"天下之责",并以此为基本原则的有限的合作关系。通过对这种根本不同且不可移孝作忠的论证,黄宗羲已经在皇权的外部,斩断了由孝而忠的秩序建构思路。由此,黄宗羲所构想之建构法政秩序的基本原则,是"天下为主,君为客",是一切指向公共空间与公共福祉的"兴公利,除公害",与家庭和私人关系的建构原则已经迥然不同。

除此以外,黄宗羲对"由孝而忠"的思路的斩绝,还涉及了"孝"在皇权内部可以发挥作用的范围和限度,从而更加彻底地表明了"忠"与"孝"两种原则在秩序建构中的分离。这一要点见于《原法》篇立基于"非法之法"概念所展开的批判中如下一段资料:

> "论者谓一代有一代之法,子孙以法祖为孝。夫非法之法,前王不胜其利欲之私以创之,后王或不胜其利欲之私以坏之。坏之者固足以害天下,其创之者亦未始非害天下者也。乃必欲周旋于此胶彼漆之中,以博宪章之余名,此俗儒之剿说也"。②

所谓"宪章",即孔子"祖述尧舜,宪章文武"中之"宪章",意为取法、效法。如果如此前的传统所言,"孝"乃是整个秩序建构一以贯之的根本原则,那么在皇权内部,守成之君对开国君王所

---

① 黄宗羲在《明名臣言行录序》一文中说"有死天下之心,而后能成天下之事,有成天下之心,而后能死天下之事。"语见《黄宗羲全集》第十册,第52页。
② 见《黄宗羲全集》第一册,第7页。

创制的成规的保持，就是这种生活秩序中最大、最根本的"孝"。即黄宗羲引述的观点："一代有一代之法，子孙以法祖为孝"。但是黄宗羲却从"天下为主，君为客"的致治理念，提出了"非法之法"的基本概念，并据此对立足于"孝"而"法祖"施政的观念和实践展开了批判。而其最后的结论是，即使在君权内部，也要实现"孝"与"忠"的分离，并否定了"孝"对于君主施政所具有的指导原则地位。从而君权的行使，也只能以"天下之事"所要求的"兴公利、除公害"为基本原则，至于是否要"法祖"，也只能根据祖宗之法是否符合这一标准来判断，而不是根据"孝"或者"不孝"的标准来判断。

综上所述，黄宗羲在通过权力批判而提出"天下为主，君为客"的基本原则后，以此为根据对"由孝而忠"建构秩序的思路予以了批判和否定。无论是在对君权外部之君臣关系的建构设想中，还是针对君权内部的法祖问题，黄宗羲都对围绕"孝"来建构法政秩序的做法予以了否定。即在黄宗羲看来，在"公天下"的政治领域之内，如果不是要全然清除"孝"的建构性作用的话，也要将它降格，使之不再成为法政秩序建构的基础性原则，而是以立足于"天下之事"的"天下之责"为政治领域基本的建构性原则。

2. 洛克之权力批判的思想史背景与基本内容述要

在洛克之前存在、而洛克自身也深深浸润其中的西方两大思想传统——由希腊贤哲所开创的古典传统和由《圣经》所开创的犹太-基督教传统——之间，对权力的认识差异很大。而洛克关于权力的思考言说，乃在这两大传统的基础上，做出了新的批判和阐述。

在亚里士多德所代表的古典传统看来①,权力和统治之所以产生,是为实现最高的善业之所必须。在《政治学》的开篇之初,亚氏就开宗明义说:"我们见到每一个城邦(城市)各是某一种类的社会团体,一切社会团体的建立,其目的总是为了完成某些善业——所有人类的每一种作为,在他们自己看来,其本意总是在求取某一善果。既然一切社会团体都以善业为目的,那么我们也可说社会团体中最高而包含最广的一种,它所求的善业也一定是最高而最广的:这种至高而广涵的社会团体就是所谓'城邦',即政治社团"②。在亚里士多德看来,标志着政治统治的城邦,虽然在其产生的自然程序上后于个人和家庭,是社会团体发展的终点,但是就一种立足于目的论的"本性"而言,出于自然的城邦却先于个人和家庭而存在③。又因为"人类自然是趋向于城邦生活的动物"(或译:人类在本性上,正是一种政治动物)"④,使得城邦统治必须追求这种自然的城邦生活共同的善业⑤。这种善业包括两方面的内容:第一为人类的生

---

① 之所以以亚里士多德为古典传统的代表,而不是以柏拉图开始,主要是因为对于其著作完全以对话录形式出现,并且全部对话录都没有达致确定结论的柏拉图,所有的观点事实上都处于一种被探讨的未完过程之中。柏拉图研究的大师级思想家雅各布·克莱因(氏为列奥·施特劳斯终生好友),在其最重要的著作一开篇即对将要研读柏拉图的人提出告诫说,"任何一篇柏拉图对话录的解释要有任何意义,都不得不立于如下前提:1、一篇柏拉图对话录,并非像亚里士多德的绝大多数著作,或由波菲利所编辑的普罗提诺《九章集》那样,是一篇论文或讲课稿……并不存在那样的柏拉图对话录,可以让我们说是体现了那也许可以并已经被称为'柏拉图学说'的东西;一篇对话可能暗示出思想家柏拉图真正的、根本的思想,但那些思想永不会完全清晰地摆在我们面前"。语见氏著《柏拉图的三部曲:〈泰阿泰德〉、〈智者〉与〈政治家〉》,成官泯译,上海:华东师范大学出版社2009年,第1—2页。
② 见(古希腊)亚里士多德著,《政治学》,吴寿彭译,北京:商务印书馆1965/1983年,第1页。
③ 见前及《政治学》第4—9页的论述。亚里士多德这一论述,虽然立足于目的论展开,但其中仍可隐约辨识出来自于柏拉图理念论的影响,但又力图摆脱它而对城邦的自然性寻求立足于经验事实的根据。参看阿莫伯勒《亚里士多德对城邦自然性的理解》一文,文见刘小枫编《城邦与自然:亚里士多德与现代性》,柯常咏等译,北京:华夏出版社2010年,第83—108页。
④ 见前及《政治学》第7页。
⑤ 请参看内德门《政治动物之谜》一文所述,文见刘小枫编《城邦与自然:亚里士多德与现代性》,柯常咏等译,北京:华夏出版社2010年,第109—133页,尤其是第125—133页的内容。

活实现更广泛更充分的经济供给,第二为引导人们实现有德性的优良生活——也只有在城邦生活中,才能使一种稳定的道德统一性的实现成为可能,而人类的幸福又必然以德性的提升为鹄的①。总之,在亚里士多德看来,权力和统治之所以必须,乃是因为它们是人类通过城邦追求共同的善业所必须的工具。而在任何一种正态城邦中,掌握权力施行统治的目的,都只能是为了城邦共同的善业或好处②。至于法政秩序建构的基本原则和内在逻辑,在亚里士多德的理论中,则以城邦性质的不同而有所不同③。对于君主政体而言,"政体(政府)的以一人为统治者,凡能照顾全邦人民利益的,通常就称为'王制'(君主政体)"④;而作为君主政体之变态的僭主政体,则"以一人为治,凡所设施也以他个人的利益为依归"⑤。另外,对于正态君主政体,亚里士多德所提示的合理可欲秩序的建构逻辑,是由"家长"而"君王"的思路:"作为一个君王,他应该和他的臣民同样出生于一个族类,而又自然地高出大众之上;这种情况同父子关系中长幼慈孝的体制完全相符"⑥。立足于全体公民(人民)的好处,像父亲一样施行统治,——亚里士多德对君主政体发表的这种看法,对中世纪晚期直至近代初期的西方法政思想影响甚大,洛克在《政

---

① 见前及《政治学》第9页,第130页。对此更为细致的论述,请参看前及内德门的文章。
② 参看前及《政治学》第130—134页的内容。另外在英文中,表达更具形而上色彩的"善"和更加利益化的"好处"的基本词汇,都是good一词。除此以外,该词在某种商业性的语境中还有"物品"或"货物"的意思。——洛克在其《政府论两篇》中即曾经在"物品"这一意义上使用good一词。
③ 亚里士多德将政体首先做出正态与变态两种类型区分,又各自确定了三种形式,共六种。其中正态政体为君主政体、贵族政体和共和政体,相应的变态政体分别为僭主政体、寡头政体和平民政体,而六种政体各自的建构逻辑和统治方式均不相同。具体内容见前及《政治学》第129—142页所述,尤其是第132—134页的内容。
④ 见前及《政治学》第133页。亚里士多德在三种正态政体之间形成区分的标准,是以"公民团体"的名义掌握"最高治权"的组织所包含人数(见《政治学》第129页)。君主政体即是此"最高治权"由一人掌握而为城邦全体公民谋好处的整体,而西方所谓的"君主专制",即当从此处理解,而并非如某些论者所谓的单独一人不受任何约束的掌权施政。
⑤ 见前及《政治学》第134页。
⑥ 同上,第37页。

府论》"上篇"中极力反驳的费尔默,即是在中世纪家族主义的基础上,将亚里士多德这种观点结合了基督教的某些元素之后,形成了代表中世纪晚期法政思想主流观念的"父权制"论说①。

与亚里士多德代表的古典传统全然不同——它对权力和政治均给予极高的评价,并寄托了很大的希望,在《圣经》——尤其是《新约》所开创的思想传统中,对人间权力和世俗统治都给予了较低的评价,并且也没有在上面寄托任何积极性的期望。耶稣基督在面对彼拉多的审问时,回答说"我的国不属这世界。我的国若属这世界,我的臣仆必要争战,使我不至于被交给犹太人。只是我的国不属这世界"②。这成为了后世基督教思想家在两种秩序之间进行区分的权威根据。在奥古斯丁由此而发展出的"两国论"中,世俗的权力和统治之所以必须,乃因它们是防范和制裁堕落人性之极端恶果的必要③。权力和统治都是一种必要的"恶"的观念,虽然在《旧约》的希伯来传统中就已经出现,只是在奥古斯丁那里才第一次得到了系统的阐述。此后,托马斯·阿奎那根据亚里士多德传统对此做出了修正,在并未一般性地否定国家(权力和统治)主要的职能仍然在于防范和制裁人性堕落以后必然导致的诸般恶果的前提下,承认了世俗国家(即权力和统治)在上帝的理性计划中的合理性,在一定程度上担负着推行基督教教义以引导社会走向幸福生活的积极功能④。宗教改革时期重要的思想家以及主要的英国清教徒牧师思想

---

① 参看中国政法大学出版社2003年影印版费尔默《〈父权制〉与其他著作》的"introduction",亦可参看约翰·麦克里兰《西方政治思想史》(海口:海南出版社2003年)第263—264页的内容。
② 见中文和合本《圣经》"约翰福音"第18章第36节。
③ 参看 The Cambridge History of Political Thought c.350-c.1450, Edited by J.H.Burns, Cambridge University Press 1999,第110—111页的论述。另外,夏洞奇《政治与人的自然本性:奥古斯丁论政治权威的起源》一文,也可参看,文见《托克维尔:民主的政治科学》一书,上海:上海三联书店2006年。
④ 参看托马斯·阿奎那著,《阿奎那政治著作选》(马清槐译,北京:商务印书馆1963/1982年)第一章"政治制度的必要性"(第43—48页)和第十五章"怎样达到政治社会中幸福生活的目的"(第86—89页)的内容。对此问题较简明扼要的介绍,请参看沃格林《政治观念史稿》第二卷《中世纪(至阿奎那)》(叶颖译,上海:华东师范大学出版社2009年)第240—244页的内容。

家们，则又一次回到了奥古斯丁"两国论"的基本立场，明确拒绝给予国家（权力和统治）以更多的积极功能，而主要使世俗权力着眼于对"恶"的防范①。总之，在基督教的思想传统中，世俗的权力和统治虽然在终极意义上都源出于上帝②，但是在为其设定的基本功能和目标方面，却主要以一种消极的立场，专注于对人性堕落以后必然导致的"恶"的防范和制裁，而不是使政治权力和统治引导社会积极追求某种"善业"目标。对于基督教文化传统中这种立基于人性堕落－原罪论，而对人类社会中无处不在的"恶"的警惕和防范，著名历史学家阿克顿勋爵曾经有过一段卓越的描述："一个基督徒由于他的信仰，不得不对人世的罪恶和黑暗敏感。这种敏感，他是无法避免的。基督教对人世间罪恶的暴露可以说是空前的。我们因此才知道罪恶的根深蒂固，难以捉摸和到处潜伏。基督教的神示（revelation）一方面是充满了慈爱和宽恕，另一方面也恶狠狠地晾出了人世的真相，基督教的福音使罪恶意识牢系于人心……他看到别人看不见的罪恶……原罪的理论使得基督徒对各种事情都在提

---

① 请参看〔英〕阿利斯特·麦格拉思著《宗教改革运动思潮》（蔡锦图、陈佐人 译，北京：中国社会科学出版社2009年）第十一章"宗教改革运动的政治思想"（第212—227页），尤其是第217—218页、第221页和第224—225页的内容。〔美〕道格拉斯·F·凯利著《自由的崛起：16—18世纪，加尔文主义和五个政府的形成》（王怡、李玉臻 译，南昌：江西人民出版社2008年）第一章"约翰·加尔文与日内瓦"（第1—48页）、第三章"加尔文主义在苏格兰"（第68—99页）和第四章"加尔文主义在英格兰"（第100—152页），尤其是第21—29页的内容。
②《圣经》"罗马书"第13章第1-2节："在上有权柄的，人人当顺服他。因为没有权柄不是出于上帝的。凡掌权的都是上帝所命的。所以抗拒掌权的，就是抗拒上帝的命。抗拒的必自取刑罚。"

防"①。在基督教思想文化传统中,这种对人性之中与人世之内根深蒂固之"恶"的自觉(被思想史家张灏称为"幽暗意识"),对近两千年来西方法政思想的变迁演化和法政秩序的建构设计,均至为重要。事实上,这种对人性中不可拔除之恶的自觉,以及紧随气候的警惕与防范,从人群生命意识和社会思想构造的深层,对近代西方自由民主的宪政法治结构(无论是对于其思想系统论证的完成,还是对于其实际制度的确立)以及相关生活秩序的建构,都提供了强大的——甚至是最后的——精神系统的动力支援②。

洛克的权力批判,明确显示出以上两大思想传统全面而深刻的影响,同时又针对十七世纪普遍流行的专制主义思想的权力论说和秩序建构思路,实现了具有自身特色的理论综合。他对世俗权力和统治各方面内容的论述,其展开论证的起点并未离开基督教上帝创造论的思想背景,也并未完全放弃所有的权力都是由上帝而来的这一论点③。但是,洛克却放弃了从此出发展开"君权神授论"的专制

---

① 见 Lord Acton, *Essays on Freedom and Power*(The Beacon Press1984,序言,第14—15页,转引自张灏著《幽暗意识与民主传统》,北京:新星出版社2010年,第31页。【时案:笔者查对中译本《自由与权力》(侯健 范亚峰 译,冯克利校,北京:商务印书馆2001年),并未发现与上述文字对应的部分,仅在其中所收的第一篇文章《就职演说:论历史研究》中,发现如下一段与之相似的文字:"受自己的信条所约束的基督徒,必须警惕邪恶,不可懈怠……在别人不察之处,他能看到罪恶;神赋予他强大的直觉;他的目光异常犀利,他具有透视灵魂的洞察力和辨别力。……他相信原罪说,这必然使他对表象保持戒心,使他在混乱中保持警醒,随时能够确定自己的立场"(见《自由与权力》中译本第28页)。此段文字在前及中译本中,为阿克顿勋爵对詹姆斯·莫兹利话语的转述。可见中译译文内容与张灏的引文并不一致(相比而言缺漏较多),但由于中译本并没有交代翻译所据的英文版本,以致无法进行进一步的查对核实。故而,本论正文引文乃以张灏的引文为根据,将其列于阿克顿勋爵名下。权宜如此,以俟后考。】
② 对于发端于基督教思想的"幽暗意识"与近代自由民主制度的深层关系,请参看张灏著《幽暗意识与民主传统》一文所述(文见氏著《幽暗意识与民主传统》,北京:新星出版社2010年,第22—42页),尤其是第23—32页的内容。
③ 如前文所示,洛克在《论自然状态》一章中的论述已经充分表明了这一点。伊恩·哈里斯说"在他(洛克)看来,人的状况是按照上帝所颁布的道德责任而形成的,……洛克用上帝作为道德立法者这一观念来解释他所钟爱的那类政治组织"(《英国哲学和启蒙时代》第111页)。另外,权威的洛克研究者称洛克的法政思想是 A Renewed Christian Politics,即"更新了的基督教政治学说",见 W.M.Spellman 著 *John Locke*, Mcmillan Press Ltd. 1997,第98—120页的详细论述,尤其是第120页两个总结性的段落。

主义路径,并且在对"君权神授"的论调进行了彻底驳斥以后,在绝对超越的上帝和要承受权力与统治的现实个人之间,经由自然法和理性的一道中转①,将对权力和统治的论说,转向了对现代自由民主的宪政法治政府的支持。

在世俗权力和统治的起源方面,洛克首先在《政府论上篇》中,对费尔默所代表的主流主张提出了有力的反驳。洛克的反驳包括了两方面的内容:第一,直接针对"君权神授论"的主张,否定了上帝对亚当和君主直接授予统治权的论证思路;第二,通过在父权和君权之间做出实质性判别,否定了通过父子关系来论证君臣关系的思路。对于第一点,费尔默在基督教文化背景下,主张君权神授论的思路之关键,在于认为上帝已经将对地球和人类的普遍统治权,直接地交付给了亚当。而且,这种授权的内容是绝对的,不但在范围上包括了整个地球及其上的生物,而且在时间上对亚当一切的后裔有效。由此,后世各国君王的绝对统治权,都直接从亚当承续而来,从而对其治下的人和财富都享有一种源于上帝授权的、因而是不受限制的绝对权力②。洛克对此的反驳又包含了两重论证:首先是根据对《圣经》原文的细致分析,得出上帝并没有把对世界的统治权授予任何一人的否定性结论③;在积极的方面则认为,上帝把整个自然世界和动植生物给了全部的人类,作为他们可以使用和享受以谋得生存并提高生活的共同财产④。其次,洛克则提出,在《圣经》

---

① 伊恩·哈里斯将"君权神授"论者们上帝直接授权给统治者,因而统治者只对上帝负责而不对受统治者负责的主张,称为权力论证的"直接路线",而将霍布斯、洛克等经由受治者将自身权利转让给统治者而形成权力和统治的论证思路,称为"间接路线"。参看(英)帕金森/(加)杉克尔总主编《劳特利奇哲学史》十卷本第五卷、〔英〕斯图亚特·布朗主编的《英国哲学和启蒙时代》(高新民等译,中国人民大学出版社2009年)第111页和第114页的内容。
② 参看前及《英国哲学和启蒙时代》第115页的论述。
③ 见《政府论两篇》,中国政法大学出版社2003年影印本(下引同此),第156—162页的内容。
④ 除上注所涉及的内容中有散见的论及外,另见《政府论两篇》第162—163页、第285—288页的论述。

的记载中,上帝并没有明确指任亚当为掌握权力、施行统治的君王,也不曾提到亚当的任何儿子有根据继承而成为君主的所谓神圣权利[1];退一步讲,即使承认亚当及其子嗣确实是上帝任命的君王,然而由于亚当后裔的家系世谱早已经湮灭混乱,以至于当今任何国王都无法提供可信的证据,来声称自己是亚当的直系后裔,从而对掌握权力和施行统治的神圣权利提出合法主张[2]。至此,以费尔默的主张为代表的"君权神授论",被彻底打破。对于第二点,费尔默的主张承亚里士多德和中世纪家族主义而来,取材于《圣经》中经过他仔细挑选的词句,根据父亲对其子女和家财所享有的绝对权力,来论证君主对其臣民及其财产也应当享有绝对的权力[3]。洛克对此提出了三重反驳:首先是直接援引《圣经》本文(这正是费尔默的论证理据),说明在费尔默引用《圣经》文句论证来"父权"的地方,原文本是"尊敬你的父亲和母亲",从而以引入《圣经》明确支持"母亲"之权威的方式,打破费尔默的"父权"论证[4];其次,则攻击费尔默在将"亚当的父权"等同于"亚当的王权"时,往往将有疑问的内容直接视为理所当然地拿来使用,缺乏可靠的仔细论证[5];最后,则从积极论证的方面明确提出父亲(以及母亲)对子女所享有的所谓"权力",

---

[1] 见《政府论两篇》第157页、第267页。亦可参看前及麦克里兰《西方政治思想史》第264页所述。

[2] 见《政府论两篇》第216—217页、第221—263页和第267页的内容。亦可参看前及麦克里兰《西方政治思想史》第264—265页所述。

[3] 参看费尔默《〈父权制〉与其他著作》(北京:中国政法大学出版社2003年影印)的"introduction",亦可参看《政府论两篇》第144—145页和第146—148的洛克转述。另外,霍布斯也通过父权对君权做出过论论证,其基本逻辑和思路与费尔默如出一辙,并且也连援引的《圣经》经文也极为相似,只是霍布斯的论证较费尔默的论证在逻辑上远为严密罢了。故而洛克对费尔默以父权论君权思路的反驳,在一定程度上也可以看作是对霍布斯主张的一种反驳。霍布斯的相关论述题为"论宗法的管辖权与专制的管辖权",具体内容见《利维坦》(黎思复等译,商务印书馆1985年)第153—162页。

[4] 见《政府论两篇》第145页、第180页和第184—187页的内容。洛克引用的《圣经》经文为十诫中的第五条诫命:"当孝敬父母"。关于犹太教和基督教共同遵守的"十诫"的具体内容,见《圣经》"出埃及记"第20章和"申命记"第5章。

[5] 见《政府论两篇》第148—150页。

只是在子女尚不能独立运用理性的情况下，一种为了子女本身的好处而对他们予以管教和引导的责任，与政治统治的支配权完全不同。并且，父亲和母亲这种立足于养护责任的"权威"的运用，仅仅以子女本人的理性尚未成熟为界限，一旦子女达到了可以独立自由运用理性的年龄和程度，则此种"权威"在任何意义上的强制性即告消灭。此后，子女对于父母即没有任何出于"权威"的服从理由，而是仅仅应当奉上他们的"孝敬"就足够了①。

通过以上对以费尔默为代表的学说的批驳，洛克为他提出一种更加具有人为性质、更加合乎理性能力的权力和统治起源论扫除了障碍。而这种理论，就是他在霍布斯所奠定的基础上予以更新了的"社会契约论"。霍布斯的社会契约论认为，政治权力和统治的根源都在于个人追求自我保全的自然权利。但是个人极端地追求自我保全的结果，却注定了是全面的战争状态，以至于每个人的生命保全都陷于巨大的危机之中②。最后，个人通过理性计算结成一项"社会契约"，将其自然权利全部且不可收回地转交出来，政治权力即由此而生。接下来将结合而成的政治权力完全交给"主权者"，以建立一个超越在所有人之上的"利维坦"，来全面彻底地结束战争状态（也就是自然状态），以实现普遍和平，并维护生活秩序③。但是在霍布斯不可撤销的"社会契约论"中，所有交出自然权利的个人为缔约的一方，代表国家"利维坦"制定法律并且负责执行法律的"主权者"为另一方，在这样的契约完成后，所有人都进入了公民社会受实际法律的约束，而只有主权者一人处于任何法律和约制之上，成为绝对专制主义的统治者④。洛克则彻底改变了霍布斯的专制主义逻辑，

---

① 见《政府论两篇》第188—189页、第192页、第206—208页。
② 见《论公民》第21—31页和《利维坦》第92—97页的论述。
③ 见《论公民》第69—74页和第115—117页，《利维坦》第128—132页。
④ 见《论公民》第88—90页，《利维坦》第133—142页、第153—154页和第161—162页的内容。

通过使所有的人都共同参与契约，而使没有任何人能身处法律的保护和约制之外[①]。洛克展开论述的逻辑起点，是上帝神性的创造大工：受造的人自由而平等，并因为他们具有上帝的形象，而生来即倾向于追求某种高贵的目标。在富饶的自然状态中，自由平等的人们和平共处，只是为了避免自然状态所具有的一些不便，人们决定将其自然权利的一部分（主要是个人惩罚权）转交出来，形成一种统治性的公共权力。这就是洛克对政治权力和统治之起源的论证。在公共权力形成以后，人们乃走出了一般性的自然状态而进入了政治社会[②]。为了使这种公共权力的原初目的得到有效实现，随即产生出根据公共权力的目的建立政府施行统治的必要。于是人们又以信托的方式，建立了一个其权力和统治都受到公共权力之原初目的约束的有限政府。在这样的政府中，法律由全体公民或公民代表组成的合法团体制定，所有的人——即使是掌权的统治者，也必须遵守共同制定的法律，并按照法律的要求施行统治[③]。由于公共权力得以建立的原初目的，乃是为了实现所有人的共同福祉，故而，对于按照职责分配执行公共权力的政府来说，其掌权施政的一切作为，都必须以公共福祉为目的，并且自始至终受到它的引导和约束。如果政府违背了这一目的或者违反了相关法律，则公民可以起而改正之；如果已经用尽办法仍然无法使滥权的现有政府回归正途，则公民可以通过和平的方式更换政府；在极端的情况下，公民还可以通过革命的方式从政治社会重归一般性的自然状态，以再次建立公共权力的方式，重建正当合法的政府治理[④]。——权力和统治必须以公共福祉

[①] 关于霍布斯的"社会契约论"和洛克的"社会契约论"的相似和不同，请参看前及麦克里兰在《西方政治思想史》第11章"社会契约（一）：霍布斯"和第12章"社会契约（二）：洛克"两章的细致分析。
[②] 见《政府论两篇》第269—282页、第330—349页的论述。
[③] 见《政府论两篇》第350—353页，第366—374页的论述。
[④] 见《政府论两篇》第354页、第370页的内容。在《政府论两篇》的第406—428页，洛克集中论述了政府解体、革命和重建的内容。

为目标,且严格受制于公共福祉,在这里乃达到了它最极端的表达形式。总之,对洛克来说,权力和统治对于实现公共福祉都是必须的,但是对权力和统治所具有的怀疑、警惕和防范意识,却又弥漫在其法政思想的所有文本之中;从思想史的角度看,前者明显是洛克受惠于亚里士多德所代表的古典传统,后者则是基督教传统所教给他的最大智慧之一。

3. 黄宗羲与洛克相关论述的简略比较

综上所述,可以发现对黄宗羲和洛克的权力批判,至少可以提出以下三个方面的基本内容进行简要的比较或对勘:权力和统治的起源论、权力和统治的目的论以及新法政秩序的建构逻辑。

在权力和统治的起源论方面,黄宗羲并未放弃儒家理念中的"天"对于人间权力和统治的终极地位,洛克对权力和统治之起源的论述,也明确将上帝作为最后的根据。这种形式上的相似性所提示的,与其说是如某些研究者认为是思想家本人受到历史和时代的限制所致,毋宁说是饱经忧患而深思熟虑的思想家,对纯粹以此世现实为基础建立法政秩序的思路和做法的担忧与提防。——对于黄宗羲来说,这意味着大明王朝近三百年的专制滥权统治,而这种统治正开始于朱元璋和朱棣无法无天的滥权:阴谋法术、屠戮功臣、戕害士人、涂炭生灵。对于洛克来说,则除了从詹姆斯一世到查理一世和克伦威尔等的专权滥施以外,还有霍布斯等人强大的理论辩护。可以说在黄宗羲和洛克这两位思想家看来,如果没有终极超越的实在力量的约制,如果没有立足于这种超越地位和超越标准的正当性批判,则现世界的生活秩序——尤其是法政秩序,必然是力强霸道者通吃、贫弱无力者不保的压迫和奴役性统治。

但是,黄宗羲和洛克又都没有在这个超越的层面流连忘返,而是很快就转入了现实分析,从人类社会自身的需要中寻找权力和统治的直接起源。对黄宗羲来说，权力和统治的产生是"兴公利"和"除公害"之所必须；对洛克来说，权力和统治的产生是避免自然状态下会自然出现的不便的必须。——两位思想家都从人间生活的消极事实所具有的根本地位上，注意到了权力和统治所具有的积极价值。同时，黄宗羲从晚明时期普遍流行的"人性自私自利"论预设和"遂私成公"的基本命题出发，打开了重构君权统治时对君主权力予以制度化约制的思路，并以积极的态度和方式防止专制君权"以我之大私为天下之大公"。洛克则从基督教思想文化对人性阴暗面的提防出发，提出了通过分权制衡和法治统治的方式，对掌权施政的统治者进行约制的现代主张。——毫无疑问，二者通过基本的制度设施来分解和约制君权的思路，具有极大的相似性和可比性。

接下来，在权力和统治的目的论方面，黄宗羲将掌握权力和施行统治的基本原则总结为"天下为主，君为客"，而在其具体的论述中，"天下为主"和"治乱兴亡"，都切切以"万民忧乐"为其实底，并以此对居位者的掌权施政提出要求。在黄宗羲具体的制度设计中，无论是对君权的分解、对宦官的批判，还是对臣职的强调和对相权的提升，或者是对学校议政功能的强调，或者对田制和税赋制度的种种改革设计，如此等等，其根本目的，都旨在为一个可以从制度上对"天下万民"负责之政府的建构和运转，提出构想，提供保证。对洛克来说，政治权力和统治的唯一目的，即在于实现公共福祉，并严格以公共福祉所需的基本要求，为掌权施政的政府提出约制和规范。自秦汉以来，中国"一家天下"传统中以"天下"为帝王君主一人一家之私产的观念，传衍千余年而愈发强大。但是在黄宗羲这里，这一观念却已经被完全否定和破除，并且转而要求帝王君主要对"天下"负责。在西方历史文化传统中，立基于种种"君权神授论"的强大政治主张与政治实践，也一样以国家人民为君主皇室一人一家的私产私财，也一样是源远流长、传衍数千年而不绝[1]，并且在十六、十七世纪随着绝对专制主义的兴起，而再次高涨。但是在洛克的思想中，不但已经将这种观念彻底清理干净，并且提出统治者必须对受统治者负责的主张，进而积极谋求着制度化的实现。在这一方面，也不难发现黄宗羲和洛克理论结构的相似性。

最后，在法政秩序的建构逻辑方面，黄宗羲之前的中国传统主流，主张一种家国同构的秩序模式。而对这种"家国同构"秩序进行建构的核心思路，就其实而言，是"由孝而忠"，就其名而言，则是始于"父子"而终于"君臣"。亦即通过对"父权"的解释和推衍建构权威主义的"君权"。虽然西方早在古典的希腊时期（以及共和罗马），就已经通过城邦的丰富实践而提出了新的理论可能[2]，但是在西方历史和思想的后来发展中，这种由"父权"而"君权"的论证思路并未消失，反而随着家族主义在中世纪的复兴、并配合着基督教版本的君权神授论而再次高涨，——就人类文明史而言，似乎只要实权君主制存在的地方，就永远会提出这种论证。但是，无论是黄宗羲还是洛克，对这一建构思路都予以了明确的否定，并在积极的方面，试图在公共领域中全然按照公共领域的规则进行秩序建构。——即：黄宗羲和洛克都已经明确注意到，在对新的合理可欲的秩序进行建构时，必须在"家"与"国"之间进行区别，必须在"私领域"和"公领域"之间进行区别。虽然黄宗羲的相关论说并未充分展开，其论证也远不及洛克论说的细致深入，但是就这一思路的发现和创见而言，黄宗羲思想所显示的"现代性"色彩，

---

[1] 这一方面最著名的是马克斯·韦伯对家产支配制、家产制国家和家产官僚制的研究，参看氏著《支配社会学》（康乐、简惠美 译，桂林：广西师范大学出版社 2004 年）第三章"家父长制支配与家产制支配"的具体内容。
[2] 事实上，亚里士多德的政治理论已经实实在在地探讨了这些可能。但是对西方法政思想史来说，一个令人悲哀的事实是，亚里士多德的著作在进入罗马时代以后即逐渐湮没无闻，直至十三世纪才由阿拉伯人重新传入欧洲。

与洛克相比，其间的距离并不遥远。

三 黄宗羲与洛克之政府批判的简明对勘

前篇略述权力批判，本篇①将集中对黄宗羲的政府批判进行细致梳理和解释，并以洛克思想中的相关内容作为参照，进行简略的横向比较，以突显黄宗羲与洛克的政府批判在思想深层上的相通之处，并在此过程中展现黄宗羲之秩序建构设想业已具备的现代品格。而对这一品格的集中体现，笔者认为可以将其总结为"议行分离"和"权力约制"八字②。另外，在黄宗羲和洛克的理论逻辑中，对政府问题的讨论皆与所谓"革命"问题紧密相关，故本书对黄宗羲与洛克之政府批判和政府设计进行略述、比较的同时，兼述其对"革命"问题所作的思考。

1. 黄宗羲之政府批判述要
(1) 黄宗羲之政府批判的思想史地位

牟宗三先生在其《政道与治道》一书开篇即云："政道是相应政权而言，治道是相应治权而言。中国在以前于治道，已进至最高的自觉境界，而政道则始终无进展"。接着又说，"政道者，简单言之，即是关于政权的道理。无论封建贵族政治还是君主专制政治，政权皆在帝王（夏商周曰王，秦汉以后曰帝）"③。在几页之后一个总结性的段落，牟先生又说，中国历史"自夏禹传子起，政权即寄

---

① 本篇曾以稍有不同的形式发表于《政治思想史》（季刊）2014年第3期。
② 美国著名思想史家哈维·曼斯菲尔德将十九世纪之前西方宪政思想史的全部努力，描述为思想家们试图控制和规范administrative power的孜孜探求，并将其基本精神形象地总结为"驯化君主"（氏著《驯化君主》，冯克利译，译林出版社2005年）。而在笔者看来，这种努力和精神，也正可以表达黄宗羲法政思想的基本定位和理论品格。
③ 见牟宗三著《政道与治道》（桂林：广西师范大学出版社2006年）正文第1页。

托在具体个人上,……后人言及政权之世及与更替,亦不复能扣紧大同中之概念义理以言之①,复不能就政权之世及与更替以审辨此中诸概念之何所是以及其所含蕴之一切。此中国前贤对于政权之反省、对于政道之建立,始终不足之故也。"②

牟氏这几处评论,作为对传统中国法政思想史的一个现代鸟瞰③,并没有什么大的问题。但是他认为传统中国"政道则始终无进展"的说法,则似乎并不准确。因为,当黄宗羲在传统法政思想"立君为民"的种种言述之基础上,明确提出"天下为主,君为客"的基本原则时,即使按照牟宗三的划分,这一基本原则所代表的问题,也完全称得上是"政道"部分的基本论题。然而黄宗羲在十七世纪之中国提出的权力批判和政府批判,并未受到二十世纪"政道"与"治道"这种略显勉强的认识框架的干扰,因而不能——也不必将其论述拆解之后,再将其放置于这种过于简单的理解框架中来进行考量。事实上,黄宗羲之权力批判的展开和法政秩序建构设想的提出,既吸纳了晚明以来传入的西学因素,又没有过于偏离传统中国法政思想的基本方向;而其法政思想最为显著的特色之一,即在于他既没有仅仅停留于峻烈的批判(如鲍敬言、邓牧等),也没有满足于对渺不可即之王道理想的高调提倡(如孟子等),而是在宋儒以来汲汲于"正心"的"格君心之非"路线之外,立足于对中国两千年治乱兴亡的历史(尤其是明代弊政百出滥权虐民之历史)的深入研究,在充分考虑了实际可行性的基础上,提出了对君主制进行现实改造

---

① 笔者案:牟宗三先生认为孔子在《礼运篇》言"大同",其理想有民主之义。牟氏勉强地在所谓"政权民主"与"治权民主"之间进行区别,并进而称传统中国"只有治权之民主,而无政权之民主"。说见氏著《政道与治道》第9—10页。
② 见氏著《政道与治道》第11—12页。
③ 牟宗三先生勉力在"政道"与"治道"之间做出区别,意图在于为"政权民主"与"治权民主"的分别提供形而上的论证。至于牟氏此论证背后的理论意图,主要是立足于对西方现代所谓"民主"制度的观察与相关理论的思考,转而分析传统中国法政秩序建构与法政思想结构的"不足"之处,进而谋求积极的改善和突破,以开出"民主政治"的"新外王"。职是之故,本篇称其为对传统中国法政思想史的一个"现代鸟瞰"。

的种种制度性设想。

对黄宗羲而言,由于可资吸纳使用之历史文化资源的限制,围绕君主制来展开其合理可欲之法政秩序的设计,乃是唯一合乎历史并且合理可行的出路①。但是只要细察黄宗羲对政府组成的种种制度考量,就不难发现黄宗羲笔下的君主制与此前中国法政思想传统中的君主制,已然十分不同②。——如果说传统法家所主张的是君主一人专制天下的家产君主制、传统儒家所主张的是圣君贤相德礼教化的圣王君主制的话,那么对黄宗羲所构想设计的规范化君主制,就不妨称其为议行分离的学校议政君相制。笔者认为,这种君主制最大的特色有三点:第一是君权受到制度化的约制,第二是"议"和"行"的相对分离,第三是包含了与现代联邦制精神相通的基本构想。这三点都具有极大的自由意义和现代价值,其中又以第二点最具有突破性的基础创新意义。本篇略述其一与二,至于其三,则有待另撰他文专门申述。

(2) 黄宗羲的政府批判与制度设计述要

黄宗羲的政府批判,在纵向一维上包含对中央政府构造的设计和对地方制度的考量两个层面的内容。其在中央和地方关系方面,则又十分注意通过种种制度设计来加强地方的自治能力,以防范和

---

① 固然,就政府形式而言,黄宗羲的批判运思只是对君主制进行规范化的改造,而没有全然予以否定。这一点,乃是当代许多研究者立于西方所谓"民主"观念和制度,而对黄宗羲提出最多否定性评价之处,至其极处,某些论者甚至将黄宗羲描绘为一个在更为严密的意义上、在更深的层次上"重构专制"的专制主义分子。且不说此论在理论上难以圆通,仅仅就"知人论世"而言,此论也少一分对历史人物及其生存环境的同情之理解,而对黄宗羲法政思想具体文本的阅读,持此论者也有失之疏阔而未及于细密之嫌。

② 对黄宗羲的制度设计持过于消极观点的论者,通过层层推论而将黄宗羲法政思想定位为"重构专制"(此说以张师伟《民本的极限:黄宗羲政治思想新论》一书为代表);而持过于积极观点的论者,又将黄宗羲誉为中国君主立宪制的先驱(见段然《黄宗羲:中国"君主立宪制"的先驱》,文见《人大建设》2010年第2期)。为避免枝蔓起见,笔者拟撰专文对相关论说进行评论,本篇仅就黄宗羲议论所及为纲要,对之进行积极的疏解。

约制中央权力过于集中和强大而导致的中央专制问题：

> 宜将辽东、蓟州、宣府、大同、榆林、宁夏、甘肃、固原、延绥俱设方镇，外则云、贵亦依此例，分割附近州县属之。务令其钱粮兵马，内足自立，外足捍患；田赋商税，听其征收，以充战守之用；一切政教张弛，不从中制；属下官员亦听其自行辟召，然后名闻。每年一贡，三年一朝，终其世兵民辑睦，疆场宁谧者，许以嗣世。①

黄宗羲此处的制度设计，远承《留书》之"封建"篇而来，其原本意图的第一层依然主要着眼于兵事②，并且其具体叙述也以传统法政思想中的"封建"语言展开，但其重要目的所在，即试图通过种种制度设计实现地方对农商经济、人事政教拥有独立之权、以及保证地方拥有相当程度的军事实力，来切实保障地方具有较为独立的地位进而实施相对自治的可能。其宗旨即在于救治以郡县制为依托的专制大一统制度下，中央制死地方的根本弊端，从其立意精神到制度设施，与现代联邦制都不乏相通之处③。而"外有强兵，中朝自然顾忌，山有虎豹，藜藿不采"一语，最见梨洲对中央政府专制滥权的担忧，以及通过加强地方实力予以制度化防范的思路④。

---

① 见《黄宗羲全集》（杭州：浙江古籍出版社 2005 年）第一册，第 22 页。
② 见前文所述。
③ 对于现代联邦制建构的理论逻辑，及其在中央和地方之间进行分权，使其相互约制以保障自由的制度设计，还有西方联邦制的历史演进以及当代西方几个主要联邦制的相通与差异，美国学者丹尼尔·J·伊拉扎在《联邦主义探索》（彭利平译，上海：上海三联书店 2004 年）一书中有着简明扼要的介绍，尤其是第四章"联邦制的思想和形态"和第五章"联邦主义的基本组成部分"。对于美国在建立联邦制时所面对的理论难题及其最终解决，请参看美国学者文森特·奥斯特罗姆《美国联邦主义》（王建勋译，上海：上海三联书店 2003 年）一书的第二部分，尤其是第二章"霍布斯的《利维坦》与美国联邦制的逻辑"。
④ 见《黄宗羲全集》第一册，第 22 页。

在对君主制下中央政府的设计中，黄宗羲在总结秦汉代以来历代政治实践的基础上，以唐代"政事堂"议事制度为其原型，提出了新的制度建构思路：

> 宰相一人，参知政事无常员。每日便殿议政，天子南面，宰相、六卿、谏官东西面以次坐。其执事皆用士人。凡章奏进呈，六科给事中主之，给事中以白宰相，宰相以白天子，同议可否。天子批红。天子不能尽，则宰相批之。下六部施行。①

"宰相一人"的设计，自是承秦而来，其用意在于既增加宰相的声位，又扩充其实际的权力，以期据此对君权形成抗衡，从而彻底救治宋明以来"君亢臣卑"的政制积弊②。至于黄宗羲此举的理论根据，在其《原臣》篇中已经通过对"群工"同职天下的论说和君臣"名异而实同"的理论予以讲明；而在《置相》篇之开篇，即援引孟子对五等爵位的分析而论证"非独至于天子遂截然无等级也"，皆为此处的制度设计张本③。"参知政事无常员"的构思，则显然为黄宗羲对唐宋以来中央政治实践的总结运用。然而，唐宋时期"参知政事"的出现和中央议政制度的形成，主要是君权为了进一步分解相权，并对臣下构成牵掣控制之势而逐渐发展出来的。而这种制度在黄宗羲新的构思设想中，已经具有了完全不同的功能。——在黄宗羲的构想中，最重要的一点是乃"议"对于"行"的相对独立（详见下文）。临时性的"参知政事"，就黄宗羲的制度设计而言，其职能主要是限于参与"便殿议政"一项内容。"偏殿议政"的内容，

---

① 见《黄宗羲全集》第一册，第9页。
② 黄宗羲曾有如下一段文字："明之为治，未尝逊于汉、唐也，则明之人物，其不逊于汉、唐明矣。其不及三代之英者，君亢臣卑，动以法制束缚其手脚，盖有才而不能尽也。"语出《明名臣言行录序》，见《黄宗羲全集》第十册，第53页。
③ 见《黄宗羲全集》第一册，第8页。

自然是对国家各种政策的讨论和决定。而在"偏殿议政"这一制度设计中,直接参与其中的人员有"天子"、"宰相"、"六卿"、"谏官"、"执事"和"六科给事中",其中除"执事"为服务型人员以外,其他五类人员都参与对国邦政策的实质性讨论,所谓"同议可否"者即是。"执事皆用士人"一项,则着眼于对宦官参与政事的杜绝。其中极值得注意的是"天子批红。天子不能尽,则宰相批之"一项内容。所谓"批红",即所议政策获得最后通过而具有国邦法律效力的标志。"偏殿议政"所要达致的基本目标正在于此。此后便是执行程序,即"下六部施行"。在黄宗羲的中央政府构想中,"天子"对于政事的职权,仅此一见,而且仅限于参与讨论以及"批红"一项程序权力。——即使是这一项程序性的认可性权力,也还是"天子不能尽,则宰相批之",即在一定情况下由宰相与天子共同行使。黄宗羲这一设计已经是一种明确的虚君统治理想,其对君主的设计,已经将其实际施政的权力缩减到最低限度,而在积极的一面仅仅将君主限于文化整合的符号标志(也难怪学者会对此制度发生君主立宪制的联想)。综上所述,从程序上看,在中央政府已经明确存在"议"和"行"的相对分离①,如下图:

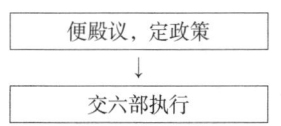

如果按照现代政治学的术语表达的话,则"便殿议政"即是此一中央政府的立法和决策机关,六部及其下属机构则是对成功立法和既定政策的执行机关。两者在人员方面虽然只是部分的分离,但

---

① 之所以是"相对分离",是因为"六卿"既为六部长官,负有执行决议政策的职责,同时也参与到"便殿议政"之中。但对这一点亦无可厚非,因为在英国近代中央政制中,内阁成员同样是下院成员,既负责对政策的执行,又部分地参与到"议"的程序之中。

在职能方面已经完全分离。在十七世纪中叶，黄宗羲对中央政府已经做出如此设想，即使与现代初期西方思想家所提出而后逐渐在实践中确立的中央政府体制相比较，亦毫不逊色①。

以上为黄宗羲构想中的中央政府在人员和程序上的情形。在组织方面，黄宗羲的构想则更加体现出其在总结历史的基础上，对君权专制主义的警惕防范和予以约制的努力。中央政府由"天子"、"宰相"、"参知政事"和"六部"机关组成，而"天子"除了在"便殿议政"中出现，并对议政结果进行最后确认外，不负行政之责，已经仅仅成为黄宗羲设想中的华夏文明统一性的象征符号。行政之责，全在宰相和六部及其下属机构。所谓"六部"，即传统政制中由汉代宰相六曹而逐渐演变成的礼部、户部、吏部、兵部、刑部和工部。宰相则又有其自身的机关"政事堂"：

> 宰相设政事堂，使新进士主之，或用待诏者。唐张说为相，列五房于政事堂之后：一曰吏房，二曰枢机房，三曰兵房，四曰户房，五曰刑礼房，分曹以主众务。此其例也。四方上书言利弊者及待诏之人皆集焉，凡事无不得达。②

黄宗羲对宰相政事堂的设计，其根源自在汉相六曹；而其直接

---

① 近代以来的宪政国家普遍实行"议""行"分离模式，但是分离程度并不相同。法国原为严格的三权分立模式，但自其宪法委员会制度施行以来，"议"与"行"之间的分离程度已经大不如前。英美两国也以"议""行"分离为一般原则，但从未有过完全的分离实践。以两国中央政府为例，英国的情形是"议"和"行"在职权上明确分离，在人员方面则相对分离而有所混合，已见上注。美国的情形则刚好相反，是"议"与"行"在人员上完全分离，行政、立法与司法三机关杜绝任何双重任职，而在机关职权上，则三者各有所混合以形成约制平衡，如总统对立法享有一重否决权、议会任命并监察总统且分有总统的外事权、法院有违宪审查权，等等。关于西方分权理论和制度实践之历史演变的详细资料，请参看（英）维尔著《宪政与分权》（苏力译，北京：生活·读书·新知三联书店1997年）一书的相关章节。

② 见《黄宗羲全集》第9—10页。

的范型，则是唐代张说的五房实践。所谓"此其例也"，即仿此以行。宰相政事堂之五房，都用"新进士"或"待诏者"主持常务，以为宰相的议政和施政提供必要的信息支持以及所需人员的供应。综上所述，黄宗羲所设想的中央政府之组织与职权结构如下：

```
┌─────────────────────────────────────────────┐
│                    天子                      │
│  （隆居于上，不直接负责政事，成为华夏文化整合的象征符号）│
└─────────────────────────────────────────────┘
                        ↓
┌─────────────────────────────────────────────┐
│                   便殿议                     │
│  （天子，宰相，六卿，谏官，给事中均参与讨论，决定国邦法律与│
│   具体政策）                                  │
└─────────────────────────────────────────────┘
                        ↓
┌─────────────────────────────────────────────┐
│                    宰相                      │
│  （为掌权施政的政府首脑，设政事堂，内有五房：吏房，枢机房，兵房，│
│   户房，刑礼房，分曹以主众，人员由丞相自任，为其施政顾问）│
└─────────────────────────────────────────────┘
                        ↓
┌─────────────────────────────────────────────┐
│                    六部                      │
│  （礼部、户部、吏部、兵部、刑部和工部，负责国邦法令与既定政│
│   策的执行实施）                              │
└─────────────────────────────────────────────┘
```

在这样的君主制下，在中央与地方关系中，相当数目的地方享有极大的独立性和自治地位，从而使中央与地方之间形成相互的约制平衡；在中央政府层面，则以世及天子为华夏中国文化统一性的象征和整合符号，以通过选贤任能方式产生的宰相为实际掌权施政的政府首脑；通过"便殿议政"来确定国邦的一般法律与政策，之后乃转交六部机关负责具体的执行事宜。如此机构设计和运作规程，与秦汉以来依托于郡县官僚制的中央大一统帝国专制主义——尤其是明代极度滥权虐民的君权专制主义，已经是非常不同的政体模式了。

事情尚不仅于此。因为在黄宗羲的法政秩序构想中，他还特别给"学校"安排了一个非常重要的地位，并赋予了它极为根本性的政治职能①。如前文所述，黄宗羲的"学校论"，就其对儒家进行组织化的思路而言，颇受启发于晚明天主教的教理和实践。但就其对学校的基本功能的设定及其实现途径而言，则黄宗羲"学校论"中继承中国故有传统的实质内容者尤多。对上古三代以学校大行教化而臻成治平的知性想象，是黄宗羲学校论的批判性理据所在；而春秋之世"乡校议政"的记载和实践，就构成了黄宗羲学校论的历史远源；宋代以来以至明末的数百年间，儒者以书院讲学而参与时政的传统，尤其是晚明东林党人的聚友讲学和政治活动，更是黄宗羲学校论直接取资的历史文化资源。但是，在这一切之中，黄宗羲又特别突出了一个"议"字：从以"当世大儒"任太学祭酒，针对天子、宰相、六卿、谏议而直陈施政之失的中央层面，到地方上以名儒任郡县学官，其讲学时，"郡县官就弟子列，北面再拜。……郡县官政事缺失，小则纠绳，大则伐鼓号于众"，可以说是自上而下，莫不以议论为精神。而学校议论的直接目的，又在于使"天子之所是未必是，天子之所非未必非，天子亦遂不敢自为非是，而公其非是于学校"②。即，黄宗羲对主要由儒学士人组成的"学校"所寄寓的政治功能，在于通过"议论"来确定国邦天下——尤其是重大事件③上的根本是非，并以此来影响国邦法令和基本政策的制定和实施。与此同时，黄宗羲所设想的"学校"系统又不隶属于官方管理，而是一种介于官方和民间之间的、具有相当独立性的组织化系统。由此出发而结合上文所述，可知黄宗羲所设想中的政治结构或扩大了的政府结构，是一种由"公议"而"政议"，再由"政议"而"执

---

① 黄宗羲"学校论"的渊源和大体内容，见前文所论述。另，顾家宁博士《儒家经典政制中的政教关系：以黄宗羲之学校论为中心》一文，对黄宗羲《学校》篇的思想史地位颇有解说，文见北航人文与社会科学高等研究院主办的2014年"儒家治道年会"论文集《儒家中国的教与政》，北京：2014年5月。
② 引文见《黄宗羲全集》第一册，第10—12页。
③ 如明代的"大议礼"和晚明时期的"三案"。

行"的议行分离结构,其间次序或程序一如下图:

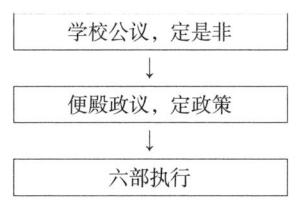

综上所述,"议""行"分离,乃是黄宗羲政府批判所确立的基本原则。而这样建构起来的政府,其掌权施政在基本原则方面,必须受到"天下为主""万民忧乐"的实质性目的限制,至于这一实质目的的具体内容,则表现为"兴公利"和"除公害"。在具体的施政内容方面,则一切当以"治法"为准,杜绝任意的统治,即"使先王之法而在,莫不有法外之意存乎其间。其人是也,则可以无不行之意;其人非也,亦不至深刻罗网,反害天下"①。但是,如果政府违反这种基本的目的要求和形式限制,滥施权力,虐民害物,则必然发生救治问题。

(3) 救治问题的解决

在逻辑结构方面,救治政府的问题可以区分出三个层次:第一是通过有效制度规制现政府行为,使其回归常态;其次则是改变政府②;最后,在某些极端情形下,则会引出"革命"问题。

对于通过有效制度规制现政府的施政行为,以使其回归常态方面,黄宗羲提出了三条系统共四方面的内容:第一条系统是政府内部正式化的台谏系统。"谏"之一系,在"学校"篇中已经明言及;"台"之一系,是六部结构的自然构成部分,亦无需多言。第二条

---

① 见《黄宗羲全集》第一册,第7页。关于黄宗羲"治法论"的内容,见下文所述。
② 事实上,这一点又包含了改换政府人员和改变政府结构两种可能性,而黄宗羲所论及的主要是前者。

系统，则处于政府之外，由"学校"进行：在中央政府则是以太学祭酒值其事："太学祭酒，推择当世大儒，……每朔日，天子临幸太学，宰相、六卿、谏议皆从之。祭酒南面讲学，天子亦就弟子之列。政有缺失，祭酒直言无讳"①。在地方，则是郡县学官值其事："郡县朔望，大会一邑之缙绅士子。学官讲学，郡县官就弟子列，北面再拜。……郡县官政事缺失，小则纠绳，大则伐鼓号于众"②。第三条途径则是通过"上书"："国家有大事或大奸，朝廷之上不敢言而草野言之者，如唐刘蕡、宋陈亮是也，则当处以谏职。若为人嗾使，因而挠乱朝政者，如东汉牢修告捕党人之事，即应处斩"，这种途径虽然并非常制，但是就其在中国历史上的实践而言，其匡政效用亦不可小觑。

其次，在以上形式的君主政体和权力结构中，改变政府乃是隔一段时间必然发生的常态事件，而且在理论上完全可以通过和平的方式完成。既然此时的"政府"已经将"世及"的"天子"排除在外，则中央政府的常制变更就主要限于宰相人选的更迭和六部官员的叙任。其基本原则为"天子传子，宰相不传子。天子之子不皆贤，尚赖宰相传贤足相补救，则天子亦不失传贤之意"③。"天子"之位，根据既定法则世及传子，而不论子之贤与不贤，如此则既可以保持大的政治局面的稳定，更重要的保持整个生活秩序中文化整合符号系统的相对稳定，——这在最关键处又意味着生活秩序之深层道德意识和评价系统的相对稳定。宰相之位以及下属官僚，皆由选贤任能产生，如此则可以实现政府组成人员的不断更新，以完成掌权施政要"兴公利"而"除公害"的具体目标。如果再配合一种贯通上

---

① 见《黄宗羲全集》第一册，第12页。
② 同上。
③ 同上，第8页。

下的政党系统①，由两个以上的政党组织，对宰相之位及其五房扈从展开合法竞争，轮番为治，则一种与英国责任内阁制彼此仿佛的现代责任政府蓝图，就已经呼之欲出了。

但在黄宗羲所设想的政府结构及其上述正态运转的情形中，绝不会有针对"天子"的"革命"问题发生的机会。在正态情形中，作为"天子"的"君主"，此时已经不再直接负责政事，而主要是文化统合的符号象征。然而如果"君主"越过了此一界限，不遵"设君之道"，坏乱"先王治法"，侵凌宰相所代表的直接施政权力，试图以一人而专制天下，重新走向《原君》篇所描述的"以为天下

---

① 虽然对晚明东林党在多大程度上构成现代政党这一问题，学界尚有争议，但是，晚明清初的东林党和复社在许多方面已经具有现代政党组织的一些形式要件和实质要件，也已经逐渐被学界主流研究所接纳。对晚明清初东林党和复社研究的经典之作，至今当首推谢国桢先生的《明清之际党社运动考》与日本学者小野和子教授的《明季党社考》（李庆等译，上海古籍出版社2006年）。晚近以来的研究论文，较早承认东林复社的"政党"性质的是郑文君《试论东林党人反对内阁专权的历史意义》一文（《四川大学学报（哲学社会科学版）》1994年第4期）。最近的相关研究，请参看以下主要论文：《晚明复社的社会活动与社会思想》，吴琦 袁阳春，《安徽史学》2007年第4期；《论复社的组织形态与性质特征》，曾肖，《青海社会科学》2008年第1期；《东林党议视野下党社一体化的生成》，张永刚，《北方论丛》2008年第3期；《复社的源流与社集》，张永刚，《郑州航空工业管理学院学报（社会科学版）》第27卷第3期，2008年6月；《复社与东林党关系的实态性分析》，张永刚，《辽东学院学报（社会科学版）》第10卷第3期，2008年6月；《复社分社的数量指属及事迹钩沉》，扈耕田，《湖南科技学院学报》第29卷第11期，2008年11月；《明末复社兴起因素考论》，曾肖，《社会科学家》2009年第1期；《复社与明末清初江南地区衿绅势力的盛衰》，王恩俊，《辽宁大学学报（哲学社会科学版）》第37卷第1期，2009年1月；《明末封建专制体制下以东林党为典型的"党"质探究》，余琛，《文教资料》2010年9月号中旬刊；《从"癸巳大计"看明末东林党与内阁之对立》，陈永福，《浙江大学学报（人文社会科学版）》2010年第6期。另外，关于东林党是否是"政党"这一问题，有一组极有意思的争论文章：《东林非党论》，樊树志，《复旦学报（社会科学版）》2001年第1期；《"东林非党论"质疑》，李庆，《中国典籍与文化》2004年第3期；《"'东林非党论'质疑"的质疑》，张秉国，《聊城大学学报（社会科学版）》2006年第5期；《东林党与东林学派辨析：关于东林是否为党的另外一种思路》，刘军，《石河子大学学报（哲学社会科学版）》第24卷第3期，2010年6月。李庆的质疑文章刊出以后，樊树志先生未继续作出回应。这一组文章的最后一篇（刘军）在梳理了相关争论之后，结论认为东林"党"乃是历史的实存。此外，自内藤湖南以降，日本学界主流观点即认为宋代以来中国的党争已经突破了朋党的界限，而进入现代政党的层次。内藤之说，可以参看氏著《中国史通论》（夏应元等译，北京：社会科学文献出版社2004年）第330—331页的叙述。李庆之所以坚持"东林是党论"，就学术背景论，似乎与他在日本的长期研究而受日本学界的影响有某种关系。

利害之权皆出于我,我以天下之利尽归于己,以天下之害尽归于人,亦无不可。使天下之人不敢自私,不敢自利,以我之大私为天下之大公。……视天下为莫大之产业,传之子孙,受享无穷",以至于"其未得之也,屠毒天下之肝脑,离散天下之子女,以博我一人之产业,曾不惨然,……其既得之也,敲剥天下之骨髓,离散天下之子女,以奉我一人之淫乐,视为当然"①。如此情形发生之后,则"天子"所具有的文化统合意义和人间合理秩序象征地位,即宣告消灭。进而即引出"革命"问题,而"革命"的正当性亦由此奠定,即"天下之人怨恶其君,视之如寇雠,名之为独夫,固其所也。而小儒规规焉以君臣之义无所逃于天地之间,至桀、纣之暴,犹谓汤、武不当诛之,而妄传伯夷、叔齐无稽之事,使兆人万姓崩溃之血肉,曾不异夫腐鼠。岂天地之大,于兆人万姓之中,独私其一人一姓乎?是故武王,圣人也;孟子之言,圣人之言也"②。然而,在黄宗羲的法政思想中,对"革命"问题仅止于对"革命"之正当性层面的讨论,并未涉及"革命"的可行性层面。在黄宗羲设想中的上述政府结构及其运转法则的规制下,如果说只要具备了针对"君主"进行"革命"的正当性,同时也就意味着已经满足了实际发动"革命"的可行性条件,似乎太过唐突。因为如前所述,黄宗羲已经在皇权内部排除了"法祖为孝"的基础性地位,进而在"天子"世及传子的制度中,后起即位的君主完全可以革除前君的种种弊政,而重新回归"设君之道",从而使实际进行"革命"的可行性条件得不到有效满足。——即便如此,黄宗羲对"革命"正当性的论证,以及由此而施行"革命"之可能性的存在,依然可说是一道对君权专制主义滥权虐民、妄施恶政予以积极防范的峻烈之计。如果君主肆行专制,任意妄为,

---

① 见《黄宗羲全集》第一册,第2—3页。
② 同上,第3页。

滥权虐民，而又在在无可补救，则"革命"的发生即是黄宗羲法政思想的一个自然结果。

2. 洛克之政府批判述要
（1）洛克政府批判的思想史前提

在西方法政思想史上，亚里士多德已经根据希腊城邦的实践，对几种主要的政体形式（政府组织模式）进行了理论探讨。亚氏曾说：

> 最高治权的执行者可以是一人，也以是少数人，又可以是多数人。这样，我们就可以说，这一人或少数人或多数人的统治要是旨在照顾全邦共同的利益，则由他或他们所执掌的公务团体就是正宗政体。反之，如果他或他们所执掌的公务团体只照顾自己一人或少数人或平民群众的私利，那就必然是变态政体。……政体（政府）的以一人为统治者，凡能照顾全邦人民利益的，通常就称为"王制（君主政体）"。凡政体的以少数人，虽不止一人而又不是多数人，为统治者，则称"贵族（贤良）政体"。……末了一种，以群众为统治者而能照顾到全邦人民公益的，人们称它为"共和政体"。① 又说：

> 相应于上述各类型的变态政体，僭主政体为王制（君主政体）的变态；寡头政体为贵族政体的变态；平民政体为共和政体的变态。僭主政体以一人为治，凡所设施也以他个人的利益为依归；寡头（少数）政体以富户的利益为依归；平民政体则以穷人的利益为依归。三者都不照顾城邦全体公民的利益。②

---

① 见亚里士多德《政治学》，吴寿彭译，北京：商务印书馆1965/1983年，第133页。
② 同上，第134页。

即在亚氏的类型学处理中，政体首先被划分为正态与变态两种大的类型，而据以划分正态还是变态的标准是实质性的：居位者的掌权施政是否照顾城邦全体的共同利益；正态政体包括君主政体、贵族政体与共和政体，相应的变态政体则包括僭主政体、寡头政体和平民政体，据以在具体政体之间做出划分的标准是形式性的：掌握"最高治权"之人数的多少[①]。

（2）洛克对亚里士多德传统的承袭与修正

自从亚里士多德的政体类型划分提出以后，即成为西方法政思想史上最具权威的观点，其影响绵延两千余年，至今不衰。洛克在《政府论两篇》中对政府形式所提出的著名批判，亦在这一思想传统中展开[②]。洛克在通过自然权利有限让渡的社会契约论，论证了政治权力和统治的起源以后，进而就政府所可能具有的组织形式写了如下一段文字：

> 如前文论证所示，自人们完成联合进入社会之时，多数人就自然掌握了共同体的全部权力，以根据时势所需运用它们为共同体制定法律，并通过他们委派的官员执行那些法律，如此

[①] 关于亚里士多德对政体的研究，请参看一篇很不错的解释性论文：巴特莱特《亚里士多德的最佳政制学》，见刘小枫 陈少明主编《政治生活的限度与满足》，李世祥等译，北京：华夏出版社 2007/2008 年。

[②] 与此同时，洛克也承袭了这一思想传统的另一特色：其政府批判并未涉及中央与地方关系问题。在希腊城邦林立的政治世界中，各个独立自治的城邦治理并不存在中央与地方关系问题。只有在对抗性的城邦分别在雅典和斯巴达旗帜下结成对抗性的联盟以后，类似于中央与地方关系的问题才开始出现。但是希腊城邦世界的政治理论，从来没有想过在自足的城邦之外建设更大的政治组织，对所谓"中央"与"地方"之间的关系探讨，除了修昔底德在《伯罗奔尼撒战争史》中的否定以外，几乎普遍地被漠视了。——西方民主理论大师萨托利称"古希腊的民主没有提出高度方面的问题、纵向结构的问题"（见其著《民主新论》，冯克利 阎克文译，上海：上海世纪出版集团 2009/2010 年，第 25 页）。因为，城邦世界的基本精神是独立自治，而任何具有"中央"与"地方"意味的关系，都意味着城邦之独立性和自治地位的丧失，这乃是古希腊人所不能接受的，更不用说是对它的合理性予以辩护和解释了。亚里士多德所代表的这种古希腊思想传统，对西方法政思想史的影响至为深远。

则这种政府形式就是纯粹的民权制。或者，如果人们把制定法律的权力交给了少数贤良之人，和他们的子嗣们或者数位继承人，那么这就是贵族制。或者，人们把这权力放在了一人之手，那么这就是君主制：如果是将权力交给了他和他的子嗣们，就是世袭君主制；如果只是交由他活着掌权，而在他死后，提名确认其继承人的权力仍归于多数人，则为选任君主制。进而，依照这几种具体的政府形式，共同体还可以建立某些复杂混合的政府形式，只要他们认为是好的即可。如果多数人在最初将立法权交给了一人或一些人，并规定仅在他们活着时、或者在一定的限期内掌握权力，在期限届满后，最高权力仍需回归多数人。那么，当权力以如上所述的方式重新回到他们手中时，共同体就可以重新处置它，即把它交给他们所愿意的什么人手中，并由此而组成某种新的政府形式。因为政府形式由最高权力（即立法权）[①]所处的位置而定，既然不能设想由下位权力指挥上位权力的情形，也不能设想除了最高权力以外什么权力还能制定法律，故而可以说，制定法律之权力的安置所在，就决定了国家所采取的政府形式[②]。

由这一段文字可知，洛克对政府组织形式的类型学划分，基本

---

① 此处所谓"最高权力"即 the Supreme Power，而"立法权"则是 the Legislative。但是在洛克的理论中，"最高权力"并非是博丹或霍布斯意义上的那种不受限制的主权权力，而仅仅是逻辑性或程序性的，即一方面表示"立法权"对"执行权"在程序和逻辑上的先在性，另一方面提出"执行权"不能超越"立法权"。而作为"最高权力"的"立法权"，仅指在建制化的权力中，没有任何一种权力在它之先和之上，而其本身也必须受到社会契约所确定的公共权力的基本目的的实质性限制，并受到立法机关的人员构成以及立法程序的具体规范，因而既是目的有限的又是受到规范约制的。洛克对此最集中的论述，见《政府论两篇》（北京：中国政法大学2003年影印版，下文凡提及"两篇"皆指此书）第355—363页。这一点乃是洛克法政思想的一大创见，也最见洛克法政思想的"自由"精神。此论甚大，需待专文申述，兹不详及。

② 见《政府论两篇》第354页。译文为笔者参考商务中译本的基础上自行译出。中译相应文段见《政府论下篇》（叶启芳、瞿菊农译，北京：商务印书馆1964/2005年）第81页。

上承袭了亚里士多德的论说。但是其间又有一些明显的不同：首先，亚里士多德的分析是直接以希腊城邦的政治现实为起点，探讨最合乎"自然"的政体形式。而洛克的论证则要复杂得多：他以虚设的"自然状态"为逻辑起点；接下来，人们通过"社会契约"将"自然权利"的一部分（惩罚权）转交出来，形成公共权力；进而为了公共权力的执行而建立必要的政府，以至于所有的政府形式都不再是"自然"的，同是通过多数权力的委托完成的必要人为构造。洛克论证中一个关键的要点，是人们可以通过选择将公共权力置于他们认可之人的手中，并有机会收回权力并重新安置。这个要点实为现代自由民权制的命脉所在。第二，亚里士多德仅仅提出了君主政体的一种正态形式，而洛克则提出了两种正当的君主制形式：世袭君主制和选任君主制，只要他们是多数通过授权建立的即为正当。这是对君主制的一个有趣划分，世袭君主制已经为亚里士多德所论及，并且是欧洲数百年的历史实态，洛克并未否定这种政体形式的正当性，也没有提出任何排斥的意见。选任君主制则是洛克的创见，考虑到洛克对克伦威尔共和国的悲惨记忆以及当时威廉和玛丽入主英国的历史背景，则所谓"选任君主制"如果不是对克伦威尔作为"护国主"的一种嘲讽，似乎即是对威廉和玛丽获得君位过程的一种解释和委婉辩护。第三，亚里士多德已经论及混合政体比单一的正态政体更为稳定可取的问题，而此后西方关于混合政体的理论和创建混合政体的具体实践，即长盛不衰[1]。迟至十五世纪晚期，"英国十五世纪最重要的政治理论家"[2]福蒂斯丘爵士，在其享有盛誉的《论英格兰的法律与政制》一书中，还运用标准的混合政体理论，对英格兰

---

[1] 参看前及维尔《宪政与分权》第三章的叙述。
[2] 见约翰·福蒂斯丘 On the Laws and Governance of England（北京：中国政法大学出版社 2003 年影印版）之 introduction 第 xv 页。

的治理结构和政府运作，做出了堪称最高知识水平的解释[1]。但是之前的学说全部都是立足于现实而进行的传统主义解释，洛克这里则在新的基础上（即社会契约论），论证了共同体有意识地创建复杂的混合政体的可能性。但是洛克自身所发展出的理论，已经非混合政体理论所能包容，而是立足于职能分离和利益平衡的新的分权学说了。——在这里，我们就进入到了洛克的政府批判与亚里士多德所开创的政府类型学第四项不同的内容：在亚里士多德和传统的西方政府理论中，对旧政体的变更或创建新的政体形式（正态政体或混合政体），是单单属于类似于梭伦那样的圣贤的事。而在洛克的理论中，是掌握共同体权力的多数人，在公共权力直接安置在人民之手的时候，享有创建新的政府形式的权利；并且这"某种新的政府形式"可能并非此前已有形式的任何一种，因为一项基本的原则是"as they think good"，——在洛克的社会契约论中，他已经为多数决定的原则完成了第一次系统的论证[2]。那么洛克期待中的"某种新的政府形式"是怎样的一种政体形式呢？——下文将很快回到这个问题，并对之进行较为集中的讨论。最后，在洛克的政府批判和亚里士多德的经典论述之间，还有一个十分重要的差异：洛克并没有像他的许多前辈一样，仅仅跟从亚里士多德区别正态政体与变态政体。因为在洛克看来，那样所谓的"变态政体"根本就不能成为一种可以讨论的政体形式，而一旦正当合法的君主制、贵族制或民权制违反了公共权力的受托目的，即发生改变政府或者革命问题，以实现正当可欲之政府形式的重建。

---

[1] 参看 Shelley Lockwood 为约翰·福蒂斯丘 *On the Laws and Governance of England* 一书（北京：中国政法大学出版社 2003 年影印版）所写的 introduction。亦可参看前及维尔《宪政与分权》第三章的叙述。
[2] 这一点对后来的所谓"民主"传统影响极大。不同之处在于，洛克的自由理论仅以此为政府建构的逻辑起始，却并不以此为政府建构的最高原则，更不用说是唯一原则了。但是在所谓的"民主"理论中，"多数决定原则"乃是压过一切的最高原则。

如上文所述，在洛克的政府批判中，他没有在君主制、贵族制或民权制①之间做出取舍，尤其没有对君主制政体提出颠覆性意见。他批评和否定的是权力不受限制和约束的"绝对君主制"②，而不是对君主制提出一般性批判。事实上，如果民权制和贵族制的统治者（无论它是人民还是贵族）要求不受限制和约束的权力的话，他们也一样会在洛克这里碰壁而回③。因为与其他思想家对通过某种特别的政体形式，来达到善治的有效性的充分信赖相比，洛克则对任何政体形式所提出的绝对权力要求都予以毅然否定，并处处强调对政府权力的有效约制。而他达到这一目标的主要方法，除了以公权力受托目的对政府权力提出限制外，就在于对政府主要职权进行分离，以在政府内部形成一种制约和平衡的权力结构。

从对政府权力的划分来说，孟德斯鸠以来的经典类型学处理是三分法：立法权、行政权和司法权。虽然孟德斯鸠的划分承自洛克并进行了一定的修改，之后即成为风靡流行于西方世界的通说，但是其根本精神与洛克的划分相比，却并未有丝毫改变。事实上，如果从对权力构成之复杂性的认识程度，和法政理论对现实的切入程度来看，则会发现洛克思想的敏锐和识见远在孟德斯鸠之上，而其对政府权力的类型学处理，也有着孟德斯鸠的经典三分法所不具备的某些优点④。在洛克看来，人们从"自然状态"中经过信托进入政治社会之后所形成的整体性公共权力，一旦要交由具体的政府掌握

---

① 对于西语中的"德先生"，笔者对现有译名"民主制"有所保留，更倾向于用"民权政制"的表述，简称"民权制"。此中理据，他日当以他文辨述，兹不详及。
② 请参看美国著名政治思想史学者哈维·曼斯菲尔德在其《驯化君主》（冯克利译，南京：译林出版社2005年）一书第七章"执行权的宪政化"中，参照于马基雅维利、霍布斯和哈林顿等人对洛克的君主执行权批判进行的细致分析。
③ 见《政府论两篇》第360—361页的内容。
④ 笔者有《宪政金刚的软肋？——从〈宪政 民主 对外事务〉说起》一文，简要讨论洛克在权力批判中比孟德斯鸠更为深刻之处，以及洛克式的权力划分相对于孟德斯鸠式经典三分法的优长，文稿未刊。

并予以执行，即必须对其具体职能做出分别。对此，洛克在一个比较基础的层面上区别出了四种权力形式：立法权、执行权、司法权和对外权力（洛克称为"联盟权"[1]）。但是接下来，洛克把司法权纳入到执行权之中，认为相对于立法权（也往往是十六和十七世纪意义上的所谓"主权"）而言，它也是一种对"法律"进行执行的权力。另外，他在理论分析中明确地把对外权力独立出来，使它成为与立法权和执行权并立的第三种权力。但是，在面对国家外交实践中具体执行的种种即时性必要时，他乃以一个便宜实用的理由，把对外权力并入到了执行权中，一起交给了原有的执行权主体[2]。至此，洛克对政府职权从理论形式的划分到具体实践的安置，已经从四分上到了二分：立法权和具有相对从属地位的执行权[3]。而立法权的基本职能是"议"，即一定的人员通过讨论来制定合乎公权力受托目的的法律与政策，执行权则依照相关法定程序，将这些法律和政策以合乎公权力受托目的的方式予以实施。在洛克的具体论述中，掌握立法权的机关是由人民选举的代表组成的议会，掌握执行权的机关则是君主及其臣僚。由此可知，洛克丝毫也不排斥君主制，因为其政府批判的核心关注所在，并非政体形式是君主制、贵族制还是民权制，而是"议"和"行"的应当、而且必须分离。因为洛克以自由为灵魂的法政思想所关注的根本问题，并不是"谁应该掌握不受限制的最高权力"，而是要解除这样一种深深的担忧："无论是任何人运用他掌握的权力获求其私人的个别利益，而不是为了身处这权力之下的人们的福祉；也无论统治者有怎样正当的资格，如果他不是根据法律而是根据他自己的意志施行统治，或者如果他的

---

[1] 即 Federative Power，洛克在理论上特意将其独立出来，而在实践中，又视其为必须与执行权由一个共同主体掌握的特殊权力。
[2] 见《政府论两篇》第366页，第374—380页的内容可以看作是对第366页论点的展开论证。
[3] 见《政府论两篇》第366—370页所述。然而，执行权对于立法权的从属性是相对的，因为洛克把召集和解散立法机关的权力给予了执行机关。

命令和行动不是以保全其人民的财产为目标，而是要满足他自己的野心、私愤、贪欲或任何其他不正当的情欲，那就是暴政。……如果认为这种缺陷仅仅为君主制所特有，那就错了；任何其他的政府形式都和君主制一样，会自然地倾向于此。因为，权力之所以被交到某些人的手中，乃是为了管理人民并保护他们的财产，而一旦权力被用于其他目的，尤其是被用来搜刮人民、搅扰他们的正常生活、或者使他们屈从于掌权之人专横和不法的命令，则不论如此运用权力是一人还是多人，就立即成为暴政"①。进而，洛克所提出的基本解决之道，就是在"立法权"和"执行权"之间做出分离，以消灭在"议行合一"的权力结构中必然发生（就历史事实而言则是一贯发生）的恶劣情形：掌权者在暴虐地制定了邪恶的法律之后，又以暴虐的方式强梁地执行它们。——面对古往今来种种暴政滥权虐民的残酷现实，——无论是一人掌权实施的暴政，还是少数寡头掌权的暴政，或者是多数人掌权的暴政，洛克所提出之根本和首要的救治之道，即在于实现"议"和"行"的分离。

(3) 救治问题的解决

前文已经述及，在洛克法政思想展开的逻辑中，公共权力是"自然状态"中的自由人，通过"社会契约"各自部分转让出其"自然权利"的方式，经由一项公共信托而形成的。由此，公共权力自始就受到该信托原初受托目的规范，即公共权力的行使不得偏离和违背（更不用说是"伤害"了）此一原初目的：在自由的人们之间实现其生命、自由和产业的相互保全②。一旦掌权施政的政府对公共权力的运用，偏离或违背甚至伤害了此一原初目的③，即发生予以救治的问题。

在逻辑上，就洛克论述的思路而言，这种救治应该包含三个层次：

---

① 见《政府论两篇》第 398—400 页。
② 同上，第 350 页。
③ 洛克对这些情形的列举，集中见于《政府论两篇》第 406—413 页。

第一层是规制现任政府,使其施政服从相关目的和程序的约制,第二层是改变政府,第三层也是最后的解决办法,乃是"诉诸上天"①。但在洛克所面对的历史语境中,他并没有对第一层内容有所论列,而是将论证直接集中在了第二层和第三层,尤其是第三层内容——即人民的"反抗权"问题上面,对人们通过发动革命的方式,对滥权虐民的政府进行反抗的正当性与可行性,进行了细致的考量。

在洛克的直接言辞中,只要掌权施政的现实统治者滥用权力,偏离或违背了公共权力的原初目的,甚至用它来破坏而非保护人们的生命、自由和产业,则人们进行反抗的正当性就已经具备,"在这种情况下,此前形成的一切约束都被解除,一切其他权利都被中止,每一个人都享有对侵略者发动抵抗以自保的权利"②。但是从这种正当性到实际发动革命进行反抗之间,还有相当的距离。在洛克看来,在生活中养成的习惯和思维的惯性,使得即使人们已经意识到政府统治中某些公认的缺点(这往往意味着对公共权力原初目的的偏离或违背),历史上各种情形下的人们也表现出进行容忍而迟迟不肯放弃旧制度的倾向③,反抗和革命更无从谈起。但是如果一连串的权力滥用事件、种种渎职行为和统治者的玩弄阴谋诡计,都显示出某种共同的意图而为人民所知晓,则人民即可以奋起反抗,进而将统治权交给那些能够按照公共权力的原初目的掌权施政的人④。但为了防止由此而引发频繁动乱,洛克对统治者之恶政所达到的程度标准进行了限制:除非现实的祸害已经十分普遍,统治者的恶意已经昭然若揭,他们的邪恶企图已经被人民的大多数所明了,则人民往往不会奋起反抗⑤。由此反推可知,在洛克看来只有在现实的祸害已

---

① 第三层内容事实上只是第二层内容的一种极端形式,但由于其特殊性,故而将其单独列出。
② 见《政府论两篇》第419页。
③ 同上,第414页、第415页。
④ 同上,第415页。
⑤ 同上,第417—418页。

经十分普遍、统治者的恶意已经昭然若揭，他们的邪恶企图已经被人民的大多数所明了的情况下，发动革命进行反抗的可行性才算得到了满足。但是，进行反抗和革命的目的，必须十分明确地限制在救弊或改变政府，而不是进行报复。至于"谁才是有资格的发起革命进行的主体"这一问题，洛克直接的回答是那些受到伤害的人①。但是，由于每一个人都天然负有保全整个人类的基本自然法义务（而这个义务在政治社会中又并未被解除和削弱），再加上每一个人都享有的自然法执行权（见第四章所述），则可知一旦发生上述情形，则发起革命进行反抗的权利，就为政治社会中每一个个体所同等享有。

总之，对于救治问题，洛克所提出的基本结论是："只要社会依然存在，每一位个体人在进入社会时所交给它的权力，就决不能重新回归这些个人，而是将继续留在共同体之中；因为若非如此，就不会有共同体的存在，也就不会有作为公共利益的国家的产生，——这些都是与原初同意相违背的。同样，如果社会已将立法权交给由若干人组成的集会行使，并决定在做出明确的引导和权威限定之后，将此权力赋由他们的后继者继续行使，则只要政府还继续存在，立法权就不能重新回归人民，——因为他们已然赋予了立法机关以永远存续的权力，即他们业已把自己相关的政治权力，通过放弃的方式赋予了立法机关，从而不能重新收归己用。但是，如果他们已经规定了立法机关的存续期限，从而只是暂时地将这种最高权力安置在某一个人或某个集会之中；或者掌权施政的人由于滥用职权虐民害物而丧失权威，那么在统治者们丧失权威或事先规定的任职期限值其届满的时候，公共权力就会重归社会。在这种情况下，人民就有权以最高者的身份采取行动，按照他们认为是好的和适合

---

① 见《政府论两篇》第427页。

的方式,或者将立法权掌握在他们自己的手中,或者确立一种新的政府形式,抑或者在原有政府形式之下,将立法权交由另外一些人掌握行使"。①

3. 黄宗羲与洛克相关论述的简略比较

通过上文所述,不难发现在黄宗羲和洛克的政府批判之间,具有某种结构性的相似特征。本书将这种相似性总结为以下三个方面:第一是在政体形式选择上的相似性,第二是对"议行分离"体制所具有的防暴价值的明确意识,第三是通过"革命"的威胁,对掌权施政者在正式制度之外提出进一步约制的思路。

就政府形式的选择而言,虽然黄宗羲和洛克所面对的历史资源非常不同,但是他们的具体选择却堪称相通:对传统的君主政体形式和统治方式提出批判,但并不轻易提出颠覆性的意见,而是对权力的肆意横行寻求积极有效的约制途径和改造方法。对黄宗羲来说,君主制是唯一可能的选择。这是因为,一方面中国历史数千年的政治实践,并没有给他提供可资与君主制进行比较取舍的现实样板;另一方面,自孔子以来两千多年的法政思想,除了某些无政府主义式的极端情形外,也一概以君主制为唯一主张。在这种既无现实资源可资比较,亦无思想资源可资凭借的情形下,若强行要求黄宗羲在君主制之外,另行提出新的政体形式主张,乃是对前贤的无理苛责,既缺乏同情的理解,也是不尊重历史的妄言。对于身处中国历史,而时时关注着现实秩序之合理化的黄宗羲而言,惟一的出路只能是在君主制的基础上寻求改造。但是,这并不意味着黄宗羲对君主制的接纳,是完全出于历史所给定的被动承受。在其积极方面,后人至少可以分辨出黄宗羲之所以接纳君主制的两重理由:第一,是黄

---

① 见《政府论两篇》第428页。

宗羲对一种稳定的政治传统所具有的不可替代的积极价值的认识。君主制数千年的强大传统,已经在中国人的生命意识和生活世界中,形成了牢不可破的意向结构和极为深厚的群体经验积淀。尊重它,并寻求积极的改造,在法政秩序的合理化方面,既是最具可行性的方法,也必然是代价最小的方法。第二,主要是因为黄宗羲对帝王君主制符号系统所具有的强大文化整合功能,有着极为深刻的认识与肯定。承晚周之弊而起的帝王君主制,第一次实现了华夏文明区域的政制统一,并且在日后千余年的历史演变中,发展做出了一套贯通"天地人"的精致解释系统,对中国文化的秩序观念以及对整个人间世界的理解皆影响至深。在史学和理学上皆深入其中而出乎其外,卓然为一代宗师的黄宗羲,对此自然是洞彻了然于心。

与黄宗羲所遭遇的种种外部限制不同,洛克面对着亚里士多德以来一千年丰富的历史现实和多元的思想传统,可以在君主制、贵族制和民权政制之间做出选择。虽然如此,但他最终却在理论和实践上都接纳了君主制,其间道理大略有二:第一,洛克法政思想所关注的基本问题是防范暴政,从而汲汲关注于对权力进行限制和约束的法门。因为在洛克看来,无论是施行君主制、贵族制还是民权政制,暴政都一样是个切实问题。即,无论任何人或多少人掌握权力,都必须对之进行约制,在这最为紧要最为根本的一点上,三种政体形式之间并无优劣高下。这是洛克可以接纳君主制的直接理由。第二,正因为洛克同样认识到,一种稳定的民族政治传统,在任何时代都具有某些不可替代的社会建构功能,从而任何有效的社会改革,都必须深入到既有的传统之中,积极寻求对传统某些具体作用机制的改进,才能达到生活秩序重新合理化的目的。这可说是洛克在英国接纳君主制的深层根据。但是,无论是黄宗羲还是洛克,都明确拒绝了神权君主制的无限权力要求及其不受约制的制度特征,而他们所寻求到的解决之道的根本要点,又都在于在"议"和"行"

之间实现职权的分离。这是黄宗羲和洛克的政府批判，所具有的相通之处的第二要点。

根据前文的分析完全可以确定，黄宗羲和洛克都意识到了政府建构中这样一个关键问题：如果想要杜绝或防止国邦掌权施政者以公共权力滥权虐民，则在对公共权力进行设计的基本原则中，就必须在"议"的职能与"行"的职能之间进行相对分离，进而在政府结构的具体设计中，在职权和组织上实现"议"和"行"的分离。如上所述，黄宗羲所设想的政府结构，已经明确体现了"议行分离"的基本精神：在第一层，是学校与朝廷的相对分离，学校职行"公议"，以确定国邦天下的大是大非。这种"公议"作为朝廷立法施政的指导原则，与西方近代以来所谓"公共舆论"不相上下。进而，在朝廷内部也要实现"议"和"行"的相对分离：由"便殿议"以会议的形式，通过讨论来确定邦国法律与基本政策，进而由职在行政的六部机关，负责这些法律和政策的执行，而其中的"便殿议"一项，又通过取士制度与儒者士人的学校"公议"紧密相关。与此类似，在洛克的政府设计中，由人民产生的代表组成"议会"，职在通过讨论制定法律和确定政策，而由君主及其僚属组成的执行机构，负责对法律和政策的执行。如果说洛克根据西方传统所发展出的政府设计，可以被恰当称为"议会君主制"的话，那么，黄宗羲在中国文化传统中展开的政府批判，其积极一面的建构性成果，即不妨称之为"学校君相制"。两者都明确意识到了"议行分离"对防范暴政的积极价值，并且将"议行分离"的原则，贯穿在了他们的政府设计之中。

然而，仅仅通过政府内部的正式制度对暴政予以消极性防范，往往有着无法逆料的情形，从而不能杜绝暴政产生的种种现实理由或借口。于是，通过利益相关的办法，在政府内部的正式制度之外，通过"革命"的巨大威胁，对掌权施政的统治者们形成外部约制，就成为了黄宗羲和洛克政府批判中非常重要的一项内容。但是在传统社会中,无论是东方还是西方,对人们进行反抗和革命予以否定的现实力量和观念力量都极为强大。因此,黄宗羲和洛克如果要对反抗甚至革命提出积极的辩护和主张,就必须对其正当性和可行性进行充分的论证。两位思想家所设定的基本原则,都是掌权施政的统治者必须以人民的福祉为目标,并且按照一定的正当形式施行统治,进而一旦公共权力的运用偏离、违背甚至伤害了这个根本目标和基本原则,人民即获得反抗甚至发动革命的正当权利。虽然黄宗羲更多地关注于革命的正当性,而对革命的可行性问题少有讨论,洛克则对两者都给予了相应的关注(但在两者之间,洛克自身亦更为关注正当性问题),但两位思想家基本思路的如出一辙,以及同以人民福祉为根本目标的价值取向,则是昭然可见毋庸置疑之事。虽然黄宗羲更多地关注于革命的正当性,而对革命的可行性问题少有讨论,洛克则对两者都给予了相应的关注(在两者之间,洛克亦更为关注正当性问题),但两位思想家基本思路的如出一辙,以及同以人民福祉为根本目标的价值取向,则是昭然可见毋庸置疑之事。

四 黄宗羲"治法论"与洛克"法治论"的简明对勘

黄宗羲法政思想极具光华的另一项重要内容,乃是对所谓"治法"不遗余力的申明强调。本篇将黄宗羲立基于传统中国思想文化对"治法"的论说,和洛克立基于西方思想文化传统对"法治"的申述,进行一番简略的纵向梳理和横向比较。基本的目的有以下两层:首先要通过分析识别出黄宗羲对传统儒家与法家致治论的突破所在,以表明其对传统中国法政思想的实质性贡献;其次则试图在洛克这位为现代法治论奠基的思想大师的参照下,显现黄宗羲之"治法论"

所内在蕴含的、与现代"法治论"思想结构之深层相通的诸要素①，及其对于重建合理可欲之华夏自由法政秩序，所可能具有的建设性价值。

1. 黄宗羲"治法论"的思想史背景与基本内容述要

本小节内容分为三个部分：第一部分以儒家和法家致治论为代表，交代黄宗羲"治法论"在中国法政思想史上的主要背景，第二部分对黄宗羲"治法论"的主要内容进行分疏，第三部分对黄宗羲的"治法论"对传统中国法政思想的突破所在略作申述。

（1）儒法两家致治论述要

太史公司马谈在论六家要指时即已明言，周秦之际诸子学术，虽然声述而各异其辞，游辩而各张其说，表面上判然分划，彼此间似乎不同，然而究竟其大要旨归，则都在于"务为治者也"五字而已②。而在先秦诸子百家关于治平天下的思想言说中，在积极地建构合理可欲之法政秩序方面，其论述最丰富、影响最深远的，仍要以儒家和法家为宗。

孔子所开创之先秦儒家的法政主张，究其根本，端在对于以"亲亲尊尊"为灵魂的礼制秩序的恢复重建，因而对其最恰当的称呼，应是"礼治"思想——即通过恢复和施行"礼"而达到天下治平。

---

① 虽然对于黄宗羲法政言述中的"治法"，能否转读为近现代西方意义上的"法治"，学界尚多有争论，而中国法律思想史领域权威学者贴近文本仔细阅读的结果，也对此持否定立场。此说参看俞荣根教授在《黄宗羲"治法"思想再研究》（见《重庆社会科学》2006年第4期）一文中的论述。但是，若由此而进一步推论，认为黄宗羲的"治法论"与近现代西方所发展起来的"法治论"毫无相通之处，并认为其对于传统中国法政思想的内容和解构皆无所突破，而将之划入所谓传统儒家"人治"思想的范围之中（俞教授本人并未做出此一推论和划定，而是在判定黄宗羲的"治法论"不能转读为近现代意义的"法治论"的前提下，明确肯定了黄宗羲治法论对于在中国建立现代"法治"的重要建设性价值），则未免是对思想史文本过于粗论而失于细察的偏见。

② 参看司马迁《史记》第一百三十卷，"太史公自序"，见《史记》（北京：中华书局）第2780页。

又因为孔子极为坚持"政者正也"的基本立场,注重通过为政者自身德行节操的范型效果,以君子之风教仪征而化成天下,故而又可以恰当地称其为"德治"思想。而在"德"与"礼"两者之间,又不可以分裂独立:"德"言其内,"礼"表其外,两者相互为用,以达到合理可欲之秩序建构的目的。而当法家学说兴起以后,后世儒者为了强调儒家以"礼治"、"德治"为根本的法政思想,与法家厉行严刑峻罚之"法治"的法政思想之不同,乃根据儒家尚贤之义,以孔子曾有"为政在人"的说法,又将儒家法政思想称作"人治"思想[1]。三者之中,"礼治"与"德治"两个语汇,均能表达儒家法政思想的基本内涵和根本精神所在;至于"人治"的称呼,不但极其不足为训,反而以这名称的缘故,在传统中国法政思想史上和近代以来的学术讨论中,都徒生了许多混乱。因为儒法两家法政思想的根本分别,并不在于"人"与"法"的对立。法家虽然重"法",却仍旧必须谨以择人来施行所谓的"法",以此一点,孟荀"徒法不足以自行"的批评乃为千古不易之论。儒家尚贤,故而崇德,但是其致治的基本方略,则在于导人于"礼",即依靠"礼"来建立和维持生活秩序。二者的根本分别在于"法"与"礼"在实质内容上的不同,既不在于"法"与"人"之间的对立,也不在于"法"与"礼"在其主要外部形式特质方面的差异。——后面一点,也正是荀子以儒者隆礼名于当世而"最称老师",但其弟子李斯、韩非皆为法家巨子的一个重要原因。究其实际,先秦儒家直接否定的是"刑",以及滥施"刑"政以为致治之途的思路,而绝非一般性地

---

[1] 关于先秦"礼治""德治""人治""法治"这几个概念的历史义及其在后世的衍生义,请参看李贵连教授《从贵族法治到民主法治》、姚中秋教授《重新发现儒家》……

反对法家所谓的"法治"①。而先秦法家之所以特别重视"缘法为治",其针对的主要目标,则是在封建时代世卿世禄制度下的"任人唯亲"。在这一点上,儒家尚贤而以"为政以德"为中心的礼治思想,和法家任能而"缘法为治"的法治思想,在批判性一面,实为在深层相通相辅之说,而绝非相持相悖之论。只是当秦朝以法家学说立国创制,却又以"法"为名,滥施刑杀以威胁天下以后,汉代以下儒家对所谓"法治"的反对,才具有了思想史的实际所指。

儒学之初创规模,内崇德而外隆礼,两者并重而不偏废,至其所构筑的理想秩序样态,也是一个合理可欲且内外一贯的整体。孔子百数十年之后,至于孟荀,则二人各执其一端以张皇其说。虽然对五等爵制的论述,已经足以表明孟子并未全然不顾外在的礼制问题,但其法政思想的命脉,却主要是立基于对人性本善的乐观判断,从内在建构思路的"崇德"出发,以"仁义"为基本主题,对儒家之"德"做出了最大限度的解释,最终发展为气象宏大的王道仁政学说。就思想史的表面情形而言,孟子王道仁政学说似乎迂阔难即不切实际,但是究其实际,却主要是为人间合理可欲的生活秩序,设立一个理念型的基本标准,进而根据此理念型所设定的标准,确定良善秩序之组织与建构的基本原则和途径。另一面,则据此理念型展开对现实生活秩序的种种不足展开积极批判,以图救弊归正。就此而言,孟子所发展出的王道仁政学说,实际上为此后两千年儒家致治论确定了"治"的实质性内容,以及对于"治"与"乱"进行评判的规范性标准。至于荀子,虽然他也并未放弃对内在之"德"的强调(只要稍稍翻看荀子论"学"的文字就可以知道),但却主

---

① 此义梁启超在1904年的《中国法理学发达史论》中已经涉及,尤其是其"旧学派关于法之观念"部分的第一节对儒家法观念的讨论,见《梁启超全集》(北京:北京出版社1999年)第1260—1267页。另外,梁任公此节对儒家法观念进行讨论的部分,学者于春松已经节选收入梁启超《儒家哲学》(上海:上海世纪出版集团2009年)一书第180—192页,亦可参看。

要立基于对人性恶的基本判断,从外在建构思路的隆"礼"主题出发,注重在秩序建构中"礼"在"防"和导引方面的重要性,积极寻求通过"化性起伪"来实现儒家法政秩序重建的道路。然而由荀子此一思路出发,对论说的外在形式不需做任何大的变,只要转换其主要内容与操作方式,将儒家依托于历史演变并具有丰富文化内涵的"礼",转易为由国家正式制定颁布的"法"或者"律",则先秦儒家既具有积极地建构性和批判性的实质内容,又具有可操作的形式法则的"礼治"思想,就转而成为了先秦法家所力倡的、几乎完全专注于外部形式效果的"法治"言说①。

只要略观先秦法家巨子商鞅、韩非以"法治"为言的丰富论说,就可以知道其力倡"法治"的根本目的,乃在于试图通过由上而下的变革思路,来实现合理可欲的秩序建构。而在周秦战国之世的历史语境中,这种法家意义上合理可欲的秩序重构,至少可以分别出两层紧密相关的意思:其一为强国争胜,其二为实现和平。而所谓和平,又可以分析出至少两个层面的意义:第一是在一国之内消除治理权威和治理规则的混乱,确立有效的单一统治秩序,第二是在诸国之间实现统一和平秩序的建设。而法家"法治"论思路最重要的特征,即在于其建构和平统治秩序之内在逻辑的一贯性:将由上而下制定发布的普遍性治理规则,1)无差别地适用于整个邦国天下共同体的全部地域,2)无差别地适用于整个邦国天下共同体的所有构成人员。其中后面一点,尤其为先秦法家所极力强调,其论锋所指,乃在于商周封建时代"任人唯亲"的世卿世禄制,及其在战国之世以贵族所具有的种种身份特权表现出来的制度与文化遗留;至于先秦法家这一主张的法政思想史意义,则在于在秩序建构的理想图景

---

① 吕思勉先生对此有一语中的的评论:"荀卿明礼,其学本近于法;李斯趋时,益弃儒任法为治。"见《吕思勉论学丛稿》(上海:上海古籍出版社 2006 年)第 203 页。

方面,相对于儒家的"礼治"思想而形成了一种极具挑战力的竞争性主张。在后世千余年间所谓儒家与法家的争论中,这乃是一大关键。虽然由两汉辗转而至于隋唐,中国文化在正式制度的建构一面,完成了儒家"德礼"与法家"刑政"的合体,——《唐律疏议》特为标举"德礼为政教之本,刑罚为政教之用"的主导精神与基本原则,以及从北齐以至于清末律典中"十恶"的基本内容及其内在组织结构,实堪称为这种儒法合体秩序的标准表达形式。但是在思想史的领域内,儒家"礼治""德治"思想与法家"法治"思想之间的深层紧张,并没有得到根本的纾解:从宋元明清历代儒者论王安石、张居正变法而反复申明"其学不正"、乃至"纯任法术"的批评之声中,可以明显看到这种深层紧张在传统中国法政思想史上的漫长延续。

(2) 黄宗羲"治法论"细绎

一生流连于百家学术而以儒学为宗的黄宗羲,正是在这样一种延绵两千年的思想传统中,在晚明清初"天崩地解"的历史情势中,满怀为后世创制万代良法以治平天下的理想,以史为鉴,忧思发愤,在遍览历代兴亡的基础上,明确提出了其"治法论"的基本主张。而黄宗羲之"治法论"的最大特色,乃在于以三代治法为基准,对历史与现实做出普遍而深刻的批判,并进一步就合理可欲之法政秩序的建构问题,提出积极可行的种种主张[①]。

黄宗羲论"法",开篇即判以三代以上为"有法"之世,三代以下为"无法"之世,其判别"有法"与"无法"的根据,则主要在于立法之"公"与"私"的分别。而所谓"公",又明确在《原君》篇所提出的"天下为主"的观念意向中,指示那些切实能够"保民"与"惠民"的种种思想建构和制度设施。具体到黄宗羲在《原法》

[①] 对于黄宗羲所谓"治法",概而言之,凡《明夷待访录》所有的积极性制度构设,皆可称为"治法"的内容的具体内容,而《原法》一篇则为其枢纽。前文对此已详略不同的论述,本篇对黄宗羲"治法"思想的讨论,主要以《原法》一篇为文本根据。

篇中的批判性论述，则同时涉及了历史制度与思想传统两个层面，并且分为三个层次逐渐展开。"二帝三王知天下之不可无养也，为之授田以耕之；知天下之不可无衣也，为之授地以桑麻之；知天下之不可无教也，为之学校以兴之，为之婚姻之礼以防其淫，为之卒乘之赋以防其乱。此三代以上之法也，因未尝为一己而立也"①。梨洲在此所述，既根本于中国古代养民足兵的井田制立论，又显示着他对孔子"庶""富""教"原则的遵循，和对孟子以来为民制产之思路的继承和发扬，处处显示着对"公"天下的殷切期盼。就其思想文本的实际篇章而言，则直接与梨洲在《学校》、《田制》和《兵制》三题七篇中所论述的制度建构内容密切相关。"后之人主，既得天下，唯恐其祚命之不长也，子孙之不能保有也，思患于未然以为之法。然则其所谓法者，一家之法，而非天下之法也。是故秦变封建而为郡县，以郡县得私于我也；汉建庶孽，以其可以藩屏于我也；宋解方镇之兵，以方镇之不利于我也。此其法何曾有一毫为天下之心哉！而亦可谓之法乎？"②在这里，黄宗羲对三代以下的君主以天下为私物，以私心制天下的种种"法"提出了激烈的批判，并直接呼应着《原君》《封建》《方镇》等篇章的具体论述。更为重要的是，黄宗羲就此历史批判而提出了一对基本的概念："天下之法"与"一家之法"，并且可以认定，黄宗羲以三代为"有法"的"法"是"天下之法"，以三代以下为"无法"，则此"一家之法"必不能够称其为"法"。

由此出发，黄宗羲乃进一步在历史叙述与思想论证彼此结合的论说中，提出了更具哲学的抽象性和批判意义的另一个概念："非法之法"。"三代之法，藏天下于天下者也。山泽之利不必其尽取，

---

① 见《黄宗羲全集》第一册，第6页。
② 同上。

刑赏之权不疑其旁落，贵不在朝廷也，贱不在草莽也……。后世之法，藏天下于筐箧者也；利不欲其遗于下，福必欲其敛于上；用一人焉则疑其自私，而又用一人以制其私；行一事焉则虑其可欺，而又设一事以防其欺。天下之人共知其筐箧之所在，吾亦鳃鳃然日唯筐箧之是虞，故其法不得不密。法愈密而天下之乱即生于法之中，所谓非法之法也。"①很明显，"非法之法"的概念，是在与作为"天下之法"的"三代之法"的对比框架中提出的；而黄宗羲对二者具体内容的原则性描述，依然是从彼此立法目的"公"与"私"的不同下手分别。但是，相对于"三代之法"所具有的历史时间内涵和"天下之法"所具有的空间想象纬度，"非法之法"这一概念不但具有更高的抽象性，同时也具有更深的批判力度，从而具有更广泛适用的可能性。"非法之法"这一基本概念的提出，标志着黄宗羲之法政批判达到了继《原君》提出的君职批判、《原臣》提出的臣守批判之后的第三个理性批判高潮，同时也代表着传统中国法政思想史发展的一个巅峰。而对这一概念所具有的丰富可能性的进一步展开，则在梨洲之身后以至于今，依然有待其来者②。

已经描绘了"天下之法"的格局与规模，并确立了"非法之法"的批判性概念，黄宗羲乃又进一步展开了对三种观点的批判。"论者谓一代有一代之法，子孙以法祖为孝。夫非法之法，前王不胜其利欲之私以创之，后王或不胜其利欲之私以坏之。坏之者固足以害天下，其创之者亦未始非害天下者也。乃必欲周旋于此胶彼漆之中，

---

① 见《黄宗羲全集》第一册，第6—7页。
② 就思想自身所具有的展开逻辑而言，"非法之法"的概念，其批判性指向和积极建构可能性范围均指涉极广，而有待进一步的开拓发掘。黄宗羲本人明确提到的内容，已经包含着对在位者肆意滥权戕害民生等内容的彻底否定。而如果从哲学深层仔细考量并深入发掘，则黄宗羲立基于传统中国思想文化而提出的"非法之法"概念，未尝不可以与现代法学中立基于人权考量、尤其是在二战以来重新确立的"恶法非法"理论，相互会通，而在前门之外别开中西法文化比较研究的一扇后窗。

以博宪章之余名,此俗儒之剿说也"。① 这是梨洲根据"非法之法"的批判概念,对根据"一代有一代之法"而主张后世君王行"祖宗之法"的观点的批判②。通过对"祖宗之法"的申明强调,以试图将当世君主纳入某种有效的约制之中,这是在宋代以来的儒者在展开法政批判时极为普遍的思路,而在其当时也未必不能收到些许的效果③。黄宗羲在《置相》一篇中,已经对所谓儒者以"祖宗之法"约制君王的无效与可悲,进行了从技术角度出发的批判④。在这里,通过"祖宗之法"约制君王权力的思路的根本有效性,在黄宗羲根据"非法之法"的概念展开的更深层批判中,已经站立不住。因为,如果所谓的"祖宗之法"的实际内容,本就是开国君王存其私心而立的"一家之法",则对"祖宗之法"的强调,不仅仅会面临前及技术上的尴尬而归于无效,甚至更可能名正言顺地使当世君权对天下苍生的祸害更为变本加厉,——考虑到其父亲并多位师友殒命其中、而其自己也险些罹难的晚明宦祸,以及梨洲对东林党人"一堂师友,冷风热血,洗涤乾坤"的评论⑤,则梨洲发出这一批判的时候,大明王朝两百余年间围绕君权而产生的种种纠缠和悲剧,一定让他痛到了心肺俱裂的地步。

在批判了"祖宗之法"的思路后,针对于"天下之治乱不系于法之存亡"观点,梨洲展开了根据"非法之法"做出的第二项批判。"即论者谓天下之治乱不系于法之存亡。夫古今之变,至秦而一尽,至

---

① 见《黄宗羲全集》第一册,第7页。
② 这处资料的法政思想史意义,除了此处所论及的内容,还间接涉及黄宗羲对传统儒家由"孝"而"忠"的秩序建构思路的批判。前文对此已经讨论,此不赘及。
③ 参看邓小南教授在《祖宗之法:北宋前期政治述略》(北京:生活·读书·新知 三联书店2006年)一书中的论述。此一思路在明代成祖以后的两百年间,也曾经反复出现,参看孟森《明史讲义》(北京:中华书局2009年)第三章"夺门"、第四章"议礼"等章节的内容。以史成学的黄宗羲本人,自然不缺乏宋明史事的知识背景。
④ 黄宗羲原文为:"阁下之贤者,尽其能事则曰法祖,亦非为祖宗之必足法也。其事位既轻,不得不假祖宗以压后王,以塞宦奴。祖宗之所行未必当也,宦奴之點者又复条举其疵行,亦曰法祖,而法祖之论荒矣。"见《黄宗羲全集》第一册,第9页。
⑤ 见《黄宗羲全集》第八册,第727页。

元而又一尽。经此二尽之后，古圣王之所恻隐爱人而经营者荡然无具，苟非为之远思深览，一一通变，以复井田、封建、学校、卒乘之旧，虽小小更革，生民之戚戚终无已时也"。① 黄宗羲这一项批判具有正反两方面的内容：在消极一面，可以说提出了对"天下之治乱不系于法之存亡"的观点的一项答辩，认为正是因为秦朝以"非法之法"立国、滥刑虐杀以威胁天下的做法，极为严重地破坏了古代圣王本着恻隐爱人之心，而为天下经营的"天下之法"的法度和遗意，才最终使得战国以来、尤其是秦朝以下的历史，陷入了有乱无治的悲惨境地。蒙元以夷狄入主中原以后，对"天下之法"的破坏更为彻底，以至于到了"荡然无具"的地步，"生民之戚戚"的情形也变得更加不堪。——虽然黄宗羲此处行文单就秦与元的历史发论，却实际蕴含着对满清入据之当下情境的批判与反思②。而在理论上，黄宗羲在这里所蕴含的针对性论点乃是：首先是"天下之法"遭到了破坏涤荡，而后天下乃日趋于乱而不可复治。进而在积极的一面，梨洲提出了变革的建议与对未来制度的规划，所谓"为之远思深览，一一通变，以复井田、封建、学校、卒乘之旧"者即是。而这些内容，他在《明夷待访录》下文《田制》、《封建》、《方镇》、《学校》和《兵制》等篇中，都一一给予了详细的论述。

黄宗羲从"非法之法"的概念出发所提出的第三项批判，则主要是针对着荀子以来，统治儒家主流法政思想近两千年的观点"有治人无治法"，而提出的深刻批判："即论者谓有治人无治法，吾以谓有治法而后有治人。自非法之法桎梏天下人之手足，即有能治

---

① 见《黄宗羲全集》第一册，第7页。
② 对于这一点，梨洲门人万斯同的一番话与乃师之间论述的相关性最可注意："吾尝谓三代相传之良法至秦而尽亡，汉唐宋相传之良法至元而尽失。明祖之兴，好自用而不师古，其他不过因仍元旧耳，中世以后并其祖宗之法而尽亡之。至于今之所循用者，又明季之弊政也。夫物极则必变。吾子试观今日之治法，其可久而不变耶？"见万斯同《石园文集》卷七《与从子贞一书》，转引自吴海兰《黄宗羲的经学与史学》（厦门：厦门大学出版社2010年）第270页。

之人,终不胜其牵挽嫌疑之顾盼,有所设施,亦就其分之所得,安于苟简,而不能有度外之功名。使先王之法而在,莫不有法外之意存乎其间。其人是也,则可以无不行之意;其人非也,亦不至深刻罗网,反害天下。故曰有治法而后有治人"。① 就命题的构成逻辑而言,黄宗羲此处所谓"有治法而后有治人"的命题,虽然并不构成荀子"有治人无治法"命题的反题②,却是对这一命题的重要修正;而从更大的视野中来看,黄宗羲的这一命题也是对儒家法政思想中,一贯从崇德尚贤处强调"为政在人"的绝对优先地位,以至于对确定的制度建设重视不够的思路的重大修正③。孔子称"文武之政,布在方策。其人存,则其政举;其人亡,则其政息。……故为政在人"④。

---

① 见《黄宗羲全集》第一册,第7页。考黄宗羲写作《明夷待访录》期间的交友和行止,知道他在康熙二年年底(公元1663年)完成此书之前,曾经其弟黄宗炎的介绍认识了吕留良,并于当年在吕留良家中设馆讲学,此后二人论学论政均极多。在二人于1666年交恶之后,虽然吕留良对黄宗羲多有恶语,但在黄宗羲的诗文著述中,却没有见到他对吕留良的任何指责。此后,梨洲在其诗文中,凡涉及吕留良处,多以"友人"或"某友人"隐晦称呼。再考虑到吕留良法政批判的"德治"立场,以及传统学者著述时凡引用荀子必称"荀卿"或"孙卿"的成例,则其此时梨洲论述中的此一"论者",其历史实体所指似乎应为吕留良,而非梨洲针对荀子的指称。此说姑为笔者推测,有待进一步考证。
② 此说为俞荣根教授在《黄宗羲"治法"思想再研究》(见《重庆社会科学》2006年第4期)一文中首发,堪为不易之论。本书重点不在此,兹不作专门引述。
③ 虽然梨洲此说并不构成荀子上述命题的反题,但是却实实在在是对传统儒家法政思想过于强调"为政在人"的重要突破性修正,而荀子本人在"有治人无治法"的命题中所表达的内容以及《君道》篇所论,正可看作是对孔子"为政在人"一语的详细展开。为进一步考察的方便、并便利读者对照起见,特摘录《荀子·君道》首段极为原则性的论述于下:"有乱君,无乱国;有治人,无治法。羿之法非亡也,而羿不世中;禹之法犹存,而夏不世王。故法不能独立,类不能自行;得其人则存,失其人则亡。法者,治之端也;君子者,法之原也。故有君子,则法虽省,足以遍矣;无君子,则法虽具,失先后之施,不能应事之变,足以乱矣。不知法之义,而正法之数者,虽博,临事必乱。故明主急得其人,而闇主急得其执。急得其人,则身佚而国治,功大而名美,上可以王,下可以霸;不急得其人,而急得其执,则身劳而国乱,功废而名辱,社稷必危。故君人者,劳于索之,而休于使之。书曰:'惟文王敬忌,一人以择。'此之谓也。"
④ 语见《中庸》。对于孔子"为政在人"一语,学者多以成书早晚和资料可靠性的角度,以《论语》"颜渊"篇所记载"季康子问政于孔子。孔子对曰:'政者正也。子帅以正,孰敢不正!'"一条为最直接可靠的资料,而辅以《中庸》上引文对之解释。但是,考虑到《论语》此条资料针对季康子的极强的语境性,与思想命题的普遍性要求,则《中庸》所记载的上述资料,才应该是考量孔子法政思想中"为政在人"一原则的最权威之根据。

即以文武之世，得其人而行政，德泽流布天下，而今其方略遗文犹如其初，却礼崩乐坏无以为功的事实为例，特为标举"为政在人"。此后孟子所发展出的王道仁政学说，与荀子以降主导儒家法政思想的"有治人无治法"观念，都以此为思想正宗。所谓"为政在人"，即是说合理可欲的秩序建构与有效维持的关键，在于得其贤人。所谓"治人"，即以其贤德才能而能够致治之人。所谓"治法"，即行之足以致治之法。儒家论证，向以"治人"为最先最要，而以"治法"为其次。而自中晚唐以下庸孟之学大彰以来，宋明儒家所展开的法政思想批判尤其如此。故而，黄宗羲所提出的"有治法而后有治人"的命题，虽然并不构成对荀子"有治人无治法"命题的反题，事实上却是黄宗羲对传统儒家法政思想论题，在基本价值序列上的一个重大调整：将"治法"提升到了"治人"之上，成为合理可欲之秩序重建第一层级的需求。而其中所谓"自非法之法桎梏天下人之手足，即有能治之人，终不胜其牵挽嫌疑之顾盼，有所设施，亦就其分之所得，安于苟简，而不能有度外之功名"，则明显尤其是针对明代严厉的士人政策而发①。至于黄宗羲以"先王之法"的名义重提的"治法"，则与此"非法之法"全然不同，其中既有具体的法之体制，又有存乎其间的"法外之意"②。在这种"治法"所确立的基本法政秩序下，如果为政之人是"治人"，则可以体会"法外

---

① 关于贯穿于有明一代的对与儒家士人生存环境及其施展抱负之精神空间的种种限制，请参看余英时《宋明理学与政治文化》（长春：吉林出版集团有限公司2008年）一书第六章"明代理学与政治文化发微"中的考论。而如果能够与其对宋代部分的论述、或与《朱熹的历史世界》所论述相对比而读，则更可见梨洲此处所论对于明代的针对性。而梨洲《原臣》、《置相》与《取士》几题数篇中的言论，皆可与此处的论述互解——事实上也必须以此为背景来进行理解。
② 有学者将梨洲此处"法外之意"与孟德斯鸠"法的精神"相提并论。究其实际，则可知其似是而非。孟德斯鸠所谓"法的精神"，其主要指向在于由地理环境的居处条件而自然形成的、以独特的风俗习惯为依托并以法律制度为正式表达的民族性格或文化品性，其学术理路，主要是社会学。而黄宗羲所谓的"法外之意"，则主要指前文述及的"古圣王之所恻隐爱人"的存心，及其忧怀天下以天下为主的立法指向；就学术理路而论，乃是梨洲经学思路的延伸。

之意"、切中于法制之用,充分发挥"治法"的效用,而日致天下于治平;如果为政之人并非"治人",则虽然他们不能或者根本就不去体会那忧怀天下的"法外之意",甚至于以天下为私物而试图张大权力处处谋私,却也必然因为"治法"体制的不可动摇而受到限制,从而为祸也就不会太过严重。此即黄宗羲"使先王之法而在,莫不有法外之意存乎其间。其人是也,则可以无不行之意;其人非也,亦不至深刻罗网,反害天下"之所谓。在这里,黄宗羲虽然是以一般化的语言进行普遍论述,但是如果考虑到明太祖朱元璋废宰相而全面专制、明自永乐以下重用宦官以控制外廷以,至于延及万历天启年间空前惨烈的宦祸等历史事实,则黄宗羲此论的具体历史依托,也就不难明了了。

(3) 黄宗羲"治法论"对儒法传统中致治论的突破

在本书看来,黄宗羲的"治法论"言说,对传统中国儒法传统中的致治论,至少实现了以下三个层面的突破:

第一,黄宗羲的"治法论"言说,在儒家法政思想传统内部实现了"治人"与"治法"地位的倒转。在传统中国法政思想史中,儒家致治论的核心思路是立基于崇德尚贤的"为政在人"。但是儒家这种"德治"思想或"礼治"思想,在根本上并不排斥"法治"的基本理路,而是将其降级在致治论中的第二个层面上,并且根据"德治"或"礼治"思想的实质内容,来给"法"做出实质的规定性。"为政在人"所包含的一层次级的意思,即有德的贤能之"人"本身,就是活生生的具体的"法"[①]。而这种被"人"根据"德""礼"而规定了实质内容的"法", 就是先王之道,就是三代之法,也就

[①] 在这一点上,主张"法治"的亚里士多德有着相同的主张。亚氏认为对那些"德行巍然"的"一个人或若干人","这样卓异的人物就好像人群中的神祇……对于这样的人物,就不是律例所能约束的了。他们本身自成其为律例"。见亚里士多德《政治学》(吴寿彭译,北京:商务印书馆 1965/1983 年)第 154 页。

是所谓"治法"。在传统儒家致治论的思路中,"治人"与"治法"关系的总原则,是"治法"必须从属于"治人"。但是在黄宗羲的"治法论"中,"治法"获取了致治论第一层级的价值关注,并将对不时而得时而不得的"治人"的关注,降到了第二个层级。这样一来,黄宗羲就通过改变价值关注序列的方式,在儒家法政思想大传统的内部,对儒家法政思想的基本结构完成了一项实质性的重要修正。

第二,黄宗羲的"治法论"言说,通过将"治法"提升至"治人"之上,将儒家法政思想传统——尤其是宋明儒家——主要专注于通过"德"之修习实现秩序建构的内在思路,转向了具有更大操作可行性的制度批判和制度建构。但这并不是说黄宗羲已经放弃了对内在层面的关注。恰恰相反,黄宗羲对内在层面的关注一承儒家传统而来,在其具体的法政批判中,并未对"心"的问题有丝毫忽略。这尤其又集中于对"君之心"问题的关注。而在"君之心"的问题中,又以"君心之私"或曰"君心之非"为最大。只要对《原君》篇有稍稍了解的人,对于黄宗羲对与后世君主私心以裁制天下的批判,都不会无视于目无动于衷。但是黄宗羲法政批判的最大特色即在于,在对后世君心之私的批判之后,所提出的积极建设性指向,并未如传统儒家(尤其是宋儒)一样,转入去其私意而存大公天下之心的"格君心之非"思路上去,而是在承认"私"具有人之存在意义的现实正当性的基础上,转入了从制度设施的角度,对君主之"私"和一般人之"私"都予以约制、规范、和引导,以达到良好的秩序建构和有效维持的思路。这一内外贯通的思路,更是显示出黄宗羲"治法论"对儒家传统的继承性、与在继承之中的批判性发展。

第三,对传统中国法政思想史而言,黄宗羲的"治法论"言说的第三层重要突破在于,在很大程度上,他已经将孟子一路立基于王道仁政理想的高调法政批判,和荀子至法家一路的实际法政制度建设,结合而一。孔子那贯通内外德礼并重的秩序建构设想,并未维持多久。在孔子身后，儒家七十子及其后学很快就分裂为八派，而八派之学又各与外学参差以至重各有侧重：或重仁义，或重礼制，或缘六经而各有所取。至战国晚期，乃重新形成孟子与荀子两大支系。而荀子一系又与道家结合，最终发展出李斯与韩非的法家理路。前文已经述及，自战国晚期儒法之争兴起以后，至于隋唐之世，以《唐律疏议》为标志，中国文化在制度建构一面完成了儒法合流。但是在思想领域内，根本的对立和紧张却并未得到有效整合①。非但如此，在北宋王安石的变法失败之后，其分裂大有愈加严重的趋势。明代张居正的改革之后，思想界的格局几乎重演了宋代的情形。就其思想特质而概括言之，在孟子一系儒家立基于内在之"德"所发展出的王道仁政理想中，就"法"的意义而言，其所强调的是三代圣王所开创的"良法"。推之而极，则流于不切实际的飘渺虚悬之境。但是这并非说它没有实际的效用，——就其在中国历史上所发挥的实际功能而言，主要在于为那些针对现实法政秩序的弊端而展开种种批判以寻求改进的种种努力，提供了一个据以判别是非的理想标准，并以此圆善的理想而为历代儒者的守道和批判，提供了巨大的精神支持和动力来源。至于荀子所导启的法家一路，其法政秩序的建构思路关注的焦点，是"法"在社会层面的实际效力，以至于必以国家所制定颁布的正式法律典章为准，而奉行严格的自上而下的皇权国家主义路线。其弊端在于因为将全副精神全然灌注于和平秩序，对其他价值不予考量，最终使得其所谓"法治"乃纯然立基于

---

① 在根本上言，这与儒法两家关于人性善恶的终极判断紧密相关。而晚明思想界承宋明儒"义利之辨"而来对"遂私成公"一项内容的巨大发展，实际上为明清之际人性论的重新理解，以至于传统法政思想的重新奠基，都提供了重要条件。以"义利之辨"、"公私之辨"和人性论问题业已超出本书研究主题限定，故不再详细展开。

皇权国家本位，而走上了全然形式主义的道路①。虽然如此，但却必须肯定其不可替代的长处：以其思想对可行性的考量为根本，切实参与到现实制度的建构之中，并普遍无差别地执行业已公开确定的权威规则。通过前文的分析，不难看出，在黄宗羲的"治法论"中，已经将孟子一系儒家的理想主义和现实批判，与荀子所导启的法家一系的现实关注和制度建构，紧密地结合起来而成为了新的思想统一体。

2. 洛克之"法治论"的思想史背景与基本内容述要

虽然学界也有将西方"法治"思想观念追溯到摩西五经的主张②，但是就目前可以具体考究的思想发展线索而言，对西方法治思想传统切实可靠的追溯，则依然必以亚里士多德对"法治"的古典论说，为最后一个确定无疑的源头。而在西方进入基督教时代以来，又逐渐形成了以基督教神学为依托或背景的基督教"法治"理论传统。洛克的"法治论"思想，即是在这两大思想传统基础上，在十七世纪具体的历史语境中，吸纳了最为核心的现代因素而渐次发展出来③，并正式开创了现代"法治"思想的新传统。

亚里士多德的古典"法治"思想主要有三层内容：第一，"法治"

---

① 对于法家不问或悬置价值关注的问题，历来学者多有论述，兹不具引。但在笔者看来，法家并非全然不关注于"法"的价值层面。相对于法家不关注价值问题的判断，笔者更愿意持下述主张：法家由于过分地关注于和平秩序在形式上的建构问题，而对和平秩序的实质内容以相对主义的态度不予置评。由此而论，则法家所关注的价值乃在于"和平"或"秩序"。对于法律价值问题及其序列问题的最简明扼要的讨论，请参看拉德布鲁赫《法哲学》（王朴译，北京：法律出版社2005年）的"附录二：五分钟法哲学"一文。
② 对此主张的详细申述，请参看乔飞《从〈圣经〉看古代以色列王国的"宪政"特色》（见《南京大学法律评论》2010年春季号）和《论古代以色列法对王权的制约：以〈圣经〉扫罗王被废一事为例》（见《时代法学》第7卷第2期，2009年4月）两篇长文。
③ 洛克早年思想深受霍布斯主义的影响，而与其晚期思想有很大的距离。具体的思想文本，参看本书"附录"相关内容。本书所述，以其晚期思想的内容为准。

较"人治"为优良,这是亚氏"法治论"的第一要义①。虽然亚里士多德所谓的"法治",就古希腊城邦制度的历史背景和亚氏讨论君主制的具体语境而论,其含义与近代以来的"rule of law"尚距离较远,而是更接近于"rule by law"的意思。但在亚氏关于"法治"较"人治"为优良的论述中,却有两点内容极值得我们注意,并对后世西方法政思想产生了极大的影响:一是亚氏主张这一论点的理据,二是与此紧密相关的关于法律稳定的主张。亚氏论"法治"优于"人治"的第一层根据是,"凡是不凭感情因素治事的统治者,总比感情用事的人们较为优良。法律恰正是全没有感情的。"② 以至于"谁说应该由法律遂行其统治,这就是说,唯独神祇和理智可以行使统治","谁说应该让一个个人来统治,这就在政治中混入了兽性。……法律恰恰正是免除一切请与影响的神祇和理智的体现"③。即亚氏以治理中感情因素的有无,来判定通过客观理性之法律的治理,比掺杂着个人感情因素的一人之治,更为优良。亚氏认为"法治"优于"一人之治"的另一个理由是,"一人之治"的理想,只有保证贤者在位的情形下才是好的。但实际的情形往往是,真正的贤者仅仅在某些时候才存在,以至于会在权力的继承方面发生不可克服的困难④。在亚氏强调"法治"优于"人治"时,其值得注意的第二方面是对法律应当具有的稳定性的强调。虽然对于法律没有规定的情形,亚氏主张让执法者"遵从法律原来的精神,公正地加以处理和裁决,"而在必要的时候,"法律也允许人们根据积累的经验,修订或补充

---

① 亚里士多德论"法治"优于"人治",主要是在正态政体的前提下,就君主制下的君主统治方式而言,因为在其他贵族制和共和制两种政体的正态形式中,"法治"是自然而然的。亚氏论"法治"优于"人治"(即"一人之治")的文字,散见于各处,集中见于《政治学》第三卷第十五章至第十八章的内容(见《政治学》吴寿彭译,北京:商务印书馆1965/1983年,第161—174页)。
② 见前及亚里士多德《政治学》第163页。
③ 同上,第168—169页。
④ 同上,第165—166页。

现行各种规章，以求日臻美备"。① 但是法律变革不宜轻为，"人们倘使习惯于轻率的变革，这不是社会的幸福，要是变革所得的利益不大，则法律和政府方面所包含的一些缺点还是姑且让它沿袭的好；一经更张，法律和政府的威信总要一度降落，这样，变革所得的一些利益也许不足以抵偿更张所受的损失。……法律所以能见成效，全靠民众的服从，而遵守法律的习性须经长期的培养，如果轻易地对这种或那种法制常常作这样或那样的废改，民众守法的习性必然消减，而法律的威信也就跟着削弱了"②，故而亚氏乃明确强调变革法律应当极为慎重。亚里士多德"法治"思想第一层要义中的这两个要点，得到了包括洛克在内的后世思想家普遍的肯认和继承。

亚氏"法治"思想的第二层含义，即承上述论说而来，"已成立的法律获得普遍的服从"；似乎亚氏很担心于法律为恶的可能，乃紧接着揭出其"法治"思想的第三层含义，"大家所服从的法律应该本身是制定得良好的法律"③。对于第二点，作为一项全然形式化的要件，历来论"法治"者皆无异议，而第三点所特为标举的"良法"，乃是亚氏"法治论"区别于国家主义立场的、纯粹形式主义"法治论"的关键所在。亚氏所谓"良法"标准的满足，既有实质要件，也有形式方面的要求。就实质而言，"良法"必以城邦全体的利益为旨归；在形式要件方面，"良法"的制定，必以参与公务的全体人员的共同审议为基本原则。这些都是"良法"的必要条件，而非充分条件。更值得注意的是，亚里士多德对"良法"的强调，并不认为以上两点就已经完备，而是在"成文法"之外，积极强调了"不成文法"甚至更加重要的作用和地位："积习所成的'不成文法'比'成文法'

---

① 见前及亚里士多德《政治学》第168页。
② 同上，第81页。
③ 同上，第199页。

实际上还更有权威，所涉及的事情也更为重要"①。亚里士多德对积习风俗或者惯例作为"不成文法"的强调，并不仅仅限于它们比"成文法"更加具有权威性、更加重要，他还就此而提出了对"法治"优于"人治"的命题的另一项辩护："对于一人之治可以这样推想，这个人的智虑虽然可能比成文法为周详，却未必比所有不成文法还更厂博"。②亚氏这一论述，对埃德蒙·伯克在面对法国大革命以理性的名义疯狂破坏的狂澜，对传统和习俗予以的积极辩护，影响极大③。总之，亚里士多德在其"法治论"中对积习风俗作为"不成文法"的强调，对于国家主义的形式主义法治观，是一种实质性的防范。亚里士多德"法治论"的上述三层要义，在洛克的法治思想中都得到了不同程度的继承和发展。

在亚里士多德所代表的古典法治思想传统之外，洛克的法治思想还积极继承了中世纪以来的基督教法治思想传统，而这一伟大传统对于洛克和近代法治思想的最大遗惠，即在于其对于一种根基于上帝及其理性的、绝对超越的道德"自然法"观念的系统阐述。虽然在斯多亚学派的著作中，已经对"自然法"观念有了第一次明确的阐述④，而后来——尤其是西塞罗的著作，对"自然法"进行了立基于斯多亚学派基本预设的极力张扬。但是，斯多亚学派那莫可名状而且无所不包的"理性"，终究是一个不太可靠的演绎起点。而当中世纪基督教神学哲学将弥漫于整个宇宙间的"理性"及其秩序归因于上帝的存在，并完成了对上帝以"理性"统治宇宙的论证的时候，由斯多亚学派所开启的"自然法"观念，不但得到了一个确切可靠的、又绝对超越的终极根据，而且被进一步改造而成为了基

---

① 见前及亚里士多德《政治学》第169—170页。
② 同上，第170页。
③ 参看列奥·施特劳斯在前及《自然权利与历史》一书中对伯克的评述。
④ 特洛尔奇称自然法概念，"是斯多亚派的一个创造"。见特洛尔奇《基督教理论与现代》（朱雁冰等译，北京：华夏出版社2004年）第78页。

督教法治思想极为重要的一个构成部分①。自从被基督教化以后，道德性的"自然法"学说所具有的强大的批判性逻辑，才逐渐在西方思想史上逐渐地得到了充分展开，以至于在那些极端的事态中，"教会自然法可以宣布革命，以反抗不信上帝的君主，在某些情况下甚至反抗暴君的屠戮"②。随着历史的发展，基督教的自然法观念"悄悄地变成一个极度革命和激进的批判原则，批判一切权力、法律和制度，假如它们不再遵循维护法律、秩序与和谐之富于理性的目的，甚至给恩典之国的——即教会的——救赎工作造成困难的话。在这种情况下，自然法允许、甚至要求以理性的法律取代违背理性的法律"③。由于受到基本权力二元基本结构和教士制度的约制，这种激烈的理论后果得到了相当的控制，在中世纪中后期的大部分时间里并没有成为生活中的历史真实。然而，到了十八世纪启蒙运动的时候，这些革命性的后果已经不再仅仅是理论上的可能，而正是西方现代自然法学所大声疾呼并且要积极付诸实践的了。但是在那个时代，业已彻底世俗化了的"自然法"观念，已经不再具有基督教自然法那整体的均衡，而是新近诞生的现代理性主义所制造的一个畸形产品：因为它已经忘记了它在宇宙中的根基和人自身所无法克服的罪性，以至于忽略了所有此世存在的有限性和业已注定的不能自成完满，而深深迷醉于宏大抽象的进步理想之中。而洛克法治思想中的自然法学说，从思想样态演变史的角度来看，正是从传统的基督教自然法思想向十八世纪世俗的革命性自然法思想逐渐过渡的一种思想形式。故而，就洛克"法治论"的整体特征而言，可以说是对亚里士多德法治思想和传统基督教自然法思想的积极融合，同时又通

---

① 对于此一思想史过程的大要，参看特洛尔奇在《斯多亚：基督教的自然法与现代世俗的自然法》一文（见氏著《基督教理论与现代》第72—90页）中的论述，尤其是第78—81页的内容。
② 见前及特洛尔奇《基督教理论与现代》第81页。
③ 同上，第82页。

过其关于"人类理解"的"理性"学说,开启了通往十八世纪法治思想的大门①。

洛克"法治论"的内涵十分丰富②,既承两种伟大传统而来,又开创了现代法治思想传统。在洛克的"法治论"中,其对于"法治"优于"人治"的主张,与亚里士多德的论说一脉相承,只是更加强调君主专制所具有的、全然不可取的任意性③;其根据自然法观念对不良统治的批判,更是一再显明了他对基督教自然法传统的继承④。但是无论是以上那一种论说,洛克立论批判的出发点,却已经从实现城邦的利益和维护上帝确立的秩序,转向了对个人之生命、自由和产业的保障,从而直接开启了现代法治思想的传统。除此之外,洛克"法治论"极具特色的部分,主要包括了如下两个方面的内容:

第一,在洛克的"法治论"中,合理可欲的"法治"之"法",首先必须是"良法"。这是洛克"法治论"的精华所在,也是最能表明其"法治论"之现代特质的部分。洛克对于"良法"的强调,有形式和实质两方面的内容。首先,就形式方面而言⑤,所谓"良法"所必须满足的基本要求有:法律的制定和发布者必须是合法的机关,——在洛克的法政思想中,乃为由公众所选举和委派的立法机关,这就排除了专制者以言代法的道路;法律的制定和发布必须经过正当合法的程序,如全面、充分、自由的讨论等,这就意味着

---

① 关于洛克对"理性"的言说的思想史地位,请参看本书第三章的相关注释。
② 对于洛克的"法治"思想,国内学界多将其分权学说等内容一并纳入讨论,本书不取此一思路。前文已经就洛克关于权力和政府的论说进行了分析,此处专就"法治"略作交代。
③ 这一点在《政府论·下篇》开篇之初的"论自然状态中",就已经显示出来,参看《政府论两篇》第269页、第271页、第272页和第275—276页的内容。在洛克此后的论述中,又对"法治"优于"人治"多有明确的提到或暗示,此不赘引。
④ 洛克在《政府论两篇》的论述中,处处以"上帝和理性"或"上帝和自然"的连用式表达他对自然法的终极根据和合理可欲的法政秩序的标准,而这正是他对托马斯·阿奎那所确立的基督教理性自然法传统的追随和暗示。此论牵涉甚多,宜有专文申述,兹不详及。
⑤ 洛克对于"法治"之"法"在形式方面必须满足的条件,散见于《政府论两篇》之"下篇"的各个章节,此为宏观概括,具体细节不为一一注明。

"法治"之"法"不能是任何党派或者特权团体私下秘密制造的产物;用以治理社会的法律必须是普遍性的,这就意味着任何人、任何党派和任何机关团体都不得拥有超越于法律之上的地位、权威或权力[①];用以治理社会的法律必须是对社会和公民完全公开的,这就意味着"法治"之"法"绝不能是任何秘密的或半公开的文件;用以治理社会的法律必须是事先制定的,这就意味着"法治"必须杜绝任何形式的"事后法";用以治理社会的法律必须是立足于长远而具有稳定性,必须是长期有效的,这就意味着"法治"之"法"绝不能朝令夕改变动不居;等等,等等。"无论谁掌握了共同体的立法权或最高权力,都绝不能依靠临时的命令、而必须以事先制定的、向全体国民公开发布而众所周知的、长期有效的法律来施行治理"。[②] 其次,就"良法"的实质方面而言,洛克强调"法治"之"法"必须以"公共福祉"(common good[③])为旨归。而洛克笔下的公共福祉,最为关键的内容乃是对人们的生命、财产和追求幸福的权利提供无差别的保护。与这些内容相比,一般性的"和平"和有效的统治"秩序"等,倒是次要的。而如果这种"和平"与"秩序"是压抑性的——尤其是其中存在着对个人的生命、财产和安全无法补偿的制度性伤害的话,就必须受到批判和否定。因而,洛克"法治"思想中的"法律",也就因为其具有立足于保护人之尊严与价值的规范性实质目的,而绝不可能是全然立足于国家主义的戕害民生的所谓法律,也绝不会沦落到这种法律中去。

第二,在获得"良法"的基础上,洛克的"法治论"极力强调普遍守法的重要性。这一点,虽然早在亚里士多德的法治理论中,

---

① 对于这一点,洛克提出了唯一的例外:对外权。参看《政府论两篇》第365—366页的内容。也可参看中译本《政府论下篇》(叶启芳、瞿菊农译,北京:商务印书馆1964 / 2005年)第91—93页的内容。
② 见《政府论两篇》第353页。
③ 同上。

就已经明确提出。但是洛克"法治论"对普遍守法的强调,却特别强调身在其位的立法者和执法者对法律的遵守。"在其王国内施行统治的国王,一旦不再依照他的法律来施行统治,他就从国王堕落为一个暴君,"因为"国王以法律为他权力的范围……,而暴君则使一切都服从于他自己的意志和欲望"①。然而洛克并不认为这种区别的情形仅仅限于君主制统治,而是在任何形式的政府形式中,都存在的基本区分。而无论任何形式的政府的当权者,都必须服从法律。"如果掌权者超越了法律授予的权力,利用他的地位强迫人民接受法律没有允许的行为,他就不再是一个合法的官长,而可以像以强梁侵犯他人权利的情形那样被施以反抗"。②"如果法律因被无耻地扭曲以致于无法施行保护,遭受强梁伤害者所应得的补偿因对正义的公然败坏而被拒绝,此时,就难以想象除战争状态之外的任何其他状况。无论如何,只要强梁被使用,只要伤害已造成,即使它们出于那被任命执行正义者之手,也无论它们假以多么美妙的名目或伪饰——甚或假用法律的形式,强梁依然是强梁,伤害照样是伤害。无论如何,法律的目的永远是通过无偏无党地适用于所有人而向无辜者提供保护、施行救济。哪里无法确保这一点得到实现,哪里就对受害者制造了战争。这些受害者,由于在地上无法向任何人呼求以校正它们,就只有寻求那仅存的唯一救助:诉诸上苍!"③在这里,洛克通过严格的"法治论"而绝对地否定了对无论任何人、任何机构、任何团体之违法滥权的辩护。"法律一停止,暴政即开始"④,而人民也就获得了发起革命更换政府的正当性⑤。

---

① 见《政府论两篇》第400页。
② 同上,第400—401页。
③ 同上,第281—282页。
④ 同上,第400页。
⑤ 这里获得的仅仅是发起革命的正当性,至于什么条件下才能正式发起革命,则是另一个需要更多论证的问题。简要的说明,可以参看前文内容。

3. 黄宗羲与洛克相关论述的简略比较

由前文业已述及的内容可以发现，在先秦儒家立基于"礼治"而对于"法"的基本观念，与亚里士多德所代表的西方古典"法治论"传统对于"法"的基本观念之间，其在紧要处的差别并不像一般人所想象的那样大①。而在传统儒家立基于古先圣王的"三代之法"而对于当世现实的批判，与基督教自然法传统中立基于神圣自然法而对现实秩序的批判与之间，也并非夐绝无道而不可同日为语。从而可以推论，在继承和发展了传统中国法政思想传统的黄宗羲的"治法论"，与继承和发展了西方法政思想传统的洛克的"法治论"之间，也绝非如同"东"与"西"、"南"与"北"一样不可并立同论。固然在一方面，黄宗羲展开论述的基本框架，是儒家传统所确立的"三代上下"的话语结构，从而其论证思路也是传统的史学思路，以至于其"治法论"在对现实秩序展开深入批判的同时，还以一种亘古永存却实实在在地曾经存在过的伟大典范，来期盼着其在切身可及的生活实践中能够具体性地重现；而在另一方面，对于洛克而言，其"法治论"所得以展开的基本框架，是基督教思想传统所确立和不断提示的"神—人"话语结构，而其论证的全部根基，并不在于其理论在历史中的正当性，而在于那位完全超越的上帝及其永恒不

---

① 吴玉章教授在《古代西方的法治观念》一文中，对此曾有过简略的述及，其中说"在古代世界中，先人们重视规则或者法律实在是一个普遍的现象"，并在对各大文明古代致治观念进行了略述后，总结说"古代希腊和罗马的贤人的法治理论传达着强烈的道德气息。这一点，倒与我们的祖先的生活环境和思考有些相同。"而在文章的论述中，吴玉章教授又特别注意到了希腊罗马法治论中普遍的以道德为旨归的道德主义立场。而吴玉章教授最后的四点启示性结论，也颇值得在此引述："第一，法治观念可以在浓厚的伦理氛围中产生。……丰厚的道德遗产恰恰是走向法治社会的宝贵财富之一"；"第二，法治观念的伦理意义，"这里吴玉章教授强调"法治观念的伦理性质"可以防止不顾正义的恶法严刑重罚的统治；"第三，法治观念的基本要求是守法，是人人都遵守法律"；"第四，法治观念不等于政治现实，更不能用来粉饰政治现实。"《古代西方的法治观念》一文见王焱等编《自由主义与当代世界》（北京：生活·读书·新知三联书店 2000 年）第 226—265 页。

变的理性，因而其论证思路也就具有一种全然非历史的特质。然而在本书看来，虽然由于历史所提供可资运思为用的思想文化资源的不同，使得黄宗羲与洛克在运用术语和论证思路等方面存在诸多表面上的差异①，但是，这并不能否定在黄宗羲的"治法论"和洛克的"法治论"之间，存在着理论样式上相似性和可比性。而这种相似性和可比性，又主要可以从以下几个方面予以说明：

首先从消极的一面来看，黄宗羲的"治法论"与洛克的"法治论"，具有批判指向的一致性。从批判所展开的基本思路看，黄宗羲通过"非法之法"的概念所展开的、对中国专制主义思想与制度的批判，和洛克通过"自然法"学说所展开的、对欧洲专制主义思想与制度的批判，同样都是凭着一己生命信仰的虚灵之真意，来抨击并抵抗共同体法政生活的乖理之实际。众所周知，洛克之自由法政思想所直接针对的，乃是十六、十七世纪在欧洲思想界日益弥漫、并在政治实践中日趋强大的"绝对专制主义"潮流。而其积极申张的"法治论"，则直接在此大原则之下，针对着当时欧洲世俗政权滥权虐民的现实而发，并且积极探求着从基本制度上，通过良法善制对"专制主义"问题进行根本的解决。前文已经述及，立基于对明代专制横行、滥权虐民之惨痛历史的反思，黄宗羲法政思想全部的批判锋芒，在在都指向对明代君权专制主义下的专制滥权，以及促成这种专制滥权害民误国的"俗儒"思想和恶法制度。而其"治法论"的具体内容，在消极性的一面，可以说是这种批判性在追求"法"的正当性方面的体现；而在积极的一面，归结到根本处，其"治法论"批判的目的，

---

① 黄宗羲的"治法论"之所以不能直接转读为现代意义上的"法治论"，其中一个主要原因，是因为在儒家思想传统中，无论是"治人"还是"治法"中的"治"字，其核心意义都不是现代"法治"意义上的"rule"或者"govern"，而是对一种合理可欲的生活秩序的理想描述，即主要的是名词或形容词意义上的"治乱"之"治"，而非动词意义上的"治理"之"治"。

依然是为了分解和约制已经全然制度化的君权，并积极寻求对权力的滥用，从基本制度上加以约制和防范的道路。虽然其背后依靠的传统不同，展开言说的术语不同，但是解构专制，约制滥权，则是黄宗羲和洛克法政思想批判的共同指向。

其次，从积极的一面来看，黄宗羲的"治法论"思想和洛克的"法治论"学说，在理论的形式结构上具有极大的相似性。首先，最值得我们予以认真对待的一个要点，是这两种思想学说在"法治优于人治"这一基本价值上的共同追求。洛克对于"法治优于人治"的追求，立基于对欧洲绝对专制主义的批判，而贯穿于其法政思想的前后始终。如前文所述，黄宗羲也同样地立基于对绝对主义（这乃是比欧洲专制主义的思想和制度形式更为强大的东方绝对主义）的批判，已经突破了儒家法政思想在批判方面一贯以"格君心之非"为事，而在建构方面寄希望于圣心君王之统治的基本思路和框架，转而切切期望着通过基本制度的改造，来改造并约制业已全然制度化的绝对皇权。观梨洲"使先王之法而在，……其人是也，则可以无不行之意；其人非也，亦不至深刻罗网，反害天下。故曰有治法而后有治人"的论说，并将其对比于孔子"文武之政，布在方策。其人存，则其政举；其人亡，则其政息。……故为政在人"的判断，即可知在黄宗羲对"治法"的主张中，不但有对荀子"有治人无治法"学说的修正，还隐含着对万世不易的儒家圣人孔子言述的批评，就可知道他在"法治优于人治"的方向上，已经达到何种思想境界了。黄宗羲的"治法论"与洛克的"法治论"，在理论结构上之相似性的第二层内容在于，无论是"治法"之"治"，还是"法治"之"治"，两者都对"法"之为"法"，作了具有实质意义的规范性规定：良法。在这一点上，洛克立基于对民族国家专制主义的批判而积极追求的"法的统治"，和黄宗羲立基于对绝对皇权专制主义的批判而积极追求的"治法"之"治",都绝非国家本位而形式主义的"法治"①,而是通过一种积极的批判标准,对"法"之成为"法"的根本内容,做出了限制性规定。虽然洛克据以展开批判的最终根据,在于绝对超越的上帝及其永恒不变的理性,而黄宗羲据以展开批判的最终根据,是"三代圣王"法天而治的恒久典范,但当这种终极性最终落实在现实人世的时候,却都表现为对人之生命内在价值的绝对肯认,以及对这美好生命的存养发展至关重要的人身和财产的保护。故而,当对"法"之为"法"的种限制性规定落实在具体历史实际之中的时候,对西方的洛克而言是"全体国民的福祉",对东方的黄宗羲而言是"万民之忧乐"。措辞虽然不同,但内容却如出一辙。黄宗羲"治法论"与洛克"法治论"在理论结构上之相似性的第三层内容,在于二人不但都对"普遍守法"提出了明确主张,更是在在强调身在其位的执政掌权者必须遵守良法善制,而决不可滥用权力而害世虐民。对此,黄宗羲和洛克除了在积极的方面,对制度约制进行谋划设计之外(洛克对立法权与执行权的划分和黄宗羲对君权与相权的重新设置,都是这种制度性约制在中央政府层面上的落实),在消极的一面,洛克乃从中世纪晚期以来的"暴君放伐论"中汲取营养,提出"革命"一路作为对专制滥权最后的抗衡,而观黄宗羲在《原君》篇中对孟子"汤武革命"学说的极力申张②,与洛克以"革命"在根

---

① 如果说洛克以"rule of law"或"rule under the law"的形式所申张、并对"law"做出良法规定的思想已经被恰当地称为"法治"思想的话,那么,从黄宗羲的权力批判——尤其是对以私心滥权而祸害天下的君主专制的批判的视野中去展开理解,则其"治法论"绝对可以转译为"rule under the good law",故而其思想内涵不但绝非法家传统的"rule by law"可以范围,更是已经直逼"rule of law"的境界。
② "古者天下之人爱戴其君,比之如父,拟之如天,诚不为过也。今也天下之人怨恶其君,视之如寇雠,名之为独夫,固其所也。而小儒规规焉以君臣之义无所逃于天地之间,至桀、纣之暴,犹谓汤、武不当诛之,而妄传伯夷、叔齐无稽之事,使兆人万姓崩溃之血肉,曾不异夫腐鼠。岂天地之大,于兆人万姓之中,独私其一人一姓乎?是故武王,圣人也;孟子之言,圣人之言也。后世之君,欲以如父如天之空名禁人之窥伺者,皆不便于其言,至废孟子而不立,非导源于小儒乎!"见《黄宗羲全集》第一册,正文第3页。

本上制约政府滥权的主张①,几为同道而谋的共同之说。

总之,在法政思想的形式表达方面,黄宗羲与洛克有着在深层精神相通的共同目标:一种合理可欲之自由法政秩序的建构②。如前文所及,这种"自由法政秩序"主要内容,首先要在共同体的政治生活中确立一种有效的统治,维持基本的秩序与和平,以保证共同体不在外部的威胁中灭丧,从而实现种族的存续与文明的传衍;其次则要对共同体的权力治理结构进行设计,在实现第一重目标的基础上,对政治权力在制度上进行平衡和约制,以防止它转化为不负责任的压制性权力。而无论是黄宗羲的"治法论",还是洛克的"法治论",都是建构这种合理可欲的自由秩序建构之努力的一部分。洛克法政思想的现代价值早已为世所公认,而在其"法治论"思想的参照之下,不难发现,黄宗羲以"其人是也,则可以无不行之意;其人非也,亦不至深刻罗网,反害天下"立说的"治法论",在其"治法"

---

① 观洛克在《政府论下篇》第十九章"论政府的解体"的具体措辞及其思想史渊源,并参考英国当时的历史背景,可知洛克所谓的"革命"绝非十八世纪晚期以来的"大众革命",而是承中世纪"暴君放伐论"而来的、由作为整体的人民通过其德行卓异的领袖(如克伦威尔、莎夫茨伯里、威廉等一类人物)的军事行动而实施的政府更替。

② 对于本书所谓"自由法政秩序"的主要内容,可以做如下简述:第一,在共同体中确立一种有效的统治秩序,能够维持基本的和平,且不使共同体在外部威胁中灭丧,从而实现种族的存续与文明的传衍;第二,对共同体的权力治理结构进行设计,在实现第一目标的基础上,对政治权力在制度上进行平衡和约制,以防止它转化为不负责任的压制性权力。就笔者耳目所及,对以上两点第一次从一个消极角度提出说明的,似乎是英国的埃德蒙·伯克对1688年"光荣革命"的下述评论:"假如我们的祖先们对自己的自由找不到任何保障,只好使自己的政府运作无力、任职不稳,假如他们除了让国内混乱而外,就想不出任何防止权力滥用的更好办法,那么,他们在革命时就配不上明智这一盛誉了"(语见氏著《法国革命论》,何兆武等译,北京:商务印书馆1998/2003年,第39页)。而第一次明确集中的正面表述,则出现于美国国父麦迪逊之口:"如果人是天使,就根本无需政府。如果天使来治理人事,也则无需对(天使的)政府做出任何内外约制。在组织一个由人施政于人的政府时,最大的困难乃是这样的:我们首先必须使政府能够掌控受治的人事,然后再使政府接受对其自身的约制。"(语见《联邦党人文集》第51篇。引文见英文书第322页,也可参看中译本第264页的内容。)

之"治"的致治论中,其基本的思想内涵,已经实质性地突破并超越了"rule by law"的界限,而极其接近于在"rule under the law"与"rule of law"两种形式中表达的现代法治论思想[1]。

---

[1] 关于以 rule of law 和 rule under the law 的形式表达的现代"法治"思想,及其与以 rule by law 的形式表达的各种形式主义法制观和法治国概念的简要区分,请参看刘军宁《从法治国到法治》一篇长文,文见氏著《民主·共和·宪政》,北京:生活·读书·新知 三联书店 1998 年,第 136—171 页。

结　语
探寻自由传统的中国表达式

> 皇坟帝典闻初漠。圣经贤史到晚明。
> 文华千载传悠古。耆叟百岁几曾经？
> 长河东归长东去。逝者如斯逝如风。
> 运命沉浮谁前定？自来多闻忧叹声。

本书前述诸篇对黄宗羲法政思想的研究，首先是立足于传统中国法政思想史内部演变的梳理和解释，进而在几个重要的方面，乃在思想史纵向梳理的基础上，尝试着将黄宗羲法政思想与洛克法政思想进行一定的比较论述，从而为理解黄宗羲的法政思想之现代特征，提供一个足资参照的可靠标识，并据此对其所具有的"自由"维度给予了初步论证。

然而本书的上述尝试和努力，并不是要将黄宗羲打扮成一个自由主义者。黄宗羲是一个兼容并包的儒者，却毫无疑问不是一个自由主义者，——尤其不是当今西方主流意义上的自由主义者。但是，无论是"儒者"，还是"自由主义者"，这种立基于历史和地域性文化的身份标签，却无论如何都掩盖不了黄宗羲法政思想在其权力批判和政府批判中所渗透出的那种"自由"精神。——笔者深信，只有从这种具有普世意义的"自由"精神出发，对黄宗羲的法政思想予以重新理解，才能走出黄宗羲法政思想研究中"民主"范式的误区，从而更加准确、丰富地理解黄宗羲的法政思想，探明其精髓所在，并进而在当今中国的秩序建构中，积极深入地发掘其建设性价值。在此基础上，也许还可能更进一步，对重新理解传统中国法政思想的内在丰富性、及其在现代世界获得更新的多重可能性，提供某些不无价值的启发或提示。

黄宗羲的法政思想，就其主要的思想史渊源来说，是以儒家思想为主、并大量吸纳了道家和法家等各派学术思想的综合性成果①。在其批判性的一面，主要继承了孟子所代表的"贵民轻君"儒家传统和鲍敬言、邓牧等所代表的"非君""无君"的道家传统；而在其建设性的一面，则又继承了荀子乃至于法家一系思想注重具体制度建设的思路。就其批判与建构的基本构架来看，黄宗羲的法政思想在批判的一面，并未放弃在历史纬度中展开的"三代上下"这一古典模式；而在建构的一面，也主要是着眼于对以郡县制为依托的皇王君主制，积极进行外部和内部的双重改造，并未提出另起炉灶的设想。就其表达思想的术语系统来看，黄宗羲也依然是在晚周秦汉以来所确定的基本术语系统中，进行着他对法政秩序的思考和批判，并据此提出社会改造和制度变革的理想。且不说那些具体的论断和命题，即使在其思想构造的如此深层内容上，黄宗羲法政思想都显示出他对过去种种历史文化资源的紧紧依靠，和对过去几种主要思想传统的吸纳、继承，并根据它们来展开自身的思考和言说。由此出发，可以得出一个可靠的推论：黄宗羲的法政思想并未全然越出传统中国法政思想的基本范围。

但是，思想者对其自身文明系统之历史文化资源的依靠，并不意味着思想者本人业已被具体化的历史完全绑定；思想者立身于某一种或某几种思想传统之中而展开思考和言说，也绝不意味着思想

---

① 关于黄宗羲法政思想在中国传统文化内部的主要思想史渊源，除本书已经述及者外，简要的介绍请参看吴光《黄宗羲新民本思想的理论结构、思想渊源及现代意义》（见《宁波通讯》2006年第5期）一文。黄宗羲一生与道家道教渊源很深，这方面的研究，请参看龚程鹏《晚明思潮》（北京：商务印书馆2005年）第十一章"黄宗羲与道教"。

者与此种种传统全然同质同调。当我们从思想史发展的细节入手，对黄宗羲的法政思想进行仔细分疏读解的时候，就会发现它对传统中国法政思想，已经在积极继承、充分吸纳和深刻批判的基础上，在晚明清初那新时代的历史语境中，实现了新的突破与综合①。就传统中国法政思想史的大略情形而论，以人性善立说的孟学与以人性恶立说的荀学之间，存在着从思想深层以至秩序建构层面的深刻对立和紧张。这种全面的对立与紧张，在自秦汉以降直至晚明清初的思想界，极少得到有效的缓解；而在充分知识理据的基础上对两者进行的思想综合的，更是鲜有其人。自宋儒紧紧依靠《大学》以诚正立说、并根据《孟子》而高调重提"义利""王霸"之辨以后，以至晚明清初之际，孟学与荀学之间的紧张和对立，更加被儒家思想者们突出到了几乎刺眼的地步。然而在明代中叶以后，随着传统中国人性论思想的进一步发展，思想界对"公私"之别、"义利"之辨都逐渐有了新的理解。不但"私"和"利"逐渐获得了儒家思想者们有知识根据的承认，并一步步在法政秩序的建构中获得了相应的积极地位，而且"遂私成公"的基本命题，也逐渐成为了晚明思想界的而一个重要共识②。正是在这种新的理论前提下，黄宗羲一生出入经史、在广泛吸纳各派各家学术的基础上，以儒家为宗，对孟学和荀学两大传统进行了成效卓著的沟通与融合（以其"治法论"

---

① 狄百瑞即声称黄宗羲在努力寻求着"一种新的综合"，说见前及《中国的自由传统》，第11页。
② 关于中国思想史上人性论的主要流派和历史演变情况大略，请参看张岱年先生《中国哲学大纲》（北京：中国社会科学出版社1982/1985年）第183—253页和吕思勉先生《吕思勉论学丛稿》（上海：上海古籍出版社2006年）所收《古代人性论十家五派》一文（上书第168—177页）的卓越评述。姜国柱与朱葵菊合著的《中国历史上的人性论》（北京：中国社会科学出版社1989年）一书，则搜辑了传统中国人性论方面丰富的资料；方立天《中国古代哲学问题发展史》（北京：中华书局1990年）一书第七章"中国古代人性论"也可参看。

最为代表），从而显示出其思想构造中不同凡响的"新"特质①。除了一些具体的命题和论述以外（如"天下为主君为客"、"有治法而后有治人"等命题的提出和论证），黄宗羲法政思想基本结构最突出的一个"新"特色，是其在峻烈的权力批判和政府批判之后，对相关具体制度和法政设施的细致谋划。——前文的论述已经表明，黄宗羲在多大程度上已经注意到了"制度可行性"问题在法政批判中的实际地位，从而对孟子式疏阔高远的道德说教和鲍敬言、邓牧等激烈的无君论，都构成了实质性的超越；另一面，黄宗羲在通过考虑可行性而紧密关注制度改良的同时，并未放弃立基于儒家学说的理想主义批判。正是在一种"新"的法政思想结构中，峻烈的理想主义批判和积极可行的制度谋划，乃从不同层面共同构成了黄宗羲法政思想的完整体系。这是在思想构造的基本形式方面，黄宗羲法政思想对传统中国法政思想的明显突破之处。

另一方面，就其实质内容而言，黄宗羲法政思想的整个切实关注，在其"天下为主、君为客"的基本命题中，已经得到了最为集中的表达。黄宗羲这个命题的远源，可以追溯到《尚书》"民惟邦本"的记载；至其思想史的明确源头，则无疑是孟子"民为贵，社稷次之，君为轻"的著名言说。正由于此，以黄宗羲为代表的明清之际思想言说，在晚清思想界曾一度被称为"贵民论"，认为它已经体现了启蒙精神、并且具有了民主主义的核心要素。晚清民国以来——尤其是1979年以来，随着现代西学的再次大规模传入，"民主"思潮日趋高涨，而当代学者乃逐渐以"民本思想"指称中国历史上这种源远流长的思想传统，并从中积极寻求着在"传统"与"现代"之间进行沟通，

---

① 近年来在晚明清初思想研究中兴起的"新民本"思路，对以黄宗羲为代表的思想家的思想特质，提出了许多与此前思想不同的"新"内容。较为集中的介绍，请参看冯天瑜、谢贵安合著《解构专制：明末清初"新民本"思想研究》（武汉：湖北人民出版社2003年）第7—15页的内容。

以期实现从"仁者爱民"的"民本"思想和实践,到"人民主权"的"民主"思想和实践的转型或过渡①。然而,与学界近年来猛然兴起的反对意见一样,笔者同样认为此路不通②。其中根本的关节所在,笔者在"导论"中已经述及;此处再援引西方自由民主理论大师萨托利的一段评论,作为对前文论述的进一步支持:

> 希腊的暴君曾(他这样声明)为了民众的利益而统治。开明专制一旦开明起来,也为了被统治者的利益进行统治。……自柏拉图以降,我们不断听到为了什么、为了被统治者及其利益而进行的统治。但这无一例外全是有利于独揽大权者的说辞。……如果现实世界的民主如此简单,如果它仅仅由为了"人民的利益"进行统治的许诺构成,那我们也就无须花上两千五百年的功夫建立现实的(而不仅仅是许诺的)民主了。……我们姑且同意,爱民(demophily)——对人民由衷的、真正奉献式的爱——确实存在。即使如此,在爱民和民主之间仍有霄壤之别。现实世界的民主是由一种民主机制构成的,因此即使没有爱民,民主照样运行。如果再辅之以爱民,辅之以美好的动机,情况则会更佳。但即使没有爱民在场,这一机制仍然能够保障人民的利益,——这就是民主机制提供的保障,它使实际的民主制度能够真正存在,而不是使其成为一场骗局。这就是当民主仅仅被定义为为了人民的利益而统治时消失的东

---

① 这一思路下最新的重要成果,无疑当首推张分田教授《民本思想与中国古代统治思想》(天津:南开大学出版社2009年)一书二大册。
② 虽然有着同样的否定,但笔者对此路观点却极少认同之处。因为在笔者看来,学界近年来突然兴起的从西方现代"民主"思路出发,彻底否定传统所谓"民本"思想之积极价值的一派观点,不过是在错误命名的前提下、在对中西思想传统做出不当理解的基础上,在从"民本"到"民主"这一思路内部对其发起的激烈反动。这一思路,可举张师伟、贾庆军等为代表。对何谓"错误命名"和"不当理解"的进一步解释,笔者将以专文做出,此不详及。

西。……民主以民权作为起点。在这个起点上,它为了产生人民的利益不需要爱民。相反,爱民仅仅是种可能性。我们若是还算走运,爱民会送给我们一个仁慈的专制者;我们若是不走运呢?①

即,无论在东方还是西方的文化传统中,在没有实际制度保障之"民权"的基本前提下,仅仅从掌权施政者"爱民"的"民本"观念出发,对进一步的"民主"建设予以积极的论证或主张,都必然是死路一条。

然而,对作为主流统治思想的"民本思想"所发出的严厉批判,并不能对黄宗羲法政思想的积极价值构成任何程度的否定。因为上述理解下的"民本思想"的关键所在,是掌权施政者的"爱民"之心。然而,古今中外人类历史的实际情形却一再表明,身居其位的掌权施政者往往违背、甚至丧失"爱民"之心,而肆行恶政、滥权虐民。在如此情形之下,如此"民本思想"所提供的解决之道,除了孟子式的暴君放伐论以外,并没有提出任何从制度设施上予以防范和约制的有效措施。但是,如前文所述,在黄宗羲的权力批判中,他的确希望掌权施政者能有一颗忧怀天下的"爱民"之心;然而,在其政府批判和制度建构的种种设计中,却丝毫没有寄希望于具体的掌权施政者都具有这份忧怀天下的"爱民"之心。用黄宗羲的原话来说,就是"其人是也,则可以无不行之意;其人非也,亦不至深刻罗网,反害天下"②,——即在黄宗羲的法政思想中,或者更准确地说,是在黄宗羲的权力批判及其对新的法政秩序的设计中,他已经充分考虑了萨托利所说的"走运"与"不走运"两种可能情形,并在具体

---

① 见〔美〕萨托利著,《民主新论》,冯克利 阎克文译,上海:世纪出版集团 上海人民出版社 2009/2010 年,第 515—517 页。
② 见《黄宗羲全集》第一册,第 7 页。

政府制度的设计中作出了积极应对。由此，即使从西方法政思想史发展的立场来看，黄宗羲的权力批判及其对政府制度的种种设计，也已经充分体现了自由精神的基本内涵[①]。

事实上，早在晚清时期，严复就已经注意到了儒道两家法政思想，与英国自由主义法政思想的某些相通之处。此后的百余年来，华人学者试图在道家思想与自由主义之间、或在儒家思想与自由主义之间进行沟通的努力，从未断绝。另外，美国学者史华慈和狄百瑞等也都在不同程度上注意到，源远流长而在近现代西方才大行其道的"自由传统"，在中国的历史文化中一样有它独特的表现形式。正如本书"导论"中所引述的那样，古典自由主义的两位大师，阿克顿勋爵和哈耶克都认为，以各种形式展开的对"自由"的不懈追求，乃是贯穿数千年人类文明史的一种普遍现象；与这种普遍的追求相伴随，历史上的许多民族和文明，都曾经对自由传统在某些方面的发展，做出过他们或多或少的贡献。如果这些先辈的实际研究和基本判断值得我们信赖的话，那么一个必须正确提出的恰当问题就是：在数千年的中国历史文化与这种普遍的自由追求之间，是怎样的一种关系？进而，如此中华文明的哪些方面、哪些内容、又是通过怎样的具体形式，足以构成对人类自由传统的切实贡献？如果我们能够通过艰苦的精神探寻发现并论证出这种关系的切实存在，并进而找出人类自由传统的中国表达式、而且给出具有普遍意义的合理解释，则我们就必须珍视它们、进一步培育它们、并与整个人类文明世界共享它们的精神价值。本书就是怀着这一问题，从对黄宗羲法

[①] 另外，在黄宗羲对政治世界和思想世界内必须接纳"一定之说"的极力反对和深入批判中，以及在他对思想学术"深造自得"的积极追求和全力主张中，分明也可以看到自由精神的耀眼光芒。以其与本书论旨并不直接相关，故未作展开论述。黄宗羲此种批判和主张反复见于多篇诗文，请参看《黄宗羲全集》第十册，第4页、第18—19页、第20—21页、第27—28页、第30—31页、第42—43页、第44页、第57—58页、第59页、第62—63页、第68—69页、第77—80页，等等。

政思想核心文本的细致阅读和重新理解入手,来探寻人类自由传统之中国表达形式的一次努力和尝试。我相信这次颇为艰辛的努力和尝试目前所得的结果,虽然离上述问题的解答还有很远的距离,但却已经得到了一些颇有启发意义的线索和提示。那么,具体性的黄宗羲法政思想与普遍性的人类自由传统之间,具有一种怎样的关系?而黄宗羲的法政论说,又通过怎样的具体形式表达了这种关系呢?笔者相信,本书对此已经给出了初步的论证。——虽然它们尚未达于完备之境,因而还需要进一步的发展和完善,但应该已足称持之有据,言之成理。同时笔者也相信,这些初步论证,已经构成对如下这一主张的有效反驳:黄宗羲法政思想并未走出儒家专制主义的陈词滥调,不过是在新的论说中完成了对君主专制主义的重构罢了。

古今中外,有自由之名者,未必有自由之实;而有自由之实者,亦未必有自由之名,至于"自由主义"这一现代头衔,与享有这一头衔的其人其学是否真的具有"自由"精神,两者之间并没有任何必然关系①。以《社会契约论》等作品著称于世的卢梭,不是长期以来即享有"自由主义思想家"的令名美誉么?但是在二十世纪,数位自由主义思想大师,却不约而同地都将卢梭与造成了巨大灾难的极权主义联系在一起,进而以其思想的深层结构和逻辑论证为根据,

---

① 二者不但没有必然关系,甚至还会具有一种极为吊诡的反客性关系。对这种追求"自由"之名、甚至久享"自由主义"头衔,而最后成为自由之敌人的情形,自由主义思想史大师以赛亚·伯林在《自由及其背叛》(赵国新译,南京:译林出版社2005年)一书中,以卢梭、费希特、黑格尔等为例,给出了鲜活的例证说明。至于造成这种吊诡现象思想史缘由,以赛亚·伯林在其巨著《自由论》(胡传胜译,南京:译林出版社2003/2005年)所收的多篇论文中,给出了深刻的分析和解释,尤其是其名文《两种自由概念》,在分析和解释上述吊诡现象方面,堪称杰作。

否定了他的自由主义身份[①];深受古典自由主义大师哈耶克极力推崇的埃德蒙·伯克,难道不是更多地被人奉为保守主义的祖师而不是自由主义的重镇？即使对于名满天下的约翰·洛克,这位出身于英国清教徒家庭的虔诚基督徒,这位吸纳综合了欧洲思想几大思想传统、并在十七世纪末期正式开创了古典自由主义传统的伟大思想家,他之所以获得"自由主义"的光荣头衔,难道不也是出于百余年后那些以"自由主义"自诩者们的追谥？最具权威的现代观点认为,在西方,自由传统可以追溯到根本不知道现代自由为何物的古代希腊城邦世界[②]。而即使是进入近现代以来,自由传统在西方世界的发展,也已经在十七世纪晚期确立的古典自由主义的主干上,形成了颇不相同的英美自由主义传统和欧陆自由主义传统两大次级传统。并且,在这两大次级传统之下,企望自由的思想者们还结合各自民族历史文化而分别形成了英国自由主义、法国自由主义、德国自由主义、美国自由主义等各具特色、甚至大不相同的、对自由传统的

[①] 对于卢梭思想之内部问题的认识,二十世纪的中国思想界并不丝毫落后于(甚至还明前早于)西方思想界的反思。因为立基于英国古典自由主义的严复,早在1913—1914年的《〈民约〉平议》一文中,就已经敏锐而准确地注意到了卢梭法政思想的内在问题,并提出了与二战以后西方思想界的反思(如以赛亚·伯林)堪称相通的精要评论。《〈民约〉平议》见《严复集》(北京:中华书局1986年)第二册,第333—340页。

[②] 对于西方自由传统可以追溯到古典的希腊世界的观点,参看阿克顿勋爵的长文《古代自由史》,文见氏著《自由史论》(胡传胜等译,南京:译林出版社2001年)第3—26页;以及哈耶克的长文《自由主义》(全文收于前及《自由主义与当代世界》第108—142页)的"导论"。至于古代希腊世界的"自由观"与现代"自由观"之间的根本不同,请参看前及以赛亚·伯林《自由论》第321页;尤其应当看看的是邦雅曼·贡斯当在其著名论文《古代人的自由与现代人的自由之比较》中的论述,文见氏著《古代人的自由与现代人的自由》(阎克文 刘满贵译,冯克利校,北京:商务印书馆1999年)第23—48页,以赛亚·伯林正是在贡斯当该论文的基础上,发展了贡斯当的论点,完成了更具学理论证和思辨色彩的思想史名篇《两种自由概念》。

具体表达形式①。——人类的生活纷呈万象,自由的维度千层百面,自由主义更不是铁板一块的教条。然而,无论自由精神还可能具有如何多样的表现形式,也无论自由传统还蕴藏着怎样丰富的思想内涵,对在人类政治世界中主张绝对权力之观念与实践的全然否定、并积极寻求对掌权施政者进行制度化的规范和约制,都是自由精神最不可或缺的核心要求、都是自由传统最直截了当的重大任务、也都是自由法政秩序可以据以区别于任何其他类型法政秩序的最根本的识别标志。除此自由传统之外,形形色色的独裁者们所一贯追求的,正是对绝对权力全然掌控的极权专制主义;数百年来,所谓的"民主主义",也主要关注于由谁来享有权力的问题,至于对绝对权力进行限制和约束的问题,并不在它关注的焦点之上,——甚至在"民主主义"的思维方向和理论结构中,"人民"的权力在理论上不应该、而在现实中也不能够受到任何限制和约束,这才是"民主"理论最自然的主张和结论②。然而,由前文的论述可知,即使我们丝毫不考虑狄百瑞从人文主义的核心观念出发对自由主义所作的宽泛解释③,

---

① 对于自由传统在西方世界大的原则性分类,请参看前及萨托利《民主新论》第62—68页和哈耶克《自由主义》一文中的相关论述。对于自由传统在欧洲国别形态中的具体表达形式的简要介绍,请参看江宜桦《自由主义哲学传统之回顾》、杨肃献《英国政治传统中的"自由"观念》、顾忠华《自由主义与德国的命运》、兰克斯顿《自由主义在法国》和巴迪《非洲的自由主义》等文章,上述五篇文章皆见前及《自由主义与当代世界》一书。此外,意大利学者圭多·德·拉吉罗《欧洲自由主义史》(科林伍德英译,杨军中译,长春:吉林人民出版社2001/2003年)一书,自从1925年出版以来,就以其对欧洲各国自由主义做出了精要论述而至今在欧美学界享有盛誉,是了解自由传统在欧洲各民族文化中之具体表达形式的最佳参考书籍。国内学者李强的《自由主义》(长春:吉林出版集团有限公司2007年)一书,对此也有简要的介绍。

② 对于民主传统和自由传统的不同关注焦点,请参看"导论"部分已经列出的相关文献。另外,也可参看哈耶克《经济、科学与政治》(冯克利译,南京:江苏人民出版社2000/2003年)一书第390页的简要说明,和前及《自由主义与当代世界》第133—134页的内容。哈耶克和萨托利等古典自由主义者虽然区分自由和民主的不同,但并不一般地从"自由"出发反对"民主",而是坚决地主张作为现代自由法政秩序样态的"自由民主"。关于二十世纪的古典自由主义者这种思想决断的内在逻辑,请参看刘军宁《为什么民主必须是自由的?》一文,见其著《民主 共和 宪政:自由主义思想研究》(上海:上海三联书店1998年)第216—228页。

③ 参看前及狄百瑞《中国的自由传统》之"引言"中的论述,尤其是第8—10页的内容。正是在这个"引言"的末尾,狄百瑞说黄宗羲正在寻觅着一种"新的综合",并认为"这个新的综合代表了比较成熟的新儒家的自由主义",见上书第11页。

也可以根据黄宗羲在其权力批判和政府批判中对绝对权力的绝然否定、以及他所提出的针对绝对权力的种种约制性制度设计，而认定黄宗羲法政思想所切实具有的"自由"维度。进而，正如洛克的法政思想早已获得思想界的普遍承认，并被视为人类自由传统在西方文明——在英国文明——传统中之具体表达形式的一部分那样，我们也可以有根据地将黄宗羲的法政思想视为人类自由传统，在华夏文明传统中之具体表达形式的一部分。

然而，与洛克法政思想在其当时与后世被广泛接纳和传播，并在欧美世界产生了巨大的思想与政治影响相比[1]，黄宗羲法政思想的命运要暗淡得多，而其对中国思想界和政治实践所具有的实质性影响的到来，也已经是他去世两百年以后的事了。如此巨大差别的造成，虽然是中西历史种种条件因缘际会的综合性结果，但并不难发现的是，某些因素在造成这种命运和影响的差别方面，无疑起了较为重要甚至是关键性的作用：在洛克身处的西方——尤其就英国而言，光荣革命以后的英国，对专制主义的绝对权力问题获得了根本的解决，从而建立了一套有稳定司法保障的法权体系，进而以蓬勃兴起的市民社会为依托，为自由精神在观念和实践上的展开，都提供了充分的可能与空间；而在黄宗羲身处的华夏东土，绝对权力问题并没有按照黄宗羲设想的方向得到解决，满清王朝最终再次成功建立了不受制度约制的皇权，——在这种由异族入侵所重新建立的、不受制度约制的普遍皇权之下，不但具有稳定司法保障的法权体系无从建立，而且在明清易代的政治局势中，已经初步发育起来的江

---

[1] 洛克的法政思想不仅影响了光荣革命以来至今英国法政思想的主流，还对美国和法国等国家产生了巨大而积极的影响。洛克对美国革命和美国法政思想主流的影响，早已经通过《独立宣言》和《美国宪法》的文本和思想史研究而广为人知。洛克法政思想对法国所发生的影响，则主要有三种途径：第一是通过《政府论》法语译本的直接流传，第二是通过孟德斯鸠等亲英人物对洛克思想的间接传播，第三是通过参与了美国独立战争的法国思想家如西耶斯等人间接的传布。

南市民社会，也遭到了从民族压制和政治防范出发的严重破坏。最终，在满清入主以后近百年间的华夏东土，自由精神在观念和实践上展开所需要的种种条件，如果不是被完全地切割或宰制，就是被严重地压抑或扭曲。如此一来，黄宗羲法政思想发挥影响所需的种种外部条件，几乎都受到了不同程度的压抑和窒息，以至于一定要等到那不受制度约制的普遍皇权不再具有强大的控制能力、从而使自由精神在观念和实践上展开所需要的种种条件得到一定恢复之后，黄宗羲法政思想发挥它积极影响的历史时刻才可能会到来。然而，当这个历史时刻真的在十九世纪晚期再次临到东土华夏的时候，满清王朝已经在内忧外患之中走到了它濒临覆灭的边缘，而这个有着悠久历史文化的古老文明，也随之被重重困在了一团解不开的乱麻之中。于是，从传统历史文化内部自发演生而来的脆弱的中国式自由传统，在中西冲突的基本情势下，很快就被因古今断裂而来的愤怒、失落和迷茫所夹杂包围，以至于她刚刚呼吸了几口新鲜的空气、刚刚发出几声清脆的声音，就又一次被淹没在了借种种冠冕堂皇的名义追求绝对权力的阴风浊浪之下。

附录一

1600—1724年中西大事略表[1]

年份	中国	西方
明万历二十八年，公元1600年	总督李化龙率刘綎、陈磷等攻克海龙囤土城，杨应龙自杀。杨氏从唐乾符三年（876年）杨端入播州，共世袭二十九代；李三才上疏论矿税扰民情状，云"一旦众叛土崩，小民皆为敌国"。	小查理在苏格兰诞生，后为英王查理一世；英国东印度公司建立。
明万历二十九年，公元1601年	武昌民变，数万人围宦官陈奉官舍，将来逋冯应京缇骑十六人投入江中；苏州民变，时苏州"机户出资，机工出力"，丝织业非常发达，为抗税机户罢工；努尔哈赤初组八旗。	英国发布"济贫法"；在议会压力下，英国伊丽莎白下令取消部分商品之专卖权；荷兰舰队进攻澳门，未果。
明万历三十年，公元1602年	江西民变；云南民变。	荷兰"东印度公司"成立。
明万历三十一年，公元1603年	睢州杨思敬起义，旋败。凤阳巡抚李三才因睢州事上疏言时势危急。	英王伊丽莎白卒；苏格兰的詹姆斯六世成为英格兰国王，是为英王詹姆斯一世，英格兰和苏格兰王国以此联合，英国进入斯图亚特王朝时期。

---

[1] 此表为笔者以数种历史年表为基础，杂搜诸书之资料编辑而成，之所以起于1600年，既取其整数，更考虑到本年利玛窦入北京和布鲁诺之死的文化史和思想史意义；止于1724年，则主要考虑到雍正皇帝在此年（一说为1723年）正式全面禁绝天主教，从而正式关闭了中西和平交流与平等对话的大门。而此间波谲云诡的120余年，正是黄宗羲和洛克几乎同时置身其中的那个大时代的关键时期。然而以笔者受视野、时间与资料的限制，本表尚远未届于完善，且留待日后补正。

明万历三十二年,公元1604年	武昌发生"楚宗之乱",宗室数百人聚集,杀巡抚赵可怀,抢劫楚府。沈鲤、赵世卿上疏极言矿税之害。	英王詹姆斯一世宣称为"大不列颠、法兰西与爱尔兰国王",后敕令授权大法官对选举结果审查,侵犯选举自由,激起下院强烈反对。
明万历三十三年,公元1605年	诏罢天下矿税,不久即又恢复。	斯图亚特王朝第一届议会开幕,英王詹姆斯一世发表"君权神授"论,大遭不满;英国"火药阴谋"(Gunpowder Plot)被发现,引发了国王、议会与罗马天主教徒关系的紧张,此后反天主教立法日严。
明万历三十四年,公元1606年	云南民变,杀税监杨荣等二百余人。	英国议会通过反罗马天主教徒的效忠宣誓法,赋予国王对违反相关法律的罗马天主教徒进行任意没收财物或监禁的权利;教宗保罗五世对英国国王和议会的效忠宣誓法表示谴责。
明万历三十五年,公元1607年	湖广黄州府大水;武昌、承天、郧阳、岳州、常德等府先大旱,再大雨,漂没房屋。南直隶宁国、徽州、太平等府、浙江严州山洪大发,溺死男妇不算。京师大雨,长安街水深数尺。山东大旱。	西班牙舰队在直布罗陀海峡被荷兰歼灭,同年西班牙国王与尼德兰大公声明放弃北方诸省主权;英国在弗吉尼亚建立詹姆斯镇,是为英国第一个北美殖民地。
明万历三十六年,公元1608年	南畿大水,南京、苏州、松江、常州、镇江等府均被淹,为二百年来所未有。	以德意志为中心成立政治、军事性质的新教国家联盟;德皇鲁道夫二世签署"大诏书",赋予捷克境内所有非天主教徒以信仰自由以及选举自己信仰保护人的权利。
明万历三十七年,公元1609年	日本兵入琉球,大掠而去;福建、江西大水;甘肃地震,边墩毁坏八百七十余里。	与新教同盟同样为政治、军事性质的天主教国家联盟成立。

明万历三十八年,公元1610年	军饷匮乏,而巨额矿税为神宗视为私物,不肯移作军用;自嘉靖、隆庆以来,廷臣交攻,至此渐成朋党,东林之声亦以此渐起;本年,我国第一次运用西法推算日食。	詹姆斯一世就王室财政问题与下院进行谈判,并发表演说向下院保证以中道进行统治;法王亨利四世遇刺殒命,九岁子嗣位,是为路易十三,母美第奇家族之玛利亚总摄政事。
明万历三十九年,公元1611年	李三才去职;两广大水;南北二畿、湖广大水。	
明万历四十年,公元1612年	努尔哈赤破乌拉部;黄河大决于徐州。	
明万历四十一年,公元1613年	两畿、江西、河南、山东、湖广、广西、辽东大水。	
明万历四十二年,公元1614年	福建民变;浙江、江西、两广、福建大水;叶向高辞职去官,方从哲独相,明朝局益不堪问。	詹姆斯召开第二届国会,议会对国王征税反对极强,遭到詹姆斯解散,以致未通过任何议案,史称"无为国会",此后詹姆斯进行了七年的无国会统治;法国王室路易十三宣布亲政,为应付国内危急召开了三级会议,无功而散,自此至1789年大革命前,法国三级会议从未受召举行。
明万历四十三年,公元1615年	梃击案发生,二十五年来神宗乃第一次召见廷臣;扬州地震;畿辅、山东大旱,三月至六月间无雨;努尔哈赤正式建立八旗制度。	法国空得亲王成为胡格诺派领袖。
明万历四十四年,公元1616年	河先决徐州,再决开封;山东河南饥民生变,有竖旗称王者;努尔哈赤称汗,国号金;	詹姆斯一世就法律与王权问题与科克产生冲突,科克被解除大法官职务,旋即进入下院,成为下院领袖,继续与国王斗争。

明万历四十五年,公元1617年	是年京察,尽斥东林,而言官亦专以攻东林为事。	布拉格大主教和布雷夫诺夫主持下令,禁止他们辖区内新教徒在其自己所建教堂中举行礼拜仪式;斐迪南成为捷克国王,公开违犯"大诏书"对新教进行残酷镇压。
明万历四十六年,公元1618年	山西地震;京师三次地震;甘肃、辽东地震;努尔哈赤以七恨告天,兴师反明。	詹姆斯一世发布"游艺条例",遭到清教徒强烈反对;基督教改革宗于多特举行国际会议,讨论阿明尼乌派问题;捷克议会请代表将神圣罗马帝国之参议官从窗户抛出,史称"扔出窗外事件",欧洲各国大为震惊,战争爆发,很快发展为全欧性国际战争,即"三十年战争"。
明万历四十七年,公元1619年	明用熊廷弼经略辽东;再加天下田赋,以补辽饷;努尔哈赤取开原、铁岭,灭叶赫氏。	基督教改革宗发布"多特信条",谴责阿明尼乌派,提出"郁金香"五要点。
明万历四十八年,公元1620年	再加田赋,以补辽饷;神宗崩;光宗即位,旋亦崩,熹宗即位,改元天启;魏忠贤晋任司礼监秉笔太监;熊廷弼罢,袁应泰继任。	英王因"三十年战争"而重新召开国会以解决财政困难;英国避居荷兰的清教徒一百多人乘"五月花号"开往美洲,建立普利茅斯殖民地。
明天启元年,公元1621年	邹元标入朝,请召高攀龙、赵南星等;叶向高再任首辅;努尔哈赤兵陷辽阳,袁应泰自杀殉国,熊廷弼复起;四川永宁宣抚使奢崇明反,陷遵义,据重庆,建国号梁。	英格兰詹姆斯一世召开第三届议会,和下院之间就下院特权的性质和起源发生严重争议,詹姆斯一世当场撕毁下院"大请愿书";神圣罗马帝国皇帝平定波西米亚,解散德国(日耳曼)境内新教同盟;法国胡格诺派在拉罗什举事;黎塞留逐渐掌握法国政治实权;荷兰创立西印度公司。

明天启二年，公元1622年	熊廷弼下狱，孙承宗经略蓟辽，筑宁远城，命袁崇焕守之；诏：抚恤方孝孺后裔；山东白莲教起义，陕西地震。邹元标在京师建首善书院，与高攀龙等讲学，为反东林者弹劾罢官。	英国出现第一份新闻报刊；法国路易十三继续与胡格诺派战争媾和，恢复"南特诏令"效力；黎塞留被委任为红衣主教。
明天启三年，公元1623年	荷兰人据台湾、澎湖，犯厦门；阉党顾秉谦、魏广微入阁；魏忠贤提督东厂。	西班牙政府向城市勒索巨款遭拒；英国确定此后任何在工艺与制造方面有特殊发明者，准予办法执照，在一定时期内"专利"，史家称为近代专利法之肇始。
明天启四年，公元1624年	杭州、福宁兵变；蓟州、永平、山海关地震；京师地震；保定地震；南京地震；河决徐州，城中水深一长三尺；杨涟劾魏忠贤二十四大罪，黄尊素等上疏继之，国子祭酒蔡毅中帅师生千余人请究魏忠贤罪，均被传旨切责；工部郎中万燝论魏忠贤罪，遭廷杖殒命；叶向高、高攀龙、赵南星相继罢职；杨涟、左光斗削籍；阉党编《点将录》，收东林人物一百零八人。	黎塞留主政法国，直至1642年；英国废除了商品专卖权；荷兰在北美洲建立殖民地，称新阿姆斯特丹，后为英国夺去改称新约克（即纽约）。
明天启五年，公元1625年	魏忠贤兴大狱，杨涟、左光斗、魏大中受酷刑殒命，赵南星、李三才、顾宪成削籍，死者追夺诰命，袁化中、周朝瑞、顾大章相继死于狱中；毁天下书院；赐魏忠贤"顾命元臣"印，客氏"钦赐奉圣夫人"印；阉党冯铨等入阁；孙承宗罢，高第继任，命放弃关外各城，袁崇焕守宁远、前屯二城不撤。	英王詹姆斯一世卒（1566—1625），子查理嗣位，是为查理一世；伦敦大瘟疫，死者三万五千余人；法国胡格诺教派以罗翁公爵为首起事。

明天启六年，公元1626年	浙江巡抚潘汝桢请为魏忠贤立生祠，各地效尤；陕西民众起义；努尔哈赤于宁远战事中，受袁崇焕炮伤，身故，皇太极立；天津、宣府、大同地震数十次；魏氏再兴大狱，捕周起元、高攀龙、周顺昌、缪昌期、李应昇、周建宗、黄尊素等，高攀龙投水自杀，余人皆惨死狱中；市民颜佩韦、杨念如、周文元、马杰、沈扬挺身投案，英勇就义后被合葬虎丘，世称"五人墓"。	英国议会弹劾白金汉公爵，遭查理一世解散；查理一世不经议会同意径自征税。
明天启七年，公元1627年	皇太极攻宁远、锦州，败于袁崇焕；明熹宗崩，思宗即位，安置魏忠贤于凤阳，杀客氏，毁魏忠贤生祠；宁夏一月间地震百余次；陕西澄城县民王二因岁饥苛政帅民起义，杀知县张斗耀，明末农民大起义自此始。	黎塞留亲自指挥大军围攻胡格诺派势力中心拉罗什；英国先后三次派遣舰队支援胡格诺派，失败而归。
明崇祯元年，公元1628年	赠恤天启间被害诸臣；以袁崇焕为兵部尚书，总督蓟辽；陕西连年旱饥，王嘉胤、王大梁（大梁王）、王左挂、高迎祥（闯王）等纷起；固原兵因欠饷哗变，多参加起义。	爱德华·科克领导下院对国王进行斗争，向查理一世递交了著名的《1628年权利请愿书》；经十四个月抵抗后，拉罗什向黎塞留乞降，此后胡格诺派仅仅为受宽容而存在之宗教派别，不再是拥有武力的政党。
明崇祯二年，公元1629年	定逆案，刘宗周谏思宗勿"求治太急"，思宗不能用；裁驿站冗卒以节省粮饷，被裁者多参加起义军，李自成入高迎祥部；后金大举功明，思宗中计，将袁崇焕下诏狱。	英国议会根据约翰·伊利亚特提案通过决议，宣称无论何人，倘不经过议会同意而擅自在宗教方面作任何改革，或擅自征收赋税，皆将被视为英格兰王国自由之敌人；查理解散国会，逮捕伊里亚特等八人，自此开始了11年的无国会统治。

明崇祯三年，公元1630年	陕西起义军声势日大，明总督杨鹤主"抚"；思宗杀袁崇焕；加田赋；复社召开金陵大会。	法国正式参加"三十年战争"。
明崇祯四年，公元1631年	招降无效，杨鹤下狱，以洪承畴代之；思宗重派太监监边镇，并派太监总理户部、工部钱粮；后金始造红衣大炮，仿明制设六部。	
明崇祯五年，公元1632年	黄道周上疏攻击周延儒、温体仁，思宗怒，斥道周为民；洪承畴督军平叛，关中起义军遭受重创。	荷兰驱逐境内西班牙人；法国大瘟疫，仅里昂一处死亡即六万人；英国在北美建马里兰殖民地；荷兰商人在俄罗斯获准开矿，俄罗斯建立第一个铁厂。
明崇祯六年，公元1633年	周延儒罢，温体仁为首辅；太监张彝宪请派官催征欠赋，范淑泰谏以民贫难追，思宗不听；张溥在虎丘主持召开复社大会，数千人到会。	查理一世赴苏格兰，在爱丁堡加冕为苏格兰国王。
明崇祯七年，公元1634年	尚可喜降后金。	英王查理下令在全国各地征收"船税"；法国与荷兰联盟，向西班牙宣战。
明崇祯八年，公元1635年	七月文震孟入阁，三月即遭罢斥。是年正月，张献忠等攻入颍州。入凤阳，焚皇陵楼殿。八月，李自成破咸阳。一年之间，起义军自江北而楚，而豫，而秦，又自秦迤逦而南，烽火几遍半个中国。洪承畴督师东下，十三家义军会荥阳共应敌，用李自成策，分路开展以疲官军。	法兰西学院成立；英国颁布教会法规与祈祷书，强令苏格兰教会接受；英国乡绅约翰·汉普顿以拒绝缴纳"船税"被控。
明崇祯九年，公元1636年	高迎祥被俘，死，李自成立为闯王；皇太极即皇帝位，国号清，拒绝国师达海改用汉人衣冠之议，申明必须保持旧俗；清攻打朝鲜。	

明崇祯十年，公元1637年	加征"剿饷"；温体仁与曹化淳倾轧遭罢，次年卒；朝鲜兵败，称臣于清。	约翰·汉普顿被判有罪，举国哗然；查理一世试图在苏格兰引入新的《祈祷书》(Prayer Book)，引发了苏格兰新教徒的抵抗。
明崇祯十一年，公元1638年	起义军屡遭败局，明末起义一时低潮；清兵南下，高阳失守，名将孙承宗殉国。	苏格兰新教徒组织"庄严同盟"，发布誓约，保卫信仰之"纯正与自由"；法国在陆上战胜神圣罗马帝国皇帝，在海上战胜西班牙，并入侵西班牙本土，全军覆没。
明崇祯十二年，公元1639年	清军南下，陷济南、汶上等地，有松山之围；明朝命各地练兵，加征练兵饷。	苏格兰新教徒占领爱丁堡，招募军队，爆发反查理一世起义。
明崇祯十三年，公元1640年	张献忠转战川境；李自成再入河南，以"迎闯王，不纳粮"号召，饥民多从。	英王查理五月解散第四届议会后，由于查理镇压苏格兰的反叛失利，财政困难，于十一月召开第五届议会，是为"长期国会"。
明崇祯十四年，公元1641年	清兵攻锦州，洪承畴率军支援，败，困于松山；思宗启用周延儒入阁。	英国议会于五月通过"三年法案"，规定每三年召开国会一次，即使无国王召集亦必如此，七月，议会决议废除星法院，十二月，议会向查理递交"大请愿书"，将查理即位后一切弊政尽量揭发，并印行全国。
明崇祯十五年，公元1642年	李自成三围开封，决河灌城，城中百万户，得脱者不满二万人；清兵破松山，俘洪承畴，洪旋降清。	不列颠内战（the British Civil Wars, 1642—1651）爆发；黎塞留卒（1585—1642），当政法国十八年，为路易十四"绝对君主制"奠定了基础。
明崇祯十六年，公元1643年	北京大疫，死者无数；周延儒罢，逮问赐死；清皇太极卒，福临即位，是为清世祖；李自成破潼关，杀孙传庭。	路易十三卒，子嗣位，是为路易十四，马萨林主政。

明崇祯十七年，清顺治元年，公元1644年	李自成称王西安，国号大顺；张献忠在成都称帝，国号大西；北京城破，思宗自缢景山；多尔衮入京，颁剃发令；北方抗清义军纷起；史可法、马士英等拥立福王，马士英起用旧阉党，东林复社人士群起反对，党争复起；清世祖入北京，申明废除明末加派赋税。	英国议会军大败国王军于马尔斯顿沼泽地区，自此，克伦威尔一派逐渐得势，超过长老会派处于优势地位。
清顺治二年，公元1645年	郑芝龙之子郑森受南明隆武政权赐国姓，名成功；清兵破扬州，纵兵屠城，史称"扬州十日"，史可法殉难；清兵陷嘉定，有"嘉定三屠"，黄醇耀殉难。	英国议会军改组为"新模范军"，六月，克伦威尔大败国王军，取得了内战的决定性胜利。
清顺治三年，公元1646年	清命臣僚不准论奏剃发、衣冠等五事，违者治罪；郑芝龙降清，其子郑成功不从，入海，起兵抗清。	英王查理一世败走苏格兰，议会中长老会派试图与国王妥协，被查理一世拒绝；"威斯敏斯特信仰告白"发布。
清顺治四年，公元1647年	清松江提督吴胜兆起兵反清，被杀，巡抚土国宝兴大狱，杀江南名士多人，杨廷枢、夏完淳等具殒命其中，陈子龙投水殉国。	英国长老会派主导英格兰议会以四十万英镑从苏格兰购回查理一世，以继续寻求与国王进行妥协，并试图解散议会军，从此议会中长老会派与军队发生矛盾；军队劫走查理一世。
清顺治五年，公元1648年	清设六部汉人尚书；禁民间养马及收藏兵器；准满汉官民联姻。	三月，英国军队首领决定将国王付与审判，但议会长老会派仍试图与国王妥协，八月克伦威尔大败苏格兰救援国王的军队，十二月，军队将议会中长老会派九十六人驱逐，史称此后之议会为"残留议会"，乃通过审判国王之决议；欧洲"三十年战争"结束，签订威斯特伐利亚和约，承认荷兰之独立地位；德国受到严重削弱，天主教法国开始成为欧洲大陆的主要力量；法国发生"投石党"起义，以失败告终。

清顺治六年，公元1649年	清封孔有德为定南王，耿仲明为靖南王，尚可喜为平南王，率军南下。	英国"残留议会"于一月下旬审讯查理一世，当月三十日，英王查理一世（1600—1649）被处死刑，二月上旬，宣布废除国王和上议院，五月，宣布英格兰为共和国；苏格兰和爱尔兰不从，拥戴查理二世为王。
清顺治七年，公元1650年	清兵破广州、桂林等地；郑成功取金门、厦门；多尔衮卒（1612—1650）。	二月，查理二世入苏格兰称国王，九月克伦威尔大败苏格兰军，查理二世逃往法国。
清顺治八年，公元1651年	清军陷舟山，张肯堂自杀殉国；郑成功部将施琅降清。	英格兰通过第一个"航海法案"，维护、扩张英国海上力量，其目标主要针对荷兰，打击荷兰的海上运输业。
清顺治九年，公元1652年	清禁"淫词小说"；封关羽为"忠义神武关圣大帝"；郭怀一在台湾起义反抗荷兰殖民者。	1652—4年，英国对荷兰发动战争，打击荷兰航海业。
清顺治十年，公元1653年	清封达赖为"西天大善自来佛"；吴伟业应诏入京，道出虎丘，邀集江南文社名士，举行大会，集者近千人。	克伦威尔解散"残阙国会"，自本年至1658年卒，称英格兰、苏格兰与爱尔兰之"护国公"。
清顺治十一年，公元1654年	正月至八月，湖广、西北、山东地震频发；宁完我劾陈名夏倡言"留发复衣冠，天下即太平"，陈论绞终。	英国与荷兰前定威斯敏斯特合约，英国海权日上；新国会召开，与克伦威尔发生矛盾，克氏将议员数十人逐出国会。
清顺治十二年，公元1655年	清令沿海不准片帆下海；立内十三衙门铁碑，禁中官干政。	英法签订和平通商条约；英国国会通过法案，规定"护国公"职位应由选举产生，不得世袭，克伦威尔遂下令解散国会。
清顺治十三年，公元1656年	清禁白莲、闻香等教；清兵攻金门、厦门，不克；郑成功攻福州，不克。	克伦威尔之英国于九月召集第三届国会；日耳曼（德国）的腓德烈·威廉助瑞典王查理十世大败波兰军。

清顺治十四年,公元1657年	科场案起,顺天乡试考官李振邺、张我朴被斩,江南主考官方祖猷、钱开宗被斥;河南主考官黄鈫、丁澎遭劾;孙可望降清,以西南虚实相告,清以洪承畴为经略,率吴三桂等攻云贵。	腓德烈·威廉获得在东普鲁士之绝对主权,自此不再向波兰国王行附庸礼。
清顺治十五年,公元1658年	丁酉科场案继续。顺天举人二十余人流尚阳堡。斩江南两主考官方祖猷、钱开宗,十八房考官除一人已死外,余均绞决。牵涉之举人长流宁古塔,父母兄弟娶子均流;明桂王封郑成功为延平郡王;五月,清贝子洛托等陷贵阳,六月,吴三桂陷遵义;七月,明大学士文安之与李来亨等攻重庆,不克。郑成功、张煌言率舟师北上进攻南京,遇台风,泊舟山。	克伦威尔卒(1599—1658),子查理·克伦威尔继任"护国公"之位;莱茵诸城市组织同盟,瑞典和法国均参加,史称"莱茵同盟"。
清顺治十六年,公元1659年	五月,郑成功大举入长江。六月,破镇江。七月,至江宁城下,张煌言则由芜湖进取徽、宁一带。十月,兵败,郑成功还至厦门。张煌言由徽州一带山区出钱塘入海。此后,清兴大狱,追查"通海"事,株连甚广。	查理·克伦威尔庸弱无能,被迫辞去"护国公"职位,"残留议会"复会,旋被军队解散,旋又复会;法国与西班牙签订比利牛斯条约,此条约与巴伐利亚和约一起奠定了法国在欧洲的霸权基础。
清顺治十七年,公元1660年	清严禁士子立社订盟;定三藩兵制;定八旗兵制之汉名。	四月,英国查理二世在荷兰发表声明,允诺大赦,并承认革命期间之财产转移为有效,五月,返英复辟。
清顺治十八年,公元1661年	顺治帝崩,玄烨即位,是为康熙皇帝,年八岁;郑成功收复台湾,据以抗清,清杀其父郑芝龙,实行海禁;苏州发生"哭庙案"。	查理二世召集新议会,并恢复英格兰国教教会之地位;法国马萨林卒,路易十四亲政(23岁),任命科尔柏为财政大臣,力行重商主义。

清康熙元年，公元1662年	吴之荣告发庄廷鑨私修《明史》事；郑成功卒（1624—1662）	英格兰议会通过"出版许可法"(The Licensing Act of)，同年，英格兰"信仰划一法案"（Act of Uniformity）获得通过。
清康熙二年，公元1663年	庄氏"明史狱"结案：出庄廷鑨尸，枭首碎尸，杀其弟廷钺，作序、参阅者凌迟，刻工、刷匠、书贾、藏书者斩，妇女给边，牵连七百余家，学者吴炎、潘柽章均遭凌迟，二人曾撰《明史记》未成，查继佐亦因此案入狱，赖吴六奇营救得免一死。	查理二世批准罗吉尔·威廉斯为罗得岛制定的基本宪章，该宪章在近代正式政制文献中第一次主张教派宽容、宗教与政治相分离；英国第五帝国派起事，被镇压，遂至有1664年"集会法案"；金匠柴尔德在伦敦设立银行，是为现代银行之祖。
清康熙三年，公元1664年	清兵破茅麓山，李来亨全家自焚殉难；张煌言被捕，遇害于杭州。	英国通过"集会法案"，规定除依国教许可形式外，禁止人民有五人以上之宗教性集会；伦敦大疫，死者六万八千人；本年，英国人占领荷兰在北美之殖民地新阿姆斯特丹，更名为新约克（纽约）。
清康熙四年，公元1665年	令搜集天启崇祯间事迹，备修《明史》；杨光先作《辟谬论》等，在鳌拜支持下攻击汤若望等传教士，汤若望等下狱，史称"历狱"。	格林尼治皇家天文台成立。
清康熙五年，公元1666年	本年，陈永华在台湾首立孔庙。	伦敦大火，灾害甚重，然瘟疫亦以此终；法国在巴黎创立法兰西科学院。
清康熙六年，公元1667年	康熙亲政；荷兰入贡；苏克萨哈遭灭族。	
清康熙七年，公元1668年	山东莒县、郯城8.5级大地震；熊赐履上疏论民生困苦，又连续上疏请倡程朱理学。	英国、荷兰、瑞典缔结三国同盟，共同对抗法王路易十四。
清康熙八年，公元1669年	擒鳌拜。	

清康熙九年，公元1670年	改内三院为内阁及翰林院，设中和、保和、文华三殿大学士；太湖大水，自顺治十八年，吴中积荒十年。	英法秘约，查理二世及其弟詹姆斯允诺时机适合时皈依天主教，路易十四为拆散二国同盟，乃重金收买查理二世，且允诺以军力支持查理平定内忧；英国颁布"第二集会法案"，较1663年更为严峻。
清康熙十年，公元1671年	命撰《孝经衍义》；毁南京明故宫；罢民间养马之禁。	
清康熙十一年，公元1672年		英法联合入侵荷兰；法兰西科学院巴黎天文台在圣雅克近郊落成；俄国沙皇彼得一世生。
清康熙十二年，公元1673年	吴三桂反；禁民间养马。	英国议会通过"测验法案"，规定任何服务于英国政府之人员，必须宣誓对国王效忠，承认国王为教会最高首脑，并遵行国教崇拜礼仪；关于国王弟弟兼王位继承人约克公爵詹姆斯的天主教信仰的谈话被公开，沙夫茨伯里伯爵被迫退出政务；神圣罗马帝国皇帝在匈牙利地区迫害新教徒。
清康熙十三年，公元1674年		法国节节胜利，英国乃与荷兰订立和约。
清康熙十四年，公元1675年		英国殖民者与美洲土著进行"腓力王战争"。
清康熙十五年，公元1676年	康熙八年以降，黄河下游年年决口，十五年多雨，为灾甚重。	美洲爆发那坦尔·培根领导的"普通人起义"，总督白尔克厉予以血腥镇压。

清康熙十六年，公元1677年	始设南书房。	英王查理二世之侄女（詹姆斯之女）玛丽嫁于荷兰之奥伦治亲王威廉，即后来之英王威廉三世。
清康熙十七年，公元1678年	吴三桂三月在衡州称帝，八月卒（1612—1678）；郑经攻陷海澄，进攻泉州，败于姚启圣；清开博学鸿词科，征举当世名儒，李颙以死拒，免，顾炎武亦以死拒，免，自此绝迹京师，黄宗羲以死据，免，浙江举吕留良，不赴。	英国下院宣布，凡有关经费议案之通过，因为经费性质为下院对国王之"赠与"，因此必须由下院动议，对此类议案"上议院不应作任何变动或修改"，自此以后，下院权力益重。
清康熙十八年，公元1679年	京师大地震，波及半个中国。	英国发生"排除危机"（1679—1681）；五月，英国议会通过"人身保护法案"，规定法院应照被拘捕人之请求签发"人身保护令"，以向拘捕机关索取该被拘捕者依法审判，拘捕机关无故拒绝或不遵照办理者，将被处以罚金；英国议会中以"辉格"和"托利"命名的党派出现，前者拥护国王权威，后者主张自由宪政法治。
清康熙十九年，公元1680年		英国议会下院以查理二世之弟詹姆斯公开皈依天主教，乃通过"排斥法案"，规定詹姆斯不得继承英国王位，但该法案在上院被否决。
清康熙二十年，公元1681年	定三藩；郑经卒，子克塽即位；康熙召见直隶巡抚于成龙，称"清官第一"。	英王查理二世最后一次召集议会，但因又有动议讨论"排斥法案"者，旋即解散议会；沙夫茨伯里伯爵被控叛国，主要由辉格人士组成的陪审团驳回了指控。
清康熙二十一年，公元1682年		沙夫茨伯里伯爵流亡荷兰。

清康熙二十二年，公元1683年	施琅下澎湖；郑克塽降，台湾入清。	因被控谋反，A.西德尼和W.罗素勋爵被处死，艾塞克斯伯爵在伦敦塔中自杀；沙夫茨伯里伯爵在荷兰卒；标志着重商主义时代的法国财政大臣科尔柏卒（1619—1683）。
清康熙二十三年，公元1684年	康熙第一次南巡；开海禁，于云台山、宁波、漳州、澳门设四海关；令沿海不许五百石以上船只入海，违者充军。	
清康熙二十四年，公元1685年		英王查理二世卒，詹姆斯继承王位，是为詹姆斯二世；蒙茅斯公爵起义，失败，公爵被处死；国王要求引渡洛克回英格兰，未果；法王路易十四撤销"南特敕令"，胡格诺派新教徒冒禁潜离法国者约五万户，其中大多为熟练技工，流入荷兰、英国、北美等地。
清康熙二十五年，公元1686年		英王詹姆斯二世日益偏袒天主教，下令重新设置宗教事务委员会，并在政府中试行任用天主教徒。
清康熙二十六年，公元1687年	以"败坏风俗，蛊惑人心"为罪状，禁"淫词小说"。	英王詹姆斯二世颁布第一次"信仰自由宣言"，试图使天主教与英国国教处于同等地位；法王路易十四派耶稣会士白晋以修订历法之名赴华。
清康熙二十七年，公元1688年		四月下旬，詹姆斯二世颁布第二次"信仰宣言"，并命令在各教堂宣读；坎特伯雷大主教和其他五位主教六人拒绝宣读第二次"信仰宣言"，被捕下狱；英国七大名人联名邀请玛丽与威廉来英；十二月十一日，詹姆斯二世出逃；威廉于九月发布宣言接受邀请，十二月十九日与玛丽同入伦敦，是为英国"光荣革命"。

清康熙二十八年，公元1689年	康熙第二次南巡；在西方传教士协助下，定《尼布楚条约》，是为中西交通史上第一个中西条约，也是第一个平等条约。	英国临时议会于二月十三日将王冠献上，威廉和玛丽被加冕为英国国王，同日发表"权利法案"，申述"英国人民……真正的、古已有之的、无可置疑的权利"，共十三条，并规定了王位继承顺序；议会通过"宽容令"；英法两国在北美洲之"威廉王战争"开始，詹姆斯二世逃亡消息传至美洲，各地掀起暴动，驱逐或逮捕英王原派总督，恢复自治政府。
清康熙二十九年，公元1690年	清罢民间养马之禁。	英国议会通过"恩惠法案"；威廉赴爱尔兰，在波义恩战斗中大败詹姆斯二世，后者逃亡法国。
清康熙三十年，公元1691年	《通鉴纲目》满文译本成书刊行。	英国与爱尔兰订立和约，规定准许爱尔兰籍军官和士兵自由赴法，准许爱尔兰天主教徒有崇拜之自由，凡参加詹姆斯二世战争者皆获大赦等。
清康熙三十一年，公元1692年	康熙下达容教令，允许天主教在华自由传教。	英法作战，英国胜于海，败于陆；英国发行公债一百万镑，为历史上第一次国家公债。
清康熙三十二年，公元1693年	俄国使节赴北京觐见请通商，使节行三跪九叩之礼，康熙大悦，特准俄国在北京建俄馆，其他国家不得享受此待遇。	
清康熙三十三年，公元1694年		英国始设英格兰银行，同年，议会通过"地位法案"，规定政府官吏不得为下院议员。
清康熙三十四年，公元1695年	山西大地震。	英国取消了出版物检查条例，结束了出版审查制度，研究者认为此项建议出自于洛克。

清康熙三十五年，公元1696年		英国设立"商业与殖民委员会"专管美洲殖民地之商业，并加紧实施航海条例。
清康熙三十六年，公元1697年		英法西荷诸国订立和约，法国承认威廉为英国国王，并允诺不再援助威廉之敌人。
清康熙三十七年，公元1698年		英国议会通过法案裁减常备军队至七千人；伦敦证券交易所成立，此为现代第一个证券交易所；同年，俄国沙皇彼得一世化妆来英国考察。
清康熙三十八年，公元1699年	康熙第三次南巡。	英国议会对威廉以英国土地赏赐荷兰籍宠幸表示激烈抗议。
清康熙三十九年，公元1700年		西班牙国王查理二世卒，法王路易十四孙安茹公爵腓力嗣位，是为腓力五世，以王位继承权问题存在争议，各国哗然，战事迫在眉睫。
清康熙四十年，公元1701年	封河神为"显佑通济昭灵效顺金龙四大王"。	英国通过"王位继承法案"，法案规定，英国国王必须为新教徒；不经议会同意不得擅离国土；不得使英国卷入任何保护王室在外国之土地的战争；外国人不得在英国政府或军队中任职；内阁为国王行为负责；法官除非失职则终身任职等。
清康熙四十一年，公元1702年		英国威廉三世卒，詹姆斯二世次女安娜继承王位，是为安娜女王（Queen Anne）；英国参与到西班牙王位战争中，对法宣战；北美洲"安娜女王战争"开始，英国借此夺取法国殖民地。

清康熙四十二年，公元1703年	康熙第四次南巡。	俄国彼得大帝将首都自莫斯科迁至彼得堡。
清康熙四十三年，公元1704年	洪昇卒（1645—1704）； 尤侗卒（1618—1704）； 邵长蘅卒（1637—1704）； 唐甄卒（1630—1704）； 颜元卒（1635—1704）； 严若璩卒（1636—1704）。	英国马尔博罗公爵（Duke of Marlborough）在布伦黑姆（Blenheim）战役中打败路易十四，路易十四时代开始成为过去。
清康熙四十四年，公元1705年	康熙第五次南巡；罗马天主教教宗特使多罗抵华，与康熙会晤，不睦。	英国人托马斯·纽克曼与考利尔·塞弗利发明蒸汽机，本年取得专利。
清康熙四十五年，公元1706年	于各省设育婴堂，此为基督教直接通过官方形式影响社会之开始。	
清康熙四十六年，公元1707年	康熙第六次南巡，张符骧于扬州塔湾进献《迎銮诗》十二章，陈治国方略，甚得嘉许（张符骧（1663—1727）； 罗马天主教教宗特使多罗在南京发布1704年教宗禁令，禁止中国教徒举行参加拜孔祭祖等中国礼仪，康熙乃令将多罗押往澳门交葡萄牙人看管；康熙帝为澄清中国礼仪之争要害，派遣法国天主教传教士艾若瑟出使罗马教廷，樊守义随行。	通过"合并法案"，苏格兰与英格兰正式合并，称"大不列颠联合王国"，两国共戴一君，共设一个议会，苏格兰选举贵族十六人加入设于伦敦的上议院，选举平民四十五人入下议院，于英格兰国教会和苏格兰长老会，则一仍其旧，不加更变。
清康熙四十七年，公元1708年	浙江镇压大岚山起义军，捕获首领张念一，旋于山东捕王士元父子，王士元遭凌迟，其数子均处斩刑，清初"朱三太子案"至是告终。	法军拥护詹姆斯·爱德华（詹姆斯二世之子）入苏格兰，为英军所败，爱德华返法；联合王国第一届议会召开（安娜朝第三届议会），辉格党处于优势地位。

清康熙四十八年,公元1709年	始建圆明园,费四朝经营之力乃成;康熙帝谓明末宫中用银年数百万两,昔一日之费抵今一年之用,又谓明末宫女九千,内监十万,今不过四五百人。	
清康熙四十九年,公元1710年	罗马天主教教宗特使多罗受拘,本年死于澳门监狱中。	联合王国第二届议会开幕(安娜朝第四届),旧辉格党内阁全体辞职,由下院中占多数之托利党组织内阁,英国宪政之责任内阁制自此奠定。
清康熙五十年,公元1711年	督察院左都御使赵申乔检举翰林编修戴名世所撰《南山集》采录方孝标《滇黔纪闻》所述南明史事,用南明年号,不奉顺治为正统等,戴因此获罪,《南山集》案自此起;江南科场案起,数百人抬财神入学官,抗议科场不公。	南海公司成立;托利议会通过"土地资格法案",规定除贵族与大学代表外,各州选民必须有土地每年总收益在六百镑以上,个自治市选民必须有土地每年收益在三百镑以上者,方具有当选下议院之资格,旨在自议会中排斥商人、金融业者与企业家,至1858年方废止。
清康熙五十一年,公元1712年	将朱熹从孔庙东庑"先贤"之列,升至大成殿"十哲"之次;江南科场案继续,噶礼夺职,康熙谓"张伯行操守为天下第一";戴名世《南山集》案刑部奏结,以戴方两家牵连而定死罪者甚多,令复议。	联合王国始创印花税。
清康熙五十二年,公元1713年	四川大震;海盗尚义受招安,康熙问海上之事,云曾屡遇西洋船只,畏其火器,不敢抢劫,云云;江南科场案定案;《南山集》案定案,方孝标被戮尸,戴名世(1653—1713)被杀,方苞革职,方戴二族皆发遣或入旗;御纂《朱子全书》成,李光地任主修。	

清康熙五十三年，公元1714年	禁"小说淫词"，命销毁书、板，继续刻印者，官革职，军民杖、流，出售者杖、徒三年。	安娜女王驾崩，乔治一世嗣位，汉诺威王朝自此开始。
清康熙五十四年，公元1715年		法王路易十四驾崩，五岁曾孙嗣位，是为路易十五；苏格兰发生拥护詹姆斯·爱德华的叛乱，明年平定。
清康熙五十五年，公元1716年	《康熙字典》成书刊刻。	联合王国议会通过法案，将自身任期延长为七年；苏格兰人约翰·拿在巴黎设立通用银行。
清康熙五十六年，公元1717年	禁赴南洋贸易。凡出海船只，均须详报船只丈尺、客商姓名与所到地方等，且不准多带口粮。卖船给外国者，本人及造船之人皆斩，出国不返者，将知情人枷号，并行文外国，将留下之人解回，处斩刑；广东碣石总兵陈昂奏广州城设立教堂，令严禁，并再次申明禁教；河南兰阳袁进化名朱复业，以白莲教聚众。	苏格兰人约翰·拿在巴黎设立密西西比公司，计划开发美洲法属殖民地路易斯安那。
清康熙五十七年，公元1718年	陈昂奏报海外各国情形，建议多方防备云云；再次申明禁天主教；河南兰阳白莲教首领袁进被凌迟处死，余人斩、监候有差，重申白莲之禁。	约翰·拿又于巴黎创立印度公司与王家银行。
清康熙五十八年，公元1719年		
清康熙五十九年，公元1720年	平定西藏。	联合王国南海公司倒闭，引起轩然大波。

清康熙六十年，公元1721年	朱一贵在台湾起义，占领全台，称中兴王，年号永和，旋败；本年，康熙阅取罗马教廷特使嘉乐所携禁约后，发布禁教令，文云："览此条约，只可说得西洋等小人如何言得中国之大理。况西洋等人无一通汉书者，说言议论，令人可笑者多。今见来臣条约，竟与和尚道士异端小教相同。彼此乱言者，莫过如此。以后不必西洋人在中国行教，禁止可也，免得多事。钦此。"	联合王国罗伯特沃尔波任"首相"，"首相"一名自此始。英国史学界认为，英国现代宪政的两大制度，政党政治和责任内阁制，均在沃尔波当政期间正式形成。
清康熙六十一年，公元1722年	康熙驾崩（1654—1722），四皇子胤禛即位，是为雍正皇帝。	日耳曼（德国）东方公司成立，经营东方贸易。
清雍正元年，公元1723年	命纂修律例；禁朋党；谕巡抚开具幕宾名单；摊丁入亩；全面禁止天主教，天主堂充为公用，西洋教士，除在京者极少数留用外，安置澳门。	
清雍正二年，公元1724年	雍正皇帝颁发御制《朋党论》。	

附录二

1600—1724年中西思想文化史大事略表暨重要思想人物生卒年略表[①]

年份	中国	西方
明万历二十八年，公元1600年	李贽和徐光启分别经焦竑引介，在南京会晤利玛窦；利玛窦来华二十年后，于本年抵达北京，获准留居，"由利玛窦实现的基督教第三次入华，是中国与西方文化交往史上一个新的关节点"（朱维铮语）；由儒入耶的冯应京等重刻刊行利玛窦著《乾坤体义》。朱之瑜生（1600—1682）；袁宗道卒（1560—1600），此前一年，李贽《藏书》在南京刊行，袁宗道谓"祸在是矣"。	布鲁诺在罗马被烧死在鲜花广场；威廉·吉尔伯特《论磁体》出版；让·博丹《国家六论》的英译本在英格兰出版。布鲁诺卒（1548—1600）；理查德·胡克卒（1553—1600）；英国清教神学家古德温生（1600—1680）；法国律师、数学家皮埃尔·德·费马生（1601—1665）。
明万历二十九年，公元1601年	恽日初生；查继佐生；茅坤卒（1512—1601）；李贽《续藏书》定稿。	莎士比亚悲剧《哈姆雷特》在伦敦上演。

[①] 此表为笔者以数种历史年表为基础，杂搜诸书之资料编辑而成，之所以起于1600年，既图取其整数，更考虑到本年利玛窦入北京和布鲁诺之死的文化史和思想史意义；止于1724年，则主要考虑到雍正皇帝在此年（一说为1723年）正式全面禁绝天主教，从而正式关闭了中西和平交流与平等对话的大门。而此间波谲云诡的120余年，正是黄宗羲和洛克几乎同时置身其中的那个大时代的一段关键时期。本表中国部分人物生卒部分受惠于钱穆先生《中国近三百年学术史》"附表"者、学术大事部分受惠于吴海兰《黄宗羲的经学与史学》"附录"者甚多。然而以笔者受视野、时间与资料的限制，本表尚远未届于完善，且留待日后补正。

明万历三十年，公元1602年	张溥生； 李清生； 李贽自决（1527—1602），焦竑撰《荐李卓吾疏》，表示对当局的抗议； 胡应麟卒（1551—1602）。	
明万历三十一年，公元1603年	柴柏达观卒，氏与云栖袾宏、蕅益智旭、憨山德清并称晚明佛教四大师。 万寿祺生； 阎尔梅生； 刁包生； 程智生。	詹姆斯一世《自由君主制的真正法律》在伦敦重印。
明万历三十二年，公元1604年	理学家顾宪成归籍，与高攀龙等恢复宋代杨时创建的东林书院，宗朱，欲救王学末流之偏颇，讲习之余，往往讽议朝政，裁量人物； 陈确生； 陈贞慧生； 许孚远卒（1535—1604）。	
明万历三十三年，公元1605年	顾柔谦生； 王时槐卒（1522—1605）； 屠隆卒（1542—1605）； 焦竑《澹园集》49卷、《焦氏笔乘》14卷编成刻印； 周汝登《圣学宗传》刊行； 陈第《毛诗古音考》完成，并刊刻。	荷兰人汉斯·黎波赛成功制造出望远镜；弗朗西斯·培根《学术的进展》出版；塞万提斯《堂吉诃德》第一部出版； 法国新教神学家、加尔文的继承人贝札卒（1519—1605），现代研究者认为他是"加尔文主义"的真正塑造者。

明万历三十四年，公元1606年	徐光启与利玛窦合译欧几里德《几何原本》前六卷完成（一说1607年）；杨慎《太史升庵遗集》26卷在四川刊刻。 耶稣会来华传教士领袖、意大利人Alexandre Valignani在澳门卒（1538—1606），氏汉名范礼安，字立山，主张传教士学习汉语，是利玛窦的重要先驱。 朱鹤龄生； 程大位卒（1533—1606）。	
明万历三十五年，公元1607年	耶稣会来华传教士领袖、意大利人Michele Ruggieri在那不勒斯卒（1543—1607），氏汉名罗明坚，字复初，1581年来华，著《天主实录》是第一部传教士汉语著述，在华期间与利玛窦共同编写了第一部外语－汉语词典:《葡华词典》。 傅山生； 姜埰生； 钱肃乐生； 胡承诺生； 沈寿民生； 顾允成卒（1554—1607）。	罗明坚于1588年返回欧洲后，第一次将《四书》译为拉丁文出版。
明万历三十六年，公元1608年	徐光启与利玛窦合译欧几里德《几何原本》前六卷完成刻竣刊行； 金人瑞生； 管东溟卒（1536—1608）。	
明万历三十七年，公元1609年	吴伟业生； 邵曾可生； 郑晓的《四书讲义》由其子孙刊刻；李贽的《续藏书》被私刻流传。	格劳秀斯《论海洋自由》出版；弗朗西斯·培根《论古人的智慧》(*De Sapientia Veterum Liber*)出版；开普勒《新天文学》出版，提出行星运行第一、第二定律；伽利略发明天文望远镜。

明万历三十八年，公元1610年	李之藻等依据利玛窦、庞迪我、熊三拔等所传授西学修历，史家称此为西法行于中国之始；本年，我国第一次运用西法推算日食。 黄宗羲生； 彭士望生； 朱载堉卒（1536—1610）； 钱一本卒（1539—1610）； 袁宏道卒（1568—1610）； 沈璟卒（1553—1610）； 利玛窦卒（1552—1610），氏所作《坤舆万国全图》、译《几何原本》、著《天主实义》、《测量法义》、《同文算指》等，对晚明清初思想界影响甚大； 顾宪成《小心斋札记》18卷在南京刊行。	伽利略发观测到木星周围有卫星环绕，物理学史家认为，此发现证实了哥白尼的学说；法国思想家拉巴迪生。
明万历三十九年，公元1611年	御史徐兆魁劾东林讲学之人，首诋顾宪成； 陆世仪生； 张履祥生； 祝渊生； 冒襄生； 徐夜生； 方以智生； 杜濬生； 顾宪成《泾皋藏稿》22卷刊行；焦竑《澹园集续集》完稿，徐光启以门人身份作序。	英王钦定本《圣经》出版；伽利略被列入宗教法庭审查对象名单；开普勒发明开普勒式望远镜；弗朗西斯·苏亚雷斯《论法律与神圣立法者》出版。 詹姆斯·哈林顿出生。
明万历四十年，公元1612年	顾宪成卒（1550—1612）； 王穉登卒（1535—1612）； 张尔歧生； 钱澄之生； 《李卓吾先生遗书》被刊刻；焦竑审校陈第的《尚书疏衍》，并作序；徐光启向传教士熊三拔学习西方水法，编成《泰西水法》。	大法官科克（又译柯克）与英王詹姆斯一世发生著名的冲突，现代研究者认为，在这一事件中，科克大法官的主张第一次表达了现代意义上"法治"（Rule of Law）的内涵。

明万历四十一年，公元1613年	顾炎武生；归庄生；王肯堂卒（1549—1613）；张凤翼卒（1527—1613）。	苏亚雷斯发表《论大公信仰》，攻击詹姆斯一世的主张；苏氏著作在伦敦被焚烧。
明万历四十二年，公元1614年	唐顺之《左氏始末》刊刻。	
明万历四十三年，公元1615年	陈第著成《屈宋古音考》三卷，焦竑为之撰序。沈鲤卒（1531—1615）；沈一贯卒（1531—1615）。	伽利略正式被指控"传授散播"异端邪说；弗朗西斯·培根在《致乔治·维利尔斯爵士的建议信》中第一次使用了"贸易平衡"这一术语；安东尼·德·孟克列钦《政治经济学论文》出版，第一次使用了"政治经济学"这一名称；塞万提斯《堂吉诃德》全部出版；英国清教徒牧师、神学家巴克斯特生（1615—1691）。
明万历四十四年，公元1616年	汤显祖卒（1550—1616）；焦竑《国朝献徵录》120卷和《国史经籍志》均在本年前后成书刊行；臧懋循选编《元曲选》刊刻流行，为传世佳卉。	威廉·哈维宣布发现了血液循环；莎士比亚（1564—1616）和西班牙塞万提斯（1547—1616）在同一天（4月23日）卒；英国清教牧师约翰·欧文生。
明万历四十五年，公元1617年	方孝标生；熊伯龙生；陈第卒（1541—1617）；焦竑辑《升庵外集》成书；刘宗周《论语学案》完稿。	西班牙天主教神学家、法学家弗朗西斯科·德·苏亚雷斯（1548—1617年）卒。
明万历四十六年，公元1618年	吕坤卒（1536—1618）；李贽《续焚书》刊刻，焦竑作序；焦竑《玉堂丛话》8卷刊行。	耶稣会会士金尼阁、邓玉函、汤若望、罗雅谷、傅范际等同赴中国，次年抵达澳门。

明万历四十七年，公元1619年	王夫之生； 唐鹤征卒（1538—1619）； 汤若望来华。 徐光启开始撰写《农政全书》。	开普勒《论宇宙和谐》出版，提出行星运行第三定律。
明万历四十八年，公元1620年	马骕生； 焦竑卒（1540—1620）； 张溥与张采定交。	弗朗西斯·培根《新工具》出版。
明天启元年，公元1621年	谈迁开始撰述《国榷》；茅元仪《武备志》成书，史家称其所载"火龙出水"堪称现代火箭之始祖； 臧懋循卒（1550—1620）。	托马斯·孟《论英格兰和东印度公司的贸易》出版；纳撒内尔·卡彭特《自由哲学》出版，反对亚里士多德的物理学。
明天启二年，公元1622年	邹元标在京师建首善书院，与高攀龙等讲学，为反东林者弹劾罢官；徐光启《农政全书》完稿； 王弘撰生。	弗朗西斯·培根《亨利七世的治理史》出版。
明天启三年，公元1623年	毛奇龄生（1623—1716）； 袁中道卒（1570—1623）； 汤若望著《远镜说》，将伽利略1609年发明的天文望远镜介绍到中国。	
明天启四年，公元1624年	太仓张溥、张采在常熟组织应社； 邹元标卒（1550—1624），与顾宪成、赵南星并称"三君"； 钟惺卒（1574—1624）； 赵琦美卒（1563—1624）； 谢肇淛卒（1567—1624）； 杨东明卒（1548—1624）； 邹守益卒（1551—1624）。	爱德华·赫伯特《论真理》在巴黎出版，是书被认为是英国自然神论的开端；英国新教领袖福克斯生（1624—1691）。
明天启五年年，公元1625年	费密生； 杨涟死狱（1572—1625）； 左光斗死狱（1575—1625）； 魏大中死狱（1575—1625）； 李贽的著作被毁禁。明熹宗下令毁天下书院。	格劳秀斯《战争与和平法》出版；弗朗西斯·培根《新大西岛》出版。

明天启六年，公元1626年	朱耷生；高攀龙自沉（1562—1626）。	弗朗西斯·培根（1561—1626）卒。
明天启七年，公元1627年	李颙生；叶向高卒（1559—1627）；冯从吾卒（1556—1627）；谈迁《国榷》成书；刘宗周《皇明道统录》完稿。张溥与陈子龙定交。	
明崇祯元年，公元1628年	在华传教士在江苏嘉定集会，讨论拜孔祭祖及Deus译名问题，意见不一，最终认为拜孔祭祖问题应沿用利玛窦的定位。张岱开始撰写后来命名为《石匮藏书》的纪传体明史。	威廉·哈维《论心脏与血液运动》出版；新教著名作家约翰·班扬生（1628—1688）。
明崇祯二年，公元1629年	明开历局，以徐光启为监督，用耶稣会士龙华民、邓玉函等修历，是为《崇祯历书》编修之始；张溥联合南北诸社，组成复社，开尹山大会，为复社第一次盛会；吕留良生；朱彝尊生；叶茂才卒（1558—1629）；刘宗周在绍兴讲学，设立证人书院。	霍布斯英译修昔底德《伯罗奔尼撒战争史》出版（施特劳斯学派的研究结论认为，修昔底德在该著中隐含表明了他对雅典民主的反思和批评）。
明崇祯三年，公元1630年	耶稣会德国在华传教士邓玉函卒（Johann Schreck, 1576—1630），氏为伽利略好友，第一个把望远镜带到中国，著有《远西奇器图说》等，颇为明末清初学者所知。唐甄生；陆陇其生；屈大均生；方以智与钱澄之相识，成为终身至交，明亡后二人皆托迹空门；汤若望经徐光启举荐赴北京参与编修《崇祯历书》。	威廉·阿米斯（William Ames）拉丁语版《论道德心》出版（英译本公元1639年出版）；神学家、科学家约翰内斯·开普勒卒（Johannes Kepler, 1571—1630）。

明崇祯四年, 公元1631年	徐乾学生; 顾祖禹生; 张溥在北京受教于徐光启,而黄宗羲在北京分别结识张溥与汤若望,并受汤若望赠自制日晷皆当在本年或次年初。	
明崇祯五年, 公元1632年	王翬生; 吴历生。	伽利略《关于托勒密和哥白尼两大世界体系的对话》以拉丁文出版; 洛克生(1632—1704); 斯宾诺莎生(1632—1677); 普芬道夫生(1932—1694)。
明崇祯六年, 公元1633年	万斯大生; 胡渭生; 梅文鼎生; 徐光启卒(1562—1633)。	伽利略以主张"太阳为宇宙中心"为异端裁判所审讯,伽利略被迫宣布放弃其学说; 英国清教公理会领导人罗伯特·布朗卒(1550—1633),主张政教分离,坚持会众治理教会。
明崇祯七年, 公元1634年	王士禛生; 曹于汴卒; 刘宗周《圣学宗要》成书。 黄宗羲访张溥于吴中。	爱德华·科克卒(sir Edward Coke, 1552—1634),著有十三卷本《普通法判例报告》、四卷本《英格兰法律原理》等。
明崇祯八年, 公元1635年	熊赐履生; 颜元生。	约翰·塞尔登《论领海权,或论海洋的管辖》出版,为英国海权辩护,反对格劳秀斯的海洋自由论。
明崇祯九年, 公元1636年	徐釚生; 阎若璩生; 董其昌(1555—1636); 方以智结识耶稣会意大利来华传教士毕方济,相从同学。	霍布斯在意大利拜访了伽利略,同年霍布斯《荣耀的和平》(*De Mirabilibus Pecci*)出版;英国在北美之马萨诸塞殖民地立法机关立案成立"新学院",培养清教神职人员,1639年受牧师约翰·哈佛捐赠779英镑和400本书籍,为志纪念,乃更名为"哈佛学院",1780年麻州宪法进一步更名为"哈佛大学"。

明崇祯十年，公元1637年	宋应星（1587—？1660/1/6）所著《天工开物》刊行，氏字长庚，另著有《野议》、《论气》、《谈天》等科学与人文类著作，李约瑟称之为"中国之狄德罗"； 顾贞观生； 谭元春卒（1586—1637）； 陆世仪开始撰著《思辨录》。	笛卡儿《在科学中正确指导理性和探索真理的方法谈（附〈解析几何〉）》（中译《谈谈方法》）出版。
明崇祯十一年，公元1638年	万斯同生； 孙承宗殉国（1563—1638）； 卢象昇阵亡（1600—1638）； 温体仁卒（1573—1638）。 陈子龙等编选的《皇明经世文编》成书，张溥为之作序。	伽利略《关于两种新科学的对话》在荷兰出版。
明崇祯十二年，公元1639年	陈继儒卒（1558—1639）； 方以智《通雅》完成初稿； 陈子龙从徐光启后人处得到《农政全书》稿本，为之编次成书。 沈国模、管宗圣建立姚江书院。	北美出现第一个印刷店。
明崇祯十三年，公元1640年	蒲松龄生； 方以智与汤若望相交； 毛晋刻行《十三经注疏》； 林古度重订郑思肖《心史》，分为七卷，在南京刊行。	罗伯特·菲尔默《父权制》出版；约翰·塞尔登《论与希伯来法规并列的自然法与国际法》和《简论贵族和平民的权力》出版；霍布斯《政治与自然法要义》（*The elements of Law Natural and Politic*）以抄本形式开始流传。霍布斯受到攻击，逃往巴黎。
明崇祯十四年，公元1641年	张溥卒（1602—1641）； 徐弘祖卒（1586—1641）； 张瑞图卒（1570—1641）。 傅山于本年完成《性史》； 方以智《通雅》于本年前后成书。	霍布斯《论公民》（De Cive）以拉丁文在巴黎出版（一说公元1642年）；笛卡儿《形而上学沉思录》（*Maditations of First Philosophy*）出版。

明崇祯十五年，公元1642年	刘宗周被革职； 沈德符卒（1578—1642）； 王原祁生； 石涛生； 李光地生。	英国国会下院发表《十九个命题》，对国王发难；查理一世发表《对〈十九个命题〉的答复》；现代研究者认为，该《答复》表达了作为十七世纪欧洲主导思潮的君主专制制度的精要； 伽利略卒（1564—1642）； 科学家、基督教神学家牛顿生； 哥白尼《天体运行论》发表一百周年。
明崇祯十六年，公元1643年	孙传庭死难（1593—1643）。方以智的《物理小识》大约在此年完稿；黄道周的《孝经集传》成书；顾炎武始撰《音学五书》；钱谦益完成《开国群雄事略》、《明太祖实录辨证》与《初学集》。	英国威斯敏斯特宗教大会召开，这次会议制订了《威斯敏斯特教理问答》、《威斯敏斯特信仰告白》、《威斯敏斯特崇拜礼仪》等，影响于英语国家基督宗教甚大；多明我会会士黎玉范返回欧洲，向罗马教廷传信部提出十七个问题，控告在华耶稣会士。
明崇祯十七年，清顺治元年，公元1644年	凌濛初卒（1580—1644）。	弥尔顿《论出版自由》出版；笛卡儿《哲学原理》（Principia philosophiae）出版；威廉·潘出生（William Penn, 1644—1718），美洲宾夕法尼亚州的开拓者，主张共和制、宽容不同信仰，并在美洲力行实践。
清顺治二年，公元1645年	清初设明史馆，迁延未果。 史可法殉难（1601—1645）； 黄醇耀殉难（1605—1645）； 黄道周（1585—1646）被俘，次年遇害于南京； 夏允彝殉明（1596—1645）； 祁彪佳殉明（1602—1645）； 刘宗周殉明（1578—1645）； 吴应箕死难（1594—1645）。 谈迁《国榷》初稿完稿；刘宗周《大学参疑》成；夏允彝著《幸存录》，黄宗羲以其评论对东林多有不公而称之为"不幸存录"。	罗马教皇英诺森十世发布通谕，禁止中国天主教徒参加拜孔祭祖； 格劳秀斯卒（1583—1645）； 威廉·劳德卒（1573—1645）被处死，氏为坎特伯雷大主教和查理一世的宗教顾问，反对清教徒，力行推行国教礼仪，1640年长期国会中被控叛国，1645年被处死。

清顺治三年，公元1646年	潘耒生。 冯梦龙卒（1574—1646）； 陈龙正殉明（1585—1646）； 王思任殉明（1574—1646）； 阮大铖（1587—1646）降清后从战，死于军中。	莱布尼兹生（1646—1716）。
清顺治四年，公元1647年	姚继恒生； 杨廷枢死难（1595—1647）； 夏完淳死难（1631—1647）； 陈子龙自沉（1608—1647）； 谈迁《国榷》全稿被盗；孙奇逢《理学宗传》成书。	理查德·奥弗顿（Overton Richard）《向人民呼吁》(*An Appeal to the People*) 出版。
清顺治五年，公元1648年	王源生； 邵廷采生； 张采（1596—1648）； 钱肃乐死难（1606—1648）； 黄毓祺死难（1597—1648）； 方以智与王夫之定交。	英国"长期议会"审议通过"威斯敏斯特信仰告白"，此告白逐渐成为英语民族基督教长老派的通用信条，并积极影响了公理派和浸礼宗。 罗伯特·菲尔默《论受限制的和混合君主制度即无政府状态》和《论一切国王的绝对权力的必要性》出版。
清顺治六年，公元1649年	张鹏翮生； 姜曰广殉明（1584—1649）； 何腾蛟死难（1592—1649）； 堵胤锡卒（1601—1649）。	英国成立了"新英格兰地区传播福音协会"，专为向美洲土人传播耶稣福音，在该会努力下，1663年刊行了第一部印第安文圣经；约瑟夫·豪尔《良心的决定》出版；温斯坦莱《新的正义的法律》和《英国被压迫的穷人的宣言》出版；弥尔顿《偶像破坏者》出版；詹姆斯·哈林顿开始写作《大洋国》。
清顺治七年，公元1650年	瞿式耜殉国（1590—1650）； 查慎行生（1650—1727）。	笛卡尔逝世（1596—1650），《论情感》以遗著出版。

清顺治八年，公元1651年	张肯堂殉国（？—1651）。	在华耶稣会教士卫匡国回罗马就中国教徒拜孔祭祖问题向教皇申辩；弥尔顿《为英国人民声辩》出版；温斯坦莱《自由法》出版；霍布斯《利维坦》出版；《论公民》的英文译本出版。
清顺治九年，公元1652年	张伯行生；陈洪绶卒（1598—1652）；方以智《东西均》成书。	温斯坦莱逝世（1609—1652），英国掘地派运动的领袖，社会主义的先驱；罗伯特·菲尔默《关于政府起源的一些意见》出版。
清顺治十年，公元1653年	戴名世生；黄宗羲《留书》完稿；陆世仪《思辨录》完成，归庄作序。	弗朗西斯·培根遗作《关于事物本性的思考》（Cogitationes de natura rerum）出版。
清顺治十一年，公元1654年	康熙皇帝爱新觉罗·玄烨生；纳兰性德生；陈名夏死难（1601—1654）；侯方域卒（1618—1654）；陈确《大学辨》成书；张岱《石匮藏书》完成。	霍布斯《论自由与必然性》出版。
清顺治十二年，公元1655年	王夫之《老子衍》完成，始撰《周易外传》。	托马斯·怀特《服从与统治的根据》出版；霍布斯《论政治体：法律、道德与政治之要义》（De Corpore Politico; or the Eelements of Law, Moral and Politick）出版。
清顺治十三年，公元1656年	陈贞慧卒（1604—1654）；沈国模卒（1575—1656），史孝咸主持姚江书院。谈迁的《国榷》历时三十五年，终于完稿；谷应泰开始主编《明史纪事本末》；毛晋刻成十七史；王夫之《黄书》写成。	埃德蒙·哈雷在伦敦生；詹姆斯·哈林顿《大洋国》出版；霍布斯《关于自由、必然和偶然的若干问题》出版；帕斯卡《致外省人信札》出版；英国主教约瑟夫·豪尔卒（1574—1656），在英语世界有"英语之塞涅卡"之称；教皇亚历山大七世决定准许耶稣会士照他们的理解允许中国教徒参加祭孔等活动，以不妨碍根本信仰为准据。

清顺治十四年，公元1657年	谈迁卒（1593—1657）；万泰卒（1598—1657），氏有子八人，各有所就，世称"万氏八龙"，其中五人出于黄宗羲门下。孙奇逢《中州人物考》完成。顾炎武弃家北游。	"伽利略最杰出的两个门徒"维维安尼和托里拆利发起的西芒托学院在佛罗伦萨成立，是为近代最早的由学者控制的独立研究机构。
清顺治十五年，公元1658年	黄宗羲著成《弘光实录钞》；陆陇其开始草创《四书讲义困勉录》；《明史纪事本末》编成；马骕完成《绎史》；陆世仪与弟子完成《儒宗理要》。	霍布斯《论人性》(Humane Nature; or the Fundamental Elements of Policy)出版；普芬道夫在狱中开始写作他论自然法的第一部重要著作《普遍法理要义》(Elements of Universal Jurisprudence)。
清顺治十六年，公元1659年	万经生；李塨生（1659—1732）；毛晋卒（1599—1659）；明遗民朱之瑜、陈元赟等赴日本客居；史孝咸去世，姚江书院辍讲十年，后黄宗羲等恢复之；孙奇逢的《四书近指》完成；顾祖禹开始撰写《读史方舆纪要》。方以智游京师，与汤若望论历法。	詹姆斯·哈林顿《大洋国》的节本以《立法的方法》重新出版；亨利·莫尔《灵魂不灭》出版，大力反对"霍布斯的彻底唯物主义"；清教牧师约翰·欧文《关于最高行政官宗教权力的两个问题》出版；斯图比（Stubbe）《为善好古老之源辩护的论文》(Essay in defence of the Good Old Cause)出版；荷兰的惠更斯发明了用来在海上指示标准时间以确定经度的船用钟。
清顺治十七年，公元1660年	熊伯龙的《无何集》约成书于此年；方以智撰《药地炮庄》；潘柽章以所刻《国史考异》寄给顾炎武；黄宗羲经黄宗炎介绍结识吕留良。	英国皇家学会（Royal Society）成立；罗伯特·波义耳《物理力学的新实验》出版；罗伯特·桑德森《关于道德义务的讲稿》出版；哈林顿《政治论文集：有助于介绍一个自由的英格兰共和国》出版；普芬道夫《普遍法理要义》出版；小巴葛萧（Edward Bagshaw jun）《关于宗教崇拜中无关紧要之事的重大问题》出版。

清顺治十八年，公元1661年	何焯生；金人瑞死难（1608—1661）；阎尔梅卒（1603—1661，一说1606—1679）；孙奇逢辑成《圣学录》；黄宗羲《易学象数论》完稿，始撰《纬书》、《三史》；陆世仪的《思辨录辑要》刊行。顾炎武到武林，欲东渡拜访黄宗羲，未果。	伽利略《关于托勒密和哥白尼两大世界体系的对话》由T.Salusbury英译出版；詹姆斯·伍舍（James Usher）《论从上帝而来的君主权力，以及臣民应有的服从》由蒂勒尔编辑出版，罗伯特·桑德森为它作了一篇很长的前言；约瑟夫·格兰维尔《独断无益论》出版；牛顿进入剑桥大学三一学院学习。
清康熙元年，公元1662年	郑成功卒（1624—1662）；田文镜生（1662—1732）；赵执信生（1662—1744）；黄宗羲在《留书》的基础上撰写《明夷待访录》；顾炎武将《肇域志》旧稿一分为二，地理沿革部分仍以《肇域志》为名，有关社会经济方面的资料，另改名《天下郡国利病书》。自本年起，他的主要精力集中于撰写《日知录》；孙奇逢完成《书经近指》。	帕斯卡卒（1623—1662）；威廉·配第《论税赋》（*Treatise of Taxes*）出版；
清康熙二年，公元1663年	吴炎死难（1624—1663）；潘柽章死难（1626—1663）；鼻衄著《荒书》；黄宗羲《明夷待访录》撰成；王夫之写成《尚书引义》初稿。顾炎武到太原拜访傅山，十月在周至拜谒李颙；阎若璩会晤傅山。	乔治·劳尔森《对霍布斯先生〈利维坦〉政治部分的考察》[①]出版；斯宾诺莎《笛卡儿哲学原理（附〈形而上学思想〉）》以拉丁文在荷兰出版；帕斯卡《关于液体平衡和气体重量的论文》出版；莱布尼兹 *De pincipio individui* 出版。

[①] 霍布斯的《利维坦》公元1651年出版后英国出版了大量批评争论文献，这里只列出比较著名的有独立价值的一部。

清康熙三年，公元1664年	张煌言死难（1620—1664）；钱谦益卒（1582—1664）；柳如是卒（1618—1664）；黄宗羲《今水经》成书未刊；顾炎武在河南辉县与孙奇逢相见。	普芬道夫因为撰写《论德意志帝国的宪法》(On the constitution of the German Empire) 而受到教宗谴责。
清康熙四年，公元1665年	本年至1666年，因"历狱"而被羁押在广州之耶稣会、多明我会、方济各会会士23人召开长达四十天之会议，讨论在华传教方针，最后决议之一是遵守1656年教皇裁定，而多明我会士闵明我始终持不同意见。清廷重开明史馆，因修《清世祖实录》而止；查继佐著《鲁春秋》二卷，记载鲁王监国的始末；王夫之重订《读四书大全说》，并开始撰写《四书训义》；方以智《物理小识》付梓。朱之瑜、陈元斌在日本江户广交各界人士，传播中华文化。	格林尼治皇家天文台成立；约瑟夫·格兰维尔《科学的怀疑：自认无知是通向科学之路》出版。
清康熙五年，公元1666年	吕留良归隐南阳，传播朱子学说；孙奇逢讲学苏州，汤斌受业门下。万斯同始撰《补历代史表》；孙奇逢《理学宗传》完稿；计六奇始纂《明季南略》、《明季北略》；王夫之《四书训义》约在此年完稿。范文程卒（1597—1666）；耶稣会来华传教士德国人 Johann Adam Schall von Bell 卒（1591—1666），氏汉名汤若望，字道未，1620年来华，1623年著《远镜说》介绍伽利略1609年发明的望远镜，并作著《坤舆格致》一书，介绍欧洲最先进的开采和冶金技术。	法国在巴黎创立法兰西科学院；霍布斯写作《一位哲学家与英格兰法学家就普通法的对话》（公元1681年出版）。

清康熙六年，公元1667年	叶天士生（1667—1746）；顾炎武在淮安刻《音学五书》；顾炎武请陆世仪指正《日知录》；黄宗羲在甬上讲授蕺山（刘宗周）之学，邵廷采参加；黄宗羲与姜希辙、张应鳌恢复绍兴证人书院讲会。阎若璩与马骕结识；江南沈天甫等造作"逆诗"二首，伪称黄尊素等撰，向有关人士讹诈。	佛罗伦萨的西芒托学院发表了《自然实验文集》，同年该学院在罗马教廷的压力下被解散；弥尔顿《失乐园》出版。
清康熙七年，公元1668年	方苞生（1668—1749）；熊赐履上疏论民生困苦，又连续上疏请倡程朱理学；黄宗羲至鄞，始创甬上证人书院，并于本年开始选编《明文案》，《孟子师说》约完成于本年。王夫之著成《春秋家说》、《春秋世论》。	牛顿制成了第一架反射望远镜。
清康熙八年，公元1669年	杨光先卒（1597—1669）；刁包卒（1603—1669）；颜元《存性编》、《存学编》完稿；王夫之完成《续春秋左氏传博议》。	"荷兰最伟大的画家"伦勃朗卒（1606—1669）。
清康熙九年，公元1670年	柳敬亭卒（1587—1670）；陈忱约卒（1613—1670）；马骕刻《绎史》一百六十卷。	塞缪尔·帕克《论教权政治》出版，论证国家在外在宗教行为上的权威，谴责宗教宽容，反对良心自由；帕斯卡《思想录》出版；斯宾诺莎《神学政治论》以拉丁文匿名出版。

清康熙十年，公元1671年	康熙皇帝命撰《孝经衍义》；李玉卒（1591—1671）；方以智自沉①（1611—1671）；惠士奇生（1671—1741）；陈元赟卒（1587—1671）于日本，兼精文武，其拳法影响日本柔道甚巨。计六奇《明季南略》十八卷成；熊赐履推荐顾炎武修《明史》，被婉拒。	
清康熙十一年，公元1672年	吴伟业卒（1609—1672）；周亮工卒（1612—1672）；陆世仪卒（1611—1672）；张廷玉生（1672—1755）；查继佐历经二十九年，撰写纪传体《明史》，后因"明史案"牵连，改书名为《罪惟录》。孙奇逢命魏一鳌辑《北学编》，命汤斌辑《洛学编》。阎若璩拜访傅山；顾炎武与阎若璩在太原相遇。	法兰西科学院巴黎天文台在圣雅克近郊落成；普芬道夫《自然法与诸国法》出版；约翰·伊查德《霍布斯先生自然状态学说之考察》出版；理查德·坎伯兰《论自然法》出版。
清康熙十二年，公元1673年	归庄卒（1613—1673）；宋琬卒（1614—1673）；龚鼎孳卒（1615—1673）；萧云从卒（1596—1673）；马骕卒（1620—1673）；李绂生（1673—1750）；沈德潜生（1673—1769）。黄宗羲老母寿辰，孙奇逢寄来其《理学宗传》，并赠贺黄母寿诗一首；阎若璩与马骕纵谈今古文《尚书》；王夫之《礼记章句》约在此年完稿。	威廉·坦普尔《尼德兰联合省之观察》在英格兰出版；多明我会会士西班牙人闵明我，本年在马德里出版《中国历史、政治、伦理和宗教概观》一书上册（三年后又出版下册），抨击在华耶稣会士传教方式，耶稣会总会紧急将该书寄至中国，并要求各地会士传阅并提供驳斥据，罗马教廷经过讨论，决定不更改1656年命令。

---

① 方以智之死有数说，此从余英时《方以智晚节考》。

清康熙十三年，公元 1674 年	张履祥卒（1611—1674）。	马勒伯朗士《真理的探求》出版；约翰·弥尔顿卒（1608—1674）；拉巴迪卒（1610—1674），法国神学家，原属天主教，读加尔文《基督教要义》后，改宗新教，对十八世纪空想社会主义有重要思想影响。
清康熙十四年，公元 1675 年	孙奇逢卒（1584—1675），清初学者称为泰山北斗，有"中原文献"之誉。 黄宗羲撰成《明文案》。	作为沙夫茨伯里派宣言的《一位正直人士告友人书》（*A Letter from a Person of Quality to his Friend in the Country*）发表（当代研究者认为此文为洛克所作，更谨慎的观点认为乃洛克与沙夫茨伯里伯爵合作完成）。
清康熙十五年，公元 1676 年	孙承泽卒（1592—1676）；查继佐卒（1601—1676）。 王夫之撰成《周易大象解》；黄宗羲《明儒学案》完稿，《宋元学案》在该年至康熙三十四（1695）年间草创；熊赐履《学统》编成；顾炎武致信黄宗羲，对《明夷待访录》予以高度评价。	霍布斯从希腊文翻译的英文版荷马史诗《伊利亚特》和《奥德赛》出版。
清康熙十六年，公元 1677 年	陈确卒（1604—1677）；张尔岐卒（1612—1677）；王鉴卒（1598—1677），氏与王时敏、王原祁、王翚并称"四王"；王夫之《礼记章句》整理完毕。	詹姆斯·哈林顿卒（1611—1677） 斯宾诺莎卒（1632—1677），《伦理学》以遗著形式出版。
清康熙十七年，公元 1678 年	万斯同赴昆山，为徐乾学撰《读礼通考》。	柏尔托季《〈工具论〉与〈新工具〉的对立，或理性与真理》出版；拉尔夫·卡德沃思《真正理智的宇宙体系》出版；约翰·威尔金斯《论自然宗教的原理与职能》出版。

清康熙十八年，公元1679年	顾栋高生；张岱卒（1597—1679）；博学鸿词科举行考试，应试者百四十三人，取陈维崧、朱彝尊、汪琬、毛奇龄、汤斌、施闰章、尤侗等五十人；开局修《明史》，以徐元文、叶方蔼、张玉书为总裁，聘顾炎武、黄宗羲，不就，万斯同以布衣入局修史；王夫之著成《庄子通》；李塨拜见颜元并问学；朱彝尊以布衣举博学鸿词科，参与撰写《明史》。	埃德蒙·哈雷发表了第一个根据望远镜观测编制的星表；思想家霍布斯卒（1588—1679）。
清康熙十九年，公元1680年	学者魏禧卒（1624—1680）；王时敏卒（1592—1680）；李渔卒（1611—1680）；陈永华卒（？—1680）；徐乾学等为纳兰性德纂《通志堂经解》。	波义尔被选为英国皇家学会会长，由于要宣誓效忠作为国教首脑的国王，他拒绝了此一职务；清教牧师、神学家托马斯·古德温卒（1600—1680），氏自1656年起任克伦威尔私人牧师，其主要著作出版于1682—1704年间，至少曾再版了47次；菲尔默《论父权制》（Patriarcha）再版；A.西德尼开始写作《论政府》（1680—1683），Laslett认为洛克《政府论》几乎与此书同时写作，主题相同，二人此时间内过从甚密。
清康熙二十年，公元1681年	江永生（1681—1762）；汤斌主持浙江乡试，黄宗羲命百家参加省试并呈书汤斌。汤斌在复信中称《明儒学案》为"儒林之巨海，吾党之斗勺。"	詹姆斯·蒂勒尔《父权非专制》（Patriarcha non Monarcha）出版；霍布斯《一位哲学家和英格兰普通法学者的对话》出版；塞缪尔·帕克《对自然法和基督教神圣权威的推证》出版。

清康熙二十一年，公元1682年	顾炎武卒（1613—1682）；陈维崧卒（1625—1682）；王锡阐卒（1628—1682）；朱之瑜卒（1600—1682）；医学家朱方旦（？—1682）被杀，氏著有《中补说》和《中质秘录》等，主脑而非心为思维中枢①。王夫之撰《说文广义》、《噩梦》。	威廉·配第《货币论》出版。
清康熙二十二年，公元1683年	吕留良卒（1629—1683）；施闰章卒（1618—1683）；万斯大卒（1633—1683）；黄宗羲到昆山访徐乾学，读抄传是楼藏书；胡渭与阎若璩在京师会面；王夫之编定《经义》、重订《诗广传》。	约翰·欧文逝世（1616—1683），氏为改革宗在英国最著名的牧师、神学家，对英国十七世纪思想界影响极大。
清康熙二十三年，公元1684年	傅山卒（1607—1690）；吴兆骞卒（1631—1684）；吴嘉纪卒（1618—1684）；于成龙卒（1617—1684）。召修《大清会典》；王夫之撰写《俟解》；万斯同向阎若璩咨询《丧服》中的有关问题，准备编辑《古今丧礼通考》。	英诺森十一世组织"神圣同盟"对抗土耳其。
清康熙二十四年，公元1685年	纳兰性德卒（1655—1685）；王夫之撰写《周易内传》、《周易内传发例》及《张子正蒙注》；黄宗炎的《图学辨惑》大约成书于当年前后；黄宗羲到昆山与顾祖禹相会。	

---

① 此"脑为六神之主"的观点，之前已见于李时珍的《本草纲目》。未能查考原文，说引见卢兴基《失落的"文艺复兴"——中国近代文明的曙光》（北京：社会科学文献出版社2010年）一书第117页。

清康熙二十五年，公元1686年	魏裔介卒（1616—1686）；黄宗炎卒（1616—1686）；令求购遗书；命徐乾学以礼部侍郎充《一统志》《会典》副总裁并《明史》总裁；万斯同与刘献廷相约私修明史，抄史馆所藏之秘书。	法国人Bayle在荷兰发表了A Philosophical Commentary on the Text "Compel them to Come in"，后世卢梭"强迫他自由"与此有极大渊源关系。
清康熙二十六年，公元1687年	汤斌卒（1627—1687）；魏象枢卒（1617—1687）；金农生（1687—1763）。王夫之《读通鉴论》成书。	法国天主教教士白晋来华，在北京建立法国耶稣会，该会成员大多反对所谓"利玛窦规矩"；英国古典政治经济学创始人威廉·配第卒（1623—1687）；牛顿《自然哲学的数学原理》以拉丁文出版[①]
清康熙二十七年，公元1688年	陈潢卒（1637—1688）；朱用纯卒（1617—1688），氏所作《治家格言》，世称《朱子家训》；徐元文捡得顾炎武遗稿《历代宅京记》，归还顾子；万斯同到北京与阎若璩、胡渭共编徐乾学主持的《资治通鉴后编》。	马勒伯朗士《关于形而上学的对话》出版；约翰·班扬（John Bunyan, 1628—1688），英国清教徒牧师，作家，著有《天路历程》等。
清康熙二十八年，公元1689年	黄宗羲讲学于姚江书院；王夫之重定《尚书引义》，撰写《识小录》；邵廷采撰写《西南纪事》；徐乾学组织《资治通鉴后编》的修撰，胡渭、万斯同、阎若璩参与。	孟德斯鸠生（1689—1755）。让·多玛（Jean Domat）Lex Loix civiles dans Leur ordre natural在巴黎出版。

[①] A. 怀特海则称此事在1700年。见氏著《科学与近代世界》第6页。

清康熙二十九年，公元1690年	恽寿平卒（1633—1690）；汪琬卒（1624—1690）。《大清会典》撰成；李颙《二曲集》成书；王夫之重订《张子正蒙注》；徐乾学续订《读礼通考》，得阎若璩、万斯同、胡渭的协助，三易其稿而成；徐乾学设《一统志》局于洞庭，延请阎若璩、胡渭、顾祖禹等任事。	荷兰的惠更斯《光论》和《论重力的原因》出版；苏格兰教友派领袖罗伯特·巴克莱卒（1648—1690），1682年赴美洲，曾担任新泽西州名誉州长六年。
清康熙三十年，公元1691年	徐元文卒（1634—1691）；程廷祚生（1691—1767）；《通鉴纲目》满文译本成书刊行，标志着清王朝程朱理学之正统地位的确立；王夫之完成《宋论》；方苞结交万斯同，受其影响，辍古文之学，一意求经义。	威廉·配第《贸易论》和《爱尔兰政治解剖》出版；科学家、基督教神学家罗伯特·伯义耳卒（1627—1691）；托马斯·柏内特《评〈人类理解论〉》出版（1691—1699）①；"清教徒之父"理查德·巴克斯特卒（Richard Baxter, 1615—1691）；基督教新教贵格会（教友派、公谊会）创始人乔治·福克斯卒（George Fox, 1624—1691），其游历美国时创立神学院，后来发展为乔治·福克斯大学。

---

① 洛克的《人类理解论》出版以后同样引发了大量的批评争论文献，洛克本人也作出了一些的答复，这里暂列柏内特的一部，这部著作由三部分组成，第一部分发表于公元1691年，第二部分发表于公元1697年，第三部分发表于公元1699年，充分表明的批评辩难的性质。

清康熙三十一年，公元1692年	靳辅卒（1633—1692）； 王夫之卒（1619—1692）； 顾祖禹卒（1631—1692）； 陆陇其卒（1630—1692）； 厉鹗生（1692—1752）。 黄宗羲于病榻上口述《明儒学案序》； 康熙于本年下达容教令，允许天主教在华自由传教，文云："查得西洋人，仰慕圣化，由万里航海而来。现今治理历法，用兵之际，力造军器、火炮，差往俄罗斯，诚心效力，克成其事，劳绩甚多。各省居住西洋人，并无为恶乱行之处，又并非左道惑众，异端生事。喇嘛、僧等寺庙，尚容人烧香行走。西洋人并无违法之事，反行禁止，似属不宜。相应将各处天主堂俱照旧存留，凡进香供奉之人，仍许照常行走，不必禁止。俟命下之日，通行直隶各省可也"。	詹姆斯·蒂勒尔《论自然法：对霍布斯的原理的反驳》(*A Brief Disquistion of the Law of Nature*)出版； 威廉·莫利纽克斯《新屈光学》(*Dioptrica Nova*)出版。
清康熙三十二年，公元1693年	雷发达卒（1619—1693）； 冒襄卒（1611—1693）； 徐大椿生（1693—1771） 郑燮生（1693—1765）； 黄宗羲《明文海》成书；毛奇龄读阎若璩《尚书古文疏证》后，称其为前人之说所惑，始撰《古文尚书冤词》。 巴黎外方传教会阎当（亦作颜当）主教打破各方妥协，在其所管辖福建代牧区内，发布禁止中国教徒实行中国礼仪之禁令，自此礼仪争议在传教士内部迅速扩大；	

清康熙三十三年，公元1694年	万斯选卒(1629—1694)；徐乾学卒（1631—1694），王鸿绪继徐乾学主修《明史》。	马修·丁达尔《论对上位权力的服从》出版；普芬道夫卒（1632—1694）；伏尔泰生（1694—1778）。
清康熙三十四年，公元1695年	杭世骏生（1695—1773，一说为1696—1773）；黄宗羲卒（1610—1695）；刘献廷卒（1648—1695），氏字继庄，又字君贤，别号广阳子，著作多种，今仅《广阳杂记》一种存世，受传教士影响极大，朱维铮认为其著作开比较语言学之先河。	"德高望重的惠更斯"（牛顿语）在荷兰去世。
清康熙三十五年，公元1696年	屈大均卒（1630—1696）；方孝标卒（1617—1696）；胡天游生（1696—1758）。	爱德华·斯蒂林弗利特发表《一篇为三位一体学说辩护的论文》；深受洛克《人类理解论》和《基督教的合理性》影响的约翰·托兰（John Toland），于本年发表了《基督教并不神秘》(Christianity not Mysterious) 一书。
清康熙三十六年，公元1697年	惠栋生（1697—1758）。	马修·丁达尔《论在宗教问题中行政官长的权力与人类的权利》发表。
清康熙三十七年，公元1698年	刘大魁生（1698—1779）；万斯同访黄百家，见到黄宗羲晚年所著《明三史钞》，以其为底本，成《明大事记》；阎若璩著《困学纪闻笺》。	
清康熙三十八年，公元1699年	费密卒（1623—1699，一说卒于1701年）。朱彝尊《经义考》草成，至其卒前仍有增补；李李塨将所著《大学辨业》质于颜元；李塨访阎若璩论学；邵廷采在杭州求见毛奇龄，自称门下。	

清康熙三十九年，公元1700年		哈林顿《〈大洋国〉及其他著作》由约翰·托兰选编出版；柏林学院建立。
清康熙四十年，公元1701年	钱曾卒（1629—1701）；吴敬梓生（1701—1754）。	约翰·托兰《政党统治术》和《自由的英格兰》（Anglia Libera）出版。
清康熙四十一年，公元1702年	王弘撰卒（1622—1702）；万斯同卒（1638—1702）；秦蕙田生（1702—1764）。胡渭撰成《禹贡锥指》。	约翰·托兰《为自由辩护》（Vindicius Liberius）出版；笛福发表《处置国教反对党的捷径》攻击宽容主义。
清康熙四十二年，公元1703年	叶燮卒（1627—1703）；齐召南生（1703—1768）；唐甄改订《衡书》为《潜书》四卷刊行。	牛顿当选为英国皇家学会会长，此后连选连任，直至1727年卒；约翰·卫斯理生（1703—1791），英国牧师、神学家，新教福音派卫理公会（美以美会、循道宗）创始人，对美国影响极大。
清康熙四十三年，公元1704年	洪昇卒（1645—1704）；尤侗卒（1618—1704）；邵长蘅卒（1637—1704）；唐甄卒（1630—1704）；颜元卒（1635—1704）；严若璩卒（1636—1704）。	牛顿《光学》出版；约翰·托兰《致塞琳娜的信》出版；教宗做出关于禁止中国天主教徒拜孔祭祖等的决定，派多罗为特使出使中国，以解决礼仪之争。
清康熙四十四年，公元1705年	全祖望生（1705—1755）；夏敬渠生（1705—1787）；李颙卒（1627—1705）。邵廷采《思复堂文稿》前集、后集刊刻。	英国人托马斯·纽克曼与考利尔·塞弗利发明蒸汽机，本年取得专利。
清康熙四十五年，公元1706年	胡渭的《易图明辨》刊刻，该书颇受黄宗羲易学影响，对清代易学影响极大。	
清康熙四十六年，公元1707年	罗马天主教教宗特使多罗在南京发布1704年教宗禁令，禁止中国教徒举行参加拜孔祭祖等中国礼仪，康熙乃令将多罗押往澳门交葡萄牙人看管；康熙帝为澄清中国礼仪之争要害，派遣法国天主教传教士艾若瑟出使罗马教廷，樊守义随行。	

清康熙四十七年，公元1708年	满文《清文鉴》二十一卷编成（1673—1708）； 张英卒（1637—1708）； 潘耒卒（1646—1708）； 徐釚卒（1636—1708）。	
清康熙四十八年，公元1709年	朱彝尊卒（1629—1709），其《曝书亭集》刊刻； 熊赐履卒（1635—1709），氏字敬修，号愚斋，建言"非《六经》、《语》、《孟》之书不得读，非濂、洛、关、闽之学不得讲"，著有《经义斋集》、《下学堂札记》等； 陆陇其的《问学录》刊刻； 胡渭的《洪范正论》完成。	
清康熙四十九年，公元1710年	命大学士陈廷敬等商酌《康熙字典》编纂式例；命修满蒙对照《清文鉴》； 王源卒（1648—1710）。	
清康熙五十年，公元1711年	王士禛卒（1634—1711）； 邵廷采卒（1648—1711）； 张玉书卒（1642—1711）。 吴乘权编成《纲鉴易知录》； 姚际恒历经十四年撰成《九经通论》。	休谟生（1711—1776）。
清康熙五十一年，公元1712年	将朱熹从孔庙东庑"先贤"之列，升至大成殿"十哲"之次；江南科场案继续，噶礼夺职，康熙谓"张伯行操守为天下第一"；戴名世《南山集》案刑部奏结，以戴方两家牵连而定死罪者甚多，令复议；方苞在狱中著《礼记析疑》与《丧礼或问》。	
清康熙五十二年，公元1713年	江南科场案定案；《南山集》案定案，方孝标被戮尸，戴名世（1653—1713）被杀，方苞革职，方戴二族皆发遣或入旗；御纂《朱子全书》成，李光地任主修。方苞完成《周官辨》。	

清康熙五十三年，公元1714年	禁"小说淫词"，命销毁书、板，继续刻印者，官革职，军民杖、流，出售者杖、徒三年；胡渭卒（1633—1714）；顾贞观卒（1637—1714）。王鸿绪任明史纂修总裁，在万斯同史稿的基础上删改进呈，题名为《明史稿》。	曼德维尔《蜜蜂的寓言》发表，标志着绵延百年的苏格兰启蒙运动（1714—1817）的开始。
清康熙五十四年，公元1715年	蒲松龄卒（1640—1715）；王原祁卒（1642—1715）。方苞著成《春秋通论》；朱舜水《舜水先生文集》刊于日本京都。	
清康熙五十五年，公元1716年	《康熙字典》成书刊刻；毛奇龄卒（1623—1716）。	
清康熙五十六年，公元1717年	王翚卒（1632—1717）。	孟德斯鸠《波斯人信札》发表，标志着法国启蒙运动（1717—1778）的开始。
清康熙五十七年，公元1718年	石涛卒（1642—1718），氏本姓朱，明宗室，后为僧，法名原济，号苦瓜和尚；石𦆑卒（1632—1718），氏法名髡残，与石涛并称"二石"；吴历卒（1632—1718）；李光地卒（1642—1718）。	
清康熙五十八年，公元1719年	颁《皇舆全览图》。庄存与生（1719—1788）。	
清康熙五十九年，公元1720年	方苞《周官集注》成书。	《加图信札》发表。

清康熙六十年，公元1721年	梅文鼎卒（1633—1721）；江声生（1721—1799），方苞完成《周官析疑》；江永《礼书纲目》刊行。本年，康熙阅取罗马教廷特使嘉乐所携禁约后，发布禁教令，文云："览此条约，只可说得西洋等小人如何言得中国之大理。况西洋等人无一通汉书者，说言议论，令人可笑者多。今见来臣条约，竟与和尚道士异端小教相同。彼此乱言者，莫过如此。以后不必西洋人在中国行教，禁止可也，免得多事。钦此。"	
清康熙六十一年，公元1722年	雍正皇帝发遣陈梦蕾于边外，《古今图书集成》继续编纂；何焯卒（1661—1722）；王鸣盛生（1722—1797）；全祖望结识杭世骏。	
清雍正元年，公元1723年	汪士铉卒（1658—1723）；戴震生（1723—1777，一说生于1724年）；张廷玉为明史纂修总裁，以《明史稿》为蓝本加以增删；雍正下令全面禁止天主教，天主堂充为公用，西洋教士，除在京者极少数留用外，安置澳门。	亚当·斯密生（1723—1790）；霍尔巴赫生（1723—1789）。
清雍正二年，公元1724年	纪晓岚生（1724—1805）。秦蕙田始撰《五礼通考》。	康德生（1724—1804）。

附录三

黄宗羲行年大事略表[①]

年份	年龄	生平大事
明万历三十八年，公元1610年	一岁	农历八月初八，生于余姚县通德乡黄竹浦村。
明万历四十一年，公元1613年	四岁	八月，曾祖母章太夫人卒。十一月，曾祖父黄大缓卒。
明万历四十三年，公元1615年	六岁	父馆于甬上洞桥董氏，梨洲随从。秋，父尊素参加乡试，中举。
明万历四十四年，公元1616年	七岁	春，父尊素中进士。七月三日，二弟宗炎生。
明万历四十五年，公元1617年	八岁	父尊素授宁国府推官，梨洲随任。
明万历四十六年，公元1618年	九岁	三弟宗会（泽望）生。梨洲尝谓，他所见之天下士子，才分为他所長者四人：方以智、沈昆铜、魏学濂（魏大中次子）及胞弟泽望。
明天启二年，公元1622年	十三岁	黄尊素在宁国推官任上，打击私狱杀人之大姓，敢于驳斥归里祭酒、宣党头目汤宾尹干预地方刑政，其精敏强执，为左都御史邹元标所识，升御史，归家候任。梨洲返余姚。赴郡城绍兴应童子试。七月，四弟宗辕生。
明天启三年，公元1623年	十四岁	补仁和县博士弟子员。秋，随父至北京。冬，父授山东道监察御史职。梨洲至京随学时，好窥群籍，不琐守章句。父课以举业，弗甚留意，于完课之余，潜购诸小说观之，母告之，父曰："亦足开其智慧。"
明天启四年，公元1624年	十五岁	阉党之势日张，黄尊素与东林首领杨涟、左光斗、魏大中等为同志，目夕过从，屏左右论时事，独梨洲侍侧，以此早年得悉朝局。

[①] 本表主要依据黄炳垕《黄宗羲年谱》，间附梨洲诗文编辑而成，期间参考了吴光《天下为主》和徐定宝《黄宗羲评传》所附黄宗羲年谱的部分内容。

明天启五年年，公元1625年	十六岁	三月，黄尊素因上奏章弹劾宦官魏忠贤、熹宗乳母客氏被削籍。梨洲随父回乡。五弟宗彝生。十二月，迎娶本县曾任广西按察使的叶宪祖之女，叶氏时年17岁。
明天启六年，公元1626年	十七岁	三月，父尊素与东林党人高攀龙六人先后被逮。黄尊素被逮北上。梨洲送父至郡城。刘宗周为其饯行，危言深论，涕泣流连。父命梨洲从之游。闰六月初一，黄尊素被害于诏狱，留正命诗一首，末联云："钱塘有浪胥门目，惟取忠魂泣髑髅。"
明天启七年，公元1627年	十八岁	黄尊素门人徐石麟渡江来吊，谓梨洲曰："学不可杂，杂则无成。无亦将兵农礼乐以至天时地利人情物理，可以佐庙裨掌故者，随其性之所近，并当一路，以为用世张本。"
明崇祯元年，公元1628年	十九岁	入京颂冤。皇帝降旨："死奄难者，赠官、赐祭葬、录后如例。"梨洲上疏谢恩。在刑部大堂以铁锥击刺阉党骨干许显纯、崔应元、李实。又与被迫害致死的诸公弟子在诏狱中门哭祭。
明崇祯二年，公元1629年	二十岁	春，遵照父亲遗训，到郡城绍兴拜蕺山先生刘宗周为师。同时，刻苦自学，博览群书。两年间，通读了《明十三朝实录》、《二十一史》等书。长子百药生。
明崇祯三年，公元1630年	二十一岁	至南京，寄住于叔父黄等素（字白厓）官邸读书。结识了名士韩上桂、周镳、何乔远、林古度、沈寿民、张溥、张采、陈子龙、吴伟业等。加入了南京的诗社、文社。后经周镳介绍加入复社。首在南京参加科举考（乡试），落第还乡。途中认识了曾任内阁大学士的文震孟。
明崇祯四年，公元1631年	二十二岁	业师刘宗周与同邑名士陶爽龄在府城绍兴讲学，二人宗旨不一。梨洲邀集吴越名士40余人至宗周门下听讲，力驳陶氏因果轮回之说。
明崇祯五年，公元1632年	二十三岁	与甬上文士陆符（字文虎）、万泰（字履安）结交。

明崇祯六年，公元1633年	二十四岁	在武林（杭州）读书论学。与孤山读书社冯棕（字俨公）、江浩（字道闇）、张岐然（字秀初）等定交。讲论《论语》《周易》，有"凿空新义，石破天惊"之誉。
明崇祯七年，公元1634年	二十五岁	至太仓，访复社领袖张溥、张采。
明崇祯八年，公元1635年	二十六岁	祖母卢太夫人卒。
明崇祯九年，公元1636年	二十七岁	十二月，将父亲遗骸从隐鹤桥迁葬于化安山墓地。
明崇祯十年，公元1637年	二十八岁	与弟宗会游杭州访友问学。
明崇祯十一年，公元1638年	二十九岁	至安徽宣城，访沈寿民不遇。秋七月，与顾宪成之孙顾果（字子方）一起带头署名，复社名士百余人联名，发布了声讨阉党余孽阮大铖的《留都防乱公揭》，并参与桃叶渡大会谴责阮大铖。撰成《西台恸哭记注》、《冬青树引注》的初稿。
明崇祯十二年，公元1639年	三十岁	至南京，参加国门广业社，结识江右张自烈、宣城梅朗中、无锡顾果、宜兴陈贞慧、广陵冒襄、商邱侯方域、桐城方以智等名士
明崇祯十三年，公元1640年	三十一岁	至黄岩籴粮以应付官差。往来台州、绍兴间，暇游天台、雁宕二山，作《台宕纪游》。次子正谊生。
明崇祯十四年，公元1641年	三十二岁	至南京，在黄居中家遍阅千顷堂藏书。在朝天宫读《道藏》，抄书多种。
明崇祯十五年，公元1642年	三十三岁	在余姚城西建忠端公祠。东浙士大夫10余人会哭祠下。梨洲撰《忠端祠神弦曲》1卷。入京应试，落榜，阁臣周延儒拟荐梨洲为中书舍人，力辞不就。十一月，自京归家。游四明山，撰《四明山古迹记》，后定稿为《四明山志》9卷。
明崇祯十六年，公元1643年	三十四岁	十月二十六日，季子百学（后改名百家）生。
明崇祯十七年，清顺治元年，公元1644年	三十五岁	四月，从刘宗周至杭，与章正宸、朱大典、熊汝霖等共谋恢复明室。乃至南京献策，时阮大铖得志，造《蝗蝻录》报复复社人士，企图一网杀尽。与顾子方等复社名士数十人被捕。次年五月，清军下南京，弘光政权瓦解，梨洲乘乱脱身。

清顺治二年，公元 1645 年	三十六岁	刘宗周绝食殉国。梨洲步行 200 里去探望恩师。梨洲与弟宗炎、宗会集合黄竹浦子弟数百人，迎鲁王朱以海立监国旗号。编纂《监国鲁元年丙戌大统历》进呈，鲁王颁行浙东。
清顺治三年，公元 1646 年	三十七岁	二月，监国鲁王授予监察御史职，兼兵部职方司主事。六月，浙兵大败。鲁王逃到福建。梨洲率残部入四明山结寨自固。山民焚毁其寨，部将溃散。梨洲被悬赏缉捕，避居化安山。
清顺治四年，公元 1647 年	三十八岁	居深山荒谷，研究历算之学，撰著了《授时历故》、《历学假如》等著作。后于顺治末年和康熙年间修改定稿，成历算专著余种。
清顺治五年，公元 1648 年	三十九岁	返黄竹浦故居。四弟宗辕卒。
清顺治六年，公元 1649 年	四十岁	监国鲁王在浙东沿海继续抗清，梨洲赴行朝，先后任左佥都御史、左副都御史职。清廷颁令要株连不顺命的前朝遗臣家属，梨洲获准秘密归家。十月，鲁王再召梨洲与侍郎冯京第为副将，随澄波将军阮美乞师日本未果。梨洲有《日本乞师纪》、《海外恸哭纪》记其事。是年所作诗定名《穷岛集》。有《四十初度》诗，中有"先公殉国余三载，孔子悬弧易一辰"、"悲凉满目都成泪，何处西台哭故人"等句。
清顺治七年，公元 1650 年	四十一岁	弟宗炎因参与抗清被捕，囚于死牢。梨洲与万泰父子设计救出。三月以读书为名至常熟，访钱谦益，劝其策反马进宝。
清顺治八年，公元 1651 年	四十二岁	遣使者入海告警。九月，清兵攻占舟山。监国再退入福建。四子阿寿出生。
清顺治九年，公元 1652 年	四十三岁	著《律吕新义》，授王仲撝。
清顺治十年，公元 1653 年	四十四岁	三月，鲁王朱以海宣布取消"监国"称号，浙东抗清斗争宣告失败。十二月，母亲 60 寿辰。万履安、陈贞慧等赋诗为寿。本年撰写了具有强烈反清意识的论政著作 8 篇。后定名《明夷留书》，今存前 5 篇。其"自序"有"仆生尘冥之中，治乱之故，观之也熟，农琐余隙，条其大者，为书八篇。仰瞻宇宙，抱策焉往？"等语。

清顺治十一年，公元1654年	四十五岁	鲁政权定西侯密使被执于天台，梨洲再遭缉捕。冬，送第三女出嫁宁波朱氏，寓万氏寒松斋，与董守谕、高斗魁话旧论学。
清顺治十二年，公元1655年	四十六岁	除夕，寿儿夭折，梨洲悲痛万分，有多篇诗文悼念，命名其诗集为《杏殇集》。
清顺治十三年，公元1656年	四十七岁	三月，与诸弟扫墓时，均被土匪绑架，被朋友救出。四月，二媳妇孙氏卒。五月，夭折一孙。秋，又遭缉捕。弟宗炎再次被捕，幸遇故人救之，得免。五月有《子妇客死一孙又以痘殇》诗二首，中有"八口旅人将去半，十年乱世尚无央"，"干戈尚阻离人哭，风雨不飞买路钱。遮骨蓬蒿怜一尺，惊心花鸟怨千年"等句。又有《书年谱上》诗云："等闲四十七于今，风絮雨萍何处寻？八尺血光开鬼路，三商日影破琴心。鸡推噩梦归残角，自比古人庶艺林。珍重他年书下卷，芒鞋藤杖记登临。"
清顺治十四年，公元1657年	四十八岁	春，甬上高斗魁来访。为二儿正谊完婚于上虞县虞氏家。游上虞名山。至杭，访孝廉汪沨，寄寓孤山，讲龙溪调息之法。
清顺治十五年，公元1658年	四十九岁	同宗会至郡城绍兴，吊唁亡友。至杭，寓昭庆寺。有《登慈壁山碧霞元君涧》诗，中有"香火聚从新乱后，人情欲趁上春华"，"老我狂游真值得，凭栏一恸望天涯"等句。
清顺治十六年，公元1659年	五十岁	二月，至杭州孤山，访问旧友。因避乱移居化安山。有《山居杂咏》诗，中有"数间茅屋仅从容，一半书斋一半农。左手犁锄三四件，右方翰墨百千通"等句；又有《哭沈昆铜》诗，有"胸中毕竟难安帖，此世终于不可容"，"此日党人宜正法，彼云华士又加诛。盛名自古为身累，大厦真思一木扶"，"荆溪莫掩残杯口，司马难销亡国魂"等句。

清顺治十七年，公元1660年	五十一岁	居化安山，名居处曰龙虎山堂。自八月十一日起至十一月廿六，作匡庐（庐山）之游。历经萧山、杭州、南康（九江），归途至金陵（南京）、崇德（桐乡），返余姚。一路游历名胜古迹，访问故交旧友，多有诗文，有《匡庐行脚诗》、《匡庐游录》记其事。又有《梅花》诗，有句"五更醒梦香封屋，千里怀人月在峰"等句；有《钓台》诗，有句"欲修故事如皋羽，同志方吴安在哉！"，有《玉川门与雁山夜话兼寄方密之》，有句"狂言不怕山精漏，一恸堪为知已伸。若遇无公烦寄语，故交犹未染红尘"。
清顺治十八年，公元1661年	五十二岁	仍居龙虎山堂，著《易学象数论》6卷。春暮至甬上，寓高氏小楼，与高斗权、斗魁昆仲赋诗叙旧。秋八月，与王仲撝论易学。
清康熙元年，公元1662年	五十三岁	二月八日，龙虎山堂火灾，五月三日黄竹浦故居又失火。梨洲有诗云"半生滨十死，两火际一年"。九月，徙住兰溪。本年开始写作《明夷待访录》。
清康熙二年，公元1663年	五十四岁	四月，至语溪，馆于吕氏梅花阁，有水生草唱和诗，与吕留良、吴之振、吴自牧共选《宋诗钞》。八月，弟宗会卒。《明夷待访录》于年底完稿。
清康熙三年，公元1664年	五十五岁	二月，同弟宗炎至语溪讲学。四月至常熟探望钱谦益，钱以墓志相托。访故旧，拜杨忠烈（涟）祠。至吴门（苏州）访周茂兰。同弟宗炎上灵岩山，与宏储、文秉、徐枋等论学。十月初，再至语溪讲学。有《张司马苍水》诗，云"廿年苦节何人似？得以全归亦称情。废寺酿钱收弃骨，老生秃笔记琴声。遥空摩影狂相得，群水穿礁浩未平。两世雪交私不得，只随众口一闲评。"
清康熙四年，公元1665年	五十六岁	春，甬上弟子万斯大、万斯同、陈锡嘏、陈赤衷、董允培、董道权、董允磷、仇兆鳌等20余人来余姚问学。再至语溪，拜宋代名士辅广墓，作《辅潜庵传》。十月，作《八哀诗》，哭祭张苍水、刘伯绳、钱虞山、仁庵禅师等8人。

清康熙五年，公元1666年	五十七岁	再至语溪讲学。至海昌（海宁）访陈确、朱朝瑛，讨论五经。至郡城选购祁氏旷园之书。
清康熙六年，公元1667年	五十八岁	五月，慈溪郑梁（禹梅）来谒，梨洲讲授《子刘子学言》、《圣学宗要》等。九月在郡城，与同门友姜希辙、张应鳌恢复证人书院讲会，表彰师门之学，撰《子刘子行状》。
清康熙七年，公元1668年	五十九岁	始选《明文案》。至郡城，仍与同门会讲于证人书院。甬上诸弟子请梨洲至鄞县主持讲席。三月至鄞县城，与诸子大会于广济桥、延庆寺，也称"证人书院"。梨洲讲学足迹达两浙，以甬上弟子最多。
清康熙八年，公元1669年	六十岁	与同门友恽仲升讨论刘子之学。八月，逢60寿辰，弟子郑梁、万言拟征文祝寿，梨洲辞之。
清康熙九年，公元1670年	六十一岁	与李邺嗣、高斗权等游天童山，至阿育王寺观舍利，力辨其诬。
清康熙十年，公元1671年	六十二岁	郡守张某邀请黄梨洲参与修志，辞之。
清康熙十一年，公元1672年	六十三岁	选《姚江逸诗》15卷（今存），又辑有《姚江文略》、《姚江琐事》若干卷（今佚）。
清康熙十二年，公元1673年	六十四岁	登天一阁，取其流通未广之书抄为书目。母亲80寿辰，北方大儒孙奇逢（夏峰）以90高龄，寄下所撰《理学宗传》一部，并寿诗一章。
清康熙十三年，公元1674年	六十五岁	作《四明山九题考》一卷。
清康熙十四年，公元1675年	六十六岁	编定《明文案》217卷。后扩编为《明文海》482卷，抄入《四库全书》。二书均有抄本传世。
清康熙年，公元1676年	六十七岁	二月，应海昌县令许三礼邀请前往讲学。以多有朝廷官员听讲，勉之曰："诸公爱民尽职，实时习之学也。"顾炎武从梨洲门人处读到《明夷待访录》，致书梨洲，称"读之再三，于是知天下未尝无人"，并以所著《日知录》呈正。六月八日妻叶氏卒。九月，复至海昌讲学。

清康熙十六年，公元1677年	六十八岁	仍主海昌讲席。叶方蔼寄五古长诗一篇，敦促出仕，次其韵婉言拒绝。分别为抗清名士陆文虎(符)、张苍水等作墓志铭，又为浙东抗清领袖钱肃乐作传。
清康熙十七年，公元1678年	六十九岁	诏征博学鸿儒。叶方蔼向康熙皇帝推荐黄梨洲，将移文吏部征聘。门人陈锡嘏代为力辞，乃止。致书陈锡嘏，有"若复使之待诏金马，魏野所谓断送老头皮也"之语。
清康熙十八年，公元1679年	七十岁	《明儒学案》62卷完稿。天一阁范氏重订书目，来求藏书记，梨洲乃撰《天一阁藏书记》。监修《明史》总裁徐元文、叶方蔼，征梨洲门士万斯同、万言同修《明史》。梨洲以父所撰《大事记》及《三史钞》授之。有《送万言 万季野北上》诗三首，其中第二首有句"不放河汾声价到，太平有策莫轻题"，第三首有句"重阳君度卢沟水，双瀑吾被折角巾"。
清康熙十九年，公元1680年	七十一岁	正月十日，母姚太夫人卒，年八十七。朝廷下旨浙省督抚对黄梨洲"以礼敦请"，乃修书以老病力辞。又特旨："凡黄(梨洲)有所论著及所见闻有资明史者，着该地方官抄录来京，宣付史馆。"又同意让儿子百家参与修纂明史。
清康熙二十年，公元1681年	七十二岁	为南明大臣作行状，移送明史馆。有《移史馆熊公雨殷(汝霖)行状》、《移史馆章公格庵(正宸)行状》。与汤斌(号潜庵)书函往还。汤函称《明儒学案》："如大禹导山导水，脉络分明，事功文章，经纬灿然，真儒林之巨海，吾党之斗杓也。"
清康熙二十一年，公元1682年	七十三岁	撰《澹若张公(履端)传》。追忆往事，"家国之恨，集于笔端，不觉失声痛哭"。
清康熙二十二年，公元1683年	七十四岁	至郡城，与同门友董玚等游名胜，有《次徐文长题壁》、《寻禹穴》、《宋六陵》等怀古诗。至昆山，宿尚书徐乾学家，观传是楼藏书，借抄多种。
清康熙二十三年，公元1684年	七十五岁	至杭州，游南山，过法相寺。
清康熙二十四年，公元1685年	七十六岁	往昆山，借抄传是楼藏书，拟编《宋元集略》(《宋元文案》)。

清康熙二十五年，公元1686年	七十七岁	该年始辑《宋元儒学案》，终未成编，成稿约60卷，遗命百家续编，后经全祖望等续修增补，成《宋元学案》100卷传世。
清康熙二十六年，公元1687年	七十八岁	王掞（号颛庵）出资刊刻刘子（宗周）文集。梨洲取家藏刘子手稿与刘汋（伯绳）及同门董瑒、姜希辙共任校勘，编定《刘子全书》40卷刊行。
清康熙二十七年，公元1688年	七十九岁	删定《南雷文定》。《文定》分前集、后集、三集、四集，均由梨洲删定。门人校刊。《文定五集》由黄百家编定，《南雷文约》由郑性编定，均刊行于梨洲身后。冬月，自筑生圹于化安山父亲墓畔，内设石床，有《圹中筑墓杂言》诗7首。有《苦雨》诗，有句云"八十投间亦已迟，岂堪世法尚支离？"
清康熙二十八年，公元1689年	八十岁	绍兴知府李铎以乡饮大宾相请，作书辞之。集诸老人作"千岁会"，与会诸老除黄梨洲外皆90以上高龄，逾百岁者4人。有《送万季野北上》诗，有句云"四方声价归明水，一代贤奸托布衣。"
清康熙二十九年，公元1690年	八十一岁	二月，康熙皇帝问尚书徐乾学："海内有博学洽闻、文章尔雅可备顾问者？"乾学以"黄梨洲学问渊博，行年八十，犹手不释卷"对。康熙曰："可召至京，朕不任以事，如欲回，即遣官送之。"乾学对："前业以老病辞，恐不能就道也。"康熙叹曰："人才之难如此！" 七月大雨，大水淹没忠端公祠，人们讹传余姚城要沉没，父老祭神拜佛，作《姚沉记》。
清康熙三十年，公元1691年	八十二岁	作黄山之游。大学士徐元文卒，梨洲作长诗悼念，题曰《哭相国徐立斋先生》，有"知己有一人，此恨已可释"之句。
清康熙三十一年，公元1692年	八十三岁	海盐县令李某邀请梨洲主讲，不赴。秋七月，疾病严重，屏除一切文字应酬。接仇沧柱来书，言北地贾若水已将《明儒学案》梓行，梨洲抱病作序文一篇，口授百家记录。所著《今水经》定稿付梓。有《寄贞一五百字》五古诗，有"不肯媚巨子，何况随纤儿"、"但自鸣琴外，慎勿牛刀施"等句。

清康熙三十二年，公元1693年	八十四岁	所编《明文海》482卷告竣，谓百家曰："非此不足存一代之书。"又精选其中文章，圈定目录，另成一编，命百家精读之，即《明文授读》62卷。冬，次子正谊卒。
清康熙三十三年，公元1694年	八十五岁	正月底，门人万斯大冒雪来访，信宿而去。八月卒。梨洲哀痛至极，主动为他作墓志铭。八月二十九日，长子百药卒。
清康熙三十四年，公元1695年	八十六岁	七月三日，寿终正寝。病重时，有《梨洲末命》作为临终遗嘱，并口授《葬制或问》，以释家人之疑。百家谨遵遗命，即于卒之次日安葬。
附记：1985年，浙江古籍出版社出版了《黄梨洲全集》第一册，至1994年《黄梨洲全集》12册乃全部出齐。2005年，浙江古籍出版社又出版了经过增补和校订的新版《黄梨洲全集》12册，并于2012年再版。		

附录四

洛克行年大事略表①

年份	年龄	生平大事
公元1632年	一岁	8月29日,洛克生于英格兰萨默塞特郡一清教徒家庭,为家中长子。
公元1646年	十五岁	在伦敦威斯敏斯特学校读书(1647—1652),学习拉丁文、希腊文和希伯来文。
公元1652年	二十一岁	获得奖学金进入牛津大学基督学院读书,研习修辞学和文学。关心时局,同时对医学和自然科学极感兴趣。
公元1656年	二十五岁	获得牛津大学学士学位。
公元1658年	二十七岁	获得牛津大学硕士学位。
公元1659年	二十八岁	获得牛津大学高级研究员身份。
公元1660年	二十九岁	成为牛津大学希腊语讲师,并结识了罗伯特·波义耳,研究重点一时转向医学和自然科学。完成论文《论世俗官长》(Treatise on the Civil Magistrate),并开始写作第一部长篇政治学论文《政府二论》(Two Tracts on Government, 1660—1662,此据Laslett的研究)。此"二论"所表达的政治思想,尤其在世俗权威宗教事务上的权力方面,透露出强烈的霍布斯气息。
公元1661年	三十岁	父亲过世。出任牛津大学基督学院希腊文讲师。

---

① 本表以Mark Goldie编辑的Political Essays中收录的Principal events in Locke's life为基础,参考了杨庆球《民本与民主》的"附录一:洛克年谱"、格瑞特·汤姆森《洛克》、Laslett为Two Trieatises of Government所作的长篇Introdunction、W.von Leyden为Essays on Law of Nature所写的长篇Itroduction、《教育片论》中"编者导言"中对文本年代做的考订研究等著作内容整理而成。

公元 1663 年	三十二岁	成为牛津大学修辞学高级讲师；开始写作《论自然法》(Essays on the Law of Nturae, 1663—1664. 此据莱登的研究。原著为拉丁文，长期未刊，1954 年由莱登译为英文并首次出版。)
公元 1664 年	三十三岁	获得牛津大学道德哲学教席。
公元 1665 年	三十四岁	被任命为赴勃兰登堡外交使团秘书。开始从阅读笛卡尔的著作领悟到取代经院哲学的思考途径。
公元 1666 年	三十五岁	遇到阿什利勋爵，即后来的沙夫茨伯里伯爵一世，时任英国财政大臣。
公元 1667 年	三十六岁	隋名医西登哈姆学医，并成为阿什利勋爵的秘书和私人医生；开始写作《论宽容》(An Essay on Teleration)
公元 1668 年	三十七岁	为阿什利勋爵实施手术并挽救了其生命；不久，成为皇家学会成员；写作《论降低利息和提高货币价值的后果》。
公元 1669 年	三十八岁	写作《卡罗林那基本宪章》(The Fundamental Constitutions of Carolina)。
公元 1671 年	四十岁	开始写作《人类理解论》(An Essay Concerning Human Understanding)，根据 Laslett 的研究，此书写作于 1671—1686 年。
公元 1672 年	四十一岁	阿什利勋爵成为沙夫茨伯里伯爵，同年被为大法官和上议院院长，洛克成为大法官负责宗教事务的秘书。
公元 1673 年	四十二岁	出任沙夫茨伯里伯爵的贸易与计划事务秘书。
公元 1675 年	四十四岁	获得医学学士学位；伯爵失势，洛克去职，游历法国（1675—1679）；作为沙夫茨伯里派宣言的《一位正直人士告友人书》(A Letter from a Person of Quality to his Friend in the Country) 发表（当代研究者认为此文为洛克所作，更谨慎的观点认为乃洛克与沙夫茨伯里伯爵合作完成）。
公元 1676 年	四十五岁	翻译尼克里《道德论文集》(Essais de Morale)。

公元 1679 年	四十八岁		沙夫茨伯里伯爵再获起用,洛克返回伦敦。10 月,伯爵再度失势。
公元 1680 年	四十九岁		洛克开始写作《政府论两篇》(*Two Treatises of Government*)(1680—1683)。
公元 1681 年	五十岁		洛克写作反驳爱德华·斯蒂林弗利特的文章,捍卫宽容理论。沙夫茨伯里伯爵被控叛国,主要由辉格党人组成的法庭判决无罪开释。
公元 1682 年	五十一岁		11 月,沙夫茨伯里伯爵逃往荷兰,次年在荷兰去世。
公元 1683 年	五十二岁		辉格党极端分子刺杀国王失败,政府大肆搜捕辉格党人。1683 年至 1689 年,洛克流亡在荷兰,其中在 1687 年以前主要在阿姆斯特丹,1687—1689 年在鹿特丹;在此期间,洛克结识了自由神学家菲力普·范·林博基(Philip von Limborch)。
公元 1684 年	五十三岁		英王下令除去洛克在牛津大学基督学院的研究员身份;洛克应爱德华·克拉克的邀请写了第一封关于儿童教育的书信,此后续写多篇,后来整理成书,即著名的《教育片论》,别译《教育漫话》。
公元 1685 年	五十四岁		英国政府要求引渡洛克无果。洛克开始在阿姆斯特丹匿名(以 van den Linden 医生的名字)隐居。本年,洛克用拉丁文给林博基写信交流宗教问题,即后来名为《论宗教宽容》单行本小册子(*Epistola de tolerantia*)。
公元 1686 年	五十五岁		《人类理解论》全书已经实质性完成(此说从 Laslett)。
公元 1688 年	五十七岁		《人类理解论》的法文节要本发表。洛克直接参与策划了"光荣革命"。
公元 1689 年	五十八岁		同威廉和玛丽一起回到英格兰,不久被任命为英国驻柏林或维也纳大使,洛克谢绝了此项任命。本年,洛克三大著作《政府论两篇》和《人类理解论》以英文发表,《宽容信笺》(或译《论宗教宽容》)以拉丁文在荷兰发表;《论宗教宽容》由威廉·波普尔所作的英文译本发表。

公元 1690 年	五十九岁	辞去公职,从伦敦搬回艾塞克斯,住在欧特斯(Oates)的玛莎女士家中;本年,《论宗教宽容》英文修订本发表;《论宗教宽容的第二封信》发表。
公元 1691 年	六十岁	发表《论降低利息和提高货币价值的后果》一书;Leclerc 在荷兰出版了《政府论两篇》的概要;居住在荷兰的胡格诺派人士 David Mazel 将《政府论两篇》除去"前言"、"上篇"和"下篇·第一章"后的"下篇"译为法文,以 Du Gouvernement Civil 出版,该版本影响了法国"开明运动"的许多思想家①。
公元 1692 年	六十一岁	发表《论宗教宽容的第三封信》(*A Third Letter of Teleration*)。
公元 1693 年	六十二岁	发表《教育片论》(*Some Thoughts Concerning Education*,别译《教育漫话》)。
公元 1694 年	六十三岁	《教育片论》第二版问世,《政府论两篇》第二版问世,《人类理解论》第二版问世。
公元 1695 年	六十四岁	《人类理解论》第三版问世;洛克发表《基督教的合理性》(*The Reasonableness of Christianity*)和第一篇《为〈基督教的合理性〉辩护》(*Vindication*)。
公元 1696 年	六十五岁	被任命为贸易和计划事务大臣;发表了《关于货币增值的进一步思考》。
公元 1697 年	六十六岁	1月,洛克发表《致伍斯特主教的一封信》为《人类理解论》中所具有的神学—政治学的可能暗示或引申作出解释。5月,爱德华·斯蒂林弗利特发表《武斯特主教对洛克先生来信的答复》。8月,洛克发表了第二封答复信。本年,洛克还发表了长文《为〈基督教的合理性〉再辩》(*A Second Vindication of the Reasonableness of Christianity*)。

---

① 英文 Enlightenment 一词及相关对应法语、德语词汇,大陆学界通译"启蒙运动"。然而,由于该词所涉及的基督教神学背景和思想史内涵都甚为复杂,远非中文"启蒙"一词所能表达;且其意义业已为中文"启蒙"一词的本有含义所扭曲。思量反复,笔者认为清末民初时的旧译"开明运动"要优于"启蒙运动"的新译(加以本译在海外华人学者中也颇为通行),故此取之。

公元 1698 年	六十七岁	被任命为英国驻法国大使，以病辞；《政府论两篇》第三版出版。爱德华·斯蒂林弗利特发表《武斯特主教对洛克先生第二封信的答复》。
公元 1699 年	六十八岁	洛克发表第三封答复信。本年，武斯特主教爱德华·斯蒂林弗利特卒，二人就宗教宽容问题的论辩结束。
公元 1700 年	六十九岁	《人类理解论》的法文全译本出版。
公元 1701 年	七十岁	
公元 1702 年	七十一岁	《人类理解论》第四版问世
公元 1703 年	七十二岁	译著《伊索寓言》出版。
公元 1704 年	七十三岁	逝世。去世前已经完成了《对保罗书信的评注》(Paraphrase and Notes on the Epistles of St.Paul, 1705 年出版)；10 月 28 日洛克在欧特斯卒，Buried in High Laver churchyard, Essex.

附记：
1823 年，英国第一次出版了《洛克全集》10 册；但其以拉丁文完成的《论自然法》，于在 1954 年被学者发现并翻译出版，打破了原有的"全集"。
目前，以名家精校导读本的形式、由克拉伦敦出版社负责的新版《洛克全集》，正在陆续整理出版之中。

后　记[*]

古人说：流光容易把人抛！

年少不知事，匆匆间已经几度"红了樱桃，绿了芭蕉"。二零零一年的九月四日，我从河南一个甚为传统的乡村来到了武汉，来到了中南。如今，在这所校园里我即将度过第十个夏天。

十年寒暑，多少往事！

十年间，美丽的校园让我一再享受着南国的美好，丰富的藏书则让我从古今中外思想家们的伟大著作中获益良多，而诸位老师和朋友在不同的时候给我的莫大惠助，更是在读书思考之外，让我直接感受着生命的美丽和温暖。这些不但将成为我珍藏一生的财富，也必定会成为我向未来的学生不断讲述的人文故事和学界传奇。——然而此时，在这样一个临近离别的时刻，我更愿向可敬的老师和可爱的朋友们献上一份由衷的感谢和美好的祝愿：

首先我要向我的导师陈景良教授表示由衷的感谢。还在读大三的时候，在陈老师的课堂上，从那满带乡音的娓娓道来中，我第一次真切感受到了中国古代法律制度背后那广阔的思想文化世界。接下来，在第一期的"月旦法史"上，陈老师对法律信仰问题那充满人文关怀的评点和演说，更是让我坚定了考读法史的志向与勇气。读博三年来，陈老师一方面对我的读书运思提出了许多积极指导和建议，让我能够逐渐注意并把摸到治学的一些要领所在；另一方面，

---

[*] 此为笔者博士论文之原始"后记"，附及于此，聊为纪念，仅对个别字句略有修订。

在思考和写作上，陈老师又给予了我极大的支持、鼓励和自由，让我能够充分发展自己看待问题的基本思路和学术研究的理论个性。此外，在生活方面，陈老师和师母还对给予了我许多的关心和帮助。这些都将是我一生永存的感念。

我还要向我的硕士生导师郑祝君教授表示由衷的感谢。在我读研的三年里，郑老师不但在读书上给了我许多积极的引领、在思考上给了我极大的理解和自由，而且对我的生活给予了极大的支持和无私的帮助，还有那母亲般的细致关怀……这些也都将是我永存的感念。还要深深感谢李艳华老师、李培峰老师和滕毅老师。最初把我引入法律史之思想世界的，正是李艳华老师，而在我攻读硕士学位期间，李老师更是为我提供了读书和生活两方面的许多鼓励和帮助，为我解决了许多实际困难。史学出身的李培峰老师，在讲课时所体现除的严格历史学思维，曾经使我颇受启发和警醒。读研和读博期间，我与滕毅老师交流较少。可是，从这为数不多的交流中，我早已切实感受到在滕老师冷峻的面容之下时刻跃动着的，是那坦荡真诚的温厚心怀和一颗自由高贵的灵魂，——那是一个为纯粹法律空间所无法容纳的艺术世界，四下流淌着自由音符的奇妙和鲜活生命的灿烂……。我还应该向范忠信老师、程汉大老师、武乾老师和孙丽娟老师表达我深深的感谢。在我读本科和硕士的时候，从网络到课堂，范老师都给过我许多知识上的启发和求学上的鼓励；从程汉大老师的《英美法概论》课程上，我则进一步领会到法史研究对历史学方法之严谨的渴求；与武乾老师的几次交流，曾逼促我对陈寅恪先生的学术人生进行了更加深入的阅读思考，并得出了颇有启发意义的结论；大四时，我结识了孙丽娟老师，此后多年来，孙老师也一直都在关心着我的读书和思考……。风吹云游，花开花落。宛若是在一语充满好奇的询问之际、又仿佛是在一声充满无奈的叹息之中，十年韶光，匆匆逃去。如今，博士毕业在即，我自应向诸位老师献上由衷的感谢。

还要向清华大学的许章润老师、人民大学的黄克剑老师、华中科技大学的俞江老师和郭义贵老师、本校法理专业的张继成老师献上我由衷的感谢。二零零九年底，当我在河南大学首次把这一研究思路公开报告时，许章润老师就对它予以了积极的肯定并给了我莫大的鼓励；而二零一零年初在清华大学向许老师的问学请益，更是进一步坚定了我在这个论题上努力深入的信心。五六年前对黄克剑老师主要著作和论文的阅读，曾经在思维导向上给过我极大的启发，而黄老师那醇美纯净到晶莹透明的汉语表达，更是一度让我往返出入、流连徘徊；而那次在人民大学对黄老师的拜访，更是让我贴近感受了这位三十年孜孜于探询中国文化之虚灵真在的大方硕学是那样的朴实无华和平易近人，——先生对向学后生那份实实在在的爱惜和鼓励，真是让人永生难忘。第一次和俞江老师有近距离接触的机会是在二零零九年十月，此后或逢开会、或遇答辩，每次和俞老师见面时的听讲和交流，都既让我学习到新的知识，也一次次促使着我在方法上保持更多的清醒和自觉。郭义贵老师曾是我硕士论文的校外评审专家，而在我思考博论结构之初向郭老师的求教，则再一次让我获益匪浅。张继成老师则在我最初起草博论纲要的时候，给了我非常严厉却实在是极为宝贵的修正意见，从而让我能够更加集中、明确地提出和解决问题，最终使我的论文在结构上更加明晰和也更加严谨。

还要向我的师兄毕魏明、乔飞、易江波、张文勇、陈刚、龚先砦、杨红兵和廖俊、师姐邱红梅、李黎、阿依古丽等表示由衷的感谢。几年来，这些师兄师姐们都曾在不同方面给予过我真切的帮助。尤其是毕魏明、乔飞、易江波三位师兄和邱红梅师姐，更是在知识、精神和生活上给了我极大的鼓励和帮助。还要向我的同学魏文超、杨剑、黄晓平、范晓东、杨树林、孙向阳表示感谢，因为与他（她）们的交流，让我从不同方面、不同纬度地获取了有益的知识和锻炼。

我还要向本校人文学院的姚桂荣老师、何西瑞老师、乐九波老师、郭浩刚老师和刘斌老师献上真挚的感谢。姚老师与何老师在我初入大学时，即以他们极具特色的教学方式启发了我，并引导我走上独立思考的道路。乐老师生性淡泊，近四十年间在中国思想文化史的本业上辛勤播种，默默耕耘，虽无闻于华街闹世，而先生之庸言庸行却如春风甘霖，滋润着许多学子饥渴慕道的心灵，并引领他们追寻那真正的文化品格。自从我大三时在偶然中得以与先生相识，即为先生治学之严谨从容、为人之宽厚放达所深深折服。近八年来，我从先生言传身教中所获益的，是无法具以言表的生命财富。潜心社会学的郭老师，则为我观察世界提供了极为重要的知识帮助，使我在中西思想文化的历史长河中畅游遐想之时，还能够对现实世界保持一份清醒的关注；以修习康德哲学为根本的刘斌老师，则向我展现了西方现代哲学那广阔而深邃的精神世界。——两位老师均以他们坚毅的性格和不平凡的人生选择，不断启发着我对知识、社会和人生的思考。

还要向曾经和我一起读书、思考和交流的兄弟和朋友表示真挚的感谢。这其中有我多年相知的旧友，有离散天涯的故朋，也有初交不久的新知，他（她）们是周伟、廖斌、赵丽娟、姚建、张玮麟、马华灵、陈冀、张磊、范维东、乔惠全、徐晓兵、叶凡、肖晶等。特别要向周伟、赵丽娟、姚建和张玮麟表达我深深的感谢，因为如果不是他们像逼迫自己一样逼迫着我对相关问题作出清晰的交代，我对黄宗羲和洛克的理解将不会像现在这样深入和细致。虽然这篇论文还存在许多不足，但它作为我对"自由"主题探寻的初步结果和十年中南读书思考的基本总结，也正是我们近十年来深厚而真挚的友谊的一个美好见证。晓南湖畔,弱柳扶风,绿竹依依,桂馨沁脾,清荷飘香,这一切,都将永远载入"晓南湖读书会"的朋友们在湖畔桥头一次次相聚会读的记忆。

回想起朋友们与尊敬的老师一起在晓南湖边漫步问学的日子,多么美好!回想起朋友们为某个学术问题而大发苦恼,甚至争论得不可开交的日子,多么美好!回想起朋友们聚集在一处,共同阅读过去的伟大心灵所写下的伟大著作的日子,多么美好!回想起朋友们每每在夕阳西下之际,一边在湖光山色间随性游步、一边在古往今来中自由穿越的日子,多么美好!愿我们都能够在这美好的回忆中,更加坚定而深入地走向自己的读书事业和学问人生。这,又是多么美好啊……

在读书思考这草莽丛生的求学之路上,能得到这么多师长的鼓励和帮助,我是格外幸运的;在读书思考这痛并快乐的问道之路上,能遇到几位决定同行的知心朋友,我又是格外幸运的。以后的路还很长,要做的事还很多,我愿更加努力,也愿同行的朋友们都更加努力。十年中南,一言难尽,聊为数语,略志寸心。愿这些年来在我生命不同阶段的生活求学和问道修习中,所有提到和没有提到的曾经给过我鼓励、指引和帮助的师长和朋友们,永远都平安、健康、喜乐。

时　亮

识于武昌　蛇山脚下　待曦堂

公元二零一一年四月二十八日

出版后记　三十自述

题　诗

曾为误听，背离桑梓。
上下求索，左右牵连。
洛克学述，予我初识。
经黄梨洲，重归故园。
岁届而立，又过三岁。
信耶尊孔，幸甚何言！
自由为鹄，长途漫漫。
乐道以行，驱驰登攀。

这是一篇迟到的自述，它本应完成于2011年的某个冬雪之夜。不料，一晃又是三年过去，我已三十有三。

童年·老奶奶

多年前的那个冬天，我出生于河南省安阳市内黄县中召乡时寨村。一村之人，十之八九皆姓"时"，据老人说先人是从"山西洪洞老槐树"迁过来的，典型的属于聚族而居。村之西北约三十里，梁庄乡境内，有二帝陵，葬古之贤王颛顼帝喾，当地俗称"高王庙"。村东三十里左右的濮阳境内，有子路坟，为子路死卫之所。

我的幼年，这里是一个相对还保留着（实际上却是再次复活）许多旧日传统的村落，大年初一"起五更"给村里老人拜年即是其中之一。儿时的记忆多与此相关，因为总是与一群孩子一起，跟着大人们走遍几乎整个村子，给爷爷奶奶老爷爷老奶奶祖爷爷祖奶奶们磕头拜年，然后在一篇欢笑声中，赚到一把足以喜乐半天的糖果。然而，近年来随着地方政府"破除封建迷信"的种种宣传，如今这种"起五更"的习俗也已经接近消歇了。去年初一凌晨，随父母只走了五六家，为本族长辈拜年而已；黎明的街上，灯影稀疏，再也没有了儿时的人群拥簇。

记忆里最可贵的，是我的曾祖母。这是一位出生于晚清的平民女子，没有受过任何现代教育，她所有的修习，都来自父祖的家风熏染与乡野礼俗生活的自然养成。嫁给我曾祖父的时候，她还不到二十岁；次年，我的曾祖父病逝，年仅十八岁，若论周岁，仅有十七。我祖父是遗腹子。家事难为，曾祖母乃避居娘家；及养子略成，又重回家中。及至曾祖母在1996年去世时，偌大一个家族，送葬的亲人将近百数。去世前，曾祖母曾反复叮咛我的母亲："明儿十六岁有水关，千万甭让他下坑。"① 那年，我读初中，已在曾祖母的言行举止间，由她从怀抱而至牵引着度过了十五个春秋。

至今，曾祖母去世快二十年了，我记忆里最深刻的事情乃是这么几样：

（一） 她的坐姿从不歪斜，而且永远都是那样的干净，整洁，即是在吃饭的时候，也是穿着整齐。每次吃饭的时候，她总是一手拿着窝头或馒头，一手托在下面，把洒落的碎屑接着，再次送到嘴里；

---

① "明儿"是我的小名。"水关"的意思大致是"遇水有险"，是曾祖母求算人卜的。"甭"为方言，意为"不要、别"。"坑"即水塘。母亲同样没受过像样的教育，却用她从外公继承而来的勤劳和朴实不断滋养着我的生命，我永远都会记得母亲在我儿时常说的一句话：人善人欺天不欺。

洒落在桌子上的，也收起来，送回口中。

（二） 她的神色永远都是那样温和。不过例外情形主要有三：1，当我们浪费粮食的时候，她就会严厉起来，并且说"嗨！你们哪！想想五八年！……"2，当我们毁坏树苗树枝（尤其是榆树）的时候，她就会严厉起来，并且说"嗨！嗨！你们哪！这些树救过人的命！……"3，当我们掏鸟窝或用弹弓打小鸟或捉小蛇玩的时候，她就会严厉起来，并且说"嗨！嗨！嗨！你们哪，它们都是老天爷派来帮人过日子咧……"

（三） 六七十年代，爷爷是村里生产队的一个小干部。因为曾祖母当众说了一句什么话，上面让村里组织批斗，并要爷爷带头。曾祖母，已经七八十岁，挂牌游街。

后来，据说分田地了。后来，据说重建家庙（时氏祠堂）了。再后来，我出生了，还未满月的时候，爷爷病逝。曾祖母几乎一手把我带大，在那十多年里，我总是身前身后地喊她"老奶奶"。但那时候，我却并不知道曾祖母生养其间百年有余的这个乡野礼俗秩序后面，还有一个伟大的文化传统，曾经被人叫做"儒家"。

父亲·读书

父亲是当年的高中生，毕业后，当了兵。他打心眼里崇拜太祖，甚至把他当做神。于是在我读小学时，大约十岁左右吧，曾数次剪掉过天灵盖前的头发，因为太祖画像的天灵盖前都是没有头发的。那时，我也崇拜他。并非完全因为父亲，而且是因为环境，那时我所认识的孩子们都崇拜他。

父亲书法很好，尤善隶书，却是在部队做宣传时练就的。已经记不得是从几岁开始跟从父亲学书法。然而，我所得到的第一本书法帖的文字内容，居然是《狂人日记》，——至今还记得，最初许多次临写时，每当到了"……吃人！"的部分，总是害怕，甚至胆战心惊。那时，父亲往往就会给我解释鲁迅的深刻和伟大，并且用他从别人学来的话，骂"孔老二的那些仁义道德……"。大约五六年前，为此我曾与父亲发生过争执（真是不该，完全可以有更好的处理办法）。后来，虽然父亲对儒家依然缺乏内在的理解和接纳，但已经不再骂"孔老二"，而是改说"孔子"了。这时，父亲已年近六十。随从早年的父亲，我学会了反感儒家，但也是跟着父亲，我学了不少具有丰富之传统意味的对联，并因此很早就感受到了古汉语对仗与节律的美（后来读到陈寅恪先生《与刘叔雅论国文试题书》，倍感亲切）；也正是在这种对中文之文辞节律的某种领悟中，甚至从小学开始，我就歪七斜八地学着写旧体诗了。喜欢读古汉语，喜欢读古诗词，是父亲间接传给我的祝福。此后多年，我的文言文成绩一直极佳。爱好古诗文，打心眼里敬慕许多古人，却也真的是打心眼里反感儒家，这真是无比奇怪的组合！！——因为我并不知道，也没有人告诉我，那些人基本上都是儒家。如此者，恐怕绝非我一愚而已，应该还有许多人吧！

从小学到中学，我都是个人见人夸的好学生，为村里孤寡老人五保户打水扫地，更是经常的事，因为要努力做社会主义接班人[①]。只是有一件事，我怎么也弄不明白：那时候，经常有各种"义务劳动"，就是没有报偿的劳动。时而也会有义务植树，就是我们自己从家里带着树苗和铁锹，在老师们的带领下一起到指定的路边或者坡上去栽树。如此等等。总之，生活告诉我"义务"的意思就是"不要钱"。

[①] 直到高中时，还和另一位"社会主义接班人"真诚地多次偷偷为学校的一座雕像做清洗，即使冬天也不例外。后来才逐渐明白，真正在生命的深层养育并激励我去帮助那些老人的，乃是母亲对家中长辈的孝敬，以及村中直至那时还颇为强大的敬老传统。至于偷偷地勤劳公务，固然有出于"社会主义接班人"的一面，但更深层的因素，则应当来源于母亲每年冬天雪后的扫雪：从自家房屋和院子开始，扫到门外，再扫出胡同，直扫到大街上，然后直到与村民们把整个街上的雪扫干净了才罢。

但是"义务教育"为什么还收钱呢？从小学到高中，老师们给我解释了很多次，我终于"明白"了：原来，我的教育，乃是我和我父母所应负的"义务"。但还是将信将疑：总觉得有什么地方似乎不对（解开谜底时，已经是21世纪的第一年，我上了大学）。

1998年，进了高中。一次饭后的偶然遛步，居然在学校门口的旧书摊上买到一本繁体字的《古文观止》，后来还买到了朱东润编《历代文学作品选》简编本的下册。于是莫名其妙之中，居然开始从那些多年来已经熟悉的文章中学着认繁体字。幸福！但三年高中，躲着老师们偷偷读[①]的书里面，鲁迅最多。

2000年。发现被骗。价值崩溃。

2001年。参加高考。一番波折。上了大学。

图书馆·自由主义

曾听说一位在那所高等法政院校任教多年，在2000年别就南方另一所知名高校的教授曾经感慨说"离开XX才知道XX是大学"。十几年后，身在北方另一所高校任教的我，也对一位老友发过类似的感言。——然而，尚在那里读书的时候，我是个很另类的学生，激进，极端，挑老师，逃课。自大一下学期开始，学校所安排的课程中，五分之三以上都是只听一两次课，就再也不去了，其余时间大半花在了图书馆和武汉的几家旧书店。就这样，居然还能顺利毕业，足见那所高校确实有"大学"的气度。

某日下午，上完第一节课，由于下面没有课，本班一位同学拉

[①] 因为高考是老师们的唯一目标，所以一切闲书，见则没收。1999年，我花了十几元买的《四世同堂》，还没读到一半，就这样与我永别了。

我去图书馆借书①。她借完走了，我留下晃荡。选了朱光潜先生一本小书，挑了卡夫卡的一部小说，之后继续在书架里面晃荡。后来，看到一本书，觉得书脊的色调很舒服，淡雅微晕，仿佛有山水画的意境，取下来，《民主·共和·宪政》，刘军宁。有点失望，但还是夹在腋下，回了宿舍。那时，约是下午四点钟。

觉得饿了。想招呼室友去吃饭。一阵戏谑的笑声：吃什么饭！楼下早就锁门啦！看时间，已经是夜深23点过半。幸好室友有方便面，借了一包。

七个多小时，全然沉浸在"自由""民主""共和""宪政"的叙述中。从此，我深深知道，此生与自由和宪政有缘。从刘军宁老师的那部书中，我第一次知道了教科书上从来都不出现的名字：柏克，贡斯当，哈耶克，以及"风能进，雨能进，国王不能进"……。赶紧买下了他编的另一本"黑皮书"。数年以后，又买了他写的一本《保守主义》。

此后数年，乃将与哈耶克有关的中文著述搜罗殆尽，海老爷子自己的中译作品，更是一读再读。然后旁及波普尔和伯林以及波兰尼的部分著作，上溯，在穆勒、贡斯当、托克维尔这里短暂停留，经过伯克和休谟（此时一位好友正痴迷休谟），到达约翰·洛克。我成了一名自由主义者。——后来，以洛克为题写下了近10万字的硕士毕业论文。

然而，那时的我，还在继续反感中国传统。事实上，这意味着我还远远没有真正体会到洛克—伯克—哈耶克一系自由主义的深层精义。以至于一位后来我因为犯罪（圣经义）而亏负了（痛！）的好友，曾当面对我讲过：你和老张说自己是英美自由主义，或许思

---

① 那所高校的图书馆当时有五个藏书楼层可供借阅。正式办下图书馆借阅证后，我花了近两天时间从图书馆一楼第一个书架，按着顺序一直走到五楼最后一个书架。边走边看。此后，凡借书，不查卡片，直接去找，虽不中亦不远。后来想借书的同学往往拉我同去。

想上是吧,但你们的行为却仍然表现出你们还是法国那帮人的学生。多么真实而在理的批评!——当我第一次开始认真阅读《四书》并抄写《大学》的时候,已经是2005年的初春。

那几年中,极少触及中国经典,对儒家和中国传统也继续反感。因为,这时的我虽然已经开始对鲁迅的一些说法产生怀疑,并通过阅读逐渐清洗了他的部分影响,但那影响依然根深蒂固,尤其是那句告诫年轻人的话:少读,如果可能,不读中国书。那时候,正在经历价值重建的我,自己还加上了一句:只读译著,不读49年以后中国人写的书。至于哈耶克对"传统"所作的论说,那时竟然很容易就被偷"梁"换"柱"了:海老爷子所说的,是"那个""传统",不是"这个""传统"。以至于哈耶克所阐述的"复杂现象论",只是主要被我用来学习和理解英国历史和普通法法治传统,却并未被用来理解"这个""传统"。

甚至,连想法都没有。

"耶稣说,我为审判到这世上来,叫不能看见的,可以看见。能看见的,反瞎了眼。……你们若瞎了眼,就没有罪了;但如今你们说'我们能看见',所以你们的罪还在。"

时亮啊,你的罪还在么?

上面这引文,记载在《圣经·约翰福音》第九章的第三十九节至第四十一节。2013年深秋的某个夜晚,就这两句话和这章经文中耶稣所讲的另外两句话,向几位朋友讲解了一个多小时。

感恩堂·基督教

2003年初夏,一位同班好友皈信了基督,并且劝我周末和他一起去教堂。而那时,我却正在疯狂阅读上面所提到的那些"自由"的名字,以至于本来不想浪费周末的时间。然而,我的阅读还发现一件事情:这些"自由"的名字对基督教居然都持肯定态度。这与学校和书报一直以来告诉我的情况很不一致。我想进一步了解。

于是,一个周日的早上,跟他去了武昌区胭脂路的感恩堂。礼拜开始,钢琴响起,诗班唱诗,……,尚且不知如何的时候,我已经泪流满面。不是悲痛,没有哀伤,就是莫名其妙的感动,还带着不可思议的温暖,仿佛有一种神奇的力量进入了我的心魂,而泪流以后,似乎有一种无形的重担从我身上卸去了,心灵里感觉到前所未有的安宁和轻松(后来才知道,许多基督徒,或早或晚、或强或弱,多少都有过类似的生命经历)。那天的牧师讲道,我几乎什么都没听进去,因为,一开始在观察,后来在流泪,再后来就是一直在寻思刚才究竟发生了什么事以致让我泪流不止。然而,当礼拜临近结束,牧师在讲坛上发出呼召的时候,我几乎是自动地走到了那个讲坛前面。仰面所见,是一个高大的十字架……。在那十字架的后面,上方,透过一扇镶嵌着彩色玻璃的西式尖顶窗户,阳光,像雨一样洒落而下……

那年圣诞节前夕,在武昌感恩堂受洗归主。我成了一名基督徒。

曾有人说,宗教让人愚昧。

在他,也许是,但我不知道是何种宗教;在我,就基督教而言,却全然不是。自从成为一名基督徒并伴随着对《圣经》的祈祷式阅读[①],我发现我的思维被大大地打开了,原来读西学类的书籍有许多不易了解的地方,有了圣经信息以后,往往可以得到较好的解释。

[①] 对于圣经,有各样的读法。根据读者的身份而言,可以分为信之阅读和不信之阅读。信徒的圣经阅读,往往会伴随着祷告,尤其是读经前的祷告,此时往往会在阅读中领会到一些与未作祷告而读的情形下所领会的有所不同的信息。我自己即经历了三种读法:不信而读,虽信基督却不祷告而读经,信基督且祷告然后读经,所得大有不同。

比如，不少西方思想家，如康德①，都把人类历史的目的理解为"自由"。我曾经很长时间不明所以。后来读到《圣经》中耶稣对门徒说"你们必晓得真理，真理必使你们得自由"之后，才找到了一些线索。又比如对黑格尔的《历史哲学》，很长一段时间，除了记得几个具体的说法以外，怎么读都一头雾水。直至了解了基督教的圣灵论以后，才终于对"绝对精神"的来源及其展开的基本结构有了一些理解。如此这些，都算是从圣经获得的知识背景信息，但实际情形尚不止此。比如，2004年《宪政古今》上市，马上买下，读，立即就发现其对"以色列共和国的宪法"的翻译一定存在严重问题②。又比如，在读到国人翻译的西方哲学史中谈德尔图良（别译特图良、特土良）"因为荒谬，所以我信"这句名言的时候，马上就意识到这个翻译在汉语语境中几乎完全不对，因为更为准确的汉语表达乃是"不可思议？所以我信！"③。如此等等，不一而足。而那时，我才大学三年级，外语也不算好。——后来，一位基督徒前辈学者告诉我这叫"灵觉"。总之，基督信仰实实在在地提升了我的学术敏感度，也实实在在地拓展了我的思读结构、深化了我的思读层面，而到了再次研读洛克思想的时候，就尤其如此：如果没有基督信仰使我得以与洛克分享某些共同的神学前提，我就无法正确理解洛克在《人类理解论》和《政府论两篇》中的许多讲论，也就不可能完成那篇近十万字的硕士论文，也就不可能逐渐进入洛克所阐发的清教徒自由传统，——而这乃是为哈耶克等所极力推崇之古典自由主义的根基。此外还有更多，更多。

那时，我已经实实在在地尝了基督信仰的甘甜，得了基督信仰

---

① 康德出生于德国基督教敬虔派家庭，康德是其家族姓，其本名为Immanuel，中译"以曼努尔"，西语意为"God with us"，语出《圣经·以赛亚书》第7章第14节，《圣经·马太福音》第1章第23节。
② 请参看笔者的论文《以色列共和国的宪法？——从犹太~基督教文化史论〈宪政古今〉中一处严重误译》，见苏力主编《法律书评》第十辑。
③ "不可思议"亦可作"不可理喻"。德尔图良此言意在强调基督信仰超越理性思考能力的一面。

的益处。而在第一次随那位朋友去胭脂路感恩堂不久，又在附近的粮道街发现了一家收揽颇丰的旧书店。于是，后来周末的出行，自然而然地就是一举两得了。

2004年，秋，软弱，跌倒。

2005年秋，读研，攻外国法律史。

老爷子·太史公·陈寅恪先生

真没想到，在那所烦躁冲动的城市，在那所急功近利的学校，居然隐居着那样淡泊放达的一位先生！

我挑老师，我逃课，我也串课堂。众缘俱备，认识了"老爷子"，——十年来，朋友们在背后都这么叫他。"老爷子"就是乐九波老师。

2003年秋，从郭浩刚老师口中听闻乐老师，知道他喜欢看"动物世界"、"人与自然"。次年初春，第一次走进先生的课堂。此后随侍近八年，直到离开江城（武汉），赴岛城（青岛）任教。

那天，学生不太多，一百五六十人的教室，到位约有三门之二，后面空了几排，前排也还有几个座位。我选择坐在中间靠前的一个位子。观看。一位老人家，约莫六十来岁，头发不多，谢顶，带着黑框眼镜，坐在讲桌边上，靠着椅子，身体微斜，慢慢地抽着烟。一个约有三百毫升的家用六角玻璃杯，搁在讲桌一角上，里面沉着一些茶叶。讲桌一角的边上，有一顶中老年人常用的酱色帽子，扣在桌面。——也是，武汉的初春，刮起风来，确实挺冷。一切，都再平常不过。普普通通。课前，有两位漂亮的女生和一位略丑的男生与老爷子交流了点什么，很开心，关系似乎很亲。

上课。先生在黑板上写字，一行字还没写完，我就傻了。高手。那时，我依然喜欢书法，虽然手受过伤，写不好了，但眼睛却很挑。而那行轻轻划出的粉笔字里面，分明透出泰山石刻金刚经的那股劲力,而且尚不止此!

先生开口了。从容不迫,娓娓道来,我立时感受到,在那缓缓的一字一句背后,定然有一个强大的生命传统,定然有一个我所不知不识的丰富世界。

我被折服了。后来又知道,被先生折服的所谓"狂生",远不止我一个。法学院那届本科同学总计一千多人,以读了点书而自负的,大有人在,坊间甚至有"法学院四大才子"之说。然而,这些里里外外所谓的"才子"们,到了老爷子这里,个个服服帖帖。

先生讲的是"中国文化史",尤重先秦。先生对我们所读的法学、政治学、经济学、自由主义等等,一概不知多少。真正让我们折服的,是那种直接就活在我们眼前的生命。

是什么滋养了他?!是什么滋养着他!!在他背后,定然有一个强大鲜活的生命传统,定然有一个我所不知不识的丰富世界。

十年后,我用九个字来形容先生:"性随道家而敬天法祖"。

先生至今无著书,只有两篇写于二十世纪八十年代末和九十年代初的哲学史论文。三十年来,教学,传述,云游四方之乡野山川。

当时,对我这个几乎全无基础的学生,先生指教我去读《史记》。还好,繁体字是基本认得的。于是,在那个暑假开始之前,从先生处借了中华书局十册《史记》。一个暑假,一字一句,半读半啃,通了一遍。九月,恭恭敬敬地把它放回了先生的书架。那天,先生给我推荐了两本书:张舜徽著《中国文献学》和《史籍举要》,并因着我的一个发问,开始给我介绍陈寅恪先生的读书治学。

自那以后的十多年来,《史记》和陈先生就成了我反复思读的基本文献。时至今日,每次读陈先生所述《赠蒋秉南序》,都会不觉泪下。甚至,只要在独处中静静地默想这篇文字,眼就会湿。

回归·儒家

主要经由陈寅恪和余英时两位先生,我逐渐进入了一种重新看待儒家的"内部视角",进而认识(并接纳)了一个与此前之所认为的很不相同的儒家;此后,又在列奥·施特劳斯式细读经典和基督教《圣经》研读的启发下,认真回归了对传统中国经典,尤其是对《四书》的细致阅读。时至2012年秋天,在我所发起并主持的"乐道读会"上,前后花了十三周共二十六个小时,领着我的十几名本科生一起细读《大学》的时候,我已经很愿意向他们正式地承认我是一名儒家了①。然而在此以前,我在信念和知性上重新接纳并回归儒家,在其根本上,则是经过了基督教神学的一道中转(甚至是某种意义上的"保证"),而非首先出自洛克·伯克·哈耶克一系自由主义的解答。

硕士攻读外法史并选择以洛克为题写作硕士论文时,我已经逐渐意识到洛克绝非一般人所理解的那样简单。此前我主要是在现代所建立的学术谱系中理解洛克,但是大约在2005年前后,我意识到了洛克背后的基督教传统对其法政学说的重要性。后来在研读和写作中,又发现了洛克与英国普通法宪政主义的深层关联。后来,又发现了洛克与西方古典之希腊罗马传统的某些关联。我的基本结论是,洛克并非一般人所想的那样激进。其实,他很保守②。洛克确实

---

① 在我看来,成为一个儒家,并不是么神秘的事,也不是一件大难之事。一个人只要愿意低下他/她高傲的头,愿意从儒家先哲与经典那里学习理解和看待生命世界的方式与智慧,接受其所承载的核心价值,并且愿意依照由这些核心价值所衍生的伦理原则而行为处事,则这个人就是儒家。至于其所得之深或浅,其所成之小或大,则各有天分、机缘与工夫,这些所关乎的是其在儒家中属乎何种类型与及其生命层次,而不关乎其是否为儒家。

② "保守"不是"守旧",此一要点请参看姚中秋教授在《儒家宪政主义传统》(中国政法大学出版社2013年8月)第216—221页的有关申述。

具有某种革命性的意味，但他的这种革命性，却以立足于强大而丰富的传统为其基础。在近十万字的硕士论文中，我有一个基本结论：在权利这个游移不定的漂浮之物上，无法建立任何稳固的秩序大厦。然而在洛克这里，恰恰是他身后的数个伟大传统，尤其是基督教传统，控制了游移不定的个体权利，并给它安置了稳固的基座。透过洛克，我开始思考他所立身的数个"传统"，尤其是基督教传统的自由意义。于是，经过洛克这个回流，我进入了清教徒的思想世界，进而又经由清教徒逐渐进入了基督教神学。——这一举动，不但让我更深地理解了洛克思想的基础，也真正开启了我回归中国传统的精神发动机，让我对中国自身之文化传统开始有意识地以积极的态度重新接纳和吸收，并逐渐得以在一种更深的基础和更高的强度上回归。这一点，曾一度让几位儒家师友颇为震惊和不解。

其实，这并不难理解。

基督教神学的第一原则，就是上帝在宇宙中的绝对主权。由此，上帝也在人事兴亡和历史变迁中掌握着绝对主权。这是《圣经·旧约》向世人所显明主主要信息之一。又，上帝是爱，是诸善之源，是众光之父。则世间一切美善光明必皆直接或间接源于上帝。另一方面，只要心存常理就不难发现，凡伟大的文化传统，总是在守护并阐述着某种历史类型的光明和美善，并借着其所守护和阐述的光明美善之德，在人类地域的某个或大或小的空间并在人类历史某个或长或短的时间中，养育教化着生养浸润于这个文化传统中的芸芸众生。根据基督教改革宗神学的上述原则，其中皆有上帝以某种形式所实施的掌权。《圣经》甚至直接讲祂"立王，废王，兴国，灭国。要叫人知道耶和华在人的国中掌权"。放眼数千年人类历史，伟大的文明传统斯生斯灭，不知凡几。却只有两个贯穿千古，而其核心价值与精神结构（非制度依托），则三千年间一如既往，而且几乎每一历史时期，均有大师巨子反本开新之绍述，以安顿其时之心魂生命，以回应其时之忧患问题。这两个传统一个是犹太～基督教传统，另一个就是三代～孔子之儒家传统。前者奠基于早期希伯来人的先祖，经历代先知的阐述，最终由耶稣基督及其使徒予以完成，在其介入希腊罗马世界之后，既对希腊罗马文明提出了激烈的批评和巨大的挑战，又充分吸纳了希腊罗马文明所承载的诸光诸善，以来自天外的神圣之光照亮并改造了它们，并且在十六世纪，又因着宗教改革而开启了西方现代世界的大门。后者，发端于传言中的尧舜时期，经周公孔子的阐发而煌煌大成，经历春秋战国之大变局以后，自秦汉之际逐渐吸纳了墨道法诸家因素，生生不息，传衍以至晚清，受"五四"激进思潮之冲击乃渐趋解体，至于文革，方罹大难。然而，即便遭遇五四冲击和文革大难，儒家所承载的那些光明美善之德：仁义礼智信，温良恭俭让……如此等等者，又何错之有？若就历史变迁而言，甚至可以说，我们之所以遭遇"文革"大难，难道不正是因为我们过度偏离——甚至有意脱离儒家所代表之传统文明的一个自然而然的结果？所以，儒家在灾后复兴，有其必然。

何谓"必然"？——"必然"意味着绝对者所定下之不可抗拒的法则。用基督教的言述来说，上帝的命令绝不徒然返回。这就是最后的必然。必然，意味着上帝之道所展现的理性结构，意味着上帝的绝对主权。那么，上帝难道没有在中国掌权么？祂让中国文化以儒家为主要依托，演生传衍四千年不绝，难道不是有某种奥秘难测的圣洁美意？

作为一名愿意在知性上认真对待信仰和文化的基督徒，我无法给出否定的回答。所以，我必须认真对待上帝已经认真对待的这个文化传统与文明体系。

从《圣经》记载中，我获知埃及曾经是上帝养护幼年以色列的客栈；从《圣经》记载中，我获知巴比伦曾经是上帝管教背道之以色列的愤怒的鞭子;从《圣经》记载中,我获知罗马帝国曾经是上帝熬炼信徒之信仰与生命品格的人炉[①]。它们,都在上帝主权的掌控之下;它们,也都是上帝手中合用的工具。那么,以神道设教为起始[②],以阐发天道治法为仰望,以明其明德诚正修齐为自修提撕,以仁义温良诸种德行教化万民的儒家,尤其是那些孜孜以求念兹在兹甚至生死以之的古世贤哲与历代大儒(如笔者所述之黄梨洲先生),难道不更是上帝手中更加合用的工具吗?孔夫子说"知我者,其天乎?"夫子未必认识耶稣基督的父上帝,但我相信,这位天父上帝一定知道夫子的心声。

那么,这位主宰万有的上帝已经用这个工具做了什么?进而,这位上帝还要用这个工具做些什么?这正是近年来我在不断努力思读问寻的基本问题。在此,基督教神学的另一项重要原则,开始逐渐凸显出它的极端重要性,这就是自加尔文以来对普遍启示与特殊启示所做的区分和讨论[③]。

基督教所谓的"普遍启示",指的主要是上帝在创造世界时,根据祂自有永有的属性,通过祂创造的命令,赋予给受造之物的存在结构,这种存在结构主要呈现为受造物的本性。"人"作为拥有"上帝形象"的特殊受造者,则能够对呈现为万物本性的"普遍启

[①] 《圣经·箴言》第17章第3节"鼎为炼银,炉为炼金。惟有耶和华熬炼人心。"
[②] 在笔者看来,对于"神道设教"四字,国人已经很久没有正视了。所谓"神道设教",绝非后世所谓的愚民之术。如果那样,圣人就不再是圣人,贤哲也就不再是贤哲,因为他们缺乏基本的诚之德。圣人必以至诚立教。诚者,天之道。故而所谓神道设教,说来就是圣人无私,不以一己之学一己之私立教,而是法天法地法于眼不可见耳不可闻之神道,并以此立教设言。非此,何足以言"圣人"?而这样的圣人,在笔者看来,如果说这样以神道设教的"圣人",在中国文化传统中是一种美好的理想的话,那么有一个最伟大而完全的完成者,正是耶稣基督,因为耶稣基督从来不凭自己说什么,做什么,而仅仅行天父的旨意,并以此立教。细读先秦古籍,此语必作如是解,而后可以读入并逐渐理解中华上古贤哲之高贵心灵。
[③] 关于基督教神学对"普遍启示"和"特殊启示"所作之简明扼要的讨论,请参看改革宗神学大师赫尔曼·巴文克《我们合理的信仰》(赵中辉译,南方出版社2011年)一书第3章至第6章的内容。

示"予以体悟、反思和回应,从而以此为基础,结合不同人群所生存其中的各种环境,而逐渐形成文明史上的各种"文化"①。至于"特殊启示",则指上帝直接做出的自我显明,最初主要体现为祂拣选以色列,并在这个民族中使用"先知"传讲并记录祂的话语,最后则直接以"道成肉身"的方式降世为人,直接在人间传讲祂的教训,并在祂复活升天以后,借着使徒解释祂的话语。这一切的文本记录,就是《圣经》。上帝遍及整个受造界的"普遍启示"经由基督而实现("万物都是藉着祂造的"),上帝的"特殊启示"则在基督的"道成肉身"中达到高峰,并在耶稣基督"十字架"的受死复活中得以完成。基督教认为,"普遍启示"为"特殊启示"预备道路,并在后来的日子支持它;而"特殊启示"中所承载的上帝恩典,又反过来引导"普遍启示"及其文化成果所承载的上帝恩典,使它们从"罪"的捆绑中得到释放,正确地发挥作用。②

于是,对我而言,关键的思维路线乃是:在漫长的历史进程中,华夏之故哲先贤,通过对"普遍启示"不断地做出回应,而逐渐形成了以儒家为主要担纲者的中国传统文化;如今,我必须立足于故哲先贤所确立的思想传统与文化发明,仰望并依靠耶稣基督已经完成的"特殊启示",从而更加丰富地阐发中国文化所承载的价值理念③。对于我这类中国基督徒而言,在其信仰生活中,儒家乃其必须,而绝非可有可无的装饰。我相信,上帝借着儒家所守护所阐发的中国之"文",一方面护理着这个传衍拓展的文明,让它在三千年间

---

① 在这里,《中庸》开篇"天命之谓性"的论断,获得了更为广阔而且更加确定的解释可能性。班固对儒家人论的总结("肖天地之貌,怀五常之性,聪明精粹,有生之最灵者也",《汉书·刑法志》),也正可以与基督教的人论互相会通。
② 欧洲神学史上贯穿千年的重要论题"本性与恩典"的展开,即以这种思想结构为基本前提。
③ 对此,我曾有一联明志:上联"诵诗书治经史赓续华夏之道";下联"行公义好怜悯与主上帝同行"。横批"尊孔子而信耶稣"。

生生不息；另一面，祂也借此为耶稣基督的到来，并让中国人归向十字架的圣道，做了许多出于"普遍启示"的预备工作。自徐光启以降，基督徒儒家或儒家基督徒代不乏人，这一事实似乎颇能说明某些问题。

无论如何，现在，我相信，在中国文化和儒家传统，尤其是在古世贤哲和历代大儒的背后，无论他们已经看见或是并未看见，已经知道或是并不知道，那以其神圣位格和普遍能力支持、护理着华夏中国之政教文明的，乃是那永在的基督；而在数千年的中国文化中，那为历代大儒所思考所仰望的"天"，就其人格化的承载者而言，也必是耶稣基督的圣天父。

洛克·黄宗羲·自由秩序

2005年，随郑祝君教授读外法史，以洛克为题写作硕士论文。

2008年，随陈景良教授读中法史；次年，选定以黄宗羲入题写博士论文。

在当代中国学界，读洛克作品的学人学子，往往容易侧重其《政府论两篇》（尤其是下篇）而轻看或忽略其另外的作品。然而，洛克作为现代自由主义的开创者，他所留给后人的，却是关联性很强的好几部书。至于其中一以贯之的基本精神，乃是"自由"。而这种"自由"，在洛克的言述中，又落实为"自由人"和"自由秩序"两个方面。就其理论结构（而非写作和发表时间）而言，这些主要作品的基本关系大略如下：《人类理解论》讨论"自由"的哲学（主要是认识论）基础，直接关涉"自由人"和"自由秩序"两个方面；《教育片论》集中讨论"自由人"的培养问题；《自然法论文集》、《政府二论》和《政府论两篇》则主要讨论"自由秩序"，尤其是"自由秩序"所应具备的一般法政结构;《论宽容》和《理所当然的基督教》[1]两部书均以基督教问题为中心,讨论"自由秩序"中的宗教与信仰问题;《保罗书信笺注》成书最晚,其中频频涉及"自由"问题(自由人和自由秩序)的神学层面。后来的自由主义思想家,极少有如此综合性的思维世界(我们大致可以由此而发现洛克身上的某种古典气质)。

主要是对洛克(以及伯克、哈耶克和阿克顿)的研读,使我对"自由"问题的复杂结构开始有所领悟,并且逐渐地将关注和思读的重点,从"自由主义"深入到了"自由秩序"层面。

恰在此时,黄宗羲的《明夷待访录》再一次进入了我的思读世界。此前阅读《史记》的时候,虽然我尚未有意识地用"自由秩序"这个概念理解太史公所记述的历史结构与人事兴亡,却已经分明感受到某种"自由"精神的存在。这给了我很大的震撼。接下来对《大学》的研读,则给了我更强大的冲击,因为曾子在其中所反复讲论的,分明就是建构和维护"自由秩序"的基本原理。这样的"经""史"阅读前后持续了数年,此后,当我再次回到《明夷待访录》时,所见已经与数年前的阅读大不相同:此前主要畸重于《原君》《原臣》中的峻烈批判,此时则开始细细体味其中所贯穿的"自由精神",并注意其对"自由秩序"的深思与措意。思读黄宗羲的主要结果,就是我2011年完成毕业答辩的博士论文。——作为那所高校2011年度法学类唯一一篇全优博士论文(校外盲评全优,毕业答辩全优)的作者,我从中看到了前辈学者对一个向学后生的肯定和鼓励。

---

[1] 此书现有中译名为《基督教的合理性》。似有误。因为《基督教的合理性》这个翻译中过度加入了十八世纪中期以下之理性主义的想象,而忽略了洛克思想的深厚清教徒背景。1611年以后,英语世界最通行的《圣经》版本就是KJV版《圣经》,许多资料显示,洛克所读所用之《圣经》主要就是该版本。根据KJV版《圣经·罗马书》第12章第1节的内容,再考虑到洛克的清教徒背景与神学传统,洛克此书更为准确的译名应该是《理所当然的基督教》。

那么，我在那篇论文中说了什么？——其实，洋洋数十万字，要点却只有一个：以黄宗羲为例，探讨中国古代思想家曾对"自由秩序"所展开的思考和讲说。这是一种与西方现代"自由秩序"有所不同，却又精神相通的"中国式自由秩序"，或者用更为准确的话语来说，乃是"自由秩序的中国形式"。而"自由秩序"的这种"中国形式"，就其历史存在形态而言，明显可以区分出观念和实践两个基本层面。既如此，那么也可以想见，思考和实践这种自由秩序的黄宗羲，也一定是某种类型以及某种程度的"自由人"。这是"自由"之必不可少的主体性一面。同样可以想见，上述所有的一切，绝非突然出现于黄宗羲的思想与生活世界，因为在儒者思想家黄宗羲的身前背后，乃是三千年的中国文明传统。于是，可以确定，在这个生生不息的文明传统里面，一定蕴含着一个生生不息的"自由传统"。

万幸！在我迈进而立的那两个年头，经由黄梨洲、陈寅恪、余英时、林毓生诸位先生，一个基本问题在我的思读世界中明确形成："自由精神"在历史中国的发展形式究竟怎样？——进而，"自由精神"在未来中国可能以怎样的形式获得实现？将上述两个问题合而为一，并将其改为一个直陈句式，就是：探寻自由传统的中国表达式。

我的博士论文，以及以它为基础改订而成的本书，算是对这种探寻努力所得之结果的首次集中呈现。在我看来，所谓"自由传统"的"中国表达式"，若就思想与观念层面而论，就是三千年来以"民本"为主要标识的思想言述；若就其治理架构之法政层面而论，首先是三代治理之封建制度，其次自汉代以下，则主要为由儒家所发展与担纲之共治体系，此两者又同为"自由秩序"之古典宪政形态的中国形式①。探寻"自由传统的中国表达式",对我而言,舍此莫或他途。

致　谢

　　本书是我的第一部专著。十年思读,回环曲折,初熟的果子就要面世了,仿佛是迎接自己的孩子,满怀期盼又惴惴不安,真是感慨良多。

　　首先要特别感谢姚中秋老师的奖掖提携和盛情邀请,使拙作得以忝列于"治道文丛"之内。也要再次感谢我的导师陈景良教授多年来的耳提面命,终于使我这生性懒散的学生不至于过分懈怠。也要再次感谢我的师兄乔飞教授,五六年来,我真是从他那里获得了精神与物质的各种帮助啊。还要感谢曾经发表过本书部分章节内容的刊物和编辑师友,尤其是陈明、赵法生、任锋和林日杖四位老师,你们对学术与使命的持守担当,让我敬重,让我感恩。

　　感谢我朴实的父亲母亲。二老都是普普通通的农民,没受过像样的教育,也没读过多少书,三十年来却一直满怀盼望,勤苦持家,终将三个儿女都抚养成人,送入大学,送入社会,送入了教育事业。感谢吾妻兆芝。感谢天父让我们相遇,而在我尚是一无所有的时候,你就嫁给了我。谢谢你。也感谢你六年来那许多直言不讳的批评,帮我更真实地认识自己,认识生活,不断长进。

　　在对本书进行修改以至定稿的过程中,小儿时来的出生和成长,真是一件万分奇妙的事。一个鲜活的小生命,就在我的眼前,就在我的身边,不仅加添我许多的喜乐,而且启发我对经典与文化的思读,并将这思读体悟的结果,经由生活的点点滴滴反馈给这个日渐成长的孩子。复杂文明的存续与扩展,都必须立足于人际关系中具体

---

① 笔者有《宪政古今异说——兼评对"儒家宪政论"的误解与批评》一文,尚未完稿。

而微的传承。曾经,借着曾祖母,血脉和文化以某种方式从过去的年代延续到了我身上。如今,又一个新的微传承正在我的家中展开。窗外的雾霾虽然依旧很重,但春天终究已经来到。读着书,看着孩子,心里满有希望。

时　亮

二零一四年七月二十五日初稿

二零一五年二月二十五日定稿

于青岛·浮山·感恩乐道书房

作者简介

时亮,字仰之,河南安阳人,法学博士,现为中国海洋大学法政学院教师,主要研究方向为法政思想史与法文化比较研究。代表作品有《程树德〈九朝律考〉勘校疑误举例》《从身份到契约:梅因说什么》《论自然状态:洛克对霍布斯的继受与修正》《儒家民本思想的困境与出路》等论文。

治道文丛(第二辑)

道统与宪法秩序　姚中秋　著

制度儒学　干春松　著

民本自由说——黄宗羲法政思想再研究　时亮　著

治道中的乐教　王玲　著

法政文丛(第二辑)

礼法与国体　邱立波　著

宪制道路与中国命运:中国近代宪法文献选编(1840—1949)(上卷)
　　赖骏楠　编著

宪制道路与中国命运:中国近代宪法文献选编(1840—1949)(下卷)
　　徐辰　编著

政治宪法学争鸣集　张绍欣　编